ROMANESQUE

En images

DU MÊME AUTEUR

Métronome : l'histoire de France au rythme du métro parisien, Éditions Michel Lafon, 2009

Métronome illustré, Éditions Michel Lafon, 2010

Histoires de France : XVIe siècle –
François Ier et le connétable de Bourbon, Michel Lafon/Casterman, 2012

Hexagone, Éditions Michel Lafon, 2013

Hexagone illustré, Éditions Michel Lafon, 2014

Histoires de France : XVIIe siècle –
Louis XIV et Nicolas Fouquet,
Michel Lafon/Casterman, 2014

Métronome 2 : Paris intime au fil de ses rues,
Éditions Michel Lafon, 2016

Métronome 2 illustré, Éditions Michel Lafon, 2017

Romanesque, Éditions Michel Lafon, 2018

LORÀNT DEUTSCH

ROMANESQUE

En images

La folle aventure
de la langue française

avec la complicité
d'Emmanuel Haymann

Michel LAFON

118, avenue Achille-Peretti – CS 70024
92521 Neuilly-sur-Seine Cedex
www.michel-lafon.com

De Jamel Debbouze à Denis Podalydès,
à tous ces artistes au contact desquels
j'ai eu le bonheur de mesurer toute la grandeur
de la langue française.
Entre audace et maîtrise, tour de force et bel usage,
ils sont à l'image de leurs lointains ancêtres,
le jongleur et le clerc, les plus beaux gardiens
de la puissance, de la beauté et de la vitalité
de notre langue.
Qu'ils en soient remerciés.

Avant-propos

NOS ANCÊTRES LES GAULOIS ?

« Il y a dans le passé le plus lointain une poésie qu'il faut verser dans les jeunes âmes pour y fortifier le sentiment patriotique… Faisons aimer à nos enfants tous nos héros du passé, même enveloppés de légendes car c'est un malheur que nos légendes s'oublient, que nous n'ayons plus de poésie ni de contes dans nos foyers. Un pays comme la France ne peut vivre sans poésie. Faisons-leur aimer nos ancêtres les Gaulois et les forêts des druides… »

Nos ancêtres les Gaulois… L'historien Ernest Lavisse a prêché ainsi, pour les écoliers de la IIIe République, cette ascendance consensuelle qui nous offrait un aïeul commun au-delà des rois, des régimes, des invasions, des migrations.

Puisqu'ils étaient là avant, avant l'Histoire, avant les conflits, avant les héros, les Gaulois demeuraient les ancêtres de tous ceux qui étaient venus après eux, riches ou pauvres, puissants ou humbles, nés ici ou émigrés de là-bas. Nos ancêtres les Gaulois… C'est beau, c'est simple, c'est unificateur, mais c'est faux !

En tout cas au niveau de la langue. Notre langue française ne doit en effet quasiment rien aux Gaulois !

Or qu'est-ce qui définit mieux l'âme et l'identité d'un pays que la langue qu'on y parle ?

Plus que la couleur de la peau, plus que le sang, plus que la religion, plus que toute autre chose, le langage raconte infailliblement l'origine d'une nation. Ses usages, ses pratiques, ses voyages, ses métissages, voilà l'ADN d'un peuple qui se déroule sous vos yeux, un ADN dynamique qui se nourrit de toutes les rencontres et de toutes les péripéties qui font la vie des pays.

Mais la langue, c'est aussi le reflet du plus intime de nous-mêmes. La langue qui nous permet de nous connaître, de percevoir, de ressentir ; la langue, c'est le cadre commun qui donne à chacun d'entre nous la possibilité d'appréhender le monde et de communiquer.

Communiquer… D'abord intérieurement pour prendre conscience de soi, puis avec l'autre. Le langage, c'est donc déjà la victoire du collectif sur l'individuel, du mutuel sur l'intime, du général sur le particulier. Cet allié si personnel de nos pensées et de nos rêves s'introduit au plus profond de nous pour nous raconter l'histoire de nos aïeux, une histoire qui

nous aide à nous connaître et à découvrir le monde qui nous entoure. On devient français parce qu'on parle français, c'est aussi simple que ça. Or au niveau de la langue, nos ancêtres ne sont pas les Gaulois, mais les Romains !

Eh oui, l'ancêtre du français, ce n'est pas le gaulois, ce n'est pas Astérix ; l'ancêtre du français, c'est le latin, c'est Jules César ! Le français que l'on parle aujourd'hui a commencé à naître quand les Gaulois se sont mis à apprendre le latin pour comprendre la langue de l'envahisseur… Si Astérix pouvait lire ces lignes, il piquerait l'une de ces colères dont il est coutumier, parce que dans les mots que j'utilise, dans les lettres que je trace sur le papier, il ne reconnaîtrait pas sa langue… Il serait effaré de découvrir que ses lointains descendants ont emprunté les mots des méchants, les mots des Romains ! Des mots transformés, bien sûr, une langue enrichie notamment de nombreux apports grecs, germaniques, arabes ou britanniques, mais une langue où émerge tout de même une sorte de dérivé dénaturé du latin.

Voilà ce que je vous propose de découvrir à présent, dans un voyage sur les traces de la langue française qui nous réserve plein de surprises et de rencontres.

Comment en est-on arrivé à parler avec les mots qui courent sur ces pages ?

Quel a été ce long périple qui appartient à notre passé commun ?

Suivez-moi dans cette folle aventure, vous y avez rendez-vous avec votre Histoire.

Lorànt Deutsch

– 1 –

QUAND LE LATIN DEVIENT LA LANGUE DE LA RENCONTRE

En ce Ier siècle, les Romains colonisent pour de bon la Gaule, et le latin, langue de l'occupant, devient un mode d'emploi mis à la disposition de l'occupé.

Tout commence sur un malentendu… Quand Jules César et ses troupes débarquent en Gaule en l'an 58 avant notre ère, ils ne songent pas vraiment à conquérir le pays et moins encore à le romaniser : les cohortes romaines ne font que répondre à un appel à l'aide de Gaulois amis. En effet, le druide guerrier Diviciac est arrivé à Rome pour plaider devant le Sénat la cause de la tribu des Éduens.

– Frères romains, venez en aide à vos frères…

Les Gaulois éduens sollicitent le secours des puissantes légions pour contenir des Gaulois envahisseurs, les Helvètes venus de ce qu'on appelle aujourd'hui le plateau suisse…

À vrai dire, les sénateurs romains ne se montrent pas très enthousiastes à l'idée d'ouvrir un front militaire en Gaule. Ne sont-ils pas intervenus plusieurs fois déjà pour soutenir leurs alliés éduens contre les Arvernes, les Allobroges, les Séquanes ? Ces petites luttes incessantes ont fini par agacer les Romains : que les Gaulois se débrouillent entre eux, cette fois ! On en discute pourtant beaucoup au Sénat, car il ne peut pas être question non plus de laisser les Helvètes renverser impunément les équilibres régionaux…

Jules César et ses légions passent donc finalement les Alpes pour aider des Gaulois à chasser d'autres Gaulois. Afin de justifier son intervention, César confirme en ces termes son attachement à la tribu des Éduens : « Dans toutes les circonstances, ils avaient trop bien mérité du peuple romain pour qu'on laissât, presque à la vue de notre armée, dévaster leurs champs, emmener leurs enfants en servitude, prendre leurs villes. »

Les Éduens se veulent d'ailleurs différents des autres Gaulois, supérieurs sans doute, car ils sont plus riches, plus puissants, plus nombreux et bénéficient de la protection bienveillante de la louve ! Ils s'estiment orgueilleusement frères des Romains et mènent leur propre politique d'alliances et de guerres…

Vercingétorix jette ses armes aux pieds de César, Lionel-Noël Royer, 1899.

Cinq ans plus tard, Vercingétorix mobilisera l'ensemble des tribus gauloises pour se dresser contre les Romains. Quand la bataille finale se déclenchera à Alésia, les Éduens hésiteront, se rallieront tantôt aux Gaulois tantôt aux Romains, traîtres à tous, fidèles à chacun, au gré des hasards et des circonstances. Et si leurs forces s'étaient jetées pleinement dans la bataille ? S'ils avaient guerroyé loyalement ? Qui peut dire ce qui serait arrivé alors ? On doit peut-être la romanisation de la Gaule à la trahison des Éduens…

En fait, les Gaulois formaient un ensemble très divisé. Par exemple, les Éduens de Côte-d'Or haïssaient les Lingons du plateau de Langres, et ceux-là combattaient les Séquanes du Jura. Alors, quand les Romains se sont retrouvés victorieux en Gaule, ils ont dû se dire quelque chose comme : « J'y suis, j'y reste », et ont décidé de mettre un peu d'ordre dans le chaos local. La colonisation commençait.

Ils sont donc restés sur place, les fiers légionnaires, avec leurs casques à plumet, leurs glaives, leurs boucliers colorés et leurs aigles dorées. Ils sont restés avec leur langue unificatrice et leurs routes bien empierrées…

Sauf que les Gaulois, eux, avaient déjà une langue, et déjà des routes ! Bon, c'est vrai, leur langue était entièrement orale et leurs routes paraissaient un peu tortueuses. En réalité, « nos ancêtres les Gaulois » avaient oublié d'inventer la ligne droite et l'écriture, petites lacunes qui leur seront fatales pour entrer dans l'Histoire par la grande porte, celle des témoins, des vainqueurs, des transmetteurs.

Mais qui étaient ces Gaulois si malmenés par la chronique et qui passent trop souvent pour des brutes épaisses parce qu'on les connaît mal ? Que signifie ce mot, Gaulois ? Les Romains l'ont employé pour désigner des peuples belliqueux venus du Nord quatre cents ans avant notre ère… *Gallicus*, disaient-ils. Ce terme vient sans doute de *gal*, vocable celte qui désigne la force, la vigueur. Bref pour les Romains, les Gaulois étaient les robustes, les brutaux… Pour les Germains, en revanche, *gal* est à rapprocher de *wal*, l'étranger, autrement dit tout ce qui n'est pas germain… Les Gaulois seraient donc des étrangers costauds !

Plus tard, les Romains, exégètes et observateurs, feront plaisamment dériver le mot « gaulois » du latin *galli*, les coqs, parce que les Gaulois auraient été, paraît-il, un peu braillards et légèrement vaniteux. Ils n'étaient pas les seuls : des brutes étrangères qui hurlaient, il y en avait partout, au-delà même de l'Europe. En réalité, ces Gaulois étaient des Celtes, plus précisément ceux qui avaient occupé l'espace de la Gaule mille ans avant Jésus-Christ, apportant avec eux leur langue et leurs coutumes. Et des peuples appartenant à la grande famille celtique, il y en avait aussi dans la péninsule Ibérique, en Italie, en Germanie, dans l'île de Bretagne, jusqu'en Afrique et en Asie…

Ces Celtes venus des plaines de l'Est pour peupler une partie du monde avaient-ils tous le même vocabulaire ? Ils avaient leur culture, leurs traditions et donc probablement aussi leur langue.

Lors de la conquête de la Gaule, Jules César avait constamment à son côté un interprète – toujours le même – capable de se faire comprendre sans difficulté de la Méditerranée aux rives du Rhin. Mais César, qui n'entendait pourtant rien au gaulois, croyait tout de même avoir discerné différents accents d'une tribu à l'autre. De son côté, Strabon, géographe grec du début du Ier siècle, affirmait que « la langue des Gaulois est bien au fond la même, mais elle varie un peu », et l'historien romain Tacite soulignait à la même époque la similitude entre tous les Gaulois jusque sur la grande île de Bretagne : « Vous y trouverez le même culte, fondé sur les mêmes superstitions, à peu près le même langage… »

Une langue commune issue elle-même d'une langue unique, une langue du début des débuts que les savants du XIXe siècle ont qualifiée d'indo-européenne, admettant ainsi une origine commune à la plupart des langues parlées aujourd'hui en Europe, mais également à certaines langues asiatiques comme le farsi ou l'hindi.

Cet indo-européen, né pense-t-on du côté de l'Ukraine trois mille ans avant Jésus-Christ, se retrouve dans le premier mot que nous apprenons tous à articuler : maman ! Tant de mères se ressemblent : *mater* en latin, *matir* en gaulois, *mother* en anglais, *Mutter* en allemand, *madre* en espagnol, et l'on pourrait poursuivre cette litanie avec l'italien, le néerlandais, le biélorusse, le russe, l'arménien, le grec, le farsi, l'hindi… Ils ont tous la même mère, à peu de choses près.

Ainsi, par la magie des langues indo-européennes, quand les Romains se sont répandus en Gaule, leur parler ne paraissait donc pas tout à fait étranger aux Gaulois… Par exemple, en latin *rex* signifie roi, en gaulois on dit *rix*. On connaît Vercingétorix, chef de la tribu des Arvernes, dont le nom peut se traduire par Grand Roi guerrier, *ver* signifiant grand en gaulois. Or ce *ver* ne vous fait-il pas penser à *very* en anglais ? Ou à *vel* en latin qui veut dire le vrai, le grand ? Quant à *cingeto* qui veut dire en gaulois marcher, envahir, eh bien cela se dit *incedo* en latin…

Ci-dessus : Le coq, emblème de la France, en *V* de la victoire.

Page de gauche : Garde prétorien. Sculpture en marbre. Musée de la civilisation romaine, Rome.

La potion magique de Viridorix

Viridorix, roi de la tribu des Unelles dans ce qui sera la Normandie, était un ennemi acharné de Jules César et de tous les Romains. À la tête de ses maigres troupes, il remporta tant de victoires qu'on finit par prétendre qu'il bénéficiait d'une intervention surnaturelle… Son secret, murmurait-on, c'était une mystérieuse potion magique à boire avant la bataille, et qui donnait force et courage aux soldats gaulois.

Ça ne vous rappelle rien ? En 1959, quand René Goscinny et Albert Uderzo créèrent leur personnage d'Astérix, ils empruntèrent largement à la légende du roi des Unelles pour imaginer leur potion magique capable de rendre les Gaulois invulnérables. Le scénariste et le dessinateur n'ont jamais livré le secret de leur propre boisson miraculeuse, mais heureusement l'entourage de Viridorix s'est montré plus bavard.

La recette s'est transmise à travers les siècles : pour commencer, il faut des pommes sucrées, des pommes acidulées et des pommes amères (les proportions exactes font encore l'objet de débats). Les fruits pressés vous donneront un cidre à distiller jusqu'à obtenir une boisson fortement alcoolisée… À vrai dire, en procédant ainsi, on obtient juste un calvados et, s'il n'a peut-être pas les propriétés phénoménales de la potion magique, il donne tout de même du cœur au ventre des Normands depuis des générations. Voilà le secret : la potion magique, c'est une bonne rasade de calva !

Les dessinateurs de bande dessinée René Goscinny et Albert Uderzo lors d'une réception annonçant l'ouverture d'un parc de loisirs éphémère consacré à Astérix et Obélix, 17 mars 1967.

Bref, il ne fut sans doute pas si difficile pour les Gaulois de passer de Vercingétorix à « Velincedorex », qui pour l'heure à Rome se nomme Jules César.

Mais Vercingétorix ne fut pas le seul roi. À la tête de nombreux peuples gaulois se trouvait un rix : les Trévires avaient Cingétorix ; les Éduens, Dumnorix ou Eporedorix ; les Éburons, Ambiorix ; les Helvètes, Orgétorix ; les Unelles, Viridorix…

Après la conquête romaine, les traditions gauloises ont pu se maintenir assez longtemps malgré la pression des vainqueurs parce que la vie des Gaulois était, en dehors des conflits armés, faite d'échanges et de rencontres. De quoi vivifier la langue et les coutumes. En effet, le peuple, les rois et les prêtres appréciaient les vastes rassemblements, le *magos*, disait-on, c'est-à-dire le marché, terme générique qui couvrait à peu près toutes les rencontres importantes. Ainsi, une fois par an, les représentants de toutes les tribus se retrouvaient à Cassciate, lieu qui figurait alors pour les Gaulois le centre géographique de leur monde.

Cette tradition disparut lentement parce que les Romains faisaient la chasse aux druides, ces prêtres gaulois issus de l'aristocratie. Ils contestaient leur autorité et interdisaient leurs pratiques. Bientôt, Cassciate ne serait qu'un souvenir… Aujourd'hui, pour en garder la mémoire, il n'y a plus que quelques habitants de Neuvy-en-Sullias, dans le Loiret, à une trentaine de kilomètres à l'est d'Orléans, un village construit sur le lieu même du *magos* antique.

Par ailleurs, les druides se réunissaient entre eux chaque année loin de Cassciate, à quatre-vingt-cinq lieues – deux cents kilomètres – du « centre du monde », dans la forêt sacrée des Carnutes… Ils venaient de tout le pays pour transmettre leur enseignement et prier sous les arbres, intercesseurs silencieux et immobiles entre l'humanité et les divinités. Ils cueillaient le gui sur les branches du chêne, petites boules blanches qui manifestaient la présence du dieu suprême, ils se purifiaient aux sources d'eau claire.

Tous les druides, les maîtres et les apprentis – vieux et jeunes de la totalité des peuples de la Gaule – montaient vers l'immense forêt qui s'étendait de la Seine à la Loire, tous unis par une seule croyance puisqu'ils priaient ensemble, par une seule langue puisqu'ils se comprenaient.

Aujourd'hui la forêt des Carnutes, très réduite, est devenue la forêt de Bercé, en pays de Loire, à une trentaine de kilomètres du Mans. Les druides ont disparu depuis longtemps, on n'y cueille plus le gui, mais un ruisseau qui prend sa source ici se souvient…

Druide pendant la cueillette du gui. Gravure coloriée du XIXe siècle.

Car les prêtres priaient au bord des cours d'eau ou près des sources, là où l'onde fraîche peut exprimer vertu et salut. Vêtus de blanc, ils psalmodiaient les formules consacrées dont le pouvoir conjure les maléfices et entrouvre la voûte céleste, ils entonnaient les litanies, les invocations, les hymnes destinés à obtenir la miséricorde des divinités favorables et renvoyer les princes des Ténèbres dans les espaces brûlés d'un vent torride où se meuvent les génies mauvais. Dans un grand souffle fétide, engloutis par les profondeurs, s'évaporaient alors les instigateurs du mal, les monstres noirs, les créatures qui rampent sur le ventre et celles qui glissent sur l'eau, les dragons aux cent pieds cornés et les chimères aux cent bouches cruelles… Et les mots gaulois s'élevaient, témoignant de la foi de tout un peuple :

– *Andedion uedilumi diliuion risun artiu Mapon aruerrilatin…* « J'invoque Mapon qui donne satisfaction par la force des dieux d'en bas[1]… »

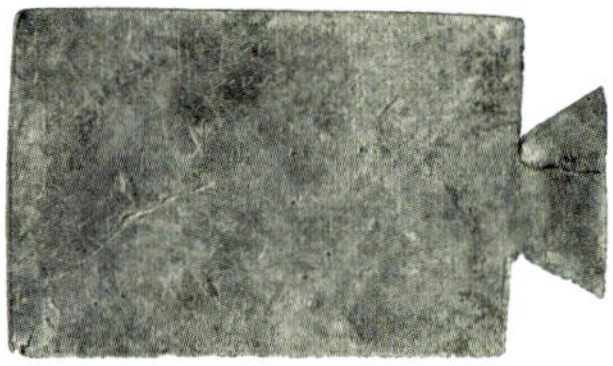

Mapon, dieu jeune, dieu de la source, dieu des guérisons, dieu que l'on implore pour que les aveugles recouvrent la vue, pour que les tordus se redressent. Et ce ruisseau de la forêt de Bercé qui vit la ferveur des prêtres, on l'appelle encore le Dinan, un nom venu du fond des âges qui signifie en gaulois Divine Vallée. Car les dieux occupaient ces lieux.

C'est ainsi que la langue gauloise surgit dans notre quotidien… Car si cette langue semble avoir totalement disparu, elle demeure toutefois dans la toponymie des villages et des cours d'eau de notre pays, mais aussi dans certains mots passés dans notre parler moderne. À vrai dire, ils ne sont pas très nombreux, ces mots, à peine une centaine sur une langue usuelle qui en compterait trente mille tout bien pesé. Bref, un mot sur trois cents viendrait du gaulois, et encore ce mot-là est-il souvent hyperspécialisé, reflétant l'environnement naturel et social des tribus qui peuplaient le pays. On parle gaulois quand on évoque ces animaux familiers des campagnes gauloises : le bouc, la truie, le blaireau, le cheval. On parle gaulois quand on travaille dans les champs : la charrue, le char. On parle gaulois quand on se promène dans la nature : la boue, la bourbe, la roche, le caillou. On parle gaulois quand on traverse la forêt : le bouleau, le chêne. On parle gaulois quand on va pêcher : le brochet, la truite, la lotte. On parle gaulois enfin quand on s'arme pour la guerre : le javelot, la lance, le glaive.

L'Agriculture, Fernand Cormon, 1897.
Esquisse d'un Gaulois à cheval.

1. Inscription magique gauloise transcrite en lettres latines sur une tablette de plomb découverte en 1971 à Chamalières, dans la banlieue de Clermont-Ferrand.

Budget : un anglicisme bien gaulois !

Il y a aussi des surprises, dans le vocabulaire gaulois. Ainsi budget ! Ce mot, j'aurais mis ma main à couper qu'il venait tout droit de l'anglais ; eh bien non, son origine est parfaitement gauloise, c'est une déformation de *bulga*, qui désignait un sac de cuir et a donné en vieux français *bougette*, petite bourse où l'on plaçait ses économies… Au XVe siècle, les Britanniques nous ont emprunté notre *bougette* pour nous la restituer deux cents ans plus tard sous la forme d'un *budget*.

Un usurier comptant ses pièces de monnaie.
Miniature tirée du *Livre des bonnes mœurs*
de Jacques le Grant, dédié à Jean, duc de Berry, 1478.

Cela dit, en dépit de quelques découvertes surprenantes, le gaulois se cache si modestement derrière le latin que je ne suis pas parvenu à construire une phrase cohérente où ne s'aligneraient que des mots issus de cette langue… On peut certes parler de « changer la chemise d'un truand parisien », évoquer des « moutons dans les buissons » ou une « borne sur le chemin », tous ces termes sont d'authentique ascendance gauloise, c'est sûr, mais il serait bien difficile d'entretenir la conversation en se limitant à cet apport !

*
* *

Les Romains, d'ailleurs, n'appréciaient guère le langage de ces brutes qu'ils tentaient de « civiliser ». Auteurs prestigieux et discoureurs habiles, ils sont unanimes à ridiculiser ce parler rugueux et disgracieux.

– Impossible à nous, Romains, d'articuler ces mots barbares ! s'écrie le géographe Pomponius Mela.

– Nous prononçons ces mots gaulois avec tant de douceur et de mollesse qu'il nous arrive souvent de les dénaturer, dit avec ironie le pédagogue Quintilien.

Strabon, lui, se moque des noms gaulois, qui lui semblent d'une prononciation impossible :

– Je crains bien de blesser vos oreilles délicates en parlant d'Allotriges, de Bardictes, de Plectori, et autres noms difformes.

Quant au sénateur Pline le Jeune, évoquant les contrées gauloises, il écrit ces mots à son ami le poète Caninius Rufus : « Ce ne sera pas un petit embarras que de faire entrer dans tes vers ces noms vraiment sauvages ; mais il n'est rien que le travail et l'art ne viennent à bout de surmonter, ou du moins d'adoucir. »

Le gaulois est si bien considéré comme le parler des Barbares endurcis que lorsqu'un Romain émaille son latin d'un terme gaulois, il se trouve toujours un esprit malin pour lui décocher la boutade à la mode :

– L'empereur a pu accorder aux Gaulois le droit de cité, mais il ne l'a donné à aucun mot de leur langue !

En effet, en l'an 48, l'empereur Claude a réussi à obtenir pour les Gaulois éduens comme pour les habitants de Lugdunum et de Vienna, Lyon et Vienne en Isère, le droit d'entrer au Sénat romain… Ainsi, la romanisation de ces deux villes et la fidélité presque parfaite des Éduens aux Romains sont enfin récompensées.

Faut-il rappeler que Claude a lutté pour les Gaulois parce qu'il est quasiment un empereur gaulois ? En tout cas, il est né à Lugdunum où son père Drusus était gouverneur des Gaules.

Mais à Rome tout le monde n'apprécie pas cette ouverture aux étrangers. Quelques années plus tard, alors que Claude vient de mourir, en l'an 54, Sénèque écrit *L'Apocoloquintose ou Transformation de l'empereur Claude en citrouille,* une œuvre satirique dans laquelle Clotho, vieille femme mythologique qui préside aux destinées humaines, parle de l'empereur disparu et s'écrie :

– Par Hercule ! À dire vrai, je voulais lui laisser quelques jours de plus, pour qu'il fît citoyens romains le peu de gens qui ne le sont pas encore. Car il s'était mis en tête de voir tout ce qui est grec, gaulois, espagnol ou breton endosser la toge…

Les Gaulois de Lugdunum, eux, ne rient ni des décisions de l'empereur Claude ni des paroles qu'il prononce devant le Sénat… Les mots de l'empereur en faveur des Gaulois, ils les gravent

avec respect et fierté sur une grande plaque de bronze apposée sur un mur du sanctuaire fédéral des Trois Gaules à Lyon, là où se rassemblent les délégués venus de tout le pays…

« Si on rappelle que les Gaulois ont donné du mal au dieu César en lui faisant la guerre pendant dix ans, il faut pareillement mettre en regard une fidélité invariable pendant cent ans et une obéissance plus qu'éprouvée dans mille circonstances préoccupantes pour nous. À mon père Drusus qui soumettait la Germanie, ils ont assuré sur ses arrières la sécurité d'une paix garantie par leur propre tranquillité… »

Ci-dessus : Lugdunum (Lyon), le sanctuaire de la Croix-Rousse et l'amphithéâtre des Trois Gaules. Illustration de Jean-Claude Golvin.

Page de gauche : Table claudienne : discours de Claude (Claudius, 10 av. J.-C - 54 apr. J.-C.), empereur romain, en l'an 48.

Ces mots de Claude gravés sur le métal avaient disparu, perdus dans l'indifférence médiévale… Et puis, en 1528, un drapier enrichi nommé Roland Gribaux se mit en tête de faire arracher sa vigne située sur les pentes de la Croix-Rousse : il s'agissait de construire une maison de campagne sur ce sol terreux. Les travaux commencés, on découvrit, à peine enfouies, deux lourdes plaques de bronze portant des inscriptions latines… Une partie de la Table claudienne, brisée en deux morceaux, venait de refaire surface[1].

★
★ ★

En tout cas, il faut bien l'admettre : au Ier siècle, tout le monde en Gaule ne parlait pas couramment le latin… Pour la plupart des Gaulois, il suffisait de connaître quelques termes-clés afin de commercer, de respecter la loi et d'obéir aux ordres. Le latin était la langue de la conquête, de l'administration, du commandement. Il ne lui restait plus qu'à séduire…

1. Ces deux fragments sont aujourd'hui exposés au musée Lugdunum, à Lyon.

Ville romaine au pied des Alpes dauphinoises
après la conquête des Gaules,
Octave Penguilly l'Haridon (1811-1870), 1870.

– 2 –

QUAND LE LATIN DEVIENT LA LANGUE DE L'ÉLITE ET DES AFFAIRES

Au IIe siècle, les enfants de la noblesse gauloise apprennent le latin à l'université, on déclame les œuvres latines dans les odéons, les druides condamnent l'écriture et les bardes gaulois transmettent les légendes celtiques.

Il ne faut pas croire que la vieille langue gauloise se soit effondrée d'un seul coup à l'arrivée des Romains et devant l'expression répétée de leur mépris. Au contraire, elle a disparu très lentement dans une agonie qui s'est prolongée sur plusieurs siècles. « Rome ne s'est pas faite en un jour », dit le proverbe, on peut en dire autant de la romanisation de la Gaule.

En effet, le pays tout entier ne s'est pas voué du jour au lendemain à la mode et à la langue romaines, à la suite des expéditions militaires victorieuses menées par Jules César. Plus d'un siècle avant l'arrivée du proconsul et de ses légions, il existait déjà des relations régulières et pacifiques entre des tribus gauloises et les Romains, rapports commerciaux qui permettaient à l'Italie d'écouler une partie de son vin en Gaule et à la Gaule de faire apprécier ses textiles aux élégantes Romaines. Pour simplifier les affaires et fluidifier le commerce, les Gaulois avaient même modifié la teneur de leurs pièces en métal précieux… afin de s'aligner sur la puissante monnaie romaine, instaurant ainsi, il y a plus de deux mille ans, une petite zone euro avant l'heure ! Et pour faciliter encore ces échanges, de nombreuses tribus gauloises émaillaient déjà leur langage de mots latins, manière de mieux communiquer, de mieux commercer.

Fêtes des druides au mont Gildas en Bretagne. Photographie négative sur verre, 1918.

Le miel et la ruche, latin contre gaulois

Dans notre français moderne perdure le témoignage vivant de la manière dont le latin s'est peu à peu imposé aux Gaulois pour des raisons économiques et commerciales. Parlons apiculture… Le mot « miel » vient du latin *mel*, il est issu de la langue du client à qui l'on proposait le produit fini, manufacturé par les abeilles. Il fallait bien lui faire comprendre, clairement et rapidement, ce qu'on voulait lui vendre. Mais le mot « ruche », lui, désigne l'outil, en quelque sorte, l'arrière-boutique gauloise si l'on veut, en tout cas l'élément hors commerce qu'il n'est pas utile de traduire. Ainsi la ruche vient-elle du gaulois *rusca*, qui n'a pas eu besoin d'être latinisé pour l'intercommunication dans les échanges avec le monde romain.

C'est donc par le commerce et grâce aux voies de communication qui pénétraient en profondeur dans le territoire gaulois que la langue latine allait d'abord se répandre.

Ruche. Vannerie avec base carrée formée de quatre planches assemblées, dont une à sept trous pour la sortie des abeilles.

Pendant qu'une partie de la Gaule se mettait timidement au latin pour des raisons économiques, la romanisation, la latinisation se faisaient plus nettement et plus rapidement dans le sud du pays. En effet, cette région avait été annexée par les Romains dès le IIe siècle avant notre ère pour assurer la liaison sans danger entre l'Espagne et l'Italie. Cette province romaine – qui deviendra notre Provence – s'appelait la *Provincia*, avec Narbonne pour capitale, une terre où l'influence méditerranéenne était déjà présente avant la guerre des Gaules et la brutale invasion romaine.

La romanisation de la Gaule, c'était le sens de l'Histoire, comme on dit aujourd'hui quand on parle de l'Europe… En effet, à l'époque, toutes les innovations économiques, politiques ou culturelles viennent du monde romain, Rome c'est le progrès, l'avenir rayonnant, la puissance retrouvée. Et, très vite, ceux qui veulent profiter de cette nouvelle conjoncture se décident à apprendre le latin… Les classes favorisées et les provinces du Sud se romanisent ultrarapidement. Les nobles qui convoitent le pouvoir et les marchands qui cherchent à faire des affaires se mettent à ânonner la déclinaison obligatoire… *rosa rosa rosam rosae rosae rosa*… Mais le petit peuple des campagnes ne respire pas cette rose-là. Il se montre plus réticent et reste obstinément en marge des échanges, en retrait de la culture, éloigné des puissants : il ne lâche rien, ni ses dieux ni sa langue.

Au IIe siècle, le temps est à la pacification. La *pax romana* règne sur une partie du monde. « Paix romaine », dit l'occupant ; *tancos ciuitatis*, répondent les Gaulois dans leur langue. « Paix de la cité ».

Cette paix romaine permet à la culture de se développer et le monde se transforme. En Gaule, l'art d'écrire le grec et le latin se répand…

Autun : un collège latin pour jeunes Gaulois

Au IIe siècle, de nombreux jeunes gens appartenant aux plus nobles familles gauloises faisaient leurs études en latin et en grec à l'école romaine d'Augustodunum – Autun, en Bourgogne. Dès le Ier siècle, cette toute neuve capitale des Éduens, construite par les Romains pour leurs fidèles alliés, était devenue une impressionnante métropole de la Gaule du Nord avec murailles et portes monumentales. Pour transmettre la philosophie et la rhétorique, l'art de dire, celui d'écrire et de lire, on avait créé ce collège d'Augustodunum, où les maîtres les plus rigoureux et les savants les plus exigeants venaient enseigner.

Le lieu exact de ce bâtiment – la première université de France, si l'on peut dire – avait été oublié, mais en 2011, à l'emplacement du parking Hexagone, en plein centre d'Autun, les traces d'un vaste édifice gallo-romain ont été mises au jour. Les vestiges de fondations massives, de grosses dalles rectangulaires en calcaire, de colonnes en marbre et d'un large portique ont permis de reconnaître l'école autunoise perdue. Mais tout a été soigneusement réenfoui sous plusieurs tonnes de terre… pour ne pas troubler le bon ordre des voitures venues se garer ! C'est pourtant précisément ici que la latinisation de la Gaule a été fortement encouragée, c'est ici que les jeunes nobles gaulois ont commencé à adopter une autre culture, une autre langue. (Boulevard Frédéric-Latouche, à Autun.)

Porte Saint-André à Autun, Bourgogne, construite entre le Ier et le IIIe siècle, ouvrant sur la voie romaine Decumanus-Maximus.

Un enseignant et ses élèves. Haut-relief gallo-romain de Neumagen, près de Trèves, provenant d'un pilier funéraire, 180 apr. J.-C.

En ce IIe siècle, les petits Gaulois des classes aisées partent donc à Autun étudier la langue du pouvoir et de la bienséance. Par ailleurs, de nombreux poètes et chroniqueurs latins sont appréciés des esprits cultivés, et l'on se précipite chez les libraires dont l'activité principale consiste à faire copier les manuscrits pour les revendre aux particuliers fortunés ou aux bibliothèques municipales. Car les Gaulois sont d'avides lecteurs : Pline le Jeune parle des *bibliopolae* de Lyon qui vendent ses œuvres littéraires et le poète Martial, de son côté, se vante de voir les Viennois du sud de la Gaule si friands de ses vers.

On lit les œuvres et on les écoute, l'écrit se dit aussi à l'oral… En ce temps-là, le moyen le plus rapide et le plus efficace de faire connaître une œuvre est la lecture publique. Chez les Romains, l'écrivain passe d'une ville à l'autre pour lire devant une assemblée souvent enthousiaste ses textes dont les seules copies manuscrites ne sauraient assurer une propagation assez rapide. Cette mode romaine transpire en Gaule et des odéons, construits souvent aux abords des stades, accueillent non seulement des musiciens mais aussi les auteurs les plus réputés du temps. La langue latine n'est bientôt plus seulement la langue commerciale ou celle de l'occupant, elle est aussi la langue des loisirs, de la beauté, de l'émotion, celle de la séduction !

Page de droite : À Lugdunum (Lyon), un petit théâtre de musique ; l'odéon (IIe et IIIe siècles apr. J.-C.) pouvait accueillir trois mille personnes.

En ce IIe siècle, l'auteur à la mode se nomme Aulu-Gelle. Parfaite incarnation de l'érudition classique, il écrit en latin et parle grec, cite Homère, commente Caton, et ses *Nuits attiques* font découvrir le monde, la politique et la pensée à ceux qui viennent en foule l'écouter ou aux lecteurs chanceux qui possèdent une copie du manuscrit… Un peu de philosophie, de longues digressions grammaticales, un soupçon d'Histoire, une part de légendes, et voilà une œuvre promise à l'admiration de toute une génération.

Lyon et Vienne : les deux odéons gaulois où l'on « disait » le latin avec passion…

Odéon… d'un mot grec signifiant le chant, parce que ces petits théâtres étaient destinés à développer l'art mélodique. Mais bien vite on y ajouta l'art oratoire du dire, l'exaltation de la poésie, la lecture des textes. Athènes, Corinthe et Pompéi eurent chacune leur odéon, mais la Gaule n'en fut pas dépourvue tant les spectateurs étaient avides de découvrir les auteurs latins.

Lugdunum et Vienna, les villes les plus romaines de l'Hexagone, eurent leur odéon, de quoi conférer à ces cités un petit air cultivé et tendance qui flattait les habitants. Les deux constructions, celle de Lyon comme celle de Vienne, datent du début du IIe siècle et pouvaient accueillir environ trois mille spectateurs.

Le souvenir même de ces odéons s'est perdu au fil du temps, mais des fouilles, entreprises sur la colline de Fourvière à Lyon entre 1941 et 1958 et à Vienne après la Seconde Guerre mondiale jusqu'en 1976, dégagèrent ces constructions oubliées. Et aujourd'hui, ces théâtres antiques de Lyon et de Vienne sont à nouveau utilisés pour des spectacles et des concerts.

★
★ ★

Pendant que certains prennent soin des âmes et des esprits par de jolis écrits, d'autres s'évertuent à soigner les corps par de savants traités.

À Rome, le Grec Galien, médecin officiel des empereurs Marc Aurèle, Commode puis Septime Sévère, se livre à des autopsies publiques qui lui permettent de fouiller les énigmes de la vie. En anatomiste clairvoyant, il étudie les particularités de la moelle, spécifie le rôle moteur du cerveau, isole les nerfs, les muscles et les tendons, repère chacun des os et distingue les veines des artères…

Les artères : du grec *artêria*, c'est-à-dire « qui contient de l'air », terme utilisé cinq siècles plus tôt par Hippocrate. Celui-ci avait en effet constaté, lorsqu'il ouvrait des corps sans vie, que les artères étaient gorgées d'air. Or il est vrai que, curieusement, au moment de la mort, l'ultime contraction du cœur évacue le sang des artères : quand on ouvre, elles sont vides ! Mais Galien ne s'y trompa pas : il clarifia d'une part le rôle des veines, des vaisseaux qui reconduisent le sang vers le cœur et les poumons, et d'autre part celui des artères, des vaisseaux différents qui acheminent le sang du cœur vers les organes. Galien avait donc compris que les artères ne contiennent pas d'air, mais du sang. Pourtant, plutôt que de leur donner un nom nouveau qui exprimerait mieux leur fonction, il conserva, sans doute par respect, l'appellation utilisée jadis par le père de la médecine… et nous parlons toujours de vaisseaux conduisant de l'air !

Les Nuits attiques d'Aulu-Gelle composent un florilège de vingt volumes tandis que Galien a laissé plus de quatre cents traités où se mêlent la recherche scientifique, les petites aventures quotidiennes et quelques traits philosophiques. Et si cet écrivain et ce médecin ont pu parvenir jusqu'à nous, c'est évidemment grâce à l'écrit.

★
★ ★

Du côté des Gaulois, en revanche, il n'en allait pas de même. Les druides refusaient l'écriture, pour le peuple comme pour eux-mêmes. Rien de ce qui était sacré ou seulement important ne devait être confié à l'écrit ! Il leur paraissait inconvenant de livrer à des graphies inertes la parole vivante des poètes et des dieux. L'Histoire, la légende, la foi devaient être déposées dans les mémoires des hommes et transmises par le verbe. Or seuls les druides étaient chargés de l'éducation, donc les élèves avaient interdiction d'écrire ! « Où irions-nous, disaient-ils, si la jeunesse se mettait à sacrifier aux modes et aux techniques nouvelles ? Que deviendrions-nous si nos étudiants confiaient aux tablettes les poèmes et les connaissances ? Alors, les générations à venir en oublieraient de cultiver et de développer leur mémoire. »

L'appareil circulatoire selon Claude Galien, IIe siècle apr. J.-C.
Une théorie erronée mais suivie pendant quinze siècles.

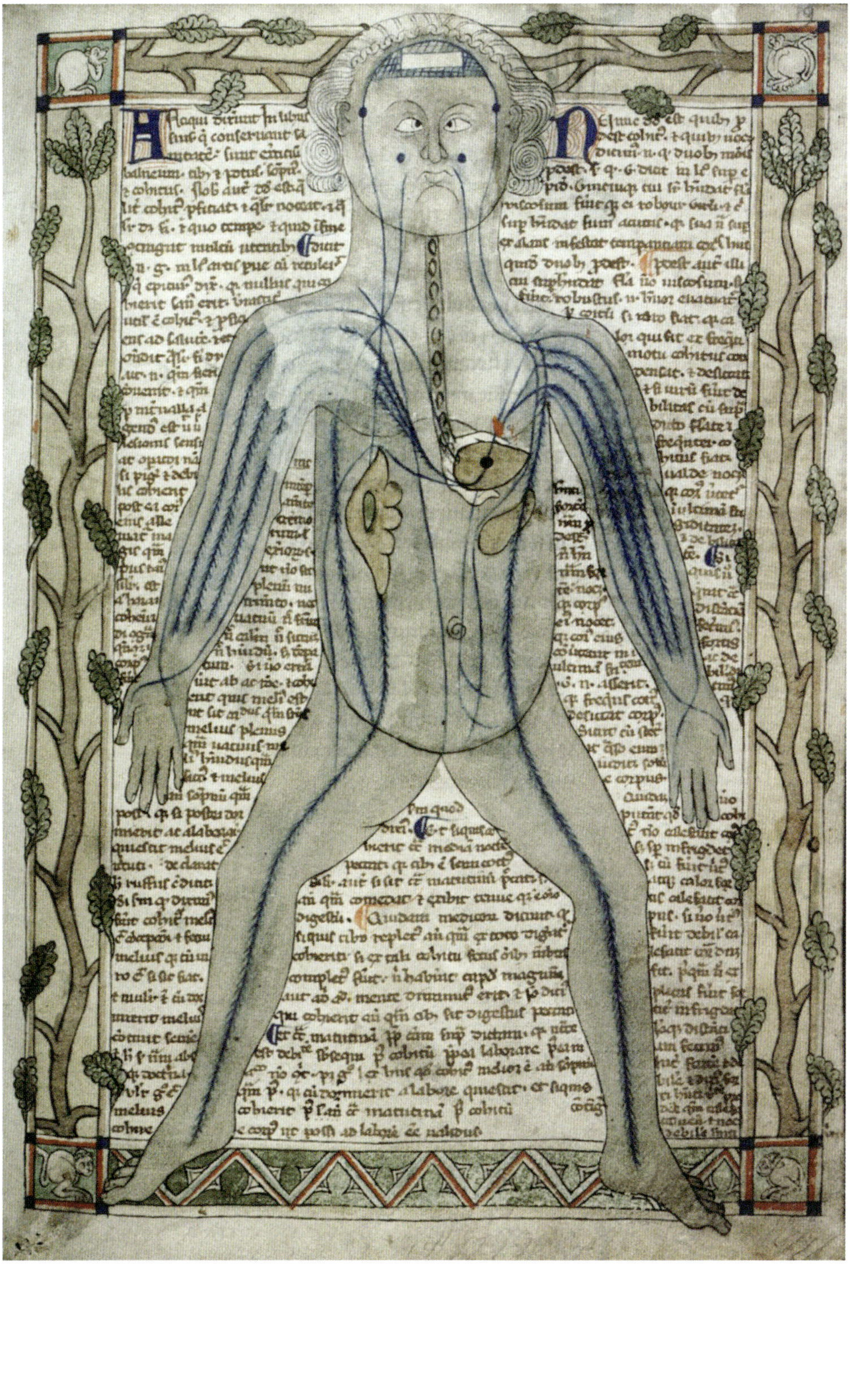

C'est drôle, mais en écrivant ces mots, j'ai soudain l'impression de proférer un anachronisme… Mais non, on disait déjà cela il y a dix-huit siècles !

D'ailleurs, lorsque les druides eux-mêmes, sous l'influence latine ou grecque, utilisaient malgré tout l'écriture, ce n'était qu'avec parcimonie, pour de courtes lignes, de brefs hommages aux grands disparus, de brèves suppliques aux divinités, ou dans quelques domaines utilitaires comme les comptes ou les calendriers… Difficile, après ça, de transmettre aux siècles suivants les créations d'un peuple et les subtilités d'une nation. Ce refus de l'écrit dans la transmission représenta au final une catastrophe aussi bien linguistique que culturelle. Car il y avait bel et bien une culture celtique, et les Gaulois n'étaient pas des brutes épaisses.

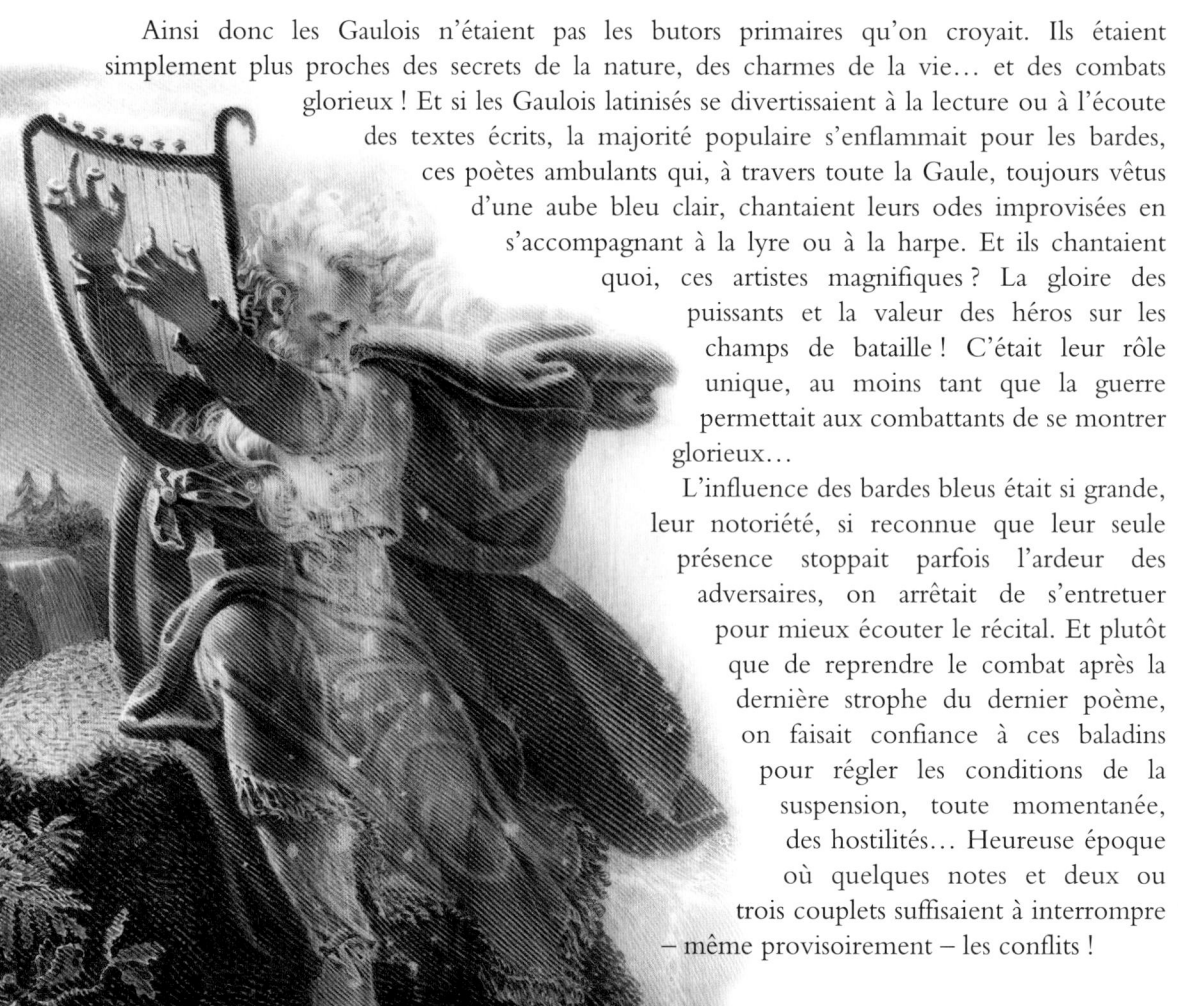

Ainsi donc les Gaulois n'étaient pas les butors primaires qu'on croyait. Ils étaient simplement plus proches des secrets de la nature, des charmes de la vie… et des combats glorieux ! Et si les Gaulois latinisés se divertissaient à la lecture ou à l'écoute des textes écrits, la majorité populaire s'enflammait pour les bardes, ces poètes ambulants qui, à travers toute la Gaule, toujours vêtus d'une aube bleu clair, chantaient leurs odes improvisées en s'accompagnant à la lyre ou à la harpe. Et ils chantaient quoi, ces artistes magnifiques ? La gloire des puissants et la valeur des héros sur les champs de bataille ! C'était leur rôle unique, au moins tant que la guerre permettait aux combattants de se montrer glorieux…

L'influence des bardes bleus était si grande, leur notoriété, si reconnue que leur seule présence stoppait parfois l'ardeur des adversaires, on arrêtait de s'entretuer pour mieux écouter le récital. Et plutôt que de reprendre le combat après la dernière strophe du dernier poème, on faisait confiance à ces baladins pour régler les conditions de la suspension, toute momentanée, des hostilités… Heureuse époque où quelques notes et deux ou trois couplets suffisaient à interrompre – même provisoirement – les conflits !

Ossian jouant de la harpe. Encre grise sur de l'ivoire, Jean-Jacques Karpff, dit Casimir, XIXe.

Un calendrier gravé dans le bronze en gaulois : stupéfiant !

En novembre 1897, Alphonse Roux, cultivateur à Coligny – dans l'Ain –, déterrait dans son champ, à quelques pas de son beau cerisier près de l'ancienne voie romaine Lugdunum-Vesontio (Lyon-Besançon), les restes d'un récipient contenant cent cinquante-trois fragments de bronze mêlés aux restes d'une statue du dieu Mars… Le puzzle patiemment reconstitué laissa apparaître un calendrier gaulois du IIe siècle, éphéméride d'une grande complexité qui donnait le déroulement, jour par jour, mois par mois, de cinq années consécutives. Ainsi était confirmé un témoignage de Jules César : « Les druides se livrent à de nombreuses spéculations sur les astres et leurs mouvements… » En étudiant ces vestiges, on a pu apprendre de quelle manière les Celtes comptaient le temps. Leur calendrier, s'appuyant à la fois sur la Lune et sur le Soleil, était composé de cinq années de douze mois lunaires de vingt-neuf et trente jours alternés, auxquels s'ajoutaient, pour l'ensemble des cinq ans et afin de rester en accord avec le Soleil, deux mois intercalaires de trente jours placés l'un au début, l'autre au milieu de la suite des cinq années.

Cette découverte stupéfia ceux qui étaient encore persuadés que les Gaulois n'étaient que des sauvages attendant patiemment dans leurs huttes l'apparition des Romains civilisateurs. Soudain, on se trouvait en face d'une connaissance subtile du mouvement des planètes et d'une langue plus expressive qu'on le croyait. Car le texte comprenait une soixantaine de mots ou de fragments de mots gaulois qui nous laissaient pénétrer le quotidien du peuple. On apprenait aussi comment se répartissaient les douze mois celtiques, de *samonios* (novembre), où l'on célébrait certes la fête des morts, mais où l'on fêtait aussi le nouvel an avec les *trinox*, les trois nuits… jusqu'au mois de *cantlos*, qui termine le cycle annuel. (Le calendrier de Coligny est exposé au musée Lugdunum, à Lyon.)

Détail du calendrier de Coligny.

Et quand le temps n'était pas à la guerre, il était traditionnel pour les chefs gaulois de convoquer dans les festins un grand nombre de bardes venus exalter encore leurs vertus et chanter leurs louanges… Certains bardes parvinrent ainsi, grâce à leur talent, à un haut degré de puissance et de considération. À une époque où les droits d'auteur n'étaient pas même envisagés, les poètes les plus talentueux recevaient des princes statères d'or et terres luxuriantes… Comble de la réussite, le barde doué pouvait prendre du galon et passer *pennbard*, c'est-à-dire superbarde chargé de diriger et d'administrer les biens de trente bardes lambda.

En fait, ces artistes possédaient au plus haut point l'art de manier avec habileté la brosse à reluire. En effet, leurs exploits semblent avoir consisté d'abord en une doucereuse servilité… Le philosophe grec Posidonios d'Apamée, qui voyagea en Gaule avant la conquête romaine, parle d'un grand repas donné par Luerius, roi puissant des Arvernes. Un poète trop distrait arriva à la table royale après les agapes, et Luerius déjà sur son char s'apprêtait à quitter ses convives. Le barde se mit aussitôt à exalter les mérites du roi et à flétrir son propre retard… Luerius, charmé par tant d'à-propos, jeta une bourse d'or au poète qui courait à côté de l'attelage majestueux. Le poète ramassa son viatique et reprit de plus belle ses propos flagorneurs :

– Les vestiges de ton char sur la terre font germer l'or et les bienfaits…

Vous l'avez bien lue, cette anecdote ? Maigre historiette, dont il faudra pourtant se satisfaire : les quatorze mots qui composent la réplique du barde – dont on ignore tout, jusqu'à son nom – sont quasiment le seul monument littéraire transmis par les Gaulois ! Et encore, on ne sait rien de la manière dont ces mots furent prononcés puisque Posidonios nous a raconté cette modeste péripétie dans sa propre langue, le grec.

Char gaulois, archéologie expérimentale par les Portes de l'Histoire.

★
★ ★

Quand la saison des guerres s'éloigna, quand le public réclama d'autres chants que des couplets adressés aux puissants, les bardes se firent le relais plaisant des légendes celtiques... Leurs chants nostalgiques se mirent à évoquer de belles amours ou de tragiques équipées, mais la mémoire de leurs mots fut le dépôt unique de ces mélopées. Des esprits curieux pensèrent bien à regrouper dans l'écrit les textes des bardes ; Charlemagne lui-même, six siècles plus tard, se préoccupa de cette culture moribonde et demanda de coucher sur le parchemin ces légendes et ces poèmes qui s'effaçaient du souvenir. Il semble bien que ce travail minutieux ait été accompli, mais le manuscrit commandé par l'empereur d'Occident s'est perdu...

Doit-on alors accepter ce naufrage et consentir à voir une culture entière disparaître ? Faut-il, au contraire, en franchissant les siècles, tenter de retrouver des traces d'un monde disparu et remonter à l'une des sources de notre langue ? En cherchant bien, on déniche des textes, plus tardifs, certes, mais fortement influencés par les récits des bardes d'autrefois. Ces légendes magnifiques ont fleuri à l'ouest du continent : chez les Bretons insulaires du pays de Galles d'abord, puis en Armorique, notre Bretagne, terre qui ne devint véritablement celtique qu'au VIe siècle après une forte immigration de la grande île voisine. Dès cette époque, alors que le reste du monde délaissait son héritage ancien, la Bretagne s'attacha, dans sa langue et ses contes, à conserver le vieux fonds des Celtes du passé... Comme un boomerang, les récits des bardes revinrent ainsi sur le continent, transformés, bien sûr, adaptés sans doute, interprétés certainement. Mais c'est pourtant grâce à eux que l'on peut percevoir peut-être ce que fut notre langue avant de s'épanouir dans la littérature, et d'où viennent les mythes qui bercent encore notre mémoire collective.

On nous parle d'Ys, ville disparue dans l'océan, on nous raconte la destinée de Dahut, figure féminine venue de l'au-delà celtique. Écoutons cette poésie qui nous vient de si loin, cette poésie qui a traversé tant d'épreuves linguistiques avant de nous parvenir, passant du celte au gallois, puis du gallois au breton pour se parer finalement de notre langue moderne afin de mieux nous toucher...

Dahut se baignait voluptueusement dans une crique sauvage, elle sortait nue sur le sable luisant comme la nacre, peignait ses longs cheveux roux en laissant ruisseler l'écume sur ses hanches et chantait cette étrange prière :

[...] *Océan, bel Océan bleu, roule-moi dans ton flot. Je suis ta fiancée, Océan, bel Océan bleu...*
Donne-moi le cœur des hommes farouches et des pâles adolescents sur qui tombera mon regard.
Car, sache-le, aucun de ces hommes ne se vantera de moi. Je te les rendrai tous et tu en feras ce que tu voudras.
À toi seul j'appartiens tout entière[1]...

1. Texte recueilli par l'écrivain alsacien Édouard Schuré pour son ouvrage *Les Grandes Légendes de France*, publié en 1893.

Ys, la mémoire celtique engloutie

Construite par Gradlon, roi de Cornouaille, en l'honneur de sa fille Dahut, la merveilleuse ville d'Ys se situait miraculeusement en dessous du niveau de la mer, mais elle était protégée par une digue magique…

Dahut rêvait de faire d'Ys une cité joyeuse et riche, et pour y parvenir obtint les faveurs d'un dragon qui détourna les navires de passage afin de les forcer à déverser leurs précieuses cargaisons dans la ville, devenue ainsi la plus prospère et la plus puissante des cités de Bretagne.

Heureuse et libre, Dahut invitait chaque soir un amant nouveau dont elle recouvrait le visage d'un masque de soie enchanté. Au matin, horreur, le masque se transformait en griffes de métal qui arrachaient la tête du malheureux dont le corps était jeté dans la mer.

Mais la punition arriva bientôt… Un jour, un prince vêtu de rouge entra dans la ville et Dahut en tomba éperdument amoureuse. Par amour pour cet inconnu, elle déroba à son père la clé de la digue et en fit cadeau au bel étranger… Mais, vous l'aurez compris, celui-ci était un démon justicier venu punir aussi bien les crimes de la jeune fille que les péchés de tous les habitants d'Ys : il ouvrit la digue, l'eau envahit la cité, qui disparut à jamais au fond de l'océan… Pourtant, ce mystère de l'Atlantide bretonne excite encore bien des aventuriers et autres Indiana Jones, qui parcourent inlassablement le littoral armoricain à la recherche de la ville engloutie.

La Fuite du roi Gradlon (330-434 apr. J.-C.), Évariste Luminais, vers 1884.

Avec la fin du siècle, la *pax romana* s'effrite. En l'an 187, la Gaule est en proie à des bandes de pillards et de déserteurs, que dirige un certain Maternus, ancien soldat qui mène désormais une guerre à son seul profit. Rome doit au plus vite rétablir l'ordre et envoie à Lugdunum un sénateur nommé Septime Sévère, un brillant organisateur à qui le pouvoir fait une entière confiance pour mettre fin aux troubles.

Effectivement, dans ses réformes, Septime Sévère fait preuve de sagesse en n'humiliant aucun peuple et surtout en refusant d'augmenter les impôts, ce qui fait plaisir à tout le monde et lui assure le fidèle dévouement de tous les habitants.

Il réussit si bien sa mission que Maternus le déserteur préfère aller guerroyer ailleurs, dans le pays des Ibères d'abord, puis en Italie où il projette d'avancer jusqu'à Rome pour tuer Commode afin de devenir empereur à la place de l'empereur ! Mais le projet échoue, Maternus est mis à mort…

À ce moment, Septime Sévère a déjà quitté Lugdunum pour administrer d'autres contrées de l'empire. Bien vite, il revient à Rome… pour être nommé empereur après l'assassinat de Commode et de quelques autres.

Cet empereur nouveau semble un ami de la Gaule, il la connaît, il l'a administrée avec discernement, il y a laissé le plus doux des souvenirs, et l'on murmure même que la nourrice qui accompagna sa petite enfance était une Gauloise… Très vite, l'empereur prend effectivement quelques mesures favorables aux traditions gauloises. On aura le droit désormais de parler et de commander en gaulois dans les armées romaines. Par ailleurs, les distances indiquées sur les bornes de la Gaule, inscrites jusqu'ici en milles romains, devront dorénavant utiliser la *leuca,* la lieue, mesure gauloise. Ainsi donc, plus de deux cents ans après la conquête romaine, non seulement la langue gauloise n'avait visiblement pas disparu, mais les coutumes celtiques n'avaient pas encore tout à fait cédé devant les habitudes romaines.

⋆
⋆ ⋆

Septime Sévère, qui favorisait donc un peu les Gaulois, va pourtant bientôt leur porter un coup funeste, au moins à Lugdunum…

Tout a commencé avec un tribun militaire, Clodius Albinus, qui prétend, lui aussi, au pouvoir impérial. Le choc final entre les troupes de l'usurpateur et celles de Septime Sévère a lieu le 19 février 197 près de Lugdunum… Au cours de l'affrontement, Septime Sévère est blessé, on le laisse pour mort sur le champ de bataille, mais il se relève, reprend le combat dès le lendemain et mène ses cohortes à la victoire.

Albinus vaincu se suicide pour éviter d'être capturé, alors c'est la ville de Lugdunum, ralliée en partie à l'usurpateur, qui va subir la colère de l'empereur et des soldats romains. Le souvenir de Septime Sévère en sera à jamais assombri, et l'on ne verra plus en lui qu'un persécuteur cruel… Car Lyon, la belle ville à la fois romaine et gauloise, celle qui chantait depuis deux siècles l'unité des peuples de la Gaule et la parfaite entente avec la puissance romaine, est livrée aux pillages, incendiée, détruite. Le sang coule dans les rues, et nombre d'habitants sont massacrés… Jamais Lugdunum ne retrouvera ni son autorité ni sa splendeur. Et c'est toute la Gaule qui pleure sa capitale sacrifiée.

Carte des voies romaines en Gaule, détail de la table de Peutinger (rouleau long de près de sept mètres et composé de onze feuilles de parchemin collées ensemble). Exemplaire unique d'une copie médiévale d'un document antique, léguée en 1508 à Konrad Peutinger d'Augsbourg (1465-1547).

FRANCIA
PARISI
Castra Herculis
Noviomagi
Burginatio
Colo Traiana
Veteribus
Pontes caldis
Baca conervio
Hermomacum
Blariaco
Catualium
Feresne
Geminico vico
Rodum
Duronum
Viromum
Perniaco
Nerviges
Durocortoro
Noviomagus
Tanomia
Caturices
Nasie
Mose
Noviomagus
Casaromago
Fixtinnum
Calagum
Bibe
Riobe
Corobilium
Segessera
Andemantunno
Autricum
Brivisara
Luteci
Meteglo
Condate
Eburobriga
Varcia
Cenabo
Fines
Aquis segeste
Fl. Riger
Filena
Vidubia
Cabillione
Belca
Agetincum
Bandritum
Autessio
Duro
Aballo
Ponte
Tasciaca
Gabris
Avaricon
Brivoduro
Cambiovicenses
Aquis Nisincy
Sidoloco
Tenurcio
Massava
Ebirno
Boxum
Aug. Dunum
Matiscone
Lunnam
Lugduno caput Galliarum
usque hic legas
Aquis Bormonis
Deneia
Ruteni
Comata
Sitillia
Pocrinio
Telonno
Fl. Garunna
Mediolano
Aquis Neri
Cantilia
Aug. Nemeto
Aquis Calidis
Vorogio
Ariolica
Roidomna
Mediolano
Foro Segustavarum
Aquis segete
Ad Silanum
Anderitum
Condate
Revessione
Icidmago
Avennione
Condatomago
Loteua
Volcetectosi
Ombranicia
Nemuso
Arelato
Ernagina
Glano
Fossis Marianis
Narbone
Beteris
Cesse
Foro Domitii
Sextantione
Ambrussum
Ugerno
Ostia Fl. Rodani
Saldas Colonia
Rusazu Municipium
Mustubio Horreta
Choba Municipium
Gebalusium
Ad ficum
Ad Basilica
Ruzai Municipium
Colonia
Moph Municipium
Tucca fines affrice et mauritanie
Culchul
Monte
Caput Budelli
Modolana
Benzeo
Ad portu
Ad stabulu olearium
Baccarus
Zaras
Swaddurusi praesidium
Ad centenarium

Domini iustiniani sacratissi
mi principis ppetui aug. iuris
enucleati ex omni veteri iure co
llecti dig. seu pandectarum. Ex

– 3 –

QUAND LE LATIN PARLÉ ACCUEILLE LES MOTS DES BARBARES

Au IIIe *siècle, la paix romaine est remise en cause. Avec des révoltes, des bagaudes, du latin parlé où* caput *devient tête, avec des bleus, bruns et gris empruntés aux Barbares et des Francs germaniques qui vont faire la France.*

– Affirmez-vous que cette chèvre est en état de bien manger, de bien boire aujourd'hui, et qu'elle sera ma propriété légitime ? demandait l'acheteur.

– *Spondeo*, répondait le vendeur. « Je l'affirme. »

Et la vente était faite.

Cette saynète convenue se répétait en langue latine sur toute l'étendue de l'Empire romain à chaque vente d'un animal de ferme. Par ailleurs, pour tout acte de la vie courante – vente, achat, mariage, divorce, héritage –, la législation bien fournie des Romains prévoyait à chaque fois les indispensables formules sacramentelles, les *verba legitima* – les paroles officielles – sans lesquelles le moindre arrangement aurait été jugé nul et non avenu.

Ce latin contractuel était obligatoire notamment en Gaule, en Espagne, en Grèce, en Syrie, en Égypte… Pour signer un contrat, il fallait soit parler cette langue, soit faire appel à un traducteur officiel. Mais dans certaines contrées, la tâche devenait accablante, pour ne pas dire irréalisable. En effet, comment trouver dans toutes les provinces de la Gaule assez de notaires latinisants pour rédiger les contrats ? Assez de magistrats pour juger les éventuels conflits ? Le latin imposé partout menait à une impasse : en définitive, trop de latin tuait le latin !

Au tout début de ce IIIe siècle, un juriste réputé et respecté nommé Papinien suggéra à l'empereur Septime Sévère un changement radical : renoncer à imposer partout la langue des Romains. Ne vaudrait-il pas mieux, au contraire, accorder à certains parlers régionaux un statut officiel ?

Le commerce au Moyen Âge : un jour de marché dans une ville. Miniature tirée du *Code Justinien* (*Codex Justinianus*), recueil de lois et institutions rédigées sous l'empereur romain Justinien Ier de Byzance (483-565), 1350.

Comme toute réforme, celle de Papinien fut proposée avec prudence, petit à petit, n'offrant d'abord sa générosité linguistique qu'au grec, puis graduellement au punique, d'usage en Afrique du Nord, et au syriaque, pratiqué en Asie Mineure. Un tabou majeur venait de tomber : le latin n'était plus la seule langue civilisatrice !

Papinien aurait peut-être encore développé sa réforme par la suite, mais il n'en a pas eu le temps. En effet, après la mort de Septime Sévère, l'illustre juriste fut l'une des nombreuses victimes de la paranoïa du fils de celui-ci, Caracalla : le nouvel empereur s'était fixé comme premier but d'abattre tous ceux qui pouvaient contester son autorité.

Caracalla, le petit chaperon gaulois

Lucius Septimius Bassianus est né à Lyon le 4 avril 188, mais on le connaît mieux sous le nom de Caracalla, empereur monté sur le trône romain en 211. D'où lui vient son sobriquet ? De son enfance en Gaule ! En effet, il avait pris l'habitude de porter en toute occasion un vêtement que les Gaulois appelaient *caracal*. Cet habit était une sorte de tunique à capuchon et à longues manches que l'on agrafait avec une broche sur l'épaule droite. L'étrange petit capuchon pointu qui surmontait le manteau en faisait toute l'originalité, et ce modèle, dit *caracalla* en latin et lancé par l'empereur, fut bientôt à la mode dans tout l'empire.

Statuette en marbre blanc d'un enfant endormi portant le cucullus (ou caracal) Ier ou IIe siècle ap. J.-C.

En 212, le même Caracalla promulgua un édit accordant la citoyenneté romaine à tout homme libre de l'empire… Largesse impériale peut-être due à des raisons fiscales, mais plus certainement destinée à suivre un mouvement initié par ses prédécesseurs, qui était censé assurer l'unité de l'empire. Dès lors, non seulement des langues lointaines avaient droit de cité, mais chacun était désormais citoyen romain… même s'il ne parlait pas le latin ! Occupants et occupés, vainqueurs et vaincus jouissaient du même statut et des mêmes privilèges.

Après l'assassinat de Caracalla, il faudra attendre quelques années l'apparition d'un nouveau juriste, Ulpien, et la survenue d'un autre empereur, Sévère Alexandre, pour voir ressurgir la question linguistique… Ulpien argumenta pour étendre à plus de nations encore le droit de s'exprimer légalement dans leur langue d'origine. Avec lui, le gaulois devint, vers 225, l'une des langues officielles de l'empire. Non seulement les habitants de la Gaule pouvaient désormais continuer de pratiquer leur parler ancestral, mais en plus ils avaient la possibilité de rédiger leurs actes juridiques et commerciaux en gaulois.

★
★ ★

Ainsi donc, les ennemis de la veille étaient devenus des alliés, les équilibres semblaient stabilisés, les langages divers faisaient chanter l'empire, on pouvait presque croire au bonheur.

Hélas non ! Des forces historiques plus sourdes, plus profondes, plus dévastatrices étaient déjà en marche... Cette ouverture vers la langue de l'autre cachait, en fait, une grave crise de l'Empire romain. Tout semblait se désagréger et la paix aux frontières masquait mal l'incessante guerre civile qui agitait le pouvoir. Caracalla avait été assassiné, ses successeurs subiront le même sort : Héliogabale massacré par la foule en 222 après quatre ans de règne, Sévère Alexandre poignardé par des soldats en 235, Maximin égorgé par ses propres légionnaires en 238, et l'on entre ensuite dans la confusion totale quand six empereurs se succèdent ou règnent concomitamment pendant quatre mois...

Mais cette sanglante litanie ne saurait occulter les populations affamées, les régions dévastées, les récoltes incendiées... Car la débandade politique s'accompagnait d'une instabilité économique. En effet, qui dit paix dit absence de prisonniers... et donc manque d'esclaves ! Qu'allaient devenir les grandes fermes dont le rendement était assuré par cette main-d'œuvre gratuite ? Beaucoup d'entre elles ne pouvaient plus continuer de produire : pauvreté et famine guettaient. Du coup, puisque la rentabilité était plus faible, les impôts rentraient moins bien, il fallait augmenter l'assiette de taxation et certaines provinces, s'estimant écrasées par les charges, entrèrent en rébellion... Bientôt la paix romaine, qui avait assuré à la Gaule presque deux siècles de tranquillité, allait être remise en cause par de multiples insurrections.

Des paysans accablés d'impôts, des citadins excédés par la domination latine, des soldats déserteurs, des esclaves évadés formèrent une armée hétéroclite sur laquelle flottait l'étendard de la révolte. Et pour désigner ces séditions anti-Romains, on s'inspira d'un vieux mot gaulois, *bagad* – groupe, troupeau –, qui donna le terme bagaudes... Ces séditions, qui allaient durer longtemps, démontraient à l'évidence que la romanisation de la Gaule n'avait pas profité à tous.

À cela s'ajoutait une crise institutionnelle qui poussait les légions, celles de la Bretagne insulaire ou celles de la frontière germanique, à tenter de marcher sur Rome avec le rêve irrationnel d'y imposer un retour à l'ordre. Mais en attendant, dans leur progression vers les Alpes, soucieuses de se nourrir et de s'enrichir, ces cohortes devenues démentes et autonomes ravageaient la Gaule, elles aussi...

Ces malheurs apportaient d'autres malheurs : les populations appauvries s'alimentaient de plus en plus mal, devenaient de plus en plus fragiles, donc victimes de toutes sortes d'épidémies. La mortalité était en hausse, et la natalité, en baisse... En effet, les révoltes et les bagaudes avaient brisé l'organisation traditionnelle de la famille. La population de la Gaule diminua dans des proportions extrêmement difficiles à juger, mais qui, selon les démographes, devaient atteindre vingt pour cent dans certaines régions du pays, sur une population totale estimée entre quatre et douze millions d'habitants, fourchette large.

Et comme des populations moins nombreuses signifiaient évidemment des armées moins puissantes, les Barbares n'allaient pas tarder à se rendre compte que les lignes de défense de l'empire étaient un peu moins surveillées…

⋆
⋆ ⋆

Les bagaudes et les légions dévastatrices marquèrent la fin du calme relatif qui régnait en Gaule, et de l'apparente soumission des Gaulois à l'autorité romaine. En fait, les Romains s'étaient montrés jusqu'alors assez permissifs au niveau de la langue des Gaulois et de leurs usages, même s'ils avaient combattu les sacrifices humains accomplis régulièrement par les druides…

Au fond, les Romains étaient plutôt à l'image des impérialistes anglais du XIXe siècle. Toute leur attitude criait leur credo : laissez-nous faire du profit et nous vous laisserons tranquilles ! On était loin de l'esprit colonisateur français qui, romantique, cheveux au vent à la Lamartine ou à la Chateaubriand, se donnait la mission civilisatrice de tout changer dans le pays conquis… « C'est l'esprit des Lumières ! », clamait avec arrogance le colonisateur. Traduction : on vient vous apporter la culture et le progrès, à vous, peuple enfant, sauvage et innocent, qui n'attendiez que nous pour enfin vous éveiller au monde !

Les Romains s'étaient montrés plus pragmatiques, certes, mais tout avait changé depuis que les peuples d'outre-Rhin s'étaient mis à bouger et que les bagaudes ratissaient le pays. Il leur fallait en quelque sorte appliquer l'état d'urgence à la Gaule : renforcer la présence militaire, et imposer davantage le latin pour mieux échanger et négocier avec les nouveaux venus.

Sacrifice humain au temps des Gaulois, un druide préside la cérémonie rituelle dans une forêt.
Gravure tirée de *Histoire populaire contemporaine de la France*, Lahure, 1866.

En définitive, la *pax romana* a toujours été une période de paix très armée : les Romains avaient déployé leur système de défense aux frontières où de multiples voies de communication permettaient aux armées de se déplacer rapidement pour maintenir les Barbares hors de l'empire. C'est ainsi que plus de trois cent mille soldats équipés et expérimentés garantissaient l'ordre romain depuis les profondeurs de la Bretagne jusqu'aux extrémités de la Syrie. Parmi eux, de nombreux Gaulois.

Eh oui, Rome recrutait dans chaque province de l'empire les soldats chargés de défendre la paix. Les Gaulois s'engageaient donc dans l'armée, et se latinisaient par la force des choses : le latin, ne l'oublions pas, a toujours été la langue du commandement. Et puis, l'engagement satisfaisait chez bon nombre d'entre eux ce goût si vif pour la guerre, et la solde généreuse finissait de convaincre les hésitants. À la fin de son temps de service – vingt ans – le vétéran était couvert de privilèges et d'honneurs, il se voyait offrir un lopin de terre, des avantages fiscaux, et la citoyenneté romaine. Et en plus, il parlait couramment le latin !

Ainsi diffusé par la force armée pour faire communiquer entre eux tous les membres de ce grand corps éparpillé qu'est l'empire, le latin vient donc s'ajouter aux langues locales, et le temps, en ce IIIe siècle de notre ère, est au bilinguisme quasi obligatoire. Une notion terriblement moderne, et qui suppose que chacun, à côté de sa propre langue, puisse s'exprimer dans une sorte de langage universel… C'était alors le latin, c'est l'anglais aujourd'hui dans les armées de l'OTAN.

Mais attention, quel latin parlait-on ? La langue des Romains a supplanté le gaulois, d'accord, mais quelle forme revêtait-il, ce parler international ? Le latin écrit, le latin classique, n'était évidemment pas celui des soldats, des marchands et des fonctionnaires en Gaule ou en Syrie ! On usait de simplifications, d'inventions, de raccourcis… L'important était d'être bien compris.

On l'a vu, le souci des Romains n'était pas la qualité de langue, ils voulaient faire des affaires, pacifier et exploiter les terres pour profiter des richesses du pays. On peut donc imaginer qu'avec cette tolérance à l'égard des populations conquises, la langue occupante ait été un peu malmenée, modifiée, déformée. Un décalage de plus en plus grand est apparu entre le latin écrit et le latin parlé, soumis à des contingences et à des pratiques particulières. Il y avait le *sermo cotidianus*, le discours classique, défendu par les gens éduqués, et le *sermo plebeius*, le discours populaire, utilisé par ceux qui cherchaient seulement à se faire comprendre, quitte à faire des emprunts aux étrangers et à tordre un peu la grammaire…

Notre français héritera bien souvent de ce latin populaire qui s'est mieux diffusé et plus durablement établi que la langue pure prônée notamment à Autun. Ainsi, le classique *edere*, manger, disparaîtra au profit de *manducare*, terme que l'on pourrait traduire par « jouer des mandibules »… verbe moins distingué que l'éthéré *edere*, mais tellement plus imagé ! De la même manière, le mot classique *caput* sera remplacé plaisamment par *testa*, qui désigna au départ un vase de terre cuite, puis une coquille, et enfin un crâne, et qui entrera dans la langue française pour désigner la tête.

★

★ ★

Au milieu du IIIe siècle, donc, le latin se transformait. L'Histoire, elle, se réveillait en colère.

Ce furent d'abord les Goths, des Germains jusqu'ici inconnus, qui franchirent d'un coup le Danube pour ravager la Dacie romaine, une région des Carpates. Un empereur est tué, encore un, mais cette fois, signe des temps, il ne succombe pas à un complot ou à des opposants... Decius tombe les armes à la main pendant la bataille d'Abrittus, dans l'actuelle Bulgarie. Et c'est tout un symbole : pour la première fois, un empereur romain trouve la mort en combattant les Barbares.

Par la suite, les Goths vont pousser leur avantage, franchir la mer Noire, passer le Bosphore, piller les côtes d'Asie Mineure, saccager Athènes... Et cela jusqu'en 274, quand l'empereur Aurélien parviendra enfin à conclure une paix, mais au prix de l'abandon par les Romains de la Dacie, région appartenant à l'empire depuis la conquête de Trajan plus d'un siècle et demi auparavant.

Dans la même poussée germanique, des tribus traversent le Rhin et commencent à s'installer en Gaule ; on les appelle les Lètes. Ceux-ci se mettent tout de suite au latin, pour pouvoir commercer, car ils se font fermiers et ont besoin de vendre leurs produits. Avec ces nouveaux arrivants, le latin retrouve une nouvelle jeunesse, un second souffle.

Le latin, c'est aussi la langue de l'armée romaine que rejoignent de nombreux Barbares qui se romanisent au contact des anciens ennemis. De leur côté, les Germains versent certaines de leurs expressions dans ce grand melting-pot qu'est l'armée, qui les léguera à notre français moderne... Et comme ces hommes venus de l'Est sont souvent des cavaliers, ils parlent avec fierté de la rutilance de leurs armes et de la robe de leurs montures... *Blank* pour les armes blanches, *brunaz* – ancêtre de *braun* –, *gris*, ou encore *blao* – qui deviendra *blau* – en parlant peut-être du ciel... et nous en ferons le blanc, le brun, le gris et le bleu.

Les Germains nous ont ainsi transmis une part de leur vocabulaire... Mais d'où vient le nom qu'on a donné à ces peuples d'outre-Rhin ? Eux-mêmes ne connaissaient pas ce terme de « Germain », chacun se qualifiait fièrement de *Deutsch*... Ce mot issu de l'ancien allemand *diot*, peuple, visait à l'origine les « langues populaires », autrement dit tous les parlers qui n'étaient pas latins. Puis il s'est appliqué aux peuples qui pratiquaient ces langues non latines... et quelques-uns en feront même leur patronyme ! Alors, il faudrait dire Deutsch, à la rigueur Franc, ou Alaman, ou Teuton, enfin quelque chose qui évoquerait directement ces nations, mais Germain...

Pourquoi a-t-on appelé les Allemands des « Germains » ?

Ce vocable a donné bien du fil à retordre aux linguistes. Strabon disait que les Romains avaient nommé ainsi ces peuples pour signifier qu'ils les considéraient comme les frères des Gaulois… Ils faisaient dériver ce germain-là du terme latin *germen*, rejeton, descendance… D'ailleurs, on dit encore un cousin « germain », et ce parent ne vient pas obligatoirement de Hambourg ou de Berlin ! Mais cette étymologie cousinale n'a pas semblé très convaincante, alors on chercha d'autres explications… On avança que le terme venait de l'hébreu *ghérim aniim*, les pauvres étrangers, ou de l'ancien allemand *Gerr Man*, homme honorable, ou de *Gar Man*, tout à fait homme, ou peut-être du latin *gerere immania*, guerroyer prodigieusement, ou encore de la Gera, rivière de Thuringe. Ne faudrait-il pas chercher plutôt du côté du gaulois ? Alors, le terme, pacifique et simple, viendrait de *gair maon*, peuple voisin.

Tribu germanique des Alamans. Gravure de 1856.

Quoi qu'il en soit, ces Germains voisins ont conclu entre eux des alliances militaires destinées à contenir à la fois les forces romaines et les migrations venues d'Europe centrale. Parmi ces mouvements, on va voir les Alamans se répandre sur la Gaule. Les Alamans ne sont pas vraiment un peuple mais une ligue militaire, un terme qui vient des mots germaniques *Alle Männer*, tous les hommes. Ces Alamans veulent faire la guerre, incendient Strasbourg, tentent des incursions et sont repoussés dans un premier temps par les armées romaines. On pourrait croire l'affaire terminée, mais non, ils reviennent vers 254 sous la conduite de Chrocus, leur roi, et pénètrent profondément dans le pays, brûlant les temples et confisquant les récoltes…

Tout cela n'évoque que la guerre et la désolation, mais pour en savoir plus, il faut encore faire appel à la langue, ou plus exactement, cette fois, à la toponymie… Les Alamans représentent une ligue militaire, certes, mais il semble bien qu'ils se soient tout de même installés dans certaines régions pour y vivre pacifiquement. Ces Alamans – dont nous ferons les Allemands – ont laissé sur place un souvenir indélébile, inscrit dans le nom de bourgs et de villages de l'Hexagone… On peut suivre ainsi la route prise par les Germains dans le pays des Gaulois. Pour la retrouver, on partirait de l'Est, dans le département de l'Aisne, on visiterait Allemant avant de descendre vers la Marne pour trouver un autre Allemant. Ensuite, on se dirigerait vers la Dordogne pour tomber sur Allemans et bifurquer en direction du Lot-et-Garonne où nous attendrait Allemans-du-Dropt. Nous prendrions enfin la route pour les Alpes-de-Haute-Provence et nous achèverions notre périple à Allemagne-en-Provence.

Certains villages, en certaines époques, ont été gênés d'afficher des noms aussi franchement germaniques… Ainsi, Brinon-les-Allemands, dans la Nièvre, est devenu Brinon-le-Franc sous la Révolution, et tant pis si les Francs appartenaient à une tribu tout aussi germanique que les Alamans ! Puis, en 1898, la commune s'autobaptisa Brinon-sur-Beuvron… logique, puisque le Beuvron y coule. Nom plus géographique, plus consensuel, mais moins historique.

Des Francs pour faire la France

Pendant que les Alamans traçaient leur chemin en Gaule, d'autres Germains passaient le Rhin et pillaient ce pays pour leur propre compte. Eux, c'étaient les *Franken*, les Indomptables… Et si les Alamans ont laissé quelques signes reconnaissables dans notre géographie, les *Franken*, eux, ont tout modifié, tout influencé… Car de ces Germains unis pour faire la guerre, nous ferons les Francs… Or ce mot de « Francs » va bientôt ne plus se contenter de désigner un peuple barbare venu s'imposer en Gaule, il va se décliner de toutes les façons. Il va passer au latin *francus* pour revêtir bizarrement le sens de libre, pénétrer ensuite l'ancien français avec ce sens précis, puis s'étendre encore pour adopter l'idée générale de justice et de droiture : franc comme l'or. Avec tout ce qui va en découler : franchement, franchise, franco… Mais de là à donner aux Francs tout le pays ! Eh bien oui, la Gaule va devenir la *Francia*, terme latin adopté au IXe siècle lorsque les petits-fils de Charlemagne se partageront l'héritage de l'empire d'Occident. Quant au langage parlé dans ce pays, ce sera le *franceis*, devenu le français au XIe siècle, avant que la *Francia* ne devienne la France au XIIe et qu'au XIVe siècle notre monnaie s'appelle le franc.

Guerriers francs brandissant des boucliers sous forme de jeton-monnaie de la chambre de commerce, vers 1910.

À la fin du IIIe siècle, la crise financière perdurait. L'empereur Dioclétien tenta alors d'y mettre fin en réformant le système fiscal. Il décida vers 297 de créer une taxe générale sur les terres, calculée selon la superficie de la propriété. Mais l'on remarqua vite que si l'impôt était facilement versé par les grands exploitants, les petits fermiers rechignaient à payer leur écot. Les agriculteurs gaulois avaient tendance à disparaître quand se présentait le collecteur. Pour remédier à cette opposition fiscale, Dioclétien interdit aux petits paysans de quitter leur exploitation... De plus, autre réforme, ceux-ci devaient désormais payer leur dû au grand propriétaire le plus proche... On n'était pas encore au Moyen Âge, mais c'était déjà une forme de servage. Et du gaulois *vassus*, serviteur, on formera sur cette nouvelle réalité le mot vassal, d'où dérivera notre moderne valet.

Pendant toutes ces bagaudes, guerres et invasions, le latin, on l'a vu, avait continué de s'imposer dans sa forme populaire, à côté des idiomes locaux. Le latin littéraire, lui, avait continué d'être enseigné cahin-caha dans le fameux collège d'Autun. Mais ensuite les bâtiments avaient brûlé, la plupart des élèves s'étaient enfuis, des maîtres avaient été tués... Un coup presque fatal qu'avait porté à Autun Victorinus, en 270. Il faut ici rappeler[1] qu'entre 260 et 274, au cours d'une de ces séditions insurrectionnelles de la Gaule, celle-ci s'était séparée de l'Empire romain. Et Victorinus, un officier militaire romain, avait été porté par l'armée à la tête d'un fantasmagorique « empire des Gaules » que ne reconnaissait évidemment pas l'empereur officiel Claude II. Or les partisans de Claude II s'étaient réfugiés à Autun. Il est vrai que cette cité était une petite Rome en Gaule, où le luxe et l'enseignement latins se conjuguaient pour faire de l'endroit une colonie brillante de l'occupant. Évidemment Victorinus, l'empereur fantoche d'un empire des Gaules rêvé, avait fait le siège de la ville et l'avait livrée à la destruction, aux pillages et aux massacres... avant d'aller lui-même se faire tuer par ses soldats quelques mois plus tard.

Pour le nouvel empereur des Gaules, Tetricus, la réhabilitation du collège latin d'Autun n'était guère une priorité. Il fallut attendre encore un peu... Trois ans ! En effet, l'empereur Aurélien pénétra en Gaule en 274 et Tetricus se soumit aussitôt. Il envoya à Aurélien un message en latin, un vers de *L'Énéide*, poème de Virgile : « Prince invincible, délivrez-moi de ces maux. » Par ces termes, le Gaulois acceptait non seulement la prépondérance de l'empereur romain, mais aussi celle de la langue et de la culture latines.

Ce n'est pourtant qu'à la fin du siècle que les maîtres du collège d'Autun purent reprendre leurs enseignements sous la houlette de celui qui deviendra le plus brillant des précepteurs, le plus célèbre des professeurs, le rhéteur Eumène, né à Autun en 260. Ce petit-fils d'un autre rhéteur venu de Grèce s'estimait, lui, pleinement gaulois. En tout cas, il parlait de « ma patrie » quand il évoquait la Gaule dans ses discours. Il nous reste de lui quelques textes : trois écrits de circonstance, des panégyriques destinés aux empereurs, et un plaidoyer pour la reconstruction du collège latin d'Autun.

1. Voir *Hexagone*, Éditions Michel Lafon, 2013.

Sur ce dernier point, Eumène nourrissait de grands espoirs. En effet, l'empereur Constance Chlore lui avait écrit : « Les Gaulois, nos fidèles sujets, méritent que nous nous intéressions à leurs enfants, dont l'esprit est formé à la culture des beaux-arts dans la ville d'Augustodunum… Quel bienfait devons-nous donc leur accorder, sinon celui que la fortune ne peut ni donner ni ravir ? Aussi, voulant désigner un maître à ces élèves, qui semblent orphelins depuis la mort de leur professeur, nous avons cru devoir vous choisir spécialement, vous dont nous avons su apprécier l'éloquence et la gravité des mœurs dans les fonctions que nous vous avions confiées… »

À cette missive impériale, Eumène répondit par un discours aussi habile que flagorneur, prononcé en 296 à Autun en présence de Rictiovare, gouverneur de la Gaule.

– Puisque les empereurs ont voulu relever cette colonie et la vivifier avec les plus grandes et les plus nombreuses ressources de l'empire, il est évident que leur intention est surtout de voir réparer ce sanctuaire des belles-lettres, où ils ont préparé le concours d'une jeunesse d'élite, par l'éclatante protection avec laquelle ils soutiennent l'honneur des études. Quel est en effet celui des anciens princes qui a mis, à faire fleurir l'instruction et l'éloquence, autant de zèle que ces incomparables et excellents maîtres de l'univers ? Pour moi, à consulter mon désir et mon affection, je ne crains pas de les appeler les pères de nos enfants ; ils ont jeté un regard de compassion sur leur Gaule bien-aimée et sur les généreuses dispositions de sa jeunesse d'élite…

⋆

⋆ ⋆

La réhabilitation du collège d'Autun marque une volonté de réimposer un latin unificateur. Mais au siècle suivant, il faudra plus que l'influence des élites pour réunir le peuple gaulois autour d'une langue commune.

L'Énéide, traduction d'Octovien de Saint Gelais, précédée d'une épître à Louis XII, 1500.

Quãt turn⁹ veit q̃ les latis deffaullẽt
Par les troyẽs q̃ si fort les assaullẽt
Il myplacable moult couuoyte ꝛ desire
Que sa promesse tost a briefue fin tire
Et tõ q̃ dessu des murs ꝛ des haultz lieux
Gecte sur luy le regart de ses yeulx
Son cue² eslieue ꝛ bien ouze entreprẽdre
Seul cõtre enee batailler et cõtendre
Tout en ce point cõme lion errãt
Que les chasseurs ont blesse en courãt
Quãt voit sa ploye q̃ le poinct ꝛ le picque
Alors seschauffe ꝛ ses forces dupplique
Lors sesiouyst hault esleue en teste
Ses creins cõtourne po² mieulx faire sa q̃ste
Et il sãs craĩcte romp la fleiche ou le dart
Que luy a mys en son corps le soudart
Yeulx effrayez ꝛ mais bouche senglãte
Aux poursuyuãs ꝛ aux veneurs presente

En tel maniere acroist la violance
Du duc turn⁹ plein de feu ꝛ doffence
Ainsin esmeu par voulote reprentin
Il se tira deuers le roy latin
Et lors luy dist ia po² moy ne demeure
Que le cõbat ne se face a briefue heure
Je nay rien dit ou promys que ne face
Tout seul suys prest de cõbatre en la place
Ne vueillẽt doncq̃s leur dire retracter
Iceulx troyẽs filz se veulent haster
Je les deffie recoy no⁹ a tel euffre
Prince puyssãt ꝛ que ton vueil le seuffre
Car po² certain huy par la destre myẽne
Je destruiray de celle gent troyẽne
Le chief ꝛ maistre ce meschãt dardanne
Qui est banny de la terre dasie
Hor se reposẽt les latins ꝛ retardent
Sãs batailler ꝛ sãs pl⁹ no⁹ regardent

EN TOYTΩI NIKA
ADLOCVTIO
QVADIVINI
TVS IMPVLSI
CONSTANTINI
ANI VICTORIAM
REFERERE

– 4 –

QUAND LE LATIN DEVIENT LA LANGUE OFFICIELLE DE LA FOI

Au IVe siècle, l'Empire romain se craquelle et le christianisme lui propose un ciment unificateur. Un Dieu : le Christ. Une langue : le latin.

Le siècle commence dans le cliquetis des armes. Il faut dire que la situation politique de l'empire n'a jamais été aussi confuse : sept empereurs se partagent ou se contestent la gouvernance, que ce soit en Gaule, en Italie, en Afrique, en Ibérie ou dans les régions danubiennes. Et pour donner à cette cacophonie un semblant d'harmonie on lui trouve un nom : une heptarchie, un gouvernement formé de sept personnages. Mais ce titre ronflant ne change rien à l'affaire, c'est le chaos. Les assauts et le destin viennent heureusement mettre bien vite un peu d'ordre dans ce chambardement. En 310, l'usurpateur Domitius Alexander est battu en Afrique par l'empereur Maxence, maître de l'Italie, tandis qu'un autre empereur, Galère, meurt d'un cancer l'année suivante.

Mais Constantin, l'empereur en charge de la Gaule, de l'Ibérie et de la grande île de Bretagne, décide d'étendre ses pouvoirs au-delà des Alpes. Il lui faut pour cela livrer bataille contre les troupes de Maxence. La grande confrontation se déroule le 28 octobre 312 dans les faubourgs de Rome, le long du Tibre, près du pont Milvius. Constantin est persuadé que seul le Ciel peut lui conférer la victoire, alors il prie, mais quel dieu prie-t-il ? Il s'adresse au Dieu des chrétiens, ce Christ qu'il connaît encore mal mais dans lequel il place toute sa confiance. Et il y croit avec une telle ferveur que juste avant la bataille, il voit lui apparaître dans les nuages un signe inconnu, un signe révélateur : deux lettres grecques qui forment le début du mot Christ et dessinent une croix. Il est vrai qu'à peine deux ans auparavant, il avait déjà vu Apollon : le dieu était descendu de l'Olympe pour lui annoncer un long règne ! Mais ce signe qu'il aperçoit maintenant, il y croit et, par sa foi, il vaincra. Foi réelle ou manœuvre politique ? Cette légende, autant que la conversion de Constantin, a été largement contestée… Il n'empêche qu'au pont Milvius, l'empereur de la Gaule écrase ses ennemis et Maxence est tué.

L'Apparition de la Croix à l'empereur Constantin (1517-1524),
Giovan Francesco Penni, dit il Fattore, XVIe siècle.

Devenu le maître, Constantin Ier fait l'état des lieux : Rome semble encore toute-puissante, elle brille toujours de ces mille feux qui l'ont enchantée au cours des quatre siècles passés, mais cet éclat n'est déjà plus qu'un leurre. L'Empire romain, ses conquêtes et sa langue sont en péril.

L'unité de l'empire fondée sur une volonté politique est devenue impossible, il faut imposer un lien plus fort : l'unité religieuse. Elle seule peut sauver un monde qui se délite de façon dramatique. En 313, l'empereur promulgue donc l'édit de Milan : « Nous avons pensé qu'il était conforme à la sagesse et à la raison de ne refuser à personne la liberté de professer, soit la religion chrétienne, soit toute autre religion qu'il jugerait mieux lui convenir… »

Cet édit de tolérance avant la lettre cache en fait l'intention véritable de Constantin, celle d'éradiquer un jour les autres cultes pour décréter finalement la prépondérance absolue du christianisme. Mais il faudra du temps, car bien des peuples, dont les Gaulois, ne sont pas prêts à abandonner aussi vite leurs divinités.

Chaque règle édictée par Constantin, chaque idée émise a pour but de faire triompher le christianisme. Il fait peindre sur le bouclier de ses soldats le chrisme, c'est-à-dire ce signe aperçu au-dessus du pont Milvius, ces deux lettres grecques, pour Christ, qui dessinent une croix. Ce signe répandu sur les cohortes ne signifie pas que les soldats qui le brandissent avec tant d'ostentation soient devenus chrétiens. Ces soldats représentent simplement l'instrument de l'empereur, et à ce titre portent son empreinte.

Mais Constantin ne se contente pas de cela, il interdit les sacrifices d'animaux, la fabrication et la consécration de statues destinées aux cultes païens, la consultation des oracles… En fait, ces interdictions sont plus ou moins respectées car il est difficile de se débarrasser des vieilles coutumes. D'ailleurs, l'empereur n'ose pas toujours s'opposer frontalement à certaines traditions anciennes, et craint encore de supprimer les spectacles de gladiateurs, les fêtes païennes et le culte rendu aux empereurs divinisés.

En outre, imposer un seul Dieu impliquait une seule langue : les chrétiens devaient pouvoir prier de la même manière d'un bout à l'autre de l'empire. Il faut se souvenir que le christianisme occidental avait été pratiqué d'abord par des Orientaux parlant grec. Donc, pendant presque trois siècles, le grec avait été la langue quasi officielle de l'Église romaine aussi bien en ce qui concerne la prédication et la catéchèse que la liturgie. Mais continuer d'imposer les prières en grec n'avait désormais plus aucun sens : la langue utile, la langue partagée, c'était évidemment le latin.

D'ailleurs, après la mort de Constantin, le pape Damase, peut-être pour venir au secours des réformes initiées par celui-ci, fit du latin la langue officielle de l'Église. Le souci du pape rejoignait les préoccupations de l'empereur : l'unité ! Un schisme avait en effet protesté contre l'élection de Damase : Ursicin, évêque de Sens, s'était fait nommer pape de son côté, et Damase s'échinait encore à ramener les schismatiques à la raison et à extirper l'hérésie du christianisme. Pour y parvenir, il convoquait des conciles contre toutes ces sectes dissidentes, et elles étaient nombreuses. Il y avait entre autres l'arianisme, qui niait la consubstantialité du Père et du Fils, et qui avait été condamné au concile de Nicée en 325 mais néanmoins perdurait… L'apollinarisme, lui, refusait d'attribuer au Christ une âme humaine… Et le priscillianisme, prôné par Priscillien, affirmait que notre esprit était le royaume de Dieu, et notre corps, celui du Mal…

Représentation de saint Jérôme et du pape saint Damase (305-384).
Miniature tirée de la Bible de Helmarshausen, XIIe siècle.

Pour imposer le latin, le pape s'adressa d'abord à Jérôme de Stridon, son secrétaire particulier, un prêtre né dans la Croatie actuelle. À cet érudit versé dans la connaissance des langues, le souverain pontife demanda d'établir une traduction latine des Saintes Écritures à partir de l'hébreu pour l'Ancien Testament, et du grec pour le Nouveau. Jérôme consacra plus de quarante ans de sa vie à ce travail : ce sera la Vulgate de saint Jérôme, qui fit autorité jusqu'au concile de Vatican II au début des années 1960.

Avec Damase, le latin devient donc la langue de la liturgie chrétienne. Ainsi apparut une sorte de jargon latin-chrétien, une langue fortement marquée par le latin parlé, loin des vers délicats des poètes romains, et imprégnée surtout par la création de nouveaux mots empruntés souvent au grec et abruptement latinisés… On va donc chercher chez les Grecs des termes qui vont devenir *baptisma*, *diabolus*, *propheta* ou *parabola*… si directement entrés dans le français qu'il est inutile de les traduire !

D'autres mots latins utilisés pour transmettre les Évangiles changent de sens sous la pression des homélies. Ainsi, *conversio*, qui ne concerne d'abord qu'un mouvement rotatif, est utilisé bientôt pour signifier l'action de se tourner vers Dieu, et se métamorphose en conversion. *Fides*, au contraire, qui vise spécifiquement la foi, étend son champ d'action pour se transformer en *fidelis*, fidèle, et *confirmatio*, qui ne parle, au départ, que de la ratification d'un acte, devient une cérémonie destinée à confirmer les enfants dans la grâce du baptême…

Cela dit, qu'une langue unique d'évangélisation se simplifie voire se transforme pour être mieux comprise des « fidèles » est une bonne chose, mais point trop n'en faut. Dans le texte, elle doit rester plus proche de ses origines si l'on veut la transmettre. C'est ainsi que l'on voit naître les indispensables *Grammaires*, qui serviront de modèles quand l'heure sera venue d'étudier et d'expliquer la langue française. En ce IVe siècle, la *Grammaire* de Donat, précepteur de saint Jérôme, ouvre la voie et invente ou perfectionne, à cette occasion, un système de ponctuation : le point placé à des hauteurs différentes indique des pauses plus ou moins longues. C'est encore un peu simple, mais déjà efficace.

Pour que sa *Grammaire* soit accessible à tous, Donat la divise en deux parties. La première, *Ars minor*, le petit art, est destinée aux débutants alors que l'*Ars maior*, le grand art, va plus loin en explorant les prononciations justes, les fautes à éviter et les qualités de la langue.

★
★ ★

Cette langue si bien protégée par l'*Ars maior* de Donat, cette langue défendue par des lettrés capables d'écrire des poésies et par des orateurs habiles, fait un peu peur à ceux qui se pensent moins adroits à manier les mots fleuris…

C'est ainsi que Gallus, un modeste Gaulois appelé à parler devant une assemblée aquitaine, tremblait à l'idée de se faire juger par ces gens venus de Burdigala, notre Bordeaux.

– Je crains d'offenser vos oreilles délicates, leur dit-il.

Mais ce Gallus était l'un des disciples de Martin, le saint homme qui avait partagé son manteau avec un miséreux, l'évêque très aimé qui vivait à Tours une existence recluse, le directeur de pensée qui regroupait autour de lui des communautés d'ascètes décidés à souffrir pour le Christ. Alors, si c'était pour parler d'un tel homme, qu'importait le langage…

– Parlez celtique ou gaulois si vous l'aimez mieux, lui répondit-on, mais du moins entretenez-nous de Martin…

Saint Martin valait bien cette rare tolérance.

De toute façon, les Aquitains auxquels s'adressait le modeste Gallus semblaient se considérer bien au-dessus de ces pauvres Gaulois dont le langage était si rude. Ils ne pratiquaient d'ailleurs pas leur langue et voulaient tout ignorer des Celtes, trop heureux de perpétuer leur propre idiome avec un accent raffiné. Ils avaient appris le latin, bien sûr, et le parlaient avec une telle précision, un tel souci de la pureté lexicale qu'on ne pouvait que les féliciter, mais leur propre langue – leur parler d'origine – restait intouchée, éloignée de toutes les influences extérieures et en cela totalement marginalisée par un latin qui avait pris toute la place.

Quelle était cette langue ? Jules César disait que cet idiome ressemblait plutôt à celui des Ibères – des Espagnols dirions-nous aujourd'hui. En fait, les Vascons, peuple de ces régions, semblent avoir connu un langage spécifique pratiqué des deux côtés des Pyrénées et jusqu'à Bordeaux : le basque. Une langue qui, au cours des siècles, n'a cédé ni devant le celte, ni devant le latin, ni devant le germain, ni devant l'arabe, et pas davantage devant le castillan ou le français plus tard.

Saint Jérôme écrivant, Michelangelo Merisi dit le Caravage, 1605.

Le basque : une des plus vieilles langues du monde

Le basque – *euskara* dans le langage originel – a tellement peu emprunté son vocabulaire aux autres langues que son origine et son évolution sont mal connues. Ce dialecte aurait été parlé avant même l'arrivée des Indo-Européens en Europe, c'est-à-dire avant les Celtes, avant les Gaulois, ce qui en ferait la plus ancienne langue d'Europe et l'une des plus vieilles langues au monde ! Et ce parler antique, qui connaît plusieurs variantes, est encore pratiqué par plus d'un million de locuteurs entre la France et l'Espagne.

Carte de la rade de Saint-Jean-de Luz, 1600. Doniban-Lohitzun, son nom basque, est composé de Doniban : saint Jean, et Lohitzun : *Lohi* (la boue), *tz* (beaucoup) et *un* (le lieu où), le lieu où il y avait beaucoup de boue. Normal, pour cette ville construite à l'embouchure de la Nivelle !

Cela dit, même si ce vieux parler basque perdure, en apprenant le latin, en l'écrivant, en le déclamant, les Aquitains deviennent des Romains enthousiastes, des maîtres dans l'art de versifier et dans la manière de dire. Ainsi, Hilaire, évêque de Poitiers, fut paraît-il un grand orateur aquitain et un auteur important… En fait, on n'en sait rien, et on ne peut en parler que par ouï-dire : la plupart de ses ouvrages ont été perdus et ceux qu'on lui attribue ne seraient pas de lui ! Difficile de juger une œuvre dans ces conditions. Saint Jérôme, qui se fit l'hagiographe du prélat aquitain, donne néanmoins une idée de l'impétuosité de son verbe en l'appelant « le Rhône de l'éloquence latine ».

En Aquitaine, donc, la société cultivée s'efforçait de respecter la langue de Cicéron. La poésie était à la mode. À Bordeaux, particulièrement, l'engouement latinisant ne connaissait plus de bornes, et des maîtres enseignaient l'art de bien versifier : l'école municipale de Burdigala jouissait dans ce domaine d'une grande réputation et l'on disait qu'elle abritait les professeurs les plus fameux.

Ces pédagogues si réputés avaient une vie bien réglée entièrement consacrée à l'éducation et à la poésie. Six heures par jour, ils enseignaient la grammaire et la rhétorique. Ensuite, rentrés chez eux, ils se mettaient à aligner les vers pour des panégyriques de grands personnages ou des pièces déclamatoires. Ces textes à peine écrits, ils les adressaient au plus vite à leurs collègues de Toulouse, Narbonne ou Vienne, parfois jusqu'à Rome… Et ils attendaient les félicitations, les louanges, qui ne tardaient pas à arriver. Ces hommes studieux, accrochés à leur table de travail, se montraient heureux de cette petite renommée limitée à quelques confrères… C'était bien souvent cela, la gloire littéraire provinciale. On rêvait de devenir Tacite, Sénèque, Tite-Live ou Virgile, mais on s'appelait Delphidius, Exupère ou Minervius, alors on se contentait d'une charge officielle et l'on tentait de gravir les échelons dans l'univers ouaté et rentable des hauts fonctionnaires.

C'est alors qu'on a vu apparaître le Gaulois le plus romain, l'Aquitain le plus latin, le Celte le plus impérial : Decimus Magnus Ausonius, dit Ausone, écrivain prolifique, poète et enseignant. Ce Bordelais fut le premier auteur de notre littérature… Je sais, le titre est contesté. Pourquoi ne pas faire monter sur le podium, par exemple, le rhéteur Eumène, que nous avons rencontré au IIIe siècle ? Parce que les textes d'Eumène qui nous sont parvenus ne sont pas vraiment des œuvres littéraires, seulement des discours de circonstance, des éloges ampoulés destinés aux empereurs ou des requêtes habilement tournées. Avec Ausone, nous sommes en présence d'un véritable auteur, un obsédé de la métrique et de la rythmique, qui ne s'exprime que rarement en prose et croit constamment devoir traduire ses sentiments ou témoigner de ce qu'il a vu en vers bien calibrés. Pourtant, il nous parle de son quotidien, de son père qu'il a tant aimé, de sa douce résidence, des roses qui le charment, des villes qu'il a visitées…

Mais Ausone est d'abord le chantre de son pays, et spécifiquement de Bordeaux, la ville qui l'a sans doute vu naître en l'année 310 : « Ô ma patrie ! Toi, célèbre par tes vins, tes fleuves, tes grands hommes, les mœurs et l'esprit de tes citoyens… »

Ce fils de médecin était pourtant prédestiné à soigner ses contemporains, lui aussi. Puis il s'est détourné de cette vocation imposée pour se faire… grammairien. Il a décidé de disséquer les verbes, sujets et compléments plutôt que les chairs ! Et enfin, il s'est consacré à l'écriture.

Il pouvait s'y adonner l'esprit tranquille, car il était riche, très riche. Ses parents lui avaient légué une dizaine de domaines autour de Bordeaux, et surtout la belle villa Lucaniacum, autour de laquelle les vignes s'étendaient, produisant un vin généreux. Selon lui, vin et poésie devaient obligatoirement se mêler pour provoquer une douce ivresse des sens et de l'esprit. D'ailleurs, il avait fait dresser dans sa demeure une statue du dieu Liber, maître de la croissance et de la fertilité, maître des vins et des griseries qu'ils procurent… Il était pourtant sincèrement chrétien, mais il n'hésitait jamais à saupoudrer sa vie et son œuvre d'une touche de paganisme joyeux.

Dans une lettre à un ami, il expliquait comment le vin de Bordeaux participait à l'écriture et à la lecture

Decius Magnus Ausone, IVe siècle.

des vers les plus attendrissants : « Et tu sauras que c'est une œuvre dont je puis être fier, car ces vers commencés en dînant, je les ai terminés avant la fin du repas, c'est-à-dire en buvant… Toi-même, ne lis cela qu'avec une pointe de vin et de gaieté, car il n'est pas juste qu'un poète peu sobre ait pour juge un lecteur à jeun. »

Évidemment, depuis des siècles, on a cherché dans tout le Bordelais où se trouvait la villa d'Ausone. En vain. On savait néanmoins qu'elle était située sur la rive droite de la Dordogne, et sur cette rive bien des coteaux prétendent encore être à l'emplacement de la fameuse villa. Mais finalement, on a donné la préférence à Saint-Émilion. On ne prête qu'aux riches…

★

★ ★

Cela dit, Ausone ne faisait pas que s'occuper de ses vignes, il avait des élèves qu'il tentait de conduire au Panthéon des lettres. Sans grand succès, semble-t-il. Son cher neveu Herculanus, le fils de sa sœur, jeune homme fort doué, préféra mener une vie de débauche et finit par en mourir. Paulinus, plein de talent lui aussi, « le fils de mon esprit », disait le maître, fut un jour touché par une étrange grâce : il affranchit ses esclaves, mit en vente ses immenses domaines, distribua son or et s'échappa en Espagne, pour vivre dans la pauvreté du Christ.

Décidément, Ausone n'avait pas de chance avec ses meilleurs élèves ! Il semble ainsi n'avoir mené, à Bordeaux, qu'une petite carrière obscure jusqu'à l'âge de cinquante-quatre ans. Et là, soudain, en 364, ce vieux professeur respecté mais ignoré va connaître la gloire : l'empereur Valentinien l'appelle pour être le précepteur de son fils, le prince héritier Gratien, alors âgé de cinq ans. Voilà un disciple avec lequel il aura plus de bonheur…

Ausone doit donc quitter Bordeaux pour Augusta Treveris sur la Moselle – Trèves en Allemagne – la *Roma Secunda*, le lieu de résidence que s'est choisi l'empereur pour mieux contenir les Barbares germaniques dont l'étau, lentement, enserre l'empire.

Peu conscient de ce danger, Ausone abandonne donc sa chère cité pour prendre son poste à Trèves. En se dirigeant vers cette ville, il écrit l'un de ses textes les plus célèbres, *La Moselle*, long poème de quatre cent quatre-vingt-trois vers dans lequel il raconte son voyage et ses découvertes…

Moines cultivant la vigne au Moyen Âge. Gravure extraite de *Grands hommes et grands faits de l'industrie*, Édouard Siméon, 1880.

Les poissons d'Ausone

Ausone, cet homme qui a fait chanter la vieille terre du Bordelais, ne nous a pourtant pas légué un vocabulaire très riche. Son latin classique n'a pas grandement enrichi notre langue. Pourtant, il nous a transmis deux mots que vous n'utilisez pas très souvent, à moins que vous soyez pêcheur…

Dans sa découverte éblouie de la Moselle, il déclame :

« Qui ne connaît la verte *tinca*, ressource du vulgaire… et *l'alosa* grillée au foyer pour le régal du peuple ? »

Tinca… ce mot, que nous ne connaissons que par ce vers, deviendra la *tence* en vieux français, puis la tanche, poisson de nos rivières… Quant à *alosa*, terme que l'auteur entend prononcer par les Gaulois, ce sera notre alose, poisson de l'Atlantique.

Le barbeau (*Barbus Communis*), la carpe (*Cyprinus Carpio*), la tanche (*Tinca tinca*). Planche extraite de *Histoire naturelle des poissons* de Bernard Germain Étienne de Lacépède, 1857.

Salve, amnis, laudate agris, laudate colonis…

« Salut, rivière renommée pour tes terres et pour ceux qui les cultivent… »

En tout cas, l'empereur est très satisfait des prestations d'Ausone. Celui-ci devient un personnage considérable de la cour romaine. Précepteur, comte du palais, questeur, il est chargé successivement de l'enseignement, de la sécurité, des comptes. En 375, onze ans après son arrivée à Trèves, son élève Gratien monte sur le trône impérial… Ausone obtient alors des charges élevées dans l'administration civile, devient préfet du prétoire des Gaules, consul, puis proconsul. Des charges importantes qui ne sont pas toujours seulement honorifiques et font de lui un puissant de l'empire…

Et tout s'arrête en 381. D'abord, Ausone a déjà soixante et onze ans et n'a peut-être plus vraiment d'énergie à donner pour la chose publique. Et puis, cette année-là, Gratien déplace sa cour impériale de Trèves à Milan, et Ausone, qui vit sur les bords de la Moselle depuis presque dix-sept ans, n'a guère envie de recommencer une nouvelle existence de courtisan dans une ville inconnue…

Alors, il retourne dans son Bordelais aimé. Durant sa longue vieillesse, chez lui, buvant son vin, arpentant ses domaines et continuant de versifier, il va parfaire son œuvre, c'est-à-dire ses vignes et ses vers.

Et parmi les dernières lignes qu'il écrit, avant de mourir en 395, à l'âge vénérable de quatre-vingt-cinq ans, il demande encore au vin de lui rendre la fougue d'antan : « Je cherche avant tout un vin généreux qui chasse mes soucis, soutienne mes brillantes espérances, et qui, en se répandant dans mes veines, échauffe mon âme et me rende la vigueur de la jeunesse. »

en chaustel ho ime · i · ray ardant

une · i · ray e escocie

– 5 –

QUAND LES ARMÉES DE CLOVIS NOUS APPORTENT L'ACCENT FRANC

Au V*e siècle, le déclin de l'Empire romain fait de la Gaule un pays à prendre. Et selon les envahisseurs, la langue s'éparpille en multiples dialectes…*

« Poussés vers la mer par les Barbares, et repoussés vers les Barbares par la mer[1], nous n'avons que le choix de la mort entre le fer et les flots… »

Vers l'an 425, Vortigern, roi de la grande île de Bretagne (l'Angleterre actuelle), est agressé par des hordes venues de Germanie, et envoie ce message désespéré au généralissime Aetius, dernier représentant de la puissance romaine en Gaule. Mais elle s'étiole dramatiquement, cette puissance romaine, et le royaume insulaire a été abandonné par les légions depuis quinze ans déjà : Rome n'a plus les moyens d'entretenir des armées tous azimuts. Les empereurs romains d'Occident successifs doivent se contenter de freiner plus ou moins efficacement l'avancée des Barbares.

Aetius, qui se bat sans fin contre les envahisseurs, n'a donc pas le temps de répondre au roi breton : chacun ses soucis ! Alors Vortigern, définitivement seul, déterminé à sauver ce qui peut l'être encore, négocie avec les envahisseurs germaniques : les Angles venus de la péninsule d'Angeln du côté de la mer Baltique, et les Saxons, appelés « les hommes aux couteaux », issus eux aussi du nord de l'Allemagne actuelle.

Leurs chefs, les deux frères Hengist et Horsa, font ainsi alliance avec le roi Vortigern, et leurs armées combattent aux côtés des Bretons notamment contre les redoutables Pictes, confédération de tribus établies dans le nord de l'île de Bretagne.

1. Les Bretons de la grande île sont pris en étau entre les Barbares qui viennent du continent et ceux qui descendent d'Écosse.

Vortigern, roi celte du Ve siècle, brûle dans son château en feu. En dessous, il apparaît entouré de ses courtisans. Miniature tirée de *Chronique d'Angleterre* de Pierre de Langtoft, XIVe siècle.

Pour rétribution de leur appui, les Anglo-Saxons obtiennent le droit de fonder un royaume dans le sud-est de l'île, la région du Kent… Mais ils deviennent bientôt si puissants qu'ils peuvent se retourner contre leurs alliés de la veille… Ils massacrent les Bretons jusqu'au fond des forêts, les égorgent dans les cavernes où ils se cachent. Hommes, femmes, enfants, vieux ou jeunes, nul n'est épargné.

Bien vite, ces Bretons abandonnent leurs terres et prennent la fuite. Certains trouvent refuge dans les montagnes de la Cambrie – le pays de Galles –, où ils pourront encore développer leurs lois, leur langue et leurs coutumes, mais la plupart d'entre eux s'embarquent pour les côtes de l'Armorique et viennent peupler ainsi la Bretagne continentale… Les bateaux se succèdent sans discontinuer, une longue file d'embarcations accoste dans tous les ports armoricains : ils débarquent, les Bretons de la grande île, se répandent dans les terres, accueillis comme des frères par une population qui parle comme eux, prie comme eux, vit comme eux.

Qu'y a-t-il de vrai dans ce que je viens de raconter ? Qu'y a-t-il d'historique dans ces péripéties bretonnes ? Impossible de le savoir, les histoires antiques de la Bretagne, insulaire ou continentale, mêlent toujours le rêve et la réalité, ponctuent le récit de drames ou de miracles toujours excessifs, toujours fabuleux. Sans oublier les personnages fantastiques, les dragons et les lutins, qui viennent régulièrement rythmer les aventures ! Dans ces chroniques, les rois bretons s'appellent Bristokus, Budic, Hoël ou Aldrien, ils font la guerre, se battent, légifèrent… et c'est toujours la Bretagne indépendante et fière qui finit par triompher. Et tant pis si l'on ne sait pas grand-chose de tous ces souverains : ont-ils réellement existé ou n'appartiennent-ils qu'à la légende ?

*
* *

Mais au ve siècle, le temps n'est bientôt plus aux légendes : même les korrigans, les petits gnomes bretons velus aux mains dotées de griffes de chat, ne peuvent pas changer le cours inexorable du destin… Les Angles s'installent si vigoureusement en Bretagne insulaire qu'ils en font l'Angleterre, dont les Anglo-Saxons sont tout naturellement les nouveaux habitants. Et ce n'est pas une légende, cette fois !

Les Bretons autochtones s'échappent donc en grand nombre vers l'Armorique, ils y retrouvent cette langue brittonique qui est la leur, ce parler celtique pratiqué dans les deux Bretagne. Ils viennent avec leurs bardes, leurs druides et leurs chrétiens ; les uns conservent les chants celtiques, les autres transmettent les hymnes aux divinités de la forêt, les troisièmes propagent leur foi… Et tous entretiennent les mythes anciens, créant un pont entre paganisme et christianisme.

Comment ne pas se souvenir de Corentin, qui prêche le christianisme en chantant comme un barde ? Il n'ignore pas, le saint homme, que son auditoire aime la musique et les poèmes.

Carte chasseresse et mythologique de Brocéliande, forêt de Paimpont, XIXe siècle.

Les paysans dans leurs chaumières ou les princes dans leurs châteaux sont prêts à écouter la parole du Christ… mais à condition d'en faire quasiment une comédie musicale !

Ils ne sont pourtant pas unanimes à accueillir cette croyance en la Trinité. Le barde devin Guinclan – ou mieux, Gwenc'hlan selon la graphie bretonne – se déchaîne contre les chrétiens et proclame au son de la harpe le grand soulèvement populaire qui, un jour, abattra la loi de Dieu… Il est comme ça, Guinclan, bilieux et emporté, ses prédictions annoncent inlassablement des châtiments effroyables, des apocalypses violentes, des fins du monde inéluctables…

À coups de ballades ou de poèmes s'affrontent ainsi ceux qui croient au Christ et ceux qui prient Belenos, le dieu celtique. À force de faire peur à tout le monde, Guinclan finit tout de même par être condamné au bûcher pour ses blasphèmes, mais il se hâte de prendre la fuite et se réfugie sur les hauteurs du Menez Bré dans les monts d'Arrée… Là, il déclare à qui veut l'entendre vouloir se faire enterrer vivant, menaçant de bouleverser l'univers si l'on ose venir troubler son repos éternel. Et pour terrifier un peu plus ses contemporains, il déclame ces vers hargneux :

Maz marvint oll a strolladou
Oar Menez Bré a bagadou.
« Ils mourront tous par bandes
Sur le Menez Bré, par troupes. »

Ce devin de mauvaise humeur, vous le reconnaissez ? Il est entré tout droit dans nos mémoires : écrivains et bardes en ont fait Merlin l'Enchanteur, un prophète et sorcier gallois doté de pouvoirs exceptionnels, adroit à transformer son apparence, capable d'ordonner aux éléments de la nature, habile à parler aux animaux, source d'inspiration toujours renouvelée tout au long des siècles et jusqu'à Walt Disney…

Selon la légende, Merlin donna au roi de l'île de Bretagne, Uther Pendragon, la fameuse épée Excalibur qui conféra à celui-ci un pouvoir infini contre les Saxons avant qu'il meure empoisonné par l'ennemi. Ce fut ensuite à son fils Arthur de monter sur le trône, conseillé par Merlin qui lui proposa sagement de réunir les chevaliers autour d'une table ronde… On le voit, la légende a délocalisé l'Enchanteur : de la Bretagne continentale, elle a transposé le magicien en Bretagne insulaire avec mission de poursuivre la guerre contre l'envahisseur. La diaspora de la grande île se vengeait-elle ainsi de ses humiliations et de ses échecs ?

En tout cas, avec ces légendes fidèlement transmises par cette langue brittonique jalousement conservée, la culture celtique, qui disparaît alors en Gaule, s'implante durablement en Bretagne. Au cours des siècles suivants, on verra de chaque côté de la Manche les musiciens et les mémorialistes partager mélodies, histoires et mythologie.

Les mots bretons entrés dans la langue française

Je ne sais pas si le français a un peu influencé le breton, mais la langue bretonne, elle, a donné quelques mots à notre parler national. Il y a bien sûr dolmen et goéland, ce qui ne vous surprendra pas. Mais d'autres mots sont plus étonnants : cohue, qui vise une foule turbulente, découle directement du breton *koc'hu*, une halle… bruyante et agitée bien sûr.

Quant à baragouiner, si pour certains le terme vient du latin *barbaros* – l'étranger qui bredouille ainsi la langue en bégayant –, il viendrait pour d'autres du breton *bara*, le pain, et *gwin*, le vin. Comment en a-t-on fait cette expression qui désigne un langage incompréhensible ? Parce que ces deux termes étaient « baragouinés » par les Bretons dans les auberges de France quand ils réclamaient du pain et du vin au tavernier…

Mais, s'il vous plaît, ne dégustez pas ce repas à califourchon ! La prochaine fois que vous serez dans cette inconfortable position, sur une selle ou sur une chaise, souvenez-vous que le terme est issu du breton *kall*, qui signifie les testicules, et du latin *furca*, la fourche. L'image est frappante… Il a bien fallu deux langues pour l'obtenir !

Un balai de genêt. Le mot balai vient du breton *balazn* (*balan* actuellement). Au Moyen Âge, les Bretons confectionnaient ce que l'on n'appelait pas encore des balais avec des branches de genêt et allaient les vendre hors de Bretagne. Le nom est resté.

Merlin l'Enchanteur, Howard Pyle, 1903.

Pendant que la Bretagne est prise de celtomanie, le latin se répand quasiment partout dans le reste de la Gaule. Ironie du destin : c'est exactement au moment où le monde romain entre en pleine déliquescence que sa langue s'impose.

Cette faiblesse des Romains, celle-là même qui a condamné les Bretons de la grande île, pousse les Barbares à se lancer à l'assaut de la Gaule. Dès l'hiver 405, ils ont franchi le Rhin gelé et ont commencé leur invasion… Qui, « ils » ? Les Alamans, les Burgondes, les Wisigoths et les Francs. À eux quatre, ils vont se partager le gâteau gaulois et tout ravager sur leur passage. « La Gaule tout entière a brûlé comme une torche », écrivait Sidoine Apollinaire, auteur de ce ve siècle.

Dès lors, notre langue gallo-romaine va se trouver au contact d'influences bariolées : ces nouveaux arrivants vont faire éclater le latin en plusieurs dialectes dont les différences sont parfois encore sensibles aujourd'hui.

Et voilà la Gaule éparpillée façon puzzle… Après avoir commis des incursions profondes au-delà du Rhin dans les siècles passés, les Alamans n'ont pas l'intention de s'enfoncer beaucoup plus loin. Ils demeurent prudemment dans les régions gauloises proches du fleuve-frontière, et leur langue supplante aussi bien le latin que les derniers reliefs du celte pour jeter les bases du futur dialecte alsacien.

Les Burgondes, eux, arrivent des confins de la Baltique. Soucieux de maintenir un semblant de paix, le généralissime Aetius leur attribue un modeste territoire autour de Genava, petite ville au bord du lac Léman, qui deviendra Genève. Mais les Burgondes ne veulent pas se contenter d'un royaume aussi exigu, ils poursuivent vaillamment leur conquête. Qui pourrait s'opposer à leur avancée ? Dès le milieu de ce ve siècle, ils occupent un large espace depuis le lac de Constance jusqu'au sud d'Avignon…

Dans ces régions acquises, le parler germanique des Burgondes se déforme assez vite, et donne naissance à une langue nouvelle faite de leur propre idiome et de fortes influences latines… Car l'ancien éclat de l'Empire romain les éblouit encore, et ils se montrent fiers d'englober dans leur langue la langue des Romains ! Ainsi, les mots changent… Le *regnum Burgondiæ* devient la Bourgogne, tout simplement. Et bientôt peut émerger un dialecte spécifique, parlé de Genève au val d'Aoste. Ce dialecte, appelé longtemps « patois bourguignon », sera baptisé pompeusement « franco-provençal » par les savants du XIXe siècle. Pourquoi cette appellation pas très contrôlée ? Ce parler n'est ni français ni provençal !

Sans vouloir vexer les Bourguignons, il faut bien avouer que le franco-provençal n'a pas laissé de grandes traces dans notre français… Il y avait bien *encharibotté,* adjectif spécifiquement bourguignon qui signifiait confus, embarrassé, et que Victor Hugo utilisa au moins une fois.

« Monsieur, vous avez l'air tout encharibotté », fait-il dire au bouffon Triboulet dans *Le roi s'amuse.*

Mais le mot a disparu de l'usage depuis longtemps et a été exclu des dictionnaires. Si l'on veut retrouver la vieille langue des Burgondes, il faut aller à Genève…

Ci-dessus : Art barbare de Gaule, époque mérovingienne, VIe-VIIe siècles : *fibules* (du latin *fibula* signifiant attache) en argent doré travaillé en filigrane, style polychrome.

Page de gauche : Migration des Francs à travers le Rhin pour atteindre la Gaule. Gravure coloriée du XIXe siècle.

CHANSON DE L'ESCALADE

EN LANGAGE SAVOYARD.

CE qu'è lainô, le Maitre dé Bataille,
Que ſe moque & ſe ri dé canaille,
A bein fai vi per on Deſande nay
Qu'il étivé Patron dé Genevois.

Y ſon vegnu le doze de Deſſambro
Per onna nay aſſe naire que d'ancro,
Y étivé l'an mille ſi ſan & dou
Qu'y veniron parlà on pou trai tou.

Pè onna nay qu'étivé la pe naire,
Y veniron, y n'éta pa pé baire;
Y étivé pé pilli noutre maiſon,
Et no tua ſans aucuna rayſon.

Petis & grans oſſis en ſevegnance,
Pé on matin de na bella Demanze,
Et pé on zeur qui faſſive bein fra,
Sans le bon Dy nos étivon to pra.

On vo dera qu'éta celeu canaille;
Lou Savoyard contre noutre mouraille,
Tra eitiellé on dreſſia & plianta,
Et par iké dou ſan y ſon monta.

Étiant entra, vegniron u Courdegarda,
Yo y firon onna ruda montada;
Ils avivion tenailles & marté
Qu'étivon fai avoy du boun acier.

Pay arraſſi lou cliou & lou ſaraille,
To lou verreu & tota la féraille
Qu'on rençontrave an de pary andray,
Qu'on boutave pé neitre pa ſurpray.

On étrablio ils avivon forcia,
Et d'on petar qu'ils avivon teria;
Y coudavon deiza étre à ſcevau,
Y né furon pas aſſé monta yau.

Sen Alteſſa deſſus Peincha étive;
Yon d'entre leu s'encoru pé li dire,
Que le petar ava fé ſon aifour,
Qu'on alavé far entra to lou grou.

Ils avivon dé lanterne ſeurdé;
Contrefaſſion celei grouſſe grenollié:
Y étivé pé alla è pé veni,
Pé que jamais nion ne pû décrevi.

Picô vegnai avoi grande hardieſſe,
Pé fare vi qu'il ava de l'adreſſe;
Et volivé la pourta pétarda,
Y éti ké qu'y fut bein attrapa.

Y volivé fare de tala ſourta,
Kare volu tota éfondra la pourta,
Et l'aré mé pé brelode & bocon,
Poi ſan alla to dra deſſu le pon.

Lou pon-levi y lou arion baſſia;
Arion outa to ce qu'are ampaſſia,
Pé fare entra l'eſcadron de Savoi;
Vo lou verri bein tou en déſarroi.

Car on ſeudar qu'aperçu to ſozicé,
To belaman bouta bas la coulicé,
Poi va cria qui ſe falia arma,
Yo atramant no ſarion to tua.

Y fu haſſia keman de lé herbetté,
Poi enfela keman dé aluetté,
Y fu créva keman on fier crapio,
Et poi ſaplia keman dé atrio.

Drai u clioſſi on va ſena l'alarma,
En méme tem on crye é arme! é arme!
De to endra on vi dé zan ſourti,
Que deſivon, y fau vaincre u mouri.

Y alaron vitaman ſur la Treille;
Yon d'entre leu s'avança pé adreſſe,
Et fit alla queri dé mantelet,
Pé s'en ſervi keman de parapet.

Y roulavon dena tala fouria,
Et pé bouneur ils étivon enroulia;
Y faſſivon encora mai de brui
Qu'on Bovairon avoi cein ſan choüari.

Pé cei moyan on pra le courdegarda,
Yo l'ennemi faſſive bouna garda;
Y le falliu quitta é Genevois
U deshonneur de tota la Savoi.

Lou Savoyar vito priron la fuita,
Quand y viron renverſa la marmita,
Yo ils avion bouta couaire à dinna
Pé to celeu qu'ils avion aména.

Ils alaron vito à la Tartaſſe,
Yo l'ennemi criavé de grand raze,
Vive Eſpagne! arri, vive Savoi!
Ye orandra qu'on tein lou Genevois.

Lou Genevois qu'avion gran corazo,
Firon bein vi qu'ils aitivon dé bravo,
De ſe batré contre dé zan arma
De le manton quanque à leu cholar.

On entendive cé vipère Alexandro,
Que deſivé, y né vo fau ran crandro,
Las mous enfan deipaſſi de monta,
En paradi ze vo fai to alla.

Sen Alteſſe en granda diligence
Ouna pouſta manda u Ra de France,
Que Zeneva il avive ſurpra,
Que ceta nai il y farai ſon lia.

Ventre ſein gri, ſe dit le Ra de France,
Que Zeneva ſe ſai laſſia prendre,
La! mon couzin ſi e trai azarda,
Y ne porra pa guere la garda.

En mémo tan ouna lettra arrive,
Que le couda fare créva de rire,
Que deſivé lou Savoyar ſon pra,
Lou Genevois lou pandon orendra.

Mai vaiſſia bein dé atre épenoſſe,
Quand y viron leu tra eitielle rotte;
Y ne povion déſendre ne monta,
Y étiké qui furon bein domta.

On leu denna d'abour la reveria;
Dé Genevois y ſentiron lépia,
Que frénave de na bella façon,
Y ſavion bein joui dé l'eſpadon.

On Savoyar upré de la mounia
Y fu tua d'on gran cou de marmita,
Que na féna li arroſſa deſſu;
Y tomba mour, frai & rai étendu.

Treize on pra qu'étivon tó en via;
Y deſivon, de no oſſi pedia,
To en coudan qu'en payan leu rançon
Y s'en irion ſaquion dan leu maiſon.

Mai le Conſeil en granda diligencé,
Fi leu procè, prononça leu ſentencé,
Qu'y ſarion to pendu & étranglia
Deſſu Louyé cely bio béluar.

Chantons à la manière des Burgondes

Le 12 décembre 1602, à 2 heures du matin, le duc Charles-Emmanuel de Savoie, profitant de l'obscurité, attaque Genève, ville que les Savoyards convoitent depuis longtemps. Les assaillants ont tout prévu, ils posent leurs échelles sur les murailles et amorcent l'escalade qui devrait les conduire au cœur de la cité. Les Genevois alertés, hommes et femmes confondus, se précipitent, s'arment de fourches ou de hallebardes, et parviennent à repousser l'ennemi, assurant ainsi pour longtemps leur indépendance.

Cet événement fondateur est encore célébré chaque année dans les rues de la ville, et les enfants des écoles chantent en franco-provençal l'hymne genevois qui rend grâce au Seigneur :

Cé qu'è lainô, le Maitre dé bataillé,
Que se moqué et se ri dé canaillé,
À bin fai vi, pè on desando nai,
Qu'il étivé patron dé Genevouai.
« Celui qui est en haut, le Maître des batailles,
Qui se moque et se rit des canailles
A bien fait voir, par une nuit de samedi,
Qu'il était patron des Genevois. »

Deux rangs de soldats du cortège de l'Escalade défilant, Ferdinand Hodler 1886.

Page de gauche : *Chanson de l'Escalade* en langage savoyard imprimée au XVIIe siècle.

Pour leur part, les Wisigoths ont entrepris depuis plus de cent ans une longue marche de la Baltique à la mer Noire puis du Danube jusqu'à la Gaule. Ils sont partis en quête d'une terre où ils pourraient s'arrêter enfin et s'établir pour longtemps. Bottes hautes et manteaux courts, ils chantent accompagnés de la cithare, psalmodiant dans leur langue la légende héroïque du roi Athanaric, l'allié des Romains. Sur le plan religieux, ils poussent l'originalité jusqu'à être des fidèles de l'arianisme, secte chrétienne considérée comme hérétique et condamnée, nous l'avons vu, au concile de Nicée en 325, mais qui continue à séduire bien des catholiques dissidents.

Les Wisigoths traversent donc la Gaule, filent vers l'Atlantique et vont finalement réussir à s'implanter en Aquitaine… grâce aux beaux yeux de Placidia !

Placidia est la fille du dernier empereur romain à avoir régné sur un empire unifié, Théodose Ier. Quand les Wisigoths ont pillé Rome, en 410, ils ont emmené en otage cette belle jeune fille de vingt-deux ans.

Prise dangereuse… En effet, Athaulf, nouveau roi des Wisigoths, ne résiste pas à ce visage d'ange, ce regard noir et ces cheveux de jais : il décide de l'épouser illico… Il prendra même soin d'organiser deux cérémonies : la première en Italie selon le rite germanique, la seconde à Narbonne selon les traditions romaines. Ce mariage entre une Romaine et un Barbare frappe si bien les esprits qu'un évêque annonce l'accomplissement de la prophétie biblique : « La fille du roi du Midi viendra chez le roi du Nord pour rétablir l'harmonie. » Il aurait mieux fait de lire la suite de la prédiction, le bon évêque, il aurait été moins rassuré : « Elle ne conservera pas l'avantage du pouvoir, son influence ne se maintiendra pas… » (Daniel 11 : 6).

Sigéric, roi des Wisigoths, traite indignement la veuve d'Athaulf, Galla Placidia, sœur d'Honorius, la contraignant à marcher devant son cheval, en 415. Gravure tirée des *Impératrices romaines,* M. de Serviez, édition de 1888.

Elle a pourtant tort, la prophétie ! Certes, Athaulf est tué en 415. Mais le charme de Placidia peut aller s'exercer ailleurs… Constance, puissant général romain qui fait la guerre aux Wisigoths, a été, lui aussi, frappé par la beauté de la dame. Il en rêve, il la désire… Alors, il négocie un traité avec Wallia, successeur du roi assassiné. Il propose un échange : le roi lui livre Placidia, et les Wisigoths pourront s'installer sans coup férir en Aquitaine. Mieux, ils recevront en prime le statut de « peuple fédéré », c'est-à-dire allié des Romains.

À vingt-huit ans, Placidia change donc de maître. Mais qui sera le vrai maître, en fait ? Constance l'épouse immédiatement, et cette nouvelle union va bientôt élever la jeune femme au rang le plus haut. En effet, quatre ans après les noces, en 421, son mari est proclamé empereur d'Occident… Mais l'ascension de Placidia ne s'arrête pas là, car le pauvre Constance III, qui a tout réussi jusqu'ici, meurt d'une inflammation de la poitrine sept mois seulement après avoir revêtu la dignité impériale. Et là, Placidia se révèle : elle prétend désormais régner au nom de Valentinien, le fils qu'elle a donné à Constance, un enfant de trois ans. Et durant plus d'un quart de siècle, Placidia, veuve d'un roi et d'un empereur, mère d'un empereur, mais surtout tacticienne et manipulatrice habile, va gouverner en sous-main l'Empire romain d'Occident…

Pendant ce temps les Wisigoths, leurs cithares et leurs croyances séditieuses se sont donc installés en Aquitaine et imposent leur loi : ils confisquent aux habitants les deux tiers de leurs terres et le tiers de leurs esclaves. C'est comme ça. Et les Aquitains sont plutôt soulagés par cette mansuétude…

Ce partage réalisé, le roi Wallia établit sa capitale à Toulouse avant de partir guerroyer de l'autre côté des Pyrénées… Au nom des Romains avec qui il a conclu un pacte, il s'en va chasser les Vandales, un peuple germanique, et les Alains, venus du Caucase. Les Wisigoths écrasent si bien ces autres Barbares qu'ils s'installent à leur place, et leur royaume englobe désormais une grande partie de la Gaule de l'Ouest et un territoire qui va jusqu'au sud de la péninsule Ibérique.

Et quelle langue ont-ils laissée, ces Wisigoths ? Ce peuple qui parlait, lui aussi, une forme de germanique n'a pas vraiment fait souche dans notre Hexagone. Je n'ai trouvé, en français, qu'un seul mot qui serait vraiment issu du parler wisigoth : soupe, qui viendrait du terme *supôn*, assaisonnement ; peut-être les Wisigoths relevaient-ils leur potage d'une manière excessive.

Soupe… Maigre récolte. Mais si l'on fait la même recherche du côté castillan, le résultat est nettement plus impressionnant. On y retrouve notre *supôn* sous forme de *sopra,* mais encore un vocabulaire aussi disparate que *parra*, la vigne, *tejón*, le blaireau, *espia,* l'espion, ou *ropa*, le vêtement… Autant de mots, parmi un millier d'autres, que les Castillans ont hérités des Wisigoths.

*
* *

Et les Francs, alors ? Que deviennent-ils ? Évidemment, parmi les Germains, ce sont ceux qui vont avoir le plus grand ascendant sur le pays et la plus forte influence sur la future langue française. On l'a vu, ils étaient déjà présents en Gaule au IIIe siècle, certains s'étaient même sédentarisés, engagés par les Romains pour surveiller les frontières…

Cette fois, ils reviennent en force et s'installent d'abord au nord de la Loire. Leurs vagues successives vont peu à peu les imposer militairement partout, ils vont vaincre les derniers Romains, puis leurs confrères envahisseurs, Alamans, Burgondes, Wisigoths. Ils vont progressivement unifier le pays et adopter le latin pour les mêmes raisons que les Gaulois vaincus qui, quatre siècles plus tôt, s'étaient eux-mêmes mis à la langue des Romains : le pouvoir, le commerce, la religion. L'histoire se répète, mais avec d'autres protagonistes.

En 476, l'ultime empereur romain d'Occident, Romulus Augustule, se voit contraint d'abdiquer, vaincu par Odoacre, encore un Germain. L'Empire romain d'Occident a cessé d'exister, malheur attendu qui n'empêche pas le latin de continuer d'être parlé… Mais à nouveau se pose la question : quel latin pour la Gaule ? Ce n'est pas encore du « latin de cuisine », parler approximatif qui triomphera un peu plus tard, mais c'est déjà du « bas latin »…

Duel entre Odoacre et Théodoric. Page tirée d'un codex du XIIe siècle.

Même la langue de l'Église, qui se veut unificatrice, dogmatique et officielle, subit des influences, supporte des déviances, endure des déformations. Car la religion doit être codifiée dans un style accessible à tous afin d'être aisément enseignée aux ouailles et de faciliter les conversions. Dans cette langue en mutation, les Écritures sont commentées, expliquées, interprétées… Très tôt, l'Église recommande donc à ses évangélisateurs de ne pas trop se préoccuper de la forme latine classique, mais d'utiliser plutôt un style rudimentaire… *Sermo humilis*, est-il prescrit, une parole simple. « Mieux vaut nous faire réprimander par les grammairiens que de ne pas être compris par le peuple », proclame saint Augustin.

À côté du latin d'Église existe aussi le latin de cour, plus élémentaire encore, plus altéré aussi… En 481, un jeune homme de seize ans nommé Clovis devient roi des Francs. Ce Germain germanisant s'inscrit immédiatement dans le prolongement de l'Empire romain disparu dont il admire tant l'organisation. Ne se voit-il pas lui-même comme un nouveau César ? En tout cas, il reprend à son compte tous les codes des Romains. D'ailleurs, il est germain, mais parfaitement bilingue : destiné à succéder à son père à la tête de la Belgique seconde, province romaine, il parle couramment le latin dont il veut faire la langue de l'élite, le parler de la noblesse, l'expression du progrès.

Le latin doit s'insinuer dans tous les rouages de l'organisation royale. Clovis récupère-t-il l'administration fiscale romaine ? Alors ses fonctionnaires doivent se mettre au latin pour pouvoir consulter les registres et assurer leur bonne tenue. Et puis, en étendant leur influence au sud de la Loire, les Francs vont se trouver directement en contact avec la zone la plus romanisée de la Gaule : l'ancienne *Provincia* – notre Provence –, région pleinement romaine… Et cette promiscuité va encore accélérer le processus de latinisation des Francs.

Mais là où Clovis fait très fort, c'est qu'il ne va pas attendre longtemps pour convertir ses sujets au christianisme ! Il sait bien que son armée et son peuple sont trop inférieurs en nombre pour avaler d'un coup les Gallo-Romains : ils ne sont que quelques dizaines de milliers contre plusieurs millions d'autochtones ! Alors, pour imposer à tous le mode de vie romain, il se convertit lui-même au catholicisme. Il se fait chrétien pour unir Gallo-Romains et Francs dans une même culture, une même langue, une même foi. Bien joué, sa légitimité par rapport aux autres envahisseurs est renforcée et sa stratégie est approuvée par ses troupes : derrière la conversion du chef, la conversion des Francs est générale !

Baptême de Clovis par saint Rémi à Reims en 496. Miniature extraite des *Grandes chroniques de France*, Jean Fouquet, XVe siècle.

Convertis au Christ, certes, mais pas encore complètement au latin, et les plus têtus continuent de prononcer en francique l'Oraison dominicale, ce que nous appelons le Notre-Père :

Fadar is usa firihobarno
The is an them hohon himila-rikea[1]…

« Notre Père des hommes enfants
Qui es dans le haut royaume des cieux… »

On dit que Clovis, marchant contre les Wisigoths pour les soumettre à son autorité royale, demanda à Rémi, évêque de Reims, de lui accorder sa bénédiction. Le prélat remplit un petit récipient de vin, le bénit et le présenta au roi… Clovis porta à ses lèvres ce *flascon*, comme disaient les Francs, et le mot, bientôt adopté dans toute la Gaule, deviendra « flacon ».

Mais il n'a pas fallu attendre la prière de saint Rémi pour voir le francique envahir la langue gallo-romaine… et le français plus tard ! Ce mouvement avait commencé deux siècles plus tôt, on l'a vu, mais il va tellement s'accentuer que l'on trouvera plus de cinq cents mots d'origine franque dans notre langue du XXIe siècle. Cinq fois plus que de termes gaulois ! Ces mots francs vont si bien transformer le gallo-romain que parmi les langues dites latines – l'espagnol, le portugais, l'italien, le roumain –, notre français sera la plus éloignée du latin originel, la plus germanique, la plus hybride, en tout cas…

En effet, les Francs nous apportent ces mots qui vont tant plaire au Moyen Âge : blason, éperon, étendard, étrier, haubert, heaume, héraut… Ils nous donnent ces verbes qui engagent à bouger : danser, grimper, marcher, ramper. Ils nous transmettent ces termes qui évoquent leur glorieux passé de conquérants : brave, flèche, gagner, garder, guerre, hache, soldat… Bref, ils sont si nombreux, ces mots, que l'on peut tenter une phrase entièrement franque : « Le baron galope sur son étalon blanc jusqu'au beffroi où la troupe le guette. » Bon, je vous l'accorde, la phrase est difficile à placer en société, mais Clovis l'aurait peut-être vaguement comprise.

En tout cas, il n'aurait pas été dérouté par notre accent…

Armes attribuées aux Francs (1422-1774). Gravure extraite de *Armorial national de France*, H. Traversier, 1842.

1. Texte retranscrit par Gérard Gley, professeur de philosophie et théologie, in *Langue et littérature des anciens Francs*, 1814.

Nous avons tous l'accent des Francs

Ah, l'accent des Francs ! Savez-vous qu'il ne nous a jamais vraiment quittés ? Comment ? Par l'introduction de deux éléments inconnus dans la langue romaine : le *h* aspiré et le *e* muet.

Ça ne sert peut-être à rien, le *h* aspiré, mais la lettre trahit l'accent franc. Cette lettre, qui est aujourd'hui une espèce de hiatus dont on ne sait trop que faire, était chez les Francs une véritable consonne, un son marqué comme dans *hair* en anglais, le cheveu, ou *Hund* en allemand, le chien. En soufflant le *h*, on parle comme les Francs…

Alors, comment traiter ce fameux *h*, enfant terrible des liaisons dangereuses ? Pourquoi fait-on aujourd'hui certaines fois la liaison – les z'hommes ou les z'honneurs –, alors qu'on ne la fait pas pour les hanches, les hêtres ou les haches ? Parce que ces mots avec un *h* aspiré, ces mots où l'on ne fait pas la liaison, sont des mots qui ont généralement été introduits dans notre langue par les Francs, comme le hameau, le hanap, le heaume, la honte ou la housse. Les autres termes, ceux avec lesquels on fait la liaison phonétique au pluriel, sont donc généralement des termes antérieurs à l'arrivée des Francs, quand les Gallo-Romains ne se posaient pas la question de prononcer le *h* à la mode germanique et faisaient tout naturellement la liaison, comme avec homme, hôpital ou histoire.

Quant au *e* muet, il permet de transformer la *corona* latine en couronne et la *tabula* en table. Pour quoi faire ? Pour faire exister l'accent tonique et, là encore, parler à la manière franque où il était très marqué. On tapait très fort sur une syllabe, ce qui entraînait l'affaiblissement du son qui suivait. *Corona* se disait ainsi à la manière franque *COUrona*, en insistant sur la première partie du mot, la suite était donc moins audible, affaiblie au point qu'avec le temps on n'en percevait plus la dernière lettre. D'où le *e* muet de couronne. Et *tabula*, qui se disait de la même manière *TABoula*, a donné à son tour notre mot français table où ce qui suit le *b* a toujours du mal à se faire entendre.

« H » (aspiré) comme Herbage. Gravure tirée de « Alphabet de la ferme » *in Imagerie d'Épinal*, Pellerin et Cie, fin XIXe siècle.

P. Bineteau del

Librairie

Carte de l'Europe,
VIe siècle après J.C.,
montrant
le royaume franc
à la mort de Clovis,
in Nouvel Atlas
de Géographie.
E. Cortambert,
1880.

– 6 –

QUAND ON PARLE À LA FOIS LE LATIN ET LE FRANCIQUE

Au VI*e siècle, les écoles épiscopales et paroissiales font peu de cas des textes anciens, la loi salique punit les violences faites aux femmes, et l'on commence, en latin, à parler de* Francia *et non plus de Gaule…*

Les Francs sont partout. En faisant la guerre à tout le monde et sur tous les fronts, Clovis est parvenu à réunir un vaste royaume. Il a écrasé les ultimes forces romaines pour étendre son domaine de la Meuse jusqu'au nord de la Loire ; il a repoussé les Alamans et pris possession des terres jusqu'au Rhin ; il a combattu les Burgondes ; il a vaincu les Wisigoths et a remporté l'Aquitaine… Il a ainsi conquis une bonne partie de la Gaule.

Mais pas toute la Gaule ! Il manque quelques régions à son tableau de chasse… À l'ouest, la Bretagne lui échappe encore en partie, les souverains locaux s'alliant aux Francs ou les combattant selon les intérêts et les humeurs du moment. À l'est, la plaine d'Alsace demeure instable. Au sud de la Loire s'étalent des terres que les armées de Clovis ne parviennent pas à contrôler, faute d'être assez nombreuses. Enfin, une fraction de la Provence est encore occupée par la confédération germanique des Ostrogoths… Tous ces espaces sont restés hors du grand mouvement rassembleur initié par Clovis. Sur le plan du langage quotidien, ils se développent sans lien réel avec le reste du pays. Cette rupture de la proximité linguistique marque la limite de l'influence franque et explique les différences d'accent et de vocabulaire qui apparaîtront bientôt entre le nord et le sud du royaume, écart qui se creusera encore dans les siècles suivants.

L'Éducation des enfants de Clovis, Lawrence Alma-Tadema, 1868.

Edwige, Bernard et les autres : les prénoms que nous ont légués les Francs

Au milieu du VIe siècle, en Gaule, les noms propres latins sont progressivement abandonnés en faveur de patronymes des Germains, les nouveaux hommes forts de la Gaule… Par exemple, certains Gaulois ont choisi de s'appeler *Berthram*, autrement dit « brillant corbeau », parce que cet oiseau noir était pour les Germains l'animal le plus proche des dieux… Même un saint évêque du Mans porta ce patronyme ! Et de *Berthram*, nous avons fait Bertrand.

Si les rois mérovingiens avaient des prénoms qui nous paraissent désormais impossibles à porter – Clodomir, Childebert, Clotaire –, de nombreux autres prénoms francs sont toujours en usage aujourd'hui… mais bien transformés ! Parmi vos proches il y a certainement une Franque ou un Franc qui s'ignore… Françoise et François (femme ou homme indomptable) bien sûr, mais aussi Adeline (d'*Adal-Lind*, douce noble), Edwige (de *Had-Wig*, richesse des combats), Geneviève (de *Gen-Wefa*, naissance et femme), Géraldine (de *Ger-Waldan*, lance et commander), Gisèle (de *Gisil*, flèche), Mathilde (de *Math-Hild*, bouclier du pouvoir), Arnaud (d'*Arn-Ald*, aigle vieux), Bernard (de *Bern-Hard*, ours courageux), Guillaume (de *Will-Helm*, volonté et casque), Robert (de *Hrod-Berht*, gloire brillante), Richard (de *Rik-Hart*, puissant roi), Thierry (de *Theud-Rik*, peuple puissant).

Clovis conquiert de vastes territoires, mais il ne fait pas que guerroyer : il prend exemple sur les Burgondes et les Wisigoths qui ont joué les novateurs dans ces contrées en établissant des lois écrites. Jusqu'ici, la tradition et la transmission orale suffisaient amplement, la règle appliquée était celle du roi, celle du plus fort, celle de l'habitude… Clovis prend cette stupéfiante décision : figer la loi dans un texte couché sur parchemin ! Ce sera la loi salique, la loi des Francs Saliens, comme on désigne alors le peuple de Clovis, peut-être par allusion à l'Issel, un affluent du Rhin.

Représentation de Childéric Ier et son épouse Basine de Thuringe. Gravure tirée de *Histoire populaire contemporaine de la France,* Lahure, 1866.

Le *Pactus legis salicæ*, le Pacte de la loi salique, proclamé par Clovis en 511, se veut à la fois un code de procédure criminelle, une réglementation familiale et un tableau des compensations financières appliquées aux différents crimes et délits. Conformément à l'usage que se sont imposé les Francs en Gaule depuis trente ans, cette loi est rédigée en latin.

Et c'est en latin que ces Francs, considérés par certains comme des brutes barbares, se préoccupent (déjà !) des violences faites aux femmes… La loi prévoit, sou par sou, les compensations que devra verser l'agresseur : toucher la main d'une femme vaut une amende de quinze sous ; toucher une femme de la main au coude, trente sous ; du coude à l'épaule, trente-cinq sous ; jusqu'au sein, quarante-cinq sous…

Mais si la femme semble physiquement protégée, elle est maintenue dans un statut d'infériorité en étant exclue de toute succession : « Quant à la terre, qu'aucune portion n'en échoie aux femmes, mais qu'elle aille toute au sexe masculin. » Dans l'esprit des Francs, il s'agit d'empêcher un patrimoine familial de tomber entre les mains d'une autre famille…

La loi salique… mille ans plus tard

Cette fameuse loi salique sera évoquée en 1593, à la suite de l'assassinat du roi Henri III, mort sans descendance à l'âge de trente-sept ans. Le roi d'Espagne, Philippe II, voudra alors imposer sur le trône de France Isabelle, la fille que lui a donnée Élisabeth, fille du roi de France Henri II. Une femme sur le trône ? Quelle excentricité ! Est-ce la méconnaissance du latin écrit par les Francs ? Est-ce par pure opportunité ? En tout cas, on fut bien aise de ressortir la vieille loi destinée à l'origine au peuple et stipulant que les femmes ne pouvaient en aucun cas hériter, même après la mort du dernier héritier mâle, pour l'appliquer aux descendances royales.

En effet, un arrêt du parlement de Paris déclara la prétention venue de Madrid « en préjudice de la loi salique et autres lois fondamentales du royaume », et l'on put éloigner la princesse du pouvoir suprême. Ainsi s'éteignit la dynastie des Capétiens, branche des Valois.

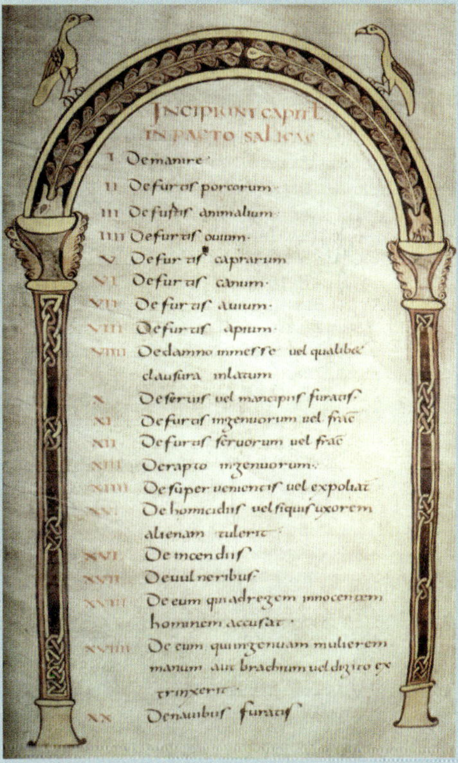

Copie manuscrite du VIIIe siècle de la Loi salique, établie sous Clovis entre 508 et 510 à partir du bréviaire du Wisigoth Alaric et d'anciennes lois germaniques.

Les dames ne peuvent donc pas hériter, mais les fils ont droit, chacun, à une part égale de la succession… Le patrimoine reste ainsi dans la même famille, mais s'amenuise au fil des générations. En vertu de cette disposition, le royaume de Clovis sera divisé entre ses fils : Thierry obtiendra la partie est avec Reims, Clodomir, la région de la Loire autour d'Orléans, Clotaire, le Nord et Soissons, quant à Childebert, il deviendra roi de Paris… Et, surprise ! Clotilde, la fille du roi défunt, recevra Toulouse et l'Aquitaine. On voit donc bien ici que la loi salique, qui se voulait d'abord une loi familiale destinée au peuple, ne s'appliquait absolument pas à l'héritage royal. La succession de Clovis fait la part belle à la parité !

Cependant, par le partage des territoires entre les enfants du monarque, cette loi va freiner la généralisation dans tout le royaume du latin à la sauce franque : puisque le pays est destiné à être divisé, la volonté centralisatrice s'en trouve nettement amoindrie. La loi salique a profondément nui à l'unité de l'ensemble et donc à l'uniformisation de la langue.

Si les Francs s'évertuent à parler latin, ils pratiquent une langue tellement abâtardie que les auteurs classiques de la Rome triomphante, six ou sept siècles auparavant, n'y comprendraient certainement pas grand-chose. Le latin littéraire s'est perdu. Même l'illustre historien de l'époque Grégoire de Tours, au début de son *Histoire des Francs* qui a l'ambition de retracer l'histoire humaine des origines jusqu'aux descendants de Clovis, nous livre la réflexion suivante : « Le culte des belles-lettres est en décadence et même il se meurt dans les villes de Gaule… » Et cette affirmation a pour but d'expliquer pourquoi le prélat va choisir de s'exprimer dans une langue populaire : « J'ai souvent entendu dire dans mon entourage, à ma surprise, qu'un rhéteur qui philosophe n'est compris que du petit nombre, mais que celui qui parle la langue vulgaire se fait entendre de la masse. »

C'était d'ailleurs un dada des écrivains de l'époque : rédiger des histoires à la portée aussi universelle que possible. C'est ainsi que Marius d'Avenches, un natif d'Autun devenu évêque au nord de Lausanne, se permit quelques libertés, transformant la vieille langue romaine… En 570, dans une de ses chroniques, il se demanda comment qualifier l'épidémie de bubons qui venait d'éclater en France et en Italie… Il fallait bien en dire quelque chose, alors il parla de *variola*, néologisme fait d'un condensé de deux termes tirés de la langue classique : *varus*, pustule, et *varius*, tacheté. Et voilà comment on invente un mot latin ! Au XVIIIe siècle, le terme entrera dans la langue française sous deux formes : vérole et variole, désignant l'une et l'autre une maladie infectieuse spécifique.

Division du royaume des Francs entre les quatre fils de Clovis Ier.
Miniature extraite des *Grandes chroniques de France*, Jean Fouquet, XVe siècle.

Et revoilà la querelle de « nos ancêtres les Gaulois » !

Pas étonnant que cette erreur ait perduré jusqu'à nos jours ! Pendant des siècles, on a continué de se bagarrer au sujet de nos origines gauloises – donc celtes – ou germaniques. Grégoire de Tours a réussi le tour de force de faire une *Histoire des Francs* sans quasiment parler des Gaulois. Plus tard, les Francs ont été considérés comme des Gaulois, telle était la thèse généralement admise et diffusée par des auteurs comme le philosophe Jean Bodin au XVIe siècle. Et en 1621, dans son *Histoire universelle*, Jacques de Charron résume cette pensée dominante d'une manière encore plus audacieuse : « Ce nom de Franc qui est pur Gaulois… »

Toutefois, devant l'évidence, il fallut bien admettre un jour que les Francs étaient des Germains… Mais beaucoup préférèrent l'ignorer. En 1789, il était de bon ton de se montrer exclusivement gaulois : toute allusion aux Francs était considérée comme une allégeance à l'Ancien Régime et à la vieille noblesse d'épée qui voyait dans les conquérants francs des aïeux prestigieux bien distincts du vulgaire peuple gaulois. Dans son célèbre pamphlet *Qu'est-ce que le tiers état ?*, l'abbé Sieyès, qui sera député aux États généraux, s'écrie avec véhémence : « Pourquoi le tiers état ne renverrait-il pas dans les forêts de Franconie toutes ces familles qui ont la folle prétention d'être issues de la race des conquérants ? »

L'affrontement reprit avec plus de vigueur encore après la défaite française face à la Prusse en 1870. Les royalistes, qui célébraient le couronnement et le baptême de Clovis, étaient accusés d'être les héritiers d'envahisseurs teutons. À l'opposé, les républicains, attachés à l'image de Vercingétorix, se positionnaient comme les successeurs des indigènes de la Gaule. Et chacun abandonnait ainsi un pan de notre Histoire.

Portrait en pied de l'abbé Emmanuel Sieyès (1748-1836), membre du Directoire. Gravure du XIXe siècle.

Quoi qu'il en soit, au VIe siècle, les Francs, minorité politiquement dominante, restent plus ou moins bilingues. On parle un latin abâtardi, et le francique, la langue d'origine franque, donc germanique. Un peu plus tard, les descendants de Clovis, les Mérovingiens, seront toujours de langue maternelle germanique, mais le latin prôné par l'Église empêchera la totale domination du francique… Pour l'heure, les deux langues se mêlent et l'on commence, en latin, à parler de *Francia*, la terre des Francs, plutôt que de la Gaule.

★

★ ★

Cela dit, dans ce latin ponctué de francique, qui se soucie encore, en Gaule, du parler correct et du bon usage ? On choisit le mot le plus rapide, le plus expressif, le plus facile. Encore une fois, on simplifie, on popularise… On abandonne le verbe *tangere,* qui signifie toucher, pour adopter une onomatopée : *toc*, un petit coup, *toc-toc*… qui deviendra *toc-care, toccare,* toucher.

Il y a plus cocasse encore. Les Romains raffolent du foie gras d'oies engraissées aux figues, un plat qu'ils appellent *jecur ficatum*, littéralement « foie aux figues ». Pour aller plus vite, on finit par abandonner le *jecur*, qui signifie foie, pour adopter le deuxième terme du duo, *ficatus*, et le mot désignant la figue prend ainsi le sens de foie… Une bizarrerie qui se retrouve en français, mais aussi en italien, *fegato*, en portugais, *figado*, en espagnol, *higado,* en roumain, *ficat*… Et pendant ce temps, le mot figue dérive de la même racine, le bas latin *fica*. En définitive, un mot pour deux propositions très différentes. Et « foie aux figues » devient un pléonasme !

On transforme le latin, mais on garde telles quelles des expressions irremplaçables, et toujours utilisées : a contrario, a priori, a posteriori, grosso modo, *in* extremis, et cætera… Enfin, n'oublions pas, dans cet héritage, un terme que l'on prononce souvent de nos jours : vidéo. Ce *video*, au départ, signifie simplement « je vois ». Mais un accent sur le *e* a suffi à franciser le mot quand on en a eu besoin, c'est-à-dire au début des années 1960.

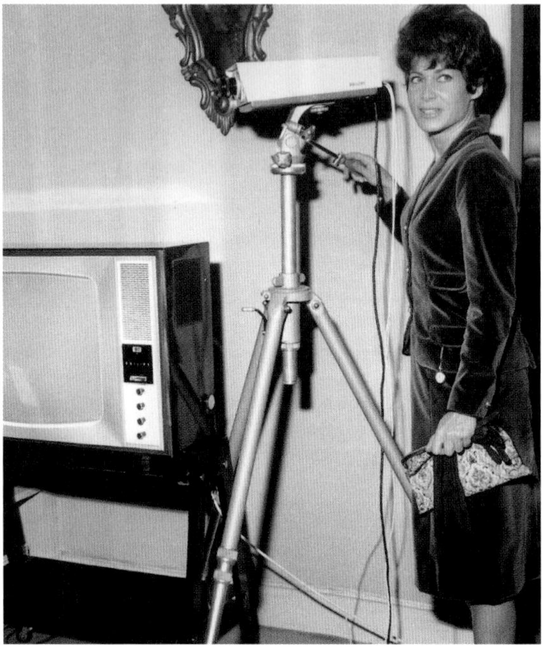

La speakerine Jacqueline Joubert présente une caméra vidéo le 25 novembre 1964.

Un zeste de celtique ancien, une poignée de mots francs et une base latine… tel est le parler pratiqué dans le royaume de Clovis. Dans ces conditions, que ferait-on avec des poètes latins ou des rhéteurs romains ? On n'en a plus besoin, et les collèges où l'on découvrait hier encore les merveilleux textes de la langue latine disparaissent. Même la célèbre école latine d'Autun, que nous avons visitée au IIe siècle, a été désertée et ses bâtiments sont à l'abandon.

Dans le royaume de Clovis, on enseigne « chrétiennement », et le clergé a désormais la haute main sur cette entreprise. La hiérarchie catholique développe d'une part des écoles épiscopales qui préparent ceux qui se destinent à la prêtrise, et d'autre part des écoles paroissiales où des enfants, qui ne songent pas toujours à embrasser la vie religieuse, peuvent tout de même profiter d'un enseignement minimum fondé sur la lecture, le chant et l'écriture…

L'Église n'a pas la possibilité de couvrir tout le territoire du royaume de ces établissements scolaires, on les implante donc un peu au hasard, au gré des initiatives épiscopales et de la volonté de quelques maîtres… Les écoles les mieux établies et les plus réputées sont, outre celles de Paris, celles d'Arles, de Bourges, de Clermont, du Mans, de Poitiers et de Vienne. Sans oublier les classes ouvertes dans les monastères où les novices sont admis en priorité, mais où d'autres élèves peuvent à l'occasion venir chercher un enseignement auprès des moines.

Ces écoles épiscopales ou paroissiales du royaume franc inculquent le latin à leurs élèves, certes, mais cherchent de plus en plus à exclure des leçons toute matière trop ouvertement éloignée des préceptes chrétiens. À quoi bon étudier les textes anciens si c'est pour voir évoluer dieux et déesses dans la turpitude et la violence ? Pour effrayer les écoliers et les détourner d'une coupable curiosité, les pédagogues racontent comment un chrétien ayant voulu dessiner le visage du Christ en prenant pour modèle un buste de Jupiter vit sa main se dessécher atrocement…

Le jeune Césaire, enfant du pays des Burgondes, a lui aussi été puni à cause de ce genre de digression. Il était venu étudier à l'abbaye des îles de Lérins, au large de Cannes. Mais son austérité était si intense, son ascèse, si obstinée, qu'il en tomba malade, et l'abbé envoya son disciple trop zélé se reposer à Arles. Là, le garçon rencontre Julien Pomère, le dernier

École monastique du Couvent des ermites de Saint-Augustin de Paris : un moine sur une chaire lit une leçon à des adolescents tonsurés mais aussi à des laïcs. Miniature extraite de *Bible historiee* de Pierre Comestor, XIIIe siècle.

professeur de rhétorique latine en Gaule, prêtre et admirateur éperdu des grands textes classiques. Ce nouveau maître enseigne à Césaire la subtile écriture des anciens auteurs et lui met sous les yeux tout ce qu'il faut connaître, de Térence à Ovide…

Un jour, le jeune homme, fatigué d'avoir trop lu, s'endort sur un ouvrage de Virgile… Il rêve alors qu'un serpent sort des pages de *L'Énéide*, se dresse, l'attaque et le pique. Au réveil, Césaire croit avoir compris la leçon subliminale du songe : il doit renoncer à la fréquentation des auteurs païens et consacrer toute son énergie à l'étude des Saintes Écritures !

En récompense, sans doute, ce repenti qui s'est si bien éloigné de la littérature profane est nommé archevêque d'Arles. Là, il prononce le plus souvent ses sermons devant des paroissiens illettrés qui réclament des mots simples et un discours rudimentaire. Pour mieux convertir ces paysans à la foi parfaite, il prend des exemples tirés de leur quotidien.

– Comme tu cultives ta terre, cultive ton âme. Comme tu retranches de ta vigne les rameaux inutiles, retranche de ton âme les affections mauvaises.

Afin de respecter l'image qu'il se fait du christianisme, Césaire n'écrit que des prêches, des traités dogmatiques et des règles monastiques… Mais d'autres, même dans la foi absolue, continuent de versifier. C'est alors qu'apparaît une poésie chrétienne, qui s'exprime exclusivement au travers de thématiques religieuses…

Avit de Vienne, par exemple, saint évêque de sa ville des bords du Rhône, consacre une partie de son écriture à la poésie latine, mais puise aussi dans le catéchisme. Il suit ainsi Adam et Ève chassés du jardin d'Éden.

La face du monde leur semble sans beauté
après la tienne, ô Paradis !…
Le jour est terne ;
sous les feux du soleil,
ils se plaignent que la lumière a disparu…
Ils aperçoivent à peine dans le lointain
ce ciel qu'ils touchaient auparavant.

Buste reliquaire de saint Césaire.
Bois sculpté peint (polychrome).

⋆
⋆ ⋆

Dans la seconde moitié du VIe siècle, le poète Fortunat, lui, allait exalter sa foi de manière plus originale, et quelque peu suspecte, diront les mauvaises langues…

Nous sommes dans l'ancien royaume de Clovis, pays partagé entre les enfants du défunt… C'est le moment où, en Austrasie, à Metz précisément, le roi Sigebert, petit-fils de Clovis, épouse Brunehaut, jeune fille de vingt ans dont le père est le souverain wisigoth de Tolède, en Hispanie. Ah, il l'a voulu ce mariage, Sigebert ! Non qu'il fût amoureux de la demoiselle, il ne l'avait jamais vue avant de faire sa demande officielle, mais il estimait que son rang lui imposait d'épouser une princesse, belle ou laide, subtile ou débile, peu importe, mais une princesse ! Et par chance, celle-ci se révéla plutôt jolie, d'agréable conversation et forte de caractère.

Sigebert et sa princesse aiment la poésie ; ils cherchent en tout cas, tous deux, à passer pour de généreux protecteurs des arts. Pour leurs noces, ils ont retenu à leur cour Venance Fortunat, un poète né près de Trévise, en Italie, venu en Gaule pour aller prier à Tours sur la tombe de saint Martin à qui il attribue la guérison de son œil malade. Son voyage est au moins une occasion de découvrir les Barbares, donc les Francs, peuplades qu'il méprise du haut de sa grandeur latine. Mais il fait une exception de taille pour Sigebert et surtout pour Brunehaut qu'il pare de toutes les vertus. Fortunat est ainsi nommé poète officiel du mariage royal, convié à la croisière qui emporte les jeunes mariés et leurs invités sur la Moselle en un interminable défilé de barques. Debout sur son esquif, Fortunat ne se lasse pas de chanter, en vers latins, la beauté rayonnante de la jeune mariée…

O virgo miranda mihi placitura jugali,
Clarior ætheria Brunichildis lampade fulgens…
« Ô vierge merveilleuse que j'admire,
Brunehaut, plus brillante que la lampe du ciel… »

Pourtant, on ne sait trop pourquoi, Fortunat se lasse rapidement de son adulation pour Brunehaut, et reprend sa route de poète itinérant. Il se dirige maintenant vers Poitiers où la reine Radegonde vit retirée dans le monastère Sainte-Croix, la première abbaye de Gaule destinée aux femmes, qu'elle a créée. Veuve de Clotaire Ier, un des fils de Clovis, Radegonde a déjà plus de quarante ans quand son regard croise celui du jeune poète de vingt-deux printemps. Et ces deux âmes se sentent immédiatement à l'unisson. Un coup de foudre spirituel. On parle de poésie, on parle du Ciel, on parle du Christ… À ces tendres débats se joint bientôt Agnès, jeune amie de la reine et pieuse abbesse de Sainte-Croix.

Et quand vient pour Fortunat le moment de reprendre sa vie d'errance, la reine, qui ne veut pas le voir partir, lui suggère avec douceur :

– Pourquoi ne pas rester près de moi ?

Pourquoi pas, en effet. Et c'est alors que Fortunat, poète de l'amour et du Christ, décide de ne plus quitter Poitiers et d'entrer dans les ordres…

Le voilà aimablement soumis à ses deux femmes, la reine et l'abbesse, qu'il appelle « mère » et « sœur », tout en soupirant d'un amour très pur… Il faut dire que ces dames couvrent leur cher poète de belles attentions ; c'est à celle qui lui offrira les repas les plus copieux, les vins les plus capiteux, et l'on ne saurait le servir que dans des plats d'argent, de jaspe ou de cristal. Le regard extatique, l'heureux convive se tourne vers les deux femmes de sa vie pour les couvrir de mots doux.

– Ma vie, ma lumière, délices de mon âme !

Ce qui devait arriver arriva : on finit par jaser. On murmura que l'abbesse n'était peut-être pas aussi innocente qu'il aurait fallu et que cet amour n'était pas aussi vertueux que la décence l'exigeait… Fortunat se récria, horrifié. À l'attention des médisants, il diffusa des vers dans lesquels il en appelait à la Vierge Marie et aux apôtres Pierre et Paul. Il jurait qu'il avait toujours regardé la chère abbesse comme une sœur et la bonne reine comme une mère, une bienfaisante maman qui aurait porté dans ses « chastes flancs » ses deux enfants fantasmés, Agnès et Fortunat.

D'ailleurs, l'Église va refuser d'écouter les ragots : à la fin de sa vie, Fortunat sera nommé évêque de Poitiers. Et afin de faire taire définitivement les mauvaises langues, tous trois seront canonisés. Sainte Radegonde, sainte Agnès, saint Fortunat…

Cela dit, les amitiés particulières du prélat ne sont pas le seul reproche que la postérité voudra lui adresser. On cherchera dans ses poèmes le signe évident de la décadence de la poésie romaine, on critiquera son verbe appauvri et ses images jugées trop conformistes… Avec lui a cependant disparu, le 26 août 542, le dernier représentant de la poésie latine en Gaule, le dernier auteur encore capable de manier et de mêler concepts chrétiens et vieille mythologie, embrassant d'un seul regard le Christ pour sa divinité, Minerve pour sa sagesse et Vénus pour sa beauté… Désormais, les poètes sont fatigués, baissez le rideau.

★
★ ★

Hélas, il n'y a pas que les poètes à déserter l'époque. L'instruction aussi fait vraiment figure, en ce siècle, de coquetterie peu partagée. Les enfants issus de familles pauvres ne songent pas à l'école : les garçons apprennent à s'occuper des animaux domestiques et les filles s'entraînent à filer et tisser. Cela suffit. De leur côté les nobles se montrent trop appliqués à se préparer à la guerre pour prendre le temps d'apprendre à lire !

Sainte Radegonde (520-587) sur un trône,
Illustration extraite de *La Vie de sainte Radegonde*, Venance Fortunat, XIe siècle.

– 7 –

QUAND LE LATIN S'APPAUVRIT ET FAIT PLACE AU ROMAN

Au VIIe siècle, la Francie est divisée, les rois mérovingiens s'auto-exterminent, et tandis que la ponctuation facilite la transmission des textes, une nouvelle langue issue du latin fait son apparition : le roman.

Si l'on veut poursuive notre enquête sur les traces de la langue française, il faut, pour un instant, quitter la Francie des Mérovingiens, traverser les Pyrénées et nous diriger vers Hispalis – la Séville actuelle. Nous arrivons dans la perle des cités wisigothes vers 630, au moment où la ville se trouve sous l'autorité morale de l'évêque Isidore. L'obsession de ce prélat reste de convertir les juifs et les chrétiens dissidents, mais il apparaît en son temps comme un sage : « l'image du savoir antique », « le plus grand érudit de l'époque », dit-on de lui. Effectivement, il veut en quelque sorte capturer les connaissances du monde pour en faire un ornement de sa ville. Comment ? En constituant une immense bibliothèque où seront déposées avant tout les œuvres des plus importants écrivains chrétiens, Tertullien, Origène, saint Augustin, le pape Grégoire… Mais ces écrits ne lui suffisent pas, il rêve de faire de Séville un phare de l'Occident, une cité où serait rassemblé l'ensemble du savoir humain.

Et quand Isidore de Séville ne trouve pas l'ouvrage dont il a besoin pour témoigner de ce savoir, il l'écrit lui-même ! On ne compte plus ses récits historiques ou ses exégèses religieuses. Cependant, sa grande œuvre demeure les *Étymologies*, vingt livres dans lesquels il interroge l'héritage latin pour en dénicher les origines. Ses recherches nous proposent parfois des racines assez fantaisistes… mais qui comportent peut-être, allez savoir, une part de vérité. Pour lui, le latin *mare*, la mer, viendrait du terme *amarum*, amer, « à cause de l'amertume de ses eaux ». Le latin *genu*, le genou, serait à rapprocher du mot *genia*, la joue, pour la bonne raison que, dans le ventre de la mère, les genoux du fœtus touchent ses joues. *Porta*, la porte, aurait pour origine *portare*, porter. Parce que chez les Romains, le fondateur d'une ville, pour mieux en marquer les limites, attelait un taureau et une vache à une charrue, puis faisait le tour de la future cité en

Le Roi wisigoth Suintila (621-631), Manuel Miranda y Rendón, 1854.

creusant un sillon indiquant l'endroit où s'élèverait bientôt la muraille. Et lorsqu'on prévoyait une porte, on *portait* la charrue afin d'interrompre brièvement la ligne du sillon.

Mais ces suppositions discutables mises à part, le plus intéressant pour la transformation et la transmission de la langue dans l'Hexagone, c'est le travail – rigoureux, cette fois – qu'Isidore a fait sur la ponctuation… Au IVe siècle, on l'a vu, le grammairien romain Donat utilisait déjà un système simple de ponctuation à trois niveaux, marqué par des points tracés de manière plus ou moins élevée sur la ligne : le point haut, dit point parfait, équivalait à notre point et indiquait une pause forte ; un point un peu en dessous désignait une pause moyenne et tenait le rôle de notre point-virgule ; le point plus bas indiquait une pause légère, comme notre virgule.

Si l'on considère que pour s'imposer et se transmettre, une langue a besoin de l'écrit, la manière de rédiger et de ponctuer un manuscrit n'est jamais anodine. On peut donc légitimement penser que depuis le IVe siècle, les moines copistes, en retranscrivant les textes, appliquaient les règles de ponctuation de Donat. Seulement voilà, nos bons moines avaient généralement une obligation prioritaire : économiser le parchemin précieux et cher, fait le plus souvent d'une peau de mouton longuement traitée. En conséquence, il fallait écrire le plus de mots possible sur chaque folio, serrer son écriture, la serrer tellement que sur certains manuscrits les scribes non seulement supprimaient la ponctuation, mais renonçaient aussi à laisser un espace entre les mots. Or, sans espace et sans ponctuation…

lalectureestnettementpluscomplexenetrouvezvouspas

Et si le blanc entre les mots apparaissait comme accessoire, on peut facilement imaginer que la ponctuation de Donat n'était en général même pas envisagée ! D'ailleurs, les copistes estimaient qu'annoter un texte pour en faciliter le déchiffrage n'était utile qu'à la lecture à haute voix : il fallait alors obligatoirement scander le récit de pauses plus ou moins appuyées. C'était donc à l'orateur, s'il en éprouvait le besoin, de ponctuer lui-même le texte de signes qui devaient lui permettre de faire une lecture plus compréhensible pour ses auditeurs. En tout cas, la ponctuation n'était alors ni l'affaire des auteurs ni celle des copistes !

Isidore de Séville, si attaché à la diffusion de la culture, voulut donc mettre au point une méthode simple et universelle, qui permettrait une lecture facilitée et une compréhension plus immédiate du texte, et surtout, évidemment, du texte biblique, puisque la lecture ne pouvait pas encore être considérée comme un loisir. Même dans les textes sacrés, les difficultés de lecture et de compréhension se succédaient : « Elles sont nombreuses dans les Écritures les phrases qui si on ne les prononce pas bien donnent naissance à un sens contraire », écrivait Isidore… sans ponctuation !

Isidore de Séville résume ainsi son concept : « Tout discours est fait de mots, de *commas*, de *colons* et de *periodus* assemblés… » Le *commas* est ce que l'on appellera plus tard « la petite verge », autrement dit la virgule ; le *colon* est le point-virgule et le *periodus,* une sorte de signe terminal marqué par un point suivi d'un trait ondulé : .~

Étymologies d'Isidore de Séville, manuscrit en latin du IXe siècle.

ma ad V. tres continent bis cum duabus partibus suis. IIII ad XI continent ... bis cum
tribus partibus suis

VIII Tertia divisio totius numeri. numeri I aut discreti sunt II aut continui. et
iste dividitur sic. I lineales II superficiosi III solidi. Discretus numerus est qui
discretis monadibus continetur ut verbi gratia III. IIII. V. VI. et reliqua. Continuus
numerus est qui coniunctis monadibus continetur verbi gratia ternarius numerus in magnitudine intellegatur id est linea aut spatium aut solidum dicitur conti-
similiter quaternarius et quinarius numerus. Linealis numerus est qui inchoans
a monade linialiter scribitur usque ad infinitum unde alfa ponitur pro desig-
natione linearum quod haec littera unum significat apud grecos est ita. Θ
Superficialis numerus est qui non solum longitudine sed et latitudine continetur ut trigonus quadratus quinquangulus vel circulatus numeri et ceteri qui
semper in plano pede id est superficie continentur.

Trigonus numerus est ita.

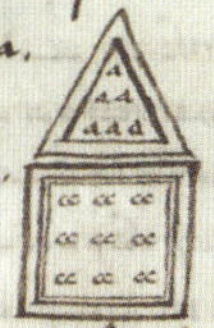

Quadratus numerus est ita.

Quinquiangulus ita.

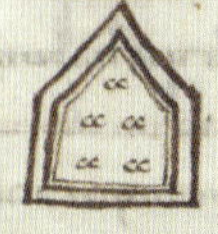

Circularis numerus est
ita quidem similiter multiplicatus fuerit a se inchoans
ad se convertitur ut verbi gratia quinquies quinnies
quinquies ita.

Solidum numerus est qui
longitudine et latitudine
continetur ut sunt pira-
mides quemadmodum flammae
consurgunt ita.

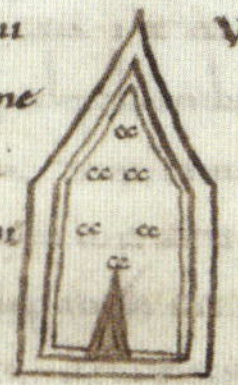

cibus ut sunt
tesserae ita.

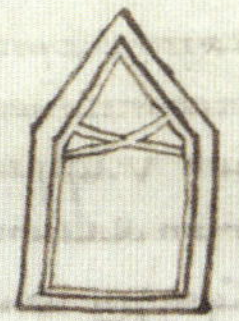

sperae quibus est
aequalis undique
rotunditas ita.

Spericus autem
numerus est circulato numero
multiplicatus a se inchoat et in se convertitur.
quinquies quinni vel quinquies hic circulus d...
in se ipsum multiplicatus fuerit facit speram
id est quinquies XXV CXXV

VIIII Inter arithmeticam et geometricam et
musicam hoc interest ut media inve-
arithmetica primo si quaeris coniunge
extrema et divide et facis medium ut puta
fac extrema esse VI et XII simul iuncta
faciunt X et VIII partiris media et facis ...
quae est analogicum arithmeticae ut medius quae monadis superat primus his
superatur ab extremo superat enim VIIII sex tribus monadibus his superatur ad XII.
Secundum geometricam vero ita quaeris extrema multiplicata tantum faciunt quantum
et media duplicata ut puta VI et XII multiplicata faciet septuagies deponde ... media VIII et VIIII multiplicata tantundem faciunt. Secundum musicam ita quae parte superat medius primum eadem parte superatur medius ab extremo ut puta VI et VIII ...
ab suis partibus superant quae duae partes tercia media octo superatur ab ultima nona

X Numerum autem infinitum esse certissimum est quod in quocumque numero finem fac...

S ant ISIDORO

Par ailleurs, l'évêque de Séville comprend très vite ce qui nous paraît aujourd'hui évident : il faut diviser l'écrit en phases, en diverses parties dirons-nous… Ce n'est pas vraiment une découverte, les scribes de l'Égypte pharaonique avaient déjà inventé un signe pour marquer les différentes parties d'un texte : un hiéroglyphe qui dessinait un avant-bras avec une main ouverte. Isidore ne peut évidemment pas déchiffrer les hiéroglyphes mais il n'en suit pas moins les Égyptiens dans ses innovations. Outre la ponctuation des phrases, il invente des petits crochets placés en dehors du texte qui ouvrent et ferment un passage formant une unité à lui seul : γ, en fait la lettre grecque *gamma,* normale en ouverture, inversée à la fermeture… Ce signe de ponctuation, il l'appelle tout naturellement « à côté de l'écrit », *paragraphus* en latin. Plus tard, avec le papier et l'imprimerie, on indiquera ce genre de portion homogène du texte par un point à la ligne et parfois même par un petit espace blanc entre la fin du paragraphe et la ligne qui suit. Les crochets devenus superflus disparaîtront, mais laisseront leur nom à ce passage qu'ils indiquaient si bien : le paragraphe.

Condamné ou gracié à la virgule près !

Même si certains signes seront abandonnés plus tard et si d'autres viendront s'ajouter à la nomenclature sévillane, toutes les petites indications voulues par l'évêque Isidore mettent un peu de clarté dans les manuscrits et sont acceptées avec reconnaissance par les lecteurs. Car la ponctuation n'est pas une simple affaire d'embellissement ou de préciosité… On connaît l'histoire de ce roi imaginaire qui décida, au dernier instant, de gracier un condamné. Il envoya un message au bourreau : « Pendez pas gracié »… Et le détenu fut exécuté. « Pendez pas, gracié », avait voulu dire le roi. « Pendez, pas gracié », avait lu le bourreau.

Eh bien, au XVIIe siècle, à la suite de la première révolution anglaise, le général britannique Thomas Fairfax fit de même, mais volontairement cette fois. Alors qu'il devait donner son accord écrit à la décapitation du roi Charles Ier, Fairfax, ne sachant pas de quoi serait fait l'avenir, rédigea prudemment son billet sans ponctuation : *Si omnes consentiunt ego non dissentio…* Ces six mots pouvaient se comprendre de manières contraires suivant la place de la virgule ou du point : « Si tout le monde est d'accord, je ne suis pas. Opposé » ou alors « Si tout le monde est d'accord, je ne suis pas opposé. » Ce qui change tout, évidemment. Et en fin de compte, Charles Ier fut décapité…

Exécution du roi Charles Ier Stuart d'Angleterre (1600-1649) à Whitehall. Le roi remet son collier à l'évêque en lui disant « Souvenez-vous ». Gravure *in L'Histoire d'Angleterre,* M. Guizot, 1877.

Page de gauche : Saint Isidore de Séville (560-636), retable du XVe siècle.

Dans les siècles qui suivirent les repères proposés par le prélat de Séville, on inventa le point d'interrogation dont la forme bizarroïde est censée figurer le ton ascendant de la voix de celui qui pose une question, puis on créa le point d'exclamation dont le trait rigide devait alerter le lecteur. Il y eut d'autres tentatives plus ou moins farfelues de compléter ce tableau, comme le point d'ironie, une invention belge mort-née dans l'indifférence générale. Plus récemment, l'écrivain Hervé Bazin proposa avec malice cinq signes supplémentaires : le point d'amour, le point de conviction, le point d'autorité, le point d'acclamation et le point de doute. Mais rien de tout cela n'a trouvé grâce aux yeux des grammairiens et des typographes. Pour l'innovation, il a fallu attendre le jour où un ingénieur américain dénicha l'arobase…

Les mystères de l'@robase

D'où vient-il, ce signe qui apparaît dans toutes les adresses des courriels ? Qui a inventé ce @ bizarre qui n'est ni tout à fait une lettre ni tout à fait une ponctuation ? Dès le début du Moyen Âge des moines copistes l'auraient utilisé, lui ou en tout cas un graphisme proche. Toujours soucieux d'économiser le précieux parchemin et de condenser le plus d'écritures possible dans l'espace le plus réduit, des scribes auraient donc inventé cette espèce de serpent qui se mord la queue… Le signe médiéval résumait deux lettres en une seule : il s'agissait d'un *d* qui s'enroulait autour d'un *a*. Et pour former quel mot ? *Ad* en latin, autrement dit « à » ou « vers »… Exactement le sens actuel de notre signe ! N'est-il pas souvent exprimé par l'anglicisme *at*, stricte traduction du *ad* latin ?

Au VIIe siècle, des marchands florentins utilisaient ce même signe pour symboliser une unité de mesure appelée amphore (un peu plus de vingt litres). Au XIXe, le signe prit aux États-Unis le sens de « prix unitaire ». Par exemple, devant un panier de pommes chez l'épicier, l'indication « @ 0,1 $ » signifiait que chaque pomme coûtait dix cents. C'est d'ailleurs pour cet usage commercial que le signe apparut sur le clavier des machines à écrire outre-Atlantique…

En 1971, quand l'ingénieur américain Raymond Tomlinson créa le courrier électronique, il eut l'idée d'utiliser ce caractère, qui lui faisait de l'œil sur une touche de sa machine. Avec lui, le signe marqua donc la séparation entre le nom et l'adresse électronique. Et ne figurant dans aucun alphabet, dans aucune langue, il évitait les erreurs.

Mais comment l'appeler, ce signe ? Certains lui ont donné un surnom amical… Les Chinois l'appellent « petite souris », les Danois « trompe d'éléphant », les Grecs, « petit canard », les Hongrois « ver de terre », les Israéliens, « Strudel », les Italiens, « escargot »…

L'appellation officielle reste « arobase », mais les dictionnaires ne sont pas d'accord entre eux, ni sur son orthographe ni sur la manière de le prononcer… Arobase, arobas, arrobe ? Le mot viendrait de l'arabe *arroub*, le quart, ou d'une ancienne unité espagnole de poids, enfin quelque chose comme ça… Bref, on ne sait pas très bien d'où vient ce nom aussi biscornu que son graphisme.

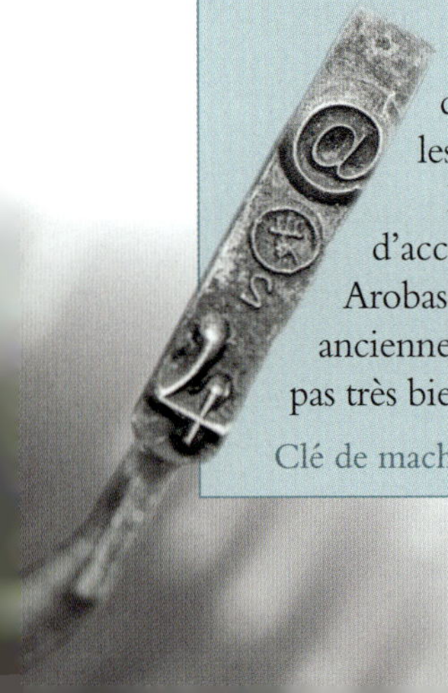

Clé de machine à écrire ancienne avec l'arobase.

Isidore de Séville a eu raison de mettre un peu d'ordre au moins dans la manière de transcrire les textes, car pour le reste, c'est plutôt la confusion en Francie… Sur le plan politique, le pays est divisé en plusieurs royaumes, la Neustrie, l'Austrasie, la Bourgogne, sans parler des zones où l'influence franque est toute relative, comme en Bretagne ou en Aquitaine. Quant aux langues, c'est la même incertitude. Le latin s'est tellement transformé qu'on ne sait plus très bien quel jargon on parle vraiment, et chaque région développe son dialecte propre. La langue d'Aquitaine n'est pas celle de Bretagne, qui s'éloigne de celle de Provence et se distingue du langage parisien…

Le latin et son écriture s'appauvrissent tellement que l'on ne trouve plus d'auteurs, seulement quelques médiocres tâcherons qui écrivent et réécrivent la vie des saints. *La Vie de sainte Ninnocht*, rédigée en partie en latin, en partie en breton, relate l'existence de cette fille d'un prince de Galles venue jadis en Bretagne pour fonder un monastère sur la commune de Ploemeur. *La Vie de saint Sylvin,* évêque de Thérouanne, en Artois, a été relatée par son disciple Anténor… Des œuvres qui n'ont marqué ni l'histoire de la littérature ni les annales de l'Église.

Quant à saint Ouen, il rédige une *Vie de saint Éloi*, qu'il a très bien connu, et en profite pour s'élever avec virulence contre l'étude des belles-lettres latines qui ne serait, selon lui, que temps perdu et influence néfaste : « Que nous servent Pythagore, Socrate, Platon, Aristote ? Et les chants des poètes déplorables, Homère, Virgile, Hérodote, Tite-Live… de quelle utilité sont-ils à la famille chrétienne ? »

En voulant ainsi faire étalage de sa culture latine pour mieux la pourfendre, saint Ouen cite encore deux auteurs : Tullius et Cicéron… Oups, erreur ! Il s'agit, en fait, de Tullius Cicéron, un seul et même écrivain romain du Ier siècle avant notre ère. C'est comme si l'on parlait des deux célèbres écrivains Victor et Hugo… Pourtant, saint Ouen passait pour l'un des hommes les plus cultivés du VIIe siècle !

Par ailleurs, l'auteur resté heureusement anonyme de *La Vie de saint Bavon*, un converti belge, exprime du haut de son latin approximatif des âneries que ne proférerait pas aujourd'hui un élève de quatrième : « Nous savons qu'à Athènes… fleurit anciennement la langue latine. »

En fait, avec la lente agonie du latin, c'est toute une érudition ancienne qui disparaît. Le souvenir des prosateurs et des philosophes s'efface, la connaissance des auteurs comiques et des poètes romains s'estompe, vaincue par un monde qui se transforme et change de langage.

Saint Ouen. Détail d'une miniature tirée d'un manuscrit latin du XIe siècle.

Frédégaire et sa *Chronique*

Qui était-il, cet historien nommé Frédégaire dont on ne sait rien, pas même s'il s'appelait véritablement Frédégaire ? Il compila des *Histoires universelles* déjà anciennes, mais se fit aussi témoin de son époque, jugeant ses contemporains avec sévérité et regrettant les vieux usages : « Maintenant le monde vieillit, et l'esprit s'émousse en nous, nul homme d'aujourd'hui n'est égal aux orateurs des temps passés… »

L'auteur lui-même s'excusait de la pauvreté de son langage : « Il n'est pas en mon pouvoir d'user de termes bien justes pour parler élégamment des choses que je dois dire… » Mais il avouait aussitôt ne pas toujours trouver l'expression précise dans la langue vulgaire. Alors, il cherchait ailleurs et puisait chez les Grecs de l'Antiquité les outils dont il avait besoin. Et c'est ainsi que son *Histoire des temps*, il la nomma *Chronique*. Ce terme, il l'avait tiré du grec *khronika biblia*, un recueil de faits retranscrits année après année. Le mot va entrer dans la langue française, mais explosera véritablement au XIXe siècle avec le développement de la presse écrite. Il changera alors de sens pour désigner une rubrique personnelle et régulière.

Chronique de Frédégaire, manuscrit du VIIe siècle relatant l'histoire de la Gaule après la disparition de Grégoire de Tours.

En 660, le bon saint Éloi vient de mourir. Celui qui, si longtemps, a rempli avec perfection la fonction de grand argentier du roi Dagobert a été ensuite évêque de Noyon. À présent, il faut trouver un nouveau prélat pour cette ville de Picardie, et un certain Mummolin est désigné. Né à Constance, en pays germain, le nouvel évêque a été jusque-là premier abbé du monastère de Sithiu, à Saint-Omer, également en Picardie. Et s'il a été désigné pour succéder à saint Éloi, c'est essentiellement parce qu'il parle à la fois le teuton – une forme d'allemand – et une langue qui commence à se répandre, sans être encore officiellement reconnue : le roman.

Une langue nouvelle certes issue du latin, mais enrichie de termes francs et dans une moindre mesure gaulois. *Romana lingua*, est-il précisé dans *La Vie de saint Mummolin,* un ouvrage écrit en ce VIIe siècle. *Romana lingua*, la langue romane, un terme populaire dérivé de l'expression latine *romanice loqui*, parler à la romaine… S'il avait voulu désigner le latin, l'auteur aurait parlé de *latina lingua.*

Après la chute de l'Empire romain, presque deux siècles auparavant, les latinistes invétérés s'étaient mobilisés pour tenter de conserver l'héritage de Rome, sa langue et sa culture. Ainsi s'était forgée la notion géographique de *Romania*, terme qui désignait les régions dans lesquelles on continuait de parler la langue originelle des Romains. Plus tard, le mot fut adopté par des populations des Balkans pour désigner leur pays, la Roumanie, où l'on parlait encore le latin classique. Ce terme se trouva aussi à l'origine du nom d'une province italienne, la Romagne, et de la partie francophone de la Suisse, la Romandie. Et même une langue y puisa sa dénomination : le romanche, l'oubliée des langues latines, pourtant encore parlée par quelque soixante mille personnes dans le canton suisse des Grisons.

Dans l'Hexagone, sous cette langue romane, on sent déjà percer le français à venir. En effet, pour « amener », on ne dit plus *ducta,* mais *menata* ; pour « robe », *vestis* laisse la place à *roba* ; pour « soigner », on abandonne *curare* au profit de *soniare.* Bien sûr, chaque langue d'origine latine évoluera différemment sur cette base commune. Par exemple, l'italien restera assez proche du latin. En revanche en français, on trouve beaucoup d'emprunts à d'autres sources, en particulier le francique. Cependant le français, comme l'italien, est fils du roman…

Dans leur évolution, les langues romanes ont tracé chacune sa voie, et les experts ont repéré des parcours bien divergents. Il semblerait que le français et l'italien se soient partagés des termes issus des parlers populaires pratiqués dans les grandes cités de l'Empire romain… Cette particularité plébéienne les distingue de l'espagnol, du portugais et du roumain, qui auraient recueilli un vocabulaire latin plus classique. Bref, certains parlent une langue raffinée, alors que d'autres – comme nous – baragouinent de l'argot sans le savoir…

Un aperçu ? En espagnol, on dit *dia*, du latin *dies,* le jour. C'est du vrai latin, du beau latin. Mais dans le français issu du roman, le mot jour est prolétairement une déformation du bas latin *diurnum*, un terme soldatesque qui désignait la ration journalière du légionnaire. Cela dit, on l'a quand même bien transformé, ce *diurnum* militaire, pour obtenir notre « jour ». Ainsi va la vie des mots : on les déforme et ils changent de sens…

On fait pareil aujourd'hui. Témoin cette réplique entendue l'autre jour devant un lycée :

– Tu viens, on va se taper un grec…

Ne vous inquiétez pas : aucun Grec n'est ici en danger ! Il s'agit simplement d'aller manger un sandwich-pita à la manière grecque… Un peu comme on va manger un sandwich parce que lord Sandwich, au XVIIIe siècle, aimait tant le jeu qu'il se faisait apporter du bœuf salé entre deux tranches de pain pour pouvoir continuer à abattre ses cartes tout en prenant son déjeuner. Ce repas, à la façon de lord Sandwich, est devenu un sandwich. Mais au moins ne dit-on pas qu'on va se taper lord Sandwich !

Le roman ne nous a pas seulement donné du vocabulaire, il a aussi déterminé de manière définitive la place des mots dans la phrase, en particulier le positionnement du verbe. Celui-ci n'est plus repoussé à la fin de la phrase comme dans le latin classique, il vient tout de suite après le sujet, pour expliquer l'action. Au contraire, en francique, donc en allemand de nos jours, le verbe est, comme en latin, repoussé en fin de phrase. Et du coup, le complément se trouve lui aussi déplacé. On dira « *Ich habe kein Hund in mein Haus gefunden* » : « Je n'ai aucun chien dans ma maison trouvé. »

Et cette différence n'est pas sans conséquence. Le Français, qui a hérité du roman la forme de la phrase, comprend plus vite son sens. C'est pourquoi le discutailleur francophone se montrerait facilement impatient, coupant la parole à son interlocuteur dont il a très vite saisi l'idée, cette impolitesse rendant parfois insupportables les réunions de travail comme les débats à la radio ou à la télévision. En revanche, le débatteur germanophone doit attendre que son adversaire ait terminé sa phrase pour être assuré de sa signification précise… Un exercice qui incite à la réflexion, à la patience et à la courtoisie. À vérifier…

Et le roman devint roman…

Comment le roman, qui définissait à l'origine une langue, en est-il venu à désigner un long récit d'imagination en prose ? À partir de l'an 1100, l'expression « *metre en romanz* » a eu le sens précis d'adapter un texte en langue romane, le mettre à la portée de tous. Et puis, devant l'abondance de la production littéraire du Moyen Âge, le mot a désigné tout poème riche en aventures, drames et passions.

Il faudra attendre le XIVe siècle pour voir le terme roman désigner non seulement un texte d'imagination en vers, mais également un tel récit en prose, jusqu'à ce qu'au XVIe siècle, le mot se libère de son carcan poétique pour devenir ce que nous connaissons.

Mais il y a tellement de sortes de romans… Trois siècles plus tard, au XIXe, on va donc ajouter à ce terme générique ce qui précise son genre : roman de mœurs, épistolaire, historique, feuilleton, psychologique, de gare, policier, de science-fiction, d'espionnage, roman-photo… Et même, avec Alain Robbe-Grillet en chef de file, « nouveau roman » en 1963. Sans oublier Georges Simenon qui qualifiait de « roman-roman » chacune de ses œuvres littéraires les plus ambitieuses.

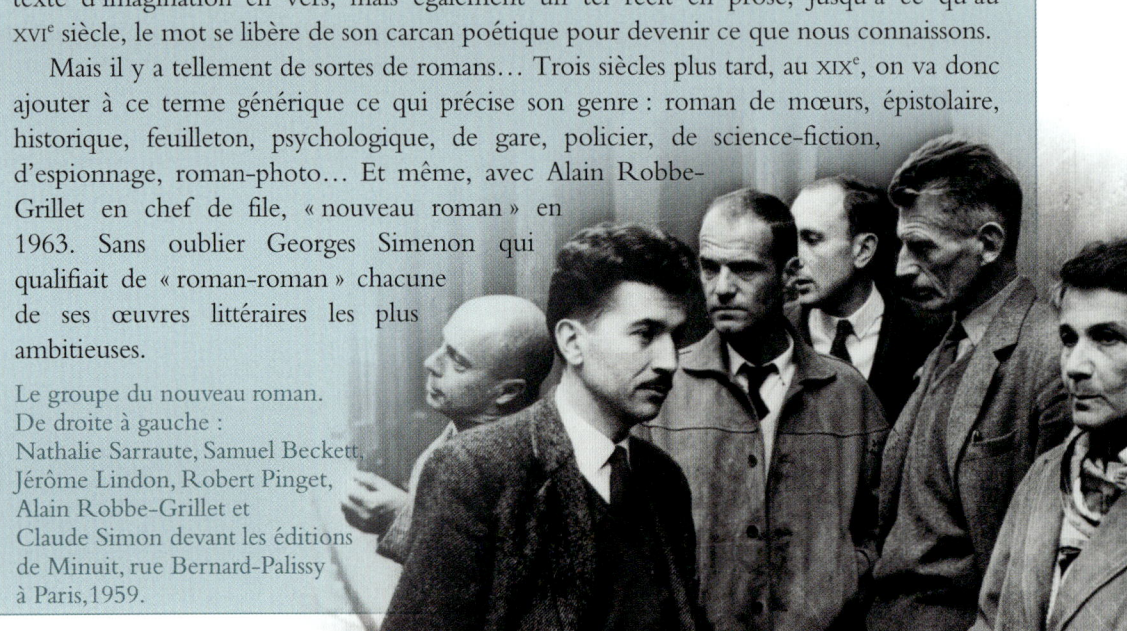

Le groupe du nouveau roman.
De droite à gauche :
Nathalie Sarraute, Samuel Beckett, Jérôme Lindon, Robert Pinget, Alain Robbe-Grillet et Claude Simon devant les éditions de Minuit, rue Bernard-Palissy à Paris, 1959.

Cela dit, si la langue romane s'étend peu à peu et va encore évoluer, se divisant même en dialectes, ne nous y trompons pas – et l'élection de Mummelin nous le prouve : pour faire carrière en Francie, il valait mieux, en ce VIIe siècle, pouvoir parler à la fois la langue des Francs et celle des Gallo-Romains, le roman. Et si les rois mérovingiens étaient globalement tous des tordus cruels et sanguinaires, ils avaient le mérite de pratiquer aussi bien le francique que le latin, et peut-être même le roman pour certains d'entre eux.

Cependant, leur culture ne leur servait pas à grand-chose. Et s'ils se haïssaient les uns les autres, ces rois francs de Neustrie et d'Austrasie, s'ils mouraient si vite et si jeunes, poignardés ou empoisonnés, tout cela était de peu d'importance pour le pays. En fait, la véritable autorité était passée dans les mains des maires du palais, *maiores palatii* selon l'expression du temps.

Ces grands de l'ombre n'avaient été, à l'origine, que des intendants chargés des affaires domestiques du palais royal, aussi bien à Soissons pour la Neustrie qu'à Metz pour l'Austrasie. Mais avec le temps, profitant de l'incapacité de certains souverains mérovingiens et de l'inexpérience de quelques autres, ces maires du palais avaient pris une importance démesurée, devenant à la fois chef des armées et ministre principal. Encore un peu et les rois ne posséderaient plus qu'une couronne et un titre vides de sens. En effet, à la fin du VIIe siècle, le pouvoir était entièrement détenu par des *maiores* comme Ébroïn en Neustrie et Pépin en Austrasie.

Après l'élimination d'Ébroïn et quelques batailles rudement menées contre les armées neustriennes, Pépin de Herstal va bientôt diriger un royaume franc à nouveau réuni. Les rois se sont succédé, Childéric II, Clovis III, Dagobert II, Thierry III, Clovis IV… les Mérovingiens n'ont pas lâché le trône, mais les vrais maîtres du jeu sont désormais les Pipinnides, c'est-à-dire Pépin et ses descendants. Lui-même est originaire d'Herstal, près de Liège, où ses successeurs vont fixer leur capitale avant de choisir de s'établir tour à tour à Cologne, à Trèves et retour à Metz. Un nomadisme qui va jusqu'en pays germanique et ne se révèle pas très favorable à l'unité linguistique. Et c'est ainsi que, pour la Francie, le siècle s'achève comme il avait commencé : dans la confusion des langues et le chamboulement des royaumes.

Roger Pierre et Jean-Marc Thibault dans le feuilleton *Les Maudits Rois fainéants*, parodie des *Rois Maudits*, le 16 février 1973.

– 8 –

QUAND CHARLEMAGNE VEUT RÉIMPOSER « LE LATIN POUR TOUS »

Au VIIIe *siècle, pour unifier son royaume, Charlemagne tente de généraliser le latin classique. Seulement personne n'en veut plus. Mais quand il dit : « Nous voulons des écoles pour apprendre à lire aux enfants », l'idée est retenue.*

Les Mérovingiens, devenus rois fainéants parce qu'ils n'ont rien fait (ils ont « fait néant »), se maintiennent encore un peu au pouvoir mais de toute façon l'Histoire se déroule sans eux et c'est Charles Martel, le fils de Pépin de Herstal, qui se démène sur tous les fronts pour préserver le royaume franc. À l'est, il repousse les Frisons, les Thuringiens et les Alamans ; au sud-ouest, il soumet l'Aquitaine, et près de Poitiers, il stoppe les troupes sarrasines qui ont déjà envahi une grande partie de la péninsule Ibérique.

Pour entrer en Espagne : la montagne de Tariq

En 711, alors que Charles Martel n'était encore qu'un jeune homme inconnu, une armée musulmane de sept mille soldats prit l'Espagne d'assaut. Ces troupes étaient placées sous le commandement d'un stratège de Damas nommé Tariq ibn Ziyad. D'Afrique du Nord, il débarqua sur le mont Calpé, entrée de la péninsule Ibérique, et s'en alla vaincre Rodrigue, le dernier roi wisigoth d'Espagne, qui mourut noyé en tentant de fuir par la rivière. Le mont Calpé fut rebaptisé « montagne de Tariq », *Gibr al Tariq*… que l'habitude simplifiera en Gibraltar, et l'Espagne devint pour un temps musulmane.

Gravure représentant Tariq ibn Ziyad (670-722).

Page de gauche : Charles Martel menant le siège d'Avignon. Illustration *in Grandes chroniques de France*, Jean Fouquet, XVe siècle.

En Francie, avec la royauté qui n'en est plus vraiment une et les maires du palais qui ne sont pas réellement des rois, l'unité du pays continue de se fissurer, et la langue, de se diviser… Les dialectes se multiplient à l'intérieur même des régions et les niveaux de compréhension du latin sont fluctuants. Les paysans n'entendent que leur patois, le plus souvent une forme de roman ; les nobles parlent parfois latin, parfois tudesque, langue germanique issue du vieux francique, et si les moines pratiquent le latin, certains érudits usent de la langue classique, alors que d'autres ont du mal à s'exprimer même dans le latin le plus populaire.

Pour qualifier cette situation chaotique, la Provence parlerait de cagade, et le Nord, de foutoir ! Mais dans cette grande débandade, une sorte d'appartenance commune émerge au sein des diverses populations du royaume. Certes, on peut toujours parler de Bretons, d'Aquitains, de Bourguignons ou de Parisiens, mais le fossé entre eux n'est plus aussi profond… Neuf siècles après l'invasion romaine, cinq siècles après les premières incursions barbares, la différence s'est dissoute entre les descendants des Gaulois, la progéniture des Romains et les héritiers des Germains. En fait, on les appelle tous désormais des Francs et c'est d'ailleurs ainsi qu'ils se désignent eux-mêmes. Ce terme de « Francs », qui qualifiait jadis les envahisseurs venus d'outre-Rhin, a radicalement changé de sens pour s'appliquer globalement aux habitants de la Francie, quelle que soit leur lointaine origine… Même si, dans le Sud, de rares populations nostalgiques de la grandeur romaine font encore de la résistance et continuent de s'identifier comme des *Romani*.

En 751, l'installation politique du royaume dans le laisser-aller prend soudain fin avec un coup de force auquel le pape Zacharie a donné son accord : une députation de nobles et d'évêques a respectueusement annoncé au roi Childéric III qu'il était mis fin à son règne et à celui de sa dynastie. Les Mérovingiens quittent la scène sans coup férir, de toute façon ils ont déjà renoncé à régner depuis quelque temps, et Pépin le Bref monte sur le trône. Avec lui s'ouvre l'ère des Carolingiens : les descendants de Charles Martel, père du jeune roi, qui a fait souffler une nouvelle énergie sur le royaume.

Pépin est un roi itinérant, il n'a pas envie d'établir sa capitale à Paris ou à Metz, comme l'ont fait naguère les rois francs. Il voyage avec sa cour. Mais cette cour n'est pas faite de favorites, de courtisans et d'intrigues. Cette cour,

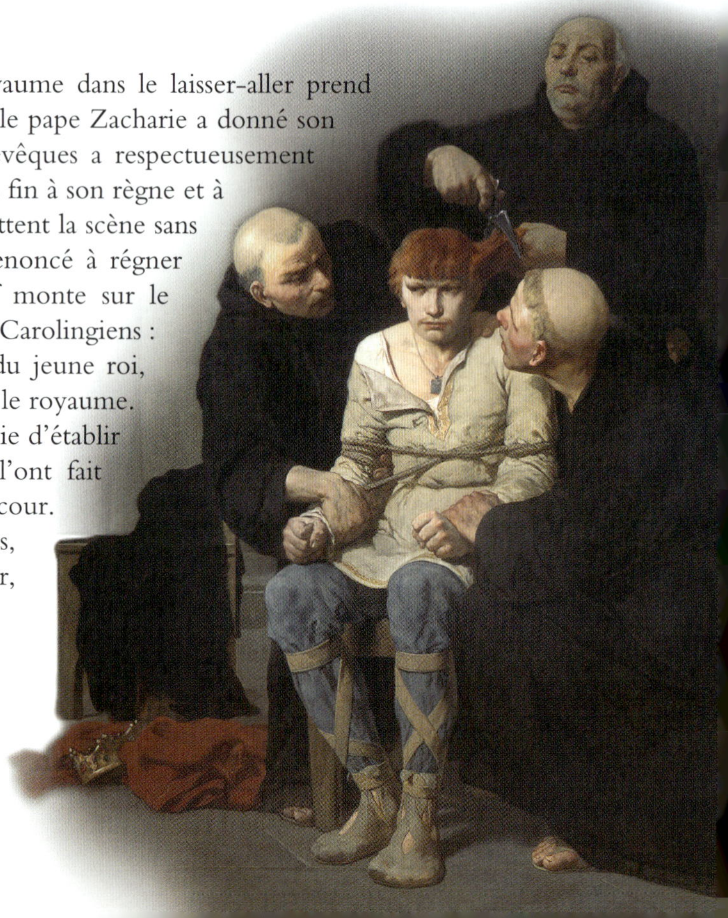

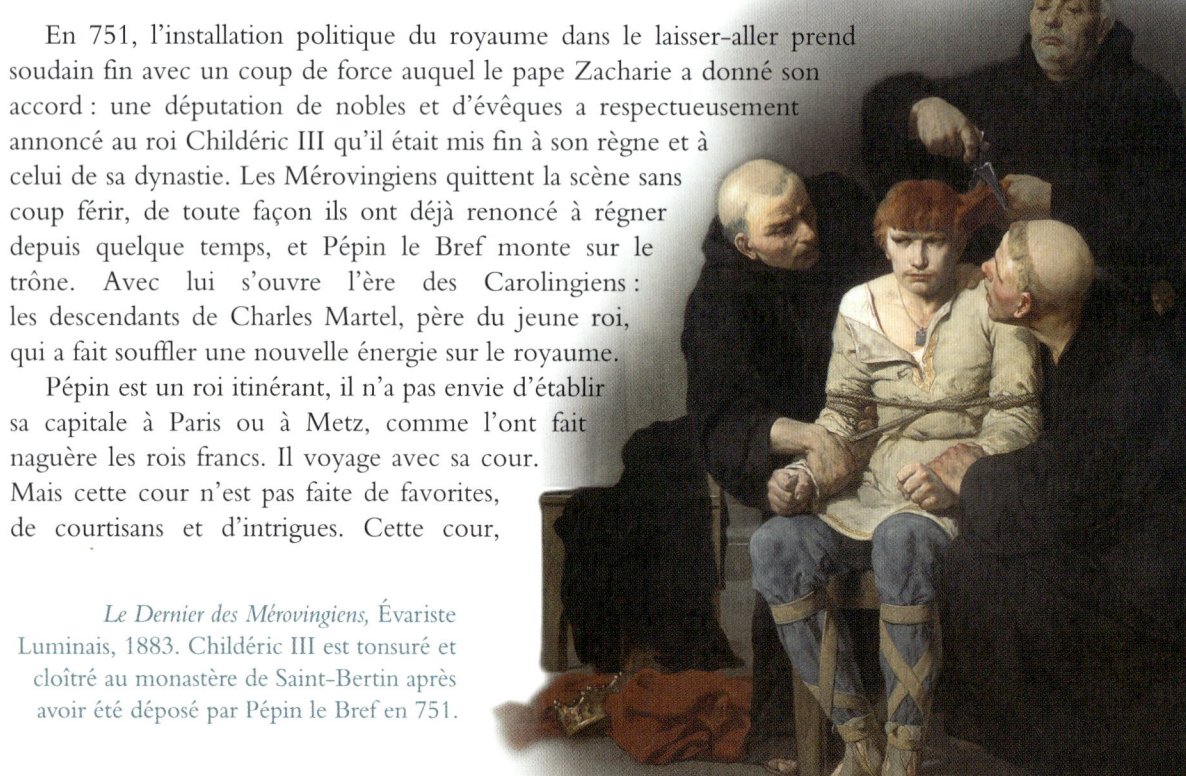

Le Dernier des Mérovingiens, Évariste Luminais, 1883. Childéric III est tonsuré et cloîtré au monastère de Saint-Bertin après avoir été déposé par Pépin le Bref en 751.

c'est du sérieux ! C'est une *curia*, terme latin qui désignait le lieu où se rassemblait jadis le Sénat romain, et qui désormais est une entité purement administrative réunissant une poignée de hauts dignitaires. On y trouve notamment le référendaire, chargé de préparer les actes royaux, le maître des monnaies, qui surveille la fabrication des pièces, le chambrier, gardien du trésor, sans oublier le sénéchal, responsable des festins, et le bouteiller dont on devine aisément l'enivrante fonction... L'austérité a ses limites.

Avec ces hommes, le roi va de son palais de Cologne à celui de Francfort, de sa villa de Worms à celle de Düren et, à la fin de sa vie, se fait construire un nouveau château près des sources d'eau chaude d'Aix, aujourd'hui Aix-la-Chapelle, en Allemagne... Le royaume de Pépin s'étend de Bordeaux à Cologne, mais pour ses loisirs, Sa Sublimité choisit plutôt les provinces germaniques, terres natales de sa famille. D'autant plus volontiers que, s'il a sans doute reçu une vague éducation latine et s'il entend aussi un peu le roman, il parle au quotidien l'idiome tudesque pratiqué en Austrasie, berceau de sa dynastie. Et quand il n'est pas en train de se diriger vers l'une de ses chères villas, il fait la guerre pour maintenir son autorité sur ses territoires de l'Est, pour reprendre la région de Narbonne aux Arabes, ou pour reconquérir l'Aquitaine que le duc Waïfre a tenté d'arracher à la couronne.

Mais Pépin ne fait pas que villégiaturer ou batailler, il légifère aussi. Il estime que le temps est venu de réformer l'Église, qui risque de se couper du peuple et de perdre son influence. La connaissance du latin s'est tellement dégradée que la plupart des fidèles ne comprennent rien au rituel et aux prières. On ânonne à l'église des paroles devenues obscures pour à peu près tout le monde. Le catholicisme de Francie lui-même offre l'image d'un aimable embrouillamini : chaque prêtre, dans chaque église, fait ce qu'il peut comme il le veut, suivant ses intuitions, ses inspirations, ses traditions... On voit circuler dans le pays des livres liturgiques grégoriens, gélasiens ou gallicans, autrement dit écrits selon les rites du pape Grégoire, selon la messe du pape Gélase ou selon le missel parisien. Tout cela ne constitue pas une hérésie, seulement un enchevêtrement inutile d'usages différents, et l'Église perd son rôle unificateur.

Pépin va opposer à cela une réforme radicale : il veut standardiser le culte dans tout le royaume. Il s'évertue à imposer une liturgie unique, celle de Rome, avec pour objectif de construire une Église cohérente, mais aussi surtout de rassembler tous ses sujets par la foi et la langue. Première étape de ce long chemin, la latinisation du chant : l'évêque Chrodegang introduit dans sa ville de Metz la *cantilena romana*, le chant à la mode romaine. Celui-ci se répandra dans tout le royaume, avec les oraisons romaines et maints changements dans le cérémonial liturgique.

Mais les réformes voulues par Pépin le Bref ne sont pas acceptées partout avec autant d'exaltation qu'à Metz. Bien souvent les ordres royaux sont simplement ignorés, et tout continue comme avant... La romanisation si ardemment souhaitée par le roi se heurte à une réalité têtue : les langues parlées ont pris leur essor, et l'on ne veut plus du latin ! Depuis l'Austrasie, la langue germanique grignote le nord de la Neustrie. Si le latin triomphe toujours à Metz, plus au nord-ouest, les populations de Saint-Omer ou de Boulogne-sur-Mer, par exemple, l'ont abandonné au profit du tudesque. Quant au roman, on le parle dans tout le reste de l'Hexagone !

Le latin se perd si bien que même les chrétiens érudits ne comprennent pas toujours les termes utilisés dans la Vulgate, la traduction latine de l'Ancien et du Nouveau Testament… C'est pourquoi certains lettrés se mettent au travail et proposent une sorte de dictionnaire latin-roman pour traduire en langue populaire les mots les plus difficiles des Saintes Écritures. Ainsi naît le *Glossaire de Reichenau*, rédigé dans le nord de la Francie et retrouvé à l'abbaye de Reichenau, île allemande sur le lac de Constance. Les mots y sont alignés sur deux colonnes : à gauche, les termes latins ; à droite, leur traduction en langue romane. Ce dico avant la lettre, ce *liber glossarum*, rassemble en tout quelque mille trois cents mots.

Nous apprenons dans ce glossaire que le terme latin *nausea*, nausée, se dit *crapula* en roman… Un emprunt lointain au grec qui avait un mot proche pour désigner l'excès de boisson… et surtout le mal de tête du lendemain matin, ce que nous appelons de manière imagée « la gueule de bois » ! Comment cette saoulerie grecque s'est-elle transformée en nausée romane ? Comment cette nausée romane a-t-elle accouché finalement de la crapule, synonyme de canaille en français moderne ? Il a suffi de laisser faire et d'attendre mille ans. La pente naturelle du glissement de sens progressif a lentement produit ses effets insolites. La migraine éthylique a conduit à la nausée alcoolique, et cette nausée alcoolique, qui supposait des excès, a donné au mot crapule le sens de débauché. Enfin, vers 1850, la crapule, simplement débauchée jusqu'ici, a pris du galon en devenant par association d'idées une sorte de gredin. C'est ainsi que les mots se réenchantent.

De manière plus générale, si le *Glossaire de Reichenau* effectue un pas vers la langue française en allant du latin au roman, il démontre également combien il est difficile de s'extraire de la langue fondatrice. Ainsi belle se dit *bella* en roman et non plus *pulchra* – belle en latin classique –, et fait entrer dans la langue parlée un diminutif du latin *bonus*, bon. Latin familier, latin tout de même.

Deux se dit *duas,* comme en latin populaire, et non plus *binas*. Latin parlé, latin tout de même.

Enfant se dit *infans* et non plus *liber*, forgeant ainsi un mot-valise à partir du latin *in-fans*, autrement dit « qui ne parle pas », l'enfant étant à l'origine synonyme de nourrisson. Latin réinventé, latin tout de même.

Fromage se dit *formaticum*, parce qu'il a été moulé dans une « forme », et non plus *caseus*. De *formaticum*, il va devenir notre fromage par inversion du *r*, peut-être pour éviter la difficulté orale d'une suite de deux consonnes… Mais en italien, le terme est resté immuable : *formaggio*. Latin déformé, latin tout de même.

Livre des gloses, manuscrit latin édité au VIIIe siècle.

Auenis et habenis differt. nam auenis
per u. littera scripta habenis uero
per b. littera scripta habenis sicut a te
habendo dicte sunt quod
his equos habemus id est tenemus
unde et equi habiles dicti hoc est
retinaculis retinendo flandi

Abenis — lore. sed nunc pro alimentato dicta
Aberam — Abscedebam
Abero — Abscedo discedo pergam
Abeston — lapis qui cum igne nullum habet
ita proprium receperit tamen
sic ardet ut tenens non possit
extingui
Abeston — Archadie lapis ferrei coloris
ab igne nomen sortitus quod accensus se-
mel numquam extinguitur
Abesse — Absens esse
Abessem — Adsensissem
Abest — Deest
Abest — Absens est
Abestis — Absens estis
Abecedar — Aceceto
Abeuntibus — Recedentibus
Abeuntibus — proficiscentibus
Abeunt — Discedunt
Abeunt — Redeunt uadunt
Abeunt — Absentes fiunt uel absentes sunt
Abicendo — Absculo
Abeus fluuius — Abeo proprie unde cursus
fluctus fuerit
Aberet — Adesset uel uideret
Abia — Interpretatur pater dominus
uel pater fuit
Abibat — Recedebat
Abibat — Discedebat uel absentiebat
Abicere — longe iacere proicere
Abicere et proicere — inter distinguitur quod
enim in dispectione et neglectu
uertitur quod uero foris porri-
mus resoluat et celeritudine
tenemus hoc proicitur
Abicit — Proicit
Abicit — Expellit
Abicit — Compellit
Abicit — Auertit repellit et propulsat
Abicit — Propellit uel absterret
Abicit — Submouet et sternit reicit
Abicit — Interdicit cohibet prohibet
inhibet uel uetat

ESIDORI Abidos — Insulae Hellespontum supellex pari-
um positae longius a periculo
simul sepiuntur. Abidos
graece dicitur quod sit in asper
ellis pontum mittens, in qua Xerxes
pontem a continentibus fecit et longe
eum ascensum
VIRGILI Abidos — Ubi Ellis pontem in parte est
ESIDORI Abiladicta — Quod praecelsa est ceteris montibus longe
est et in excelsum prominet
cuius natura experta est atrium
humanis recepit inde habilis atque
leuis habetur deque uirgibus
et ceteris arboribus ... qui
...
gibbus uertentia prospatiatum condere
est id est sine nodo
DEGLOSIS Abolita — Contempta
ESIDORI Abolita — Afflicta prostrata
Abolita — Oppressa
Abolita — perculsa mortificata inmolata
Abolita — obruta oblita uel euersa
Abolita — Eradicata id est euulsa
Abolita — Expoliata nudata et sua
nudata id est expulsa
Abominare — Inter proprie inferre uel maledi-
cere
Abominare — Contumeliis afficere
Abominare — post se dicere contemnere
Abominare — Exprobrare uel insectare
Abominare — Uiam minui in aspis dicere detra-
here siue deformare
Abominare — Uituperare criminare male
existimare uana dicere siue
reprehendere
Abominare — Contumeliis inferre
Abominare — Lites serere uerba conicere
compellere proscindere id est
lacessere
Abominabilia — Terrore ferenda
Abominabilia — Tremendis libris id est
turbidis uisu
Abominabilia — Pollutis respectu
Abominabilia — Turbidis oculis intercipi-
entibus uestis
Abiectum — humile depressum dimis-
sum iacens
Abiectum — Inglorium ingloriosum
Abiectus — Supplex uel dimissus
Abiectus — Summissus humilis
Abiectus — Pauidus tremens

Abiectus — Proiectus iacens
Abiectus — Uulgaris uel barbarus
Abiectus — Incultus id est sordidus
Abiectus — Inprobatus
Abiectus — Tardus intemptus
DEGLOSIS Abiectus — Longe iactatus uel proiectus
Abiectus — Contemptus loco dispectus
Abiectus — Iactatus
Abiexer — Interpretatur lapis et aquarum
DEGLOSIS Abige — Expelle
Abigebat — Fugiebat
Abigit — Minat expellit
Abigit — Compellit
DEGLOSIS Abigit — Fugat hominis fecit simul
fratrem in id insectatus
Abigit — Absterret
Abigit — Auertit uehementer offendit in-
pugnat uel insequitur
PLACIDI Abiegnus (abiegnus) — Ligneus
ESIDORI Abiegnus — Est lumen arborum et apto ad ha-
bendum scilicet nominatus
DEGLOSIS Abiegnus — Qui seducit seruum id est peculs alienum
Abiliu — Sibi geath leham
Abilem — Aptum
EUCHERI Abimelech — Interpretatur pater meus rex
HIERONIMI Abimelech — Interpretatur nubilum
DEGLOSIS Abimo — Deorsum
VIRGILI Abimis — Abinamis
DEGLOSIS Abineunte aetate — Ab ipsis rudimentis infan-
tiae
CICERONI Abinfimis — Ab humilibus et minimis
Abinfimis — A pressurissimis uel angustissi-
mis uel obscurissimis uel extremis
Abinfimissimis — A deformissimis uel ... uil-
lissimis
PLACIDI Abiungeres — Abiungere id est ducere
DEGLOSIS Abingere — Expellere
Abnuente — Dissentiente
HIERONIMI Abionis — Interpretatur pater meus siue
desiderium uel concupiscentia
DEGLOSIS Abire — Discedere
VIRGILI Abire incipiebat — Ire incipiebat
DEGLOSIS Abis — Recedis
Abis — Discedis
Abis — Uadis ambulas
Abis — Longius recedis
Abisse — Discessisse
Abisse — Recessisse
DEGLOSIS Abissum — Profundum
Abissus — Profunditas est aquarum
inpenetrabilis siue inspe-

Enfin, hiver se dit *hibernus*, terme tiré de l'expression latine *hibernum tempus*, le temps d'hiver, abandonnant ainsi le classique *hiems*. Latin tardif, latin tout de même.

En revanche, exemple rare, la bouche se dit *bucca*, abandonnant le latin *os* pour retrouver une forme dénaturée de *bocca*, vieux mot celtique.

Légende des saints, légende des dessins

En ce VIIIe siècle comme au siècle précédent, la littérature, entièrement rédigée dans une sorte de latin dégradé, ne traite que d'un sujet : la vie des saints. Adrien, Bonnet, Colomban, Livin, Priest sont les héros de vibrantes hagiographies… C'est un genre littéraire en soi, un style particulier qui obéit à des règles quasiment immuables : le vénérable personnage dont on retrace l'existence terrestre est presque toujours de noble extraction, il a généralement connu une vie dissolue avant de se repentir et de faire le bien autour de lui. Ou alors, variante, il s'est senti appelé par le Seigneur dès son plus jeune âge et, encore enfant, a fait toutes sortes de miracles… Le reste n'est que broderies autour de ce canevas premier.

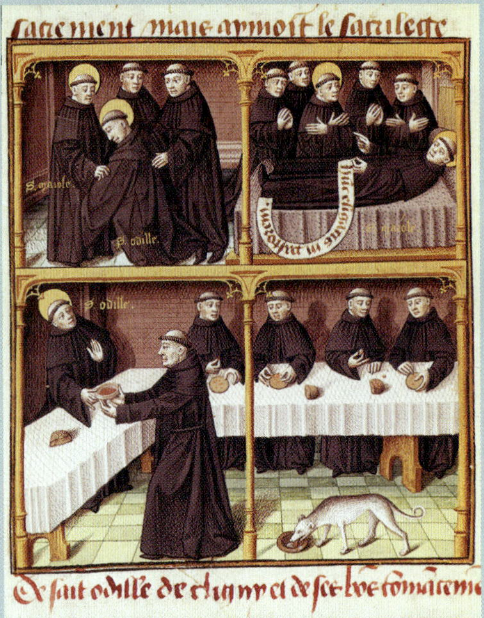

Réfectoire de moines. Miniature tirée du manuscrit *Speculum historiale* de Vincent de Beauvais commandé en 1246 par Louis IX.

Ces textes ponctués de fantastique sont destinés à être lus à haute voix dans les réfectoires des couvents pour l'édification des jeunes moines. Ces œuvres sont donc écrites pour être présentées en public par la lecture : des « textes à lire », de *legens*, lecture en latin, un mot qui donnera bientôt *legenda*, avec le sens précis de « vie d'un saint ». Mais on ne saurait enfermer le fantastique dans un carcan trop serré : dès le XIIe siècle, la légende va s'échapper des pieux réfectoires pour désigner toute histoire où le merveilleux l'emporte sur le réalisme.

Cependant, le mot a quand même gardé, en parallèle, le sens de « texte à lire »… Et avec cette signification, la légende désignera d'abord l'inscription gravée sur une médaille avant de s'appliquer aux quelques lignes explicatives placées sous un dessin ou une photo.

Pépin le Bref s'est donc fait construire un château à Aix, et avec son fils Charlemagne cette résidence secondaire va devenir un vrai palais et le siège du gouvernement. Comme son père, Charlemagne choisit de demeurer le plus souvent en pays germanique. Des écrits de l'époque affirment qu'il comprenait toutefois le grec, possédait quelques notions de syriaque et parlait couramment le latin… Néanmoins, il l'a appris assez tard : c'est au cours de sa campagne militaire à Pavie en 776 – il avait déjà plus de trente ans – qu'il demanda au grammairien Pierre de Pise de lui enseigner cette langue, et pour plus de sûreté, il emmena son professeur avec lui jusqu'à Aix.

Quoi qu'il en soit, Charlemagne parlait peut-être le latin – classique ou populaire – mais en tout cas il ne l'écrivait pas : tout émerveillé qu'il fût par les mystères de la connaissance, il n'est jamais parvenu à écrire. Et il en souffrait… La nuit, il gardait toujours auprès de lui des folios de parchemin, et lorsque l'insomnie le prenait, il s'exerçait avec peine à tracer quelques lettres maladroites. Mais il ne put jamais dépasser le stade d'un alphabet laborieusement calligraphié.

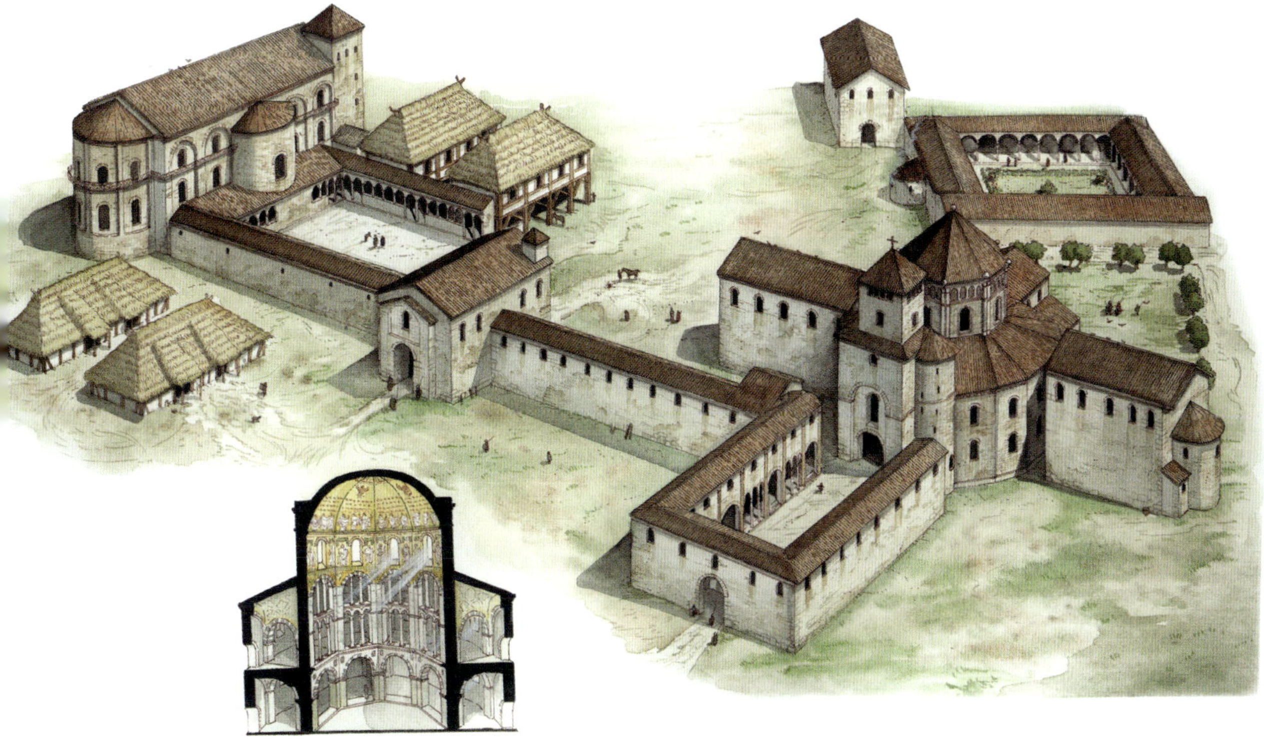

Vue d'ensemble et coupe transversale reconstituant le palais de Charlemagne (vers 742-814) réalisé par l'architecte Eudes de Metz vers 794 à Aix-la-Chapelle.

Cela dit, s'il résidait plus volontiers à Aix, Charlemagne se souciait aussi beaucoup de la Francie, qui faisait partie de ses terres. Avec l'appauvrissement général de la langue et de la communication, la Francie se trouvait dans une situation de crise à laquelle il souhaitait remédier. Il poursuivit donc l'action de son père, réformant et stabilisant le parler roman tout en consolidant et en épurant la langue de l'Église. Chef temporel et guide spirituel, il voulait que son peuple observe plus strictement les principes divins définis par l'Église romaine. Et pour cela, il fallait pouvoir dire et comprendre les prières convenablement, sans chercher à les adapter pour quelque raison que ce soit.

Jusqu'ici, celui qui lisait en latin pouvait transformer verbalement tel ou tel mot difficile à prononcer, c'était admis, courant, normal. Et ces transformations transpiraient à l'écrit. Par exemple, le *frater* authentiquement latin était devenu *fradre* en raison de la prononciation « germanique » qui avait tendance à accentuer le commencement d'un mot et à laisser tomber la fin, ce qui va nous donner « frère »… Avec Charlemagne, ces petits arrangements vont être proscrits, et du coup la frontière sera définitivement marquée entre la langue écrite et la langue orale.

Par ailleurs, au début de son règne, Charlemagne avait été choqué de constater que le serment de fidélité – rédigé en latin –, que devait prononcer tout homme libre âgé de plus de dix ans, n'était généralement pas compris. Oh, chacun faisait preuve de bonne volonté ! On bredouillait des mots inaccessibles devant les envoyés royaux, et puis, la conscience tranquille, on retournait à ses petites affaires. Ce qu'il fallait donc, c'était poursuivre et développer la connaissance du latin, et l'instruction du peuple en général.

Photogravure du baptême de Witikind, chef saxon converti par Charlemagne, Charles F. Horne, 1894.

Et c'est ainsi que de son palais d'Aix, Charlemagne décrète le 23 mars 789 le capitulaire *Admonitio generalis*, « Avis général », qui définit en quatre-vingt-deux chapitres les droits et les devoirs de ses sujets… Le capitulaire, c'est sa manière à lui de gouverner par ordonnances ! Ce terme a été emprunté au vocabulaire ecclésiastique *capitulum*, assemblée de moines habilités à prendre des décisions, à diffuser des actes… et en définitive, le mot a désigné l'acte lui-même.

Des capitulaires, Charlemagne en publie sur les points les plus divers : le pouvoir des évêques, l'administration du baptême, le péage des ponts, la punition des voleurs, la sécurité des voyageurs ou l'organisation militaire. Mais cet « Avis général » de 789 prend une valeur exceptionnelle par l'importance des thèmes abordés, l'enseignement en premier lieu…

Si ce « sacré Charlemagne » n'a pas vraiment inventé l'école – nous avons vu qu'il existait de tels établissements depuis longtemps en Gaule –, il a tout de même tenté d'imposer un droit collectif à l'instruction, et c'est déjà énorme : « Nous voulons des écoles pour apprendre à lire aux enfants… »

Charlemagne interdit les tempêtes…

Dans le chapitre 65 de son capitulaire *Admonitio generalis*, Charlemagne demande que l'on mette hors d'état de nuire les *tempestarii vel obligatores*, les tempestaires ou ceux qui les dirigent. Qui sont ces tempestaires ? Aux yeux des paysans et des marins, ce sont des démons cachés dans les airs, de petits êtres malins qui déclenchent des calamités sur la Terre, de méchants faiseurs de mauvais temps… Le nom de *tempestarii* vient d'ailleurs de *tempus*, le temps.

L'Église a beau protester contre ces croyances héritées du paganisme, ceux qui craignent le ciel et ses colères sont prêts à s'acquitter de leur écot auprès des sorciers pour éviter la pluie, repousser le tonnerre, apaiser le vent. Les prières et les manigances de ces enchanteurs devraient chasser les êtres néfastes et assurer le beau temps pour tous… Ne nous y trompons pas : dans le capitulaire, ce sont eux, ces charlatans bien humains, que Charlemagne entend faire disparaître.

Finalement, les tempestaires, démons célestes ou magiciens terrestres, vont s'éclipser de l'horizon, non sans nous laisser la *tempeste*, qui entrera sous cette forme dans la langue dès le xe siècle. Le mot ne désignera plus alors les maîtres du temps, mais seulement leur sortilège… c'est-à-dire un orage d'une grande violence.

Sorcières repoussant un orage, gravure sur bois, 1489.

On l'a vu, une grande partie de l'effort didactique mené par Charlemagne porte sur la qualité du latin. En effet, la langue classique retrouvée doit permettre une communication plus facile au sein de l'administration royale, mais aussi donner à tous la possibilité d'aborder les textes sacrés en les comprenant, ce qui serait un évident progrès !

Encore faut-il l'imposer, ce latin, ne serait-ce qu'à l'Église ! En 794, le concile de Francfort vient affirmer que chacun, certes, peut prier Dieu dans sa propre langue, mais que seul le latin, tiré de la Vulgate de saint Jérôme, est admis pour les célébrations religieuses à l'église… Et cette règle restera valable jusqu'en 1963, date du concile Vatican II, qui demandera finalement que les diverses célébrations religieuses se déroulent dans la langue de chaque pays.

À la suite de la décision prise à Francfort, Charlemagne adresse une circulaire aux évêques et aux abbés afin de revenir, encore, sur ses sujets de prédilection, le latin et l'enseignement. Il y développe, une nouvelle fois, sa conception de la culture comme expression de la foi, il y dénonce le « langage inculte » pratiqué par certains prêtres et engage ses correspondants à ne pas négliger l'étude des lettres, c'est-à-dire les auteurs latins classiques.

Il a ses raisons de vouloir enrayer l'appauvrissement et le morcellement du latin, Charlemagne. Quand on veut conduire le peuple chrétien au salut, quand on va bientôt diriger un empire aussi vaste que l'ancien Empire romain d'Occident, il faut disposer d'une langue stable pour communiquer, une langue clairement rédigée mais aussi transcrite lisiblement !

Pour faciliter la calligraphie de cette langue, Charlemagne fait appel à la minuscule caroline… Un joli nom, me direz-vous, mais encore ? S'agit-il d'une petite dame qui serait notre ancêtre commune ? Pas du tout ! Je veux parler ici des caractères d'une écriture en lettres minuscules nommée « caroline », en l'honneur de Charlemagne, et que l'on utilise encore aujourd'hui.

Pour faire respecter ses capitulaires, Charlemagne envoie à travers le royaume les *missi dominici*, les envoyés du seigneur, auxquels son grand-père Charles Martel et son père Pépin le Bref avaient déjà fait appel. Mais avec lui, ces fameux *missi dominici* vont devenir des rouages essentiels de l'administration royale.

Ils se déplacent généralement deux par deux, un laïc et un religieux, ce dernier tenant le rôle principal du duo parce qu'il est le plus instruit, le plus lettré. Dans la région qui leur est impartie, ils doivent non seulement contrôler la bonne application des capitulaires, mais aussi examiner les actes de vente, détecter les malversations éventuelles, s'assurer de la paix entre les habitants, recevoir les plaintes des mécontents… Et, en vertu des ordres donnés par Charlemagne, ces envoyés royaux vont vérifier que chacun connaisse par cœur, et en pur latin, le *Credo* et le *Pater Noster*…

Charlemagne surveille ses populations, mais c'est à Aix, ville qu'il rêve de transformer en cœur du monde pensant, que s'établit l'école palatine, l'école du palais royal. L'établissement réunit les professeurs les plus savants de toute l'Europe et attire sur ses bancs les enfants de la noblesse franque et même leurs pères, incités à s'instruire par la pression insistante du souverain… D'ailleurs, Charlemagne en personne n'hésite pas à venir assister aux cours quand la guerre, la politique et la stratégie universelle lui en laissent le loisir.

Merci, chère caroline !

Afin de diffuser une écriture accessible au plus grand nombre, les moines copistes de l'abbaye de Corbie (12, rue Charles-de-Gaulle, à Corbie), en Picardie, mettent au point ce graphisme. Avec la satisfaction de le voir bientôt promulgué « écriture officielle dans le royaume », avant de se répandre dans toute l'Europe occidentale.

Nous sommes tous redevables à cette chère caroline : sans elle, les lignes que vous êtes en train de parcourir ne s'adresseraient qu'à des experts capables de décrypter les grimoires les plus alambiqués, de démêler les empattements les plus complexes. D'ailleurs, il suffit de jeter un coup d'œil sur un manuscrit mérovingien : on n'arrive pas à déceler le moindre mot dans ces lettres majuscules entortillées. Ces transcriptions présentaient en fait de nombreux inconvénients : elles étaient longues à copier, difficiles à déchiffrer à cause de leurs ligatures compliquées, et leurs spécificités locales les rendaient illisibles d'une région à l'autre.

Penchez-vous maintenant sur un parchemin carolingien… Tout s'éclaire soudain ! Vous parviendrez à distinguer les lettres bien alignées, à discerner les mots nettement séparés… Grande nouveauté, pour rendre la lecture encore plus aisée, chaque phrase et chaque nom propre commencent par une majuscule. Désormais tout est en place et peu de choses ont changé depuis. Les caractères qui forment ce livre comme ceux qui s'inscrivent sur l'écran de votre Smartphone sont les héritiers directs de la minuscule caroline. Elle a été transformée, adaptée, simplifiée, mais n'a jamais dérogé à ses principes fondamentaux : élégance et lisibilité.

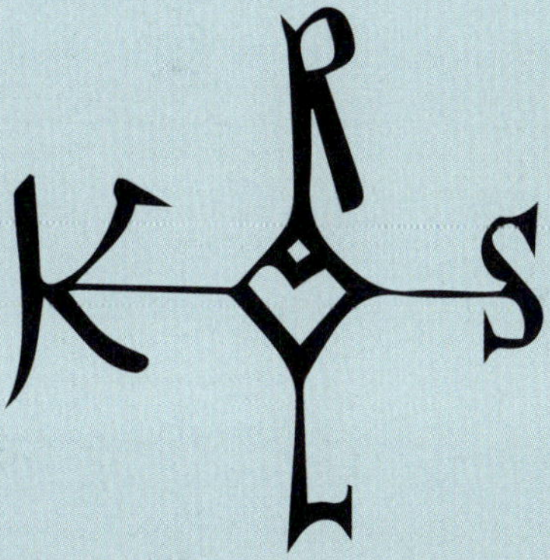

Monogramme de Charlemagne apposé sur la charte de l'abbaye de la Grâce en 779.

Même si le roi ne suit pas la classe avec grande assiduité, il fixe le programme d'enseignement de son école aixoise, un projet qui devra se répandre dans toutes les autres écoles du royaume. Les notions simples mises en place à ce moment-là n'ont pas varié depuis et restent celles de nos classes primaires : lire, écrire, compter. Mais Charlemagne va plus loin, il réclame pour les élèves plus âgés l'étude des arts libéraux, autrement dit les sept disciplines fondamentales de l'Antiquité : grammaire latine, composition, dissertation, musique, arithmétique, géométrie, astronomie. À Aix, c'est le directeur de l'école, un pédagogue et théologien anglais nommé Alcuin, qui se charge spécifiquement de cet enseignement laïc.

C'est ce même Alcuin qui va suggérer à Charlemagne d'abandonner son titre de roi pour prendre celui d'empereur… Il est vrai que le roi a concentré entre ses mains des pouvoirs immenses. Il règne directement sur un territoire qui s'étend de la Bretagne à la Bohême et de la Saxe à l'Italie… Les Arabes d'Espagne le prennent pour arbitre, Alphonse II, roi des Asturies, se soumet à son autorité, les Écossais le nomment leur seigneur, le calife de Bagdad Haroun al-Rachid lui remet les clés du Saint-Sépulcre de Jérusalem, les empereurs successifs de Constantinople le craignent…

Mais comment devenir empereur ? Charlemagne ne veut ni d'un coup de force qui risquerait de le rendre impopulaire ni d'une élection indigne de sa grandeur. Alcuin lui suggère de se tourner vers « la première dignité du monde », c'est-à-dire le souverain pontife. Lui seul pourra donner une légitimité au futur empereur. Il faut dire que le pape Léon III s'est récemment trouvé en plein désarroi et que Charlemagne est venu opportunément à son secours… Les neveux de l'ancien pape, Adrien Ier, alliés à une poignée de dignitaires, contestaient l'élection de Léon en vertu de rumeurs sur sa moralité, et pour résoudre le conflit, ils ont tenté de le faire assassiner. En 799, le pape menacé s'est réfugié auprès de Charlemagne à Paderborn, en Allemagne. Fort du soutien royal, le pape a vite pu retourner à Rome où il a été accueilli avec ferveur par la population… Dès lors, Sa Sainteté n'avait plus rien à refuser à son sauveur.

Aussi le matin de Noël, « alors que l'an 800 tourne à l'an 801 », écrit le rédacteur des *Annales du royaume des Francs,* nous rappelant que l'année commence à l'époque le 25 décembre, le pape célèbre la messe au Vatican en présence de Charlemagne et d'une foule recueillie… Léon III s'avance vers le roi, verse sur sa tête l'huile sainte, place sur son front une couronne d'or tirée du trésor de la basilique Saint-Pierre et s'incline devant le nouvel empereur d'Occident…

– Charles, Auguste, couronné par Dieu, grand et pacifique empereur, vie et victoire ! répète par trois fois le pape.

La foule applaudit à cette cérémonie qui semble rendre vie à l'Empire romain disparu depuis plus de trois siècles.

*
* *

Devenu empereur, Charlemagne poursuit son combat pour la culture et l'instruction. Mais en définitive, dans son désir d'éduquer une population analphabète, il a reconstitué une langue qui ne se manifestera plus désormais que sous la forme écrite ou maladroitement psalmodiée. Le latin est ainsi devenu la propriété exclusive des lettrés, des religieux, des diplomates et des scientifiques, une prédominance à l'écrit qui se maintiendra jusqu'au XVIIe siècle… durant neuf cents ans encore ! Charlemagne aurait voulu offrir le latin à tous, il n'a fait que recréer une élite.

En rétablissant le latin classique, l'empereur a définitivement marqué la frontière entre le latin des clercs, langue sans peuple, et le latin du peuple, langue sans écriture. Mais si le latin a repris de la vigueur sur les parchemins, à l'oral il agonise… Loin des nobles et des écoles, le roman lui a assené le coup fatal, au point de s'imposer à l'écrit au siècle suivant.

Sacre de Charlemagne (vers 742-814), Joseph-Paul Blanc, XIXe siècle.

JOSEPH BLANC

EXALTA MUNI CUSTODI COLLIGE LAUDA
SUBLIMA CLERUM SEU VENERARE TUUM
AEDIBUS ET SACRIS MERITOS SIC DEFER HONORES
SEDIBUS IN SCIS UT MEREARIS OPEM
TEMPORE MANDUCA BIBE DORMI SURGE LABORA
SUNT FACIENDA SUIS OMNIA TEMPORIBUS
HIS HABITIS ALIISQ BONIS IN NOMINE TRINO
CUNCTIPOTENTIS ERI CUM DEITATE SUI
HUIUS AB INITIO THOMI SCRUTARIER ORO
EIUS SCRIPTA PIA MENTE OPERI ORE FIDE
HIC FONS HIC DOCTRINA POTENS HIC LUMINA OPIMA
ECLESIAE SCAE CANDIDIORA NIVE
SCILICET ALTICANORI QUINQ VOLUMINA MOYSI
IUNCTA NITENT MORTEM ILLIUS USQ CANANT
IOSUE DUX DUCENS CONSURGIT FORTIS IN ARMIS
IN PATRIAM POPULUM IURE TENENTE LOCUM
SEPTIMUS ECCE LIBER CENSORUM NOMINA FATUR
QUORUM HEBREA FUIT SUBDITIONI MANUS
HORUM FACTA GENUS TEMPUS LOCA BELLA TRIUMPHI
SUNT INSERTA SIBI DEBITO HONORE SUI
FEMINA QUIS SOCIATA SEDET RUTH NOBILIS UNA
QUAM IOB EXIMIAE CONSEQUITUR FIDEI
HUNC IMITARE LIBENS QNM PATIENTIA PURA
EXTITIT AC NOBIS MAGNA FIGURA FUIT
QUATTUOR ET REGU LIBRI BIS OCTO PROPHETAS

ANTE QUIBUS DAVID IUNGITUR HYMNIFICUS
HYMNICA PSALMORU CECINIT QUI CARMINA DAVID
PLURIMA DE XPO MYSTICA SAEPE LOQUENS
PRODIIT EX CUIUS REGALI VIRGO MARIA
SEMINE QUAE PEPERIT VIRGO BEATA DNM
PACIFICUS SALOMON NEC NON SAPIENTIA IUXTA
TERTIUS EST IESUS CONTINUATUS EIS
POST PARALYPOMENON EZRAS QUOQUE SIVE NEEMIAS
HINC HESTER IUDITH ET TOBIAS RECINIT
INCLITA BELLA DEINDE TONANT MACHABEA QUONDAM
PRO LEGE AC PATRIA PROQUE SALUTE DATA
HAEC SCRIPTURA QUIDEM BREVITER MEMORATA VETUSTA
STAT QUAMQUAM MODICO RUSTICULOQ STILO
INITIANT TESTAMENTI PRAECEPTA NOVELLI
BIS DUO CONCORDI FAMINE SCI VOMI
MATTHEUS MARCUS LUCAS CELSUS QUOQ IOHANN
IN SENSU PARILI DOGMA TONANDO SI
PERSONAE QUORU VARIAE DOCTRINA SED UNA
UNUS UTRISQ TENOR UNA SIQUIDEM VIA
HI QUID VEL QUAE QUANTA SEU VEL QUALITER EGIT
A PATRE DESCENDENS NATUS UBIQ DOCENT
HINC HOMINIS PRIMO FACIES ASCRIBIT ORSUS
EST QUIA SAT DOMINI CAELITUS EX GENESI
FORMA LEONIS INEST PULCHRE FORMATA SECUNDO
QUOD TEGIT RURA DEVIA VOCE SUA

– 9 –

QUAND LE ROMAN SE MET À L'ÉCRIT

Au IXe *siècle, les* Serments de Strasbourg *officialisent les langues tudesque et romane, et avec la* Cantilène de sainte Eulalie, *le premier texte littéraire du roman voit le jour.*

On l'a compris : le peuple veut sa ou ses propres langues et les chrétiens continuent de ne rien comprendre aux célébrations religieuses. Réaliste, le concile de Tours, qui siège en mai 813, prend la décision d'interdire les prêches en latin. Les prières latines, passe encore, mais pour les sermons, il faudra désormais s'adresser aux fidèles en roman pour la Francie et en tudesque pour les contrées germaniques.

Le 28 janvier 814, quelques mois après cette décision qui doit l'accabler, Charlemagne rend son dernier soupir, terrassé par une pleurésie. Et c'est son fils Louis, jusqu'ici roi d'Aquitaine, qui monte sur le trône sous le nom de Louis Ier. Celui qui, hier encore, était un gentil roi provincial sans grand pouvoir devient empereur d'Occident, l'homme le plus puissant d'Europe.

À peine arrivé à Aix, Louis Ier est horrifié par la vie libertine qui semble régner dans la cité, et même dans le palais de son père. Eh oui ! Charlemagne voulait imposer l'Église romaine unificatrice, mais ne veillait pas nécessairement à suivre ou faire suivre les Dix Commandements. Louis chasse aussitôt de la cour les concubines de son père, expulse de la ville les prostituées et envoie ses sœurs restées célibataires croupir sagement dans des monastères, non sans avoir fait crever les yeux de leurs amants. C'est cela la vertu bien comprise selon Louis le Pieux ! Car on l'appelle le Pieux, surnom qu'il a reçu de ses sujets aquitains à l'époque où il usait son temps et sa fortune à construire des églises.

À Aix, ce pieux souverain ne se contente pas de déloger les démons de la débauche, il s'en prend aussi aux conseillers de son père et écarte de la cour des personnages aussi considérables que le Flamand Adalard et son demi-frère Wala, fils d'une Saxonne, tous deux proches collaborateurs de l'empereur disparu. Pour remplacer ces exclus, Louis appelle auprès de lui son gendre Bégon – mari de sa fille Alpaïs et descendant d'une lignée de comtes de Paris –, l'abbé Hélisachar, originaire du nord de la péninsule Ibérique, et un autre abbé, Benoît d'Aniane, un aristocrate wisigoth.

La Bible de Vivien, dite Première Bible de Charles II le Chauve, vers 845-846.

Est-ce vraiment un hasard ? Aucun des nouveaux arrivants n'est de langue tudesque ; ils parlent tous une forme de roman… De fait, le nouvel empereur a opéré, en silence, une révolution fondamentale : à la cour, il a destitué la langue germanique de son père pour y implanter résolument celle qu'il a tant pratiquée quand il était roi à Bordeaux. Il va d'ailleurs donner à son fils Charles, futur Charles II le Chauve, un précepteur nommé Loup de Ferrières, un abbé qui non seulement ne parle pas tudesque, mais déclare hautement refuser d'apprendre cette langue pour laquelle il décrète n'avoir aucun goût ! Et il a beau être un fin lettré, épris des anciens auteurs latins et friand de littérature autant religieuse que profane – saint Jérome, mais aussi Cicéron, Quintilien et Donat –, il reste, comme les conseillers de l'empereur, féru de langue romane dans l'expression parlée.

Bref, avec Loup, Bégon, Hélisachar et Benoît, la cour d'Aix a changé de langage. Si on lit toujours en latin, on parle désormais en roman. Louis Ier a d'ailleurs « francisé » son nom, si l'on peut dire…

Pourquoi Louis Ier et non Clovis V ?

Il faut s'y faire, le premier roi franc chrétien ne s'appelait pas Clovis et le fils de Charlemagne ne s'appelait pas Louis. Ces prénoms sont des reconstitutions tardives en langue française. Clovis se prénommait en fait Chlodowig, ce qui, en francique, signifie « glorieux au combat ». Quant à Louis, il répondait au doux nom de Lodhuvicus en latin, terme issu du germanique pour dire… la même chose ! Clovis et Louis sont un même et unique prénom, sauf que le premier est dérivé du francique alors que le second découle de sa traduction latine.

Le roi d'Aquitaine et empereur d'Occident aurait pu décider de se faire appeler Clovis V, succédant à Clovis IV, roi des Francs, qui avait régné à la fin du VIIe siècle. Mais non, il a choisi d'entrer dans l'Histoire sous le nom de Louis, une manière pour lui de s'éloigner des origines germaniques de sa famille et de s'ancrer dans un nouveau destin dirigé vers une autre langue, le roman. Et dix-sept Louis lui succéderont.

Portrait de Louis Ier le Pieux (778-840), empereur d'Occident. Page du manuscrit *Codex Legum Longobardorum* décrivant les lois du royaume lombard mises en place par le roi Rothari, XIe siècle.

Pour se maintenir cahin-caha au pouvoir, Louis Ier va devoir affronter des ennemis redoutables : ses quatre fils légitimes, Lothaire, Pépin, Louis et Charles. Ils sont si impatients de régner qu'ils se partagent le royaume du vivant même de leur père, et celui-ci meurt en 840… au moment où il prépare une expédition militaire contre son fils Louis. À cette date, Pépin a rendu son âme au Seigneur depuis deux ans déjà, il ne reste que trois frères pour s'entredéchirer.

Lothaire a hérité de l'Italie, Louis, de la partie orientale de l'empire, et Charles, de la partie occidentale. Mais l'aîné, Lothaire, prétend tout phagocyter, il veut ceindre la couronne d'empereur d'Occident au nez et à la barbe de ses frères. Louis et Charles ne l'entendent pas de cette oreille : ils s'unissent pour rabattre le caquet du prétendant ! Mais la confiance ne règne pas, même entre les deux frères associés… Chacun se méfie de l'autre… Alors, s'allier, oui, mais il faut prévoir un contrat, écrit sur parchemin et proclamé publiquement.

C'est ainsi que le 14 février 842, Louis le Germanique et Charles le Chauve se retrouvent au sud de Strasbourg, dans la plaine de la Meinau. Ils se tiennent côte à côte et un dais rouge les protège de la neige qui tombe en flocons serrés. Ils sont face aux soldats de Germanie et à ceux de Francie, tandis que, plus loin, une foule se presse, paysans, artisans et petits nobles, venus joyeusement assister au spectacle de la coalition annoncée.

Pour proclamer leur alliance, les deux souverains veulent absolument se faire comprendre des soldats du camp opposé. Le roi de Francie, Charles le Chauve, qui doit son surnom à la tonsure qu'il taille dans sa longue chevelure pour symboliser la couronne d'épines du Christ, s'avance de quelques pas. Il s'adresse en langue tudesque aux soldats de son frère.

– *In Godes minna ind in thes christianes folches ind unser bedhero gealtnissi…*

« Pour l'amour de Dieu et pour le salut du peuple chrétien et notre salut à tous deux, à partir de ce jour, autant que Dieu m'en donnera savoir et pouvoir, je secourrai ce mien frère, comme on doit selon l'équité secourir son frère, à condition qu'il en fasse autant pour moi… »

À son tour, Louis le Germanique prend la parole devant les soldats de Francie. Barbe longue, regard noir, il prononce les mêmes paroles que son frère, quasiment mot pour mot, mais en langue romane, cette fois.

– *Pro Deo amur et pro christian poblo et nostro commun salvament, d'ist di en avant, in quant Deus savir et podir me dunat, si salvarai eo cist meon fradre Karlo et in aiudha et in cadhuna cosa, si cum om per dreit son fradra salvar dist, in o quid il mi altresi fazet…*

Ce n'est pas encore du français, mais ne trouvez-vous pas qu'on s'en approche un peu ? De cette mer de termes impénétrables émergent ici et là quelques bribes de phrase, quelques mots qui nous paraissent à la fois étranges et familiers : *poblo*, le peuple, *nostro commun salvament*, notre salut commun, *meon fradre Karlo*, mon frère Charles…

Les serments ont été prononcés solennellement, et c'est la fête sur la plaine de la Meinau ! Dans la neige, des joutes amicales sont organisées entre les soldats des deux armées. Saxons, Gascons, Austrasiens, Bretons miment un combat épique tandis que les deux rois, brandissant leur lance, parcourent à cheval ce champ de bataille chimérique.

Légèrement en retrait, un petit homme d'une quarantaine d'années observe les rois, les troupes, la foule, les jeux… Sa tunique de fourrure révèle sa noble extraction : en effet, cet inconnu, qui se nomme Nithard, est le petit-fils de Charlemagne, le fils de Berthe, une fille de l'empereur défunt. Et son cousin, le roi Charles le Chauve, lui a demandé de venir à Strasbourg pour noter ce qu'il y voit et raconter le déroulement des événements à l'intention des générations futures.

Nithard, qui suit avec application la politique de l'empire depuis des lustres, en fera un ouvrage en latin : *Histoire des fils de Louis le Pieux*. Dans ce témoignage, il transcrira fidèlement les *Serments de Strasbourg*, de la manière même dont ils ont été prononcés, en tudesque et en roman.

On connaissait déjà quelques rares textes tudesques, mais c'est la première fois que la langue romane est écrite ! Cette nouveauté vaut parfois à Nithard le glorieux qualificatif de « premier écrivain français »… Titre doublement usurpé, à vrai dire. Écrivain ? On n'est même pas certain que le texte roman soit de lui, peut-être n'a-t-il fait que le copier… Quant à dire qu'il a écrit en français, c'est anticiper un peu. On l'a vu, le roman qu'il utilise dans son ouvrage n'est pas encore du français, mais seulement son ancêtre direct.

Nithard, trois fois perdu, trois fois retrouvé

Nithard fut enterré, comme il l'avait demandé, sous le portail de l'église de l'abbaye de Saint-Riquier, en Picardie. Mais la sépulture fut vite oubliée… puis retrouvée deux cents ans plus tard et dûment restaurée… avant d'être oubliée à nouveau, cette fois durant plus de huit cents ans !

En 1989, des fouilles menées à l'abbaye permirent d'exhumer de nouveau le sarcophage de Nithard. Les archéologues, impatients d'obtenir une analyse et une datation des ossements, adressèrent leur découverte à un laboratoire spécialisé… et Nithard disparut encore, pendant douze années. Impossible de mettre la main sur le squelette, il s'était comme évaporé !

En octobre 2011, l'abbaye devint centre culturel et la nouvelle directrice, visitant son domaine, se risqua jusque dans les combles baignés dans une semi-pénombre. Son pied heurta un carton rempli de petits sacs en plastique… Ils contenaient des ossements et un crâne. Sur le carton, une main anonyme avait écrit au feutre rouge ce simple nom : « Nithard ». On avait retrouvé l'écrivain pour la troisième fois ! Les ossements, avec le crâne brisé d'un coup d'épée, ont été exposés quelque temps pour les visiteurs de l'ancienne abbaye, puis sagement rangés dans une réserve.

Aujourd'hui, il paraît que l'on fait le projet de rendre à Nithard l'hommage qu'il mérite avec une exposition permanente. Il serait même question de renvoyer les ossements dans un laboratoire pour analyse… Moi, je serais à la place des responsables, j'hésiterais à m'en séparer !

L'abbaye de Saint-Riquier (Picardie, France) dont la fondation est parfois attribuée à Richard Riquier en 625 mais aussi à l'abbé laïc Angilbert, gendre de Charlemagne. Elle fut entre 790 et 1131 l'un des tout premiers lieux de culture en Europe occidentale.

Page de droite : Extrait des *Serments de Strasbourg* (*Sacramenta Argentariae*), alliance militaire entre deux fils de Louis le Pieux, Charles le Chauve et Louis le Germanique, contre les ambitions de leur frère Lothaire Ier. Manuscrit latin, 842.

lodharius me & hunc fratre meu · post
obitu patris nri insectando usq; ad internec
tione delere conatus sit · nostis · Cu aute
nec fraternitas · nec xpianitas · nec qdlib&
ingeniu salua iusticia · ut pax int nos e&
ad iuuare posse& · tandem coacti rem ad
iudiciu omnipotentis di detulimus · ut suo
nutu · quid cuiq; debere& · contenti esse
mus · Inquo nos sic nostis p misericordia
di uictores extitim · Is aut uictus
una cu suis quo ualuit secessit · Hinc
uero fraterno amore correpti · nec non
& sup populu xpianu con passi · p sequi
atq; delere illos noluimus · Sedhac
tenus sicut & antea · ut saltemdeinde
cuiq; sua iusticia cederetur · manda
uimus · At ille posthaec non conten
tus iudicio diuino · sedhostili manu
iteru & me · & hunc fratrem meum ·
p sequi noncessat · Insup & populu
nrm incendiis · rapinis · cedibusque
deuastat · Qua obre · nunc neces
sitate coacti con uenimus · Et qm uos
de nra · stabili fide ac firma fraternitate
dubitare credimus · hocsacramtu int nos
inconspectu uro · iurare decreuimus ·
Nonqualib& iniqua cupiditate illecti hoc
agimus · sed ut certiores sids nobis uro
ad iutorio quietem dederit · de comu
ni profectu simus · Si aut qd absit
sacramtu qd fri meo iurauero uiola
re psupsero · a subditione mea · nec
non & a iuramento qd mihi iurastis ·
unu quemq; urm absoluo · Cuq; karolus
haec eade uerba · romana lingua perorass&
Lodhuuuic qm maior natu erat · prior
haec deinde se seruaturu testatus e ·
Pro do amur & p xpian poblo & nro comun
saluament · dist di en auant · inquant ds
sauir & podir me dunat · si saluarai eo ·
cist meon fradre karlo · & in ad iudha ·
& in cad huna cosa · sicu om p dreit son
fradra saluar dift · Ino quid il mi altresi
fazet · Et ab ludher nul plaid nuqua
prindrai qui meon uol cist meon fradre
karle in damno sit · Quod cu lodhuuuic
explesset · karolus teudisca lingua sic&
eade uerba testatus est ·
Ingodes minna ind in thes xpanes folches
ind unser bedhero gealtnissi · fon thesemo
dage frammordes so fram so mir got
geuuizci indi mahd furgibit · so haldih thesan
minan bruodher soso man mit rehtu
sinan bruher scal · in thiu thaz er mig so
sama duo · indi mit ludheren in nohheiniu
thing ne gegangu · the minan uuillon imo
ce scadhen uuerhen ·
Sacramtu aut qd utroruq; populus
quiq; propria lingua testatus est ·
Romana lingua sic se hab& · Si lodhu
uigs sagrament · que son fradre karlo
iurat conseruat · Et karlus meos sendra
de suo part n lostanit · si io returnar non
lint pois · ne io ne neuls cui eo returnar
int pois · in nulla aiudha contra lodhu
uuig nun li iuer · Teudisca aut lingua ·

À côté de son activité d'historien et de rédacteur, Nithard fut aussi un chef de guerre. En 841, il avait participé à la bataille de Fontenoy qui avait vu la déroute de Lothaire devant les armées de ses frères, et il continua toute sa vie de guerroyer, trouvant finalement la mort dans un rude combat vers l'année 858. Un combat contre qui ? Peut-être contre les Aquitains qui voulaient se libérer de la domination du roi de Francie, peut-être contre les Vikings, ces envahisseurs venus de Scandinavie. On ne sait pas très bien, une seule chose est certaine : il est mort le crâne fracassé d'un coup d'épée…

Le destin de la Meinau : un monument de livres

La plaine de la Meinau où Charles le Chauve et Louis le Germanique se sont réunis en 842 devint, presque cinq siècles plus tard, un pâturage pour le bétail envoyé à l'abattoir et fut appelée dès lors la plaine des Bouchers, nom qu'elle porte toujours. Au XVIIIe siècle, la plaine était agrémentée de quelques habitations et de quatre auberges. En 1911, l'usine des automobiles Mathis s'installa ici jusqu'en 1953, date à laquelle les Mathis alsaciennes disparurent des ateliers et des routes. Mais l'élan était donné, la plaine devint une zone industrielle et commerciale.

Mathis, modèle EMY4s de 1933.

Réclame publiée dans *Le Témoin* de 1934 pour la Matford, accord entre les constructeurs automobiles Ford et Mathis. Illustration par Paul Iribe (1883-1935).

Il n'y a pas de monument dédié à Nithard sur la plaine des Bouchers, mais en 2017, le géant Amazon y a ouvert un centre de livraison… Les livres qui s'échappent quotidiennement de ce centre ultramoderne pour atteindre leurs lecteurs ne sont-ils pas un peu les enfants putatifs du prétendu « premier écrivain français » ?

En ce IXe siècle, la langue devient un élément fort d'identification, on est de Francie parce que l'on parle roman… On s'identifie déjà par son langage, comme l'ont démontré les *Serments de Strasbourg*…

D'ailleurs, ces serments auront été plus importants pour l'histoire de la langue que pour l'histoire diplomatique… Car au bout du compte, l'alliance scellée entre Charles le Chauve et Louis le Germanique s'est révélée inutile. En 843 en effet, un an après la proclamation des *Serments*, las de se combattre, les trois frères signèrent le traité de Verdun par lequel l'empire fut divisé en trois entités à peu près égales : la Francie orientale affectée à Louis II le Germanique, la Francie médiane donnée à Lothaire Ier avec le titre d'empereur, et la Francie occidentale attribuée à Charles II le Chauve.

Seule la Francie occidentale gardera son nom… et deviendra la France. La Francie orientale sera l'Allemagne, et la Francie médiane, qui s'étendait des Flandres à l'Italie du Nord, grignotée par ses deux puissants voisins, disparaîtra et ne gardera en souvenir que le nom de la Lorraine… dérivé de Lothaire, son roi jamais vraiment oublié.

Faisons maintenant un bref saut dans le temps pour nous projeter en 1837 afin de croiser, à Valenciennes, en région Nord, un étrange personnage nommé Hoffmann von Fallersleben, un poète, un philologue, mais aussi un nationaliste allemand dont le fanatisme se traduit par une aversion profonde pour tout ce qui se rapporte à la France : « Il ne nous reste que la haine, la haine contre cette race damnée des Français, ces monstres de l'humanité, ces chiens fous, cette grande nation de l'infamie et de la bassesse… » Son amour de la patrie germanique l'a poussé en outre à écrire les paroles du *Lied der Deutschen*, *Le Chant des Allemands*, aujourd'hui hymne national de l'Allemagne. À cette nuance près que, pour des raisons évidentes, on a supprimé la première phrase de Fallersleben : « *Deutschland über alles.* »

Le 28 septembre 1837, Hoffmann von Fallersleben se trouve à Valenciennes, sur cette terre française qu'il honnit tant. Mais en érudit curieux, il explore des documents de la bibliothèque municipale, et se penche sur les pages d'un manuscrit latin réunissant les sermons de saint Grégoire de Nazianze, un théologien du IVe siècle… Mais dans les derniers feuillets de ce manuscrit restés inutilisés, un moine copiste a retranscrit quelques textes, dont un poème rédigé en langue germanique… Et en continuant de tourner les pages du manuscrit, Hoffmann découvre un autre poème, transcrit lui aussi sur une page restée disponible… Vingt-neuf vers qui chantent la gloire de sainte Eulalie, une vierge et martyre espagnole du IVe siècle. Mais ces lignes ne sont pas en tudesque, c'est une autre langue… Hoffmann von Fallersleben, ce francophobe incorrigible, vient de retrouver le premier jalon de notre littérature !

La Cantilène de sainte Eulalie, le premier texte littéraire en roman

Buona pulcella fut Eulalia
Bel auret corps bellezour anima…
« Eulalie fut une jeune fille vertueuse,
Belle de corps et plus belle d'âme… »

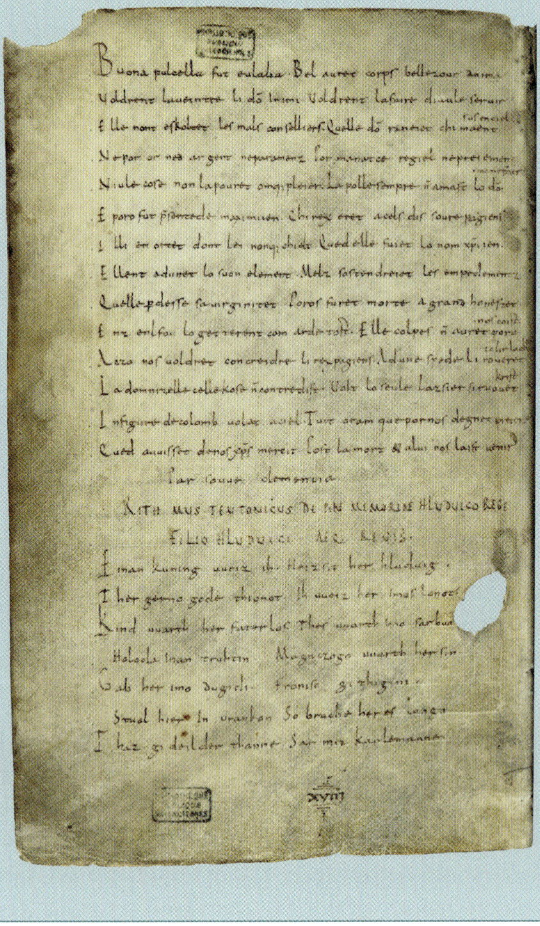

Ce petit texte composé en 880 ou 881, baptisé plus tard *Cantilène de sainte Eulalie*, était sans doute destiné à être chanté à l'abbaye de Saint-Amand et avait été déposé dans ses archives. La glorieuse Ibère était particulièrement adorée en ces lieux. En effet, les reliques de la sainte avaient été acquises par la congrégation, et l'on tenait à célébrer avec faste le triomphe céleste de cette jeune fille brûlée vive et décapitée pour avoir voulu rester pure et conserver sa foi dans le Christ.

Mais pendant la Révolution, avant de démanteler l'abbaye et ses principales annexes, on transféra non loin, à Valenciennes, son importante bibliothèque déclarée bien national.

C'est là que Hoffmann von Fallersleben allait faire sa précieuse découverte.

Avec les *Serments de Strasbourg* et la *Cantilène de sainte Eulalie*, les grammairiens avaient assez de matière pour étudier le roman en ses prémices. Ils furent alors stupéfaits de constater que, dans les *Serments*, mais plus encore dans la *Cantilène*, les règles fondamentales de la future syntaxe française étaient déjà présentes. Dans la structure même de la *Cantilène*, le roman s'est éloigné à grande vitesse de sa mère latine, rendant le parler plus direct, plus aisé.

En 1872, le journaliste bonapartiste Granier de Cassagnac publie une somme : *Histoire des origines de la langue française*. À cette date, il a déjà écrit des livres historiques sur la libération des esclaves dans les colonies et produit quelques analyses sur la politique napoléonienne, mais soudain, au grand étonnement de tous, il a brusquement changé de registre pour se pencher sur l'aventure d'une langue. Personne n'avait prévu que ce folliculaire engagé en politique allait faire irruption dans le domaine de la philologie ; et pourtant, il a renouvelé l'approche de l'histoire linguistique...

Il nous explique par exemple que le mot *pater*, père, est susceptible de revêtir en latin cinq formes différentes selon sa déclinaison et la question posée. Ainsi dans :

– Le père aime-t-il ses enfants ? Ce sera *pater*.

– Les enfants aiment-ils le père ? Ce sera *patrem*.

– Le fils obéit-il au père ? Ce sera *patri*.

– Le champ est-il labouré par le père ? Ce sera *patre*.

Enfin, si je parle de la fille du père, ce sera *patris*.

Ces déclinaisons n'existent pas en roman, et ne se rencontreront dans aucune des langues et des dialectes qui en seront issus, ni en français, ni en provençal, ni en gascon, ni en breton, ni en picard. Chaque fois, dans ces parlers, le mot conserve une forme fixe. Le sens, marqué en latin par la déclinaison, est indiqué en roman – puis en français – par les pronoms et les prépositions : *le* père, *au* père, *par le* père, *du* père...

Par ailleurs, autre conséquence de la déclinaison, l'ordre des mots dans la phrase latine est presque totalement arbitraire... *Venator occidit leporem*, « le chasseur a chassé le lapin », ou *leporem occidit venator*, c'est du pareil au même : quelle que soit la manière dont on aligne ces trois mots latins, la phrase ne change pas de sens puisque celui-ci est déterminé par la déclinaison... Alors qu'en roman, comme en français, la place des mots est essentielle. Que je dise « Le chasseur a tué le lapin » ou « Le lapin a tué le chasseur », ce sont exactement les mêmes mots, mais nous passons du récit d'une battue dans les champs à la dimension onirique d'une chanson de Chantal Goya !

Voilà comment on s'est encore éloigné du latin.

Mais attention, ce n'est pas parce que la langue romane a émergé à l'écrit dans les sphères royales et religieuses que le latin a totalement disparu. Il reste la langue de prestige, la langue des textes juridiques, la langue de la médecine, la langue savante... Il est de moins en moins accessible à ceux qui, définitivement, parlent une langue différente, mais à la suite de Charlemagne, l'époque carolingienne place l'ancien parler des Romains sur un piédestal dont il ne descendra plus pour longtemps.

Au XVIIe siècle, Molière se moquera de cette présomption en prêtant à ses médecins de comédie un latin approximatif et prétentieux... *Ignorantus, ignoranta, ignorantum*. Et l'autre jour encore, le médecin qui prescrivait un médicament pour mon petit garçon fiévreux précisait doctement :

– *Per os !*

Il aurait simplement pu me dire que les cachets étaient à prendre par la bouche...

Le latin que nous croyons avoir perdu est donc toujours parmi nous, parfois à notre insu. En dehors des recommandations un peu pédantes des docteurs, de nombreuses marques de produits divers s'exposent en latin pour mieux nous séduire. On les reconnaîtra au passage : Actimel (de *mel*, le miel, et *activus*, actif), Bifidus (coupé en deux), Calor (chaleur), Geox (de *geo*, la terre), Gloria (gloire), Lactel (lait), Nivea (de *niveus*, neigeux), Sanex (de *sanus*, sain), Spontex (de *sponte*, par soi-même), Valda (de *valetudo*, santé, et *dare*, donner), Vigor (énergie), Volvo (je roule).

⋆
⋆ ⋆

Quoi qu'il en soit, au IXe siècle à l'abbaye de Saint-Amand, on n'allait pas chanter longtemps l'hymne à sainte Eulalie… En 883, les Vikings attaquent et font fuir les moines qui partent se réfugier entre les murs de la puissante abbaye parisienne de Saint-Germain-des-Prés. Quand ils regagnent la Picardie, leurs richesses ont été pillées, leur église est saccagée. Ils se réinstallent pourtant dans les bâtiments en partie incendiés. Mais les Vikings frapperont encore, et les moines devront à nouveau abandonner les lieux, revenir, reconstruire.

À Saint-Amand comme ailleurs en Francie, la grande peur de cette fin du IXe siècle, l'angoisse qui vient de la mer, porte ce nom terrible aux relents scandinaves : les Vikings ! Ils ont attaqué l'Aquitaine et ont fait le siège de Paris… Ils sont arrivés dans leurs drôles de bateaux, embarcations au long cou surmonté d'une figure de monstre mythique, ils ont débarqué enveloppés dans leurs fourrures épaisses, armés de longues épées et de haches, protégés par leurs boucliers colorés. Ces hommes du Nord à l'aspect de guerriers sanguinaires sont, en fait, des négociants venus faire des affaires ! Ils envahissent et tuent pour obtenir des rançons et repartir avec le plus de richesses possible. Le roi Charles le Chauve a sauvé Paris menacé en leur versant sept mille livres d'argent…

Mais les caisses se vident et parfois, plutôt que d'acheter une fausse paix, il faut mener une vraie guerre. C'est ce qu'a fait le comte Robert, chargé par Charles le Chauve de repousser les Vikings. Il s'est tant démené, le comte Robert, il s'est tant battu aux embouchures de la Loire et de la Seine, là où les hommes du Nord se sont installés, qu'on a fini par le surnommer Robert le Fort…

Le débarquement des Vikings au IXe siècle en France.

Sans les Vikings, pas de Rugby

Les Vikings ont laissé la trace de leurs invasions dans les noms de certaines villes des régions qu'ils ont dévastées, et d'abord de l'autre côté de la Manche… Les amateurs de ballon ovale savent-ils que *rugby* est un mot viking qui signifie « ville du seigle » ? C'est ainsi que les hommes du Nord ont appelé une cité du centre de l'Angleterre… là où le jeu naîtra en 1823.

En France, les Vikings nous ont laissé notamment Dieppe « la profonde », Elbeuf « la chaumière des puits » et Honfleur « le coin du fleuve ».

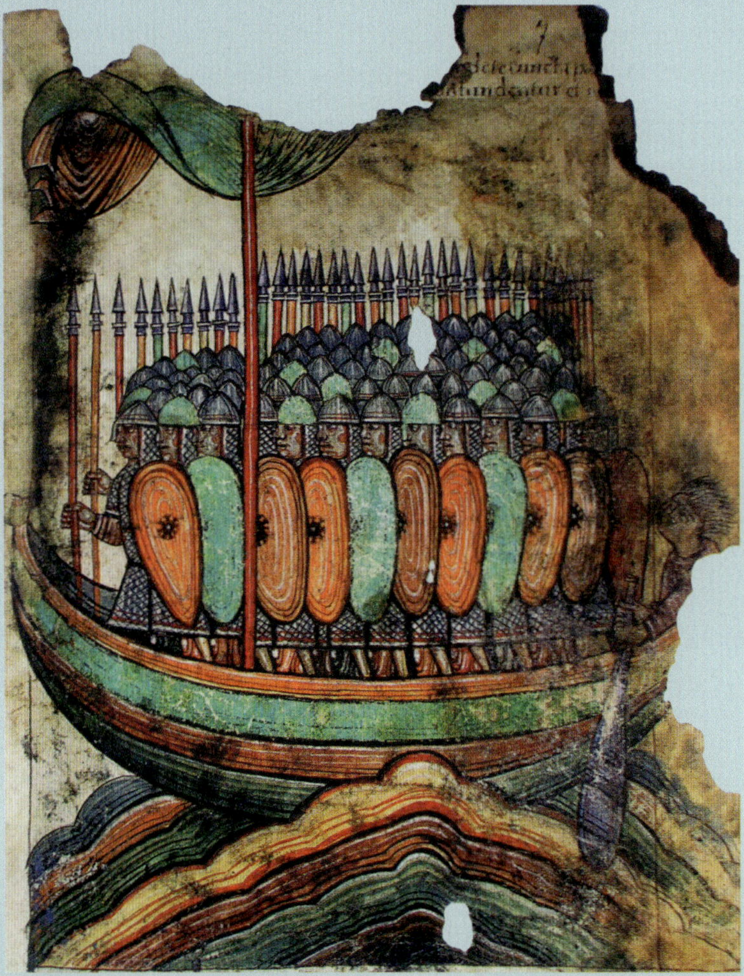

Enluminure extraite d'un manuscrit de l'abbaye Saint-Aubin, vers 1100, illustrant une attaque par les Vikings de la presqu'île de Guérande au IXe siècle.

Eudes, comte de Paris et de Troyes (vers 860-898), peinture de Charles de Steuben (1788-1856).

Quand les Vikings sont venus ravager Le Mans en juillet 866, Robert le Fort a conçu un guet-apens pour écraser l'ennemi. Avec ses hommes, il s'est mis en planque à Brissarthe, en pays de la Loire, seul pont des environs pour franchir la Sarthe, passage obligé pour les pillards pressés de retrouver leur base de Noirmoutier.

À Brissarthe, les Vikings, alliés aux Bretons, ont été surpris par l'attaque, mais sont tout de même parvenus à repousser les soldats francs. Et puis, pendant une journée, les ennemis se sont observés, se sont jaugés en silence. Mais le soir venu, quand la bataille a repris, Robert a été blessé mortellement d'un coup de hache dans le thorax.

Dès lors, c'est son fils, le comte Eudes, qui reprend la guerre contre les assaillants venus du froid… Mais dix ans plus tard, quand le roi Charles II le Chauve meurt, c'est son neveu, Charles III le Gros, qui monte sur le trône. Face aux Vikings, le nouveau souverain préfère négocier, payer, céder des terres.

Charles est le roi, certes, mais c'est Eudes qu'on aime et qu'on acclame. Il a une trentaine d'années, il est vaillant, il est tenace, il respire l'énergie avec son front haut et ses longs cheveux blonds… Durant l'hiver et le printemps 886, sa défense de Paris sauve la ville de la violence scandinave. Cette combativité donne du comte Eudes une image plus éclatante que celle, si ternie, de Charles III, le roi craintif, obèse et fou, le roi trembleur qui n'ose plus faire la guerre. Alors, en janvier 888, lorsque cet insensé meurt sans héritier légitime, les seigneurs de Francie, de Neustrie et de Bourgogne posent la couronne royale sur le front d'Eudes le Victorieux.

Pour ce que ceulx de bonne vou-
lente qui tendent venir a honneur selon dieu par vaillance
et par hardement desirent oyr
et scavoir les nobles et honnorables fais
des anciēs pour y prendre exēple afin de venir a leur intencion. Je a laide de dieu mette-
ray en forme au mieulx que je pourray les
histoires et fais des nobles ducs de north
mandie qui ou temps passes ont este se

– 10 –

QUAND LES UNS DISENT OC ET LES AUTRES, OÏL

Au xe siècle, l'ancien Empire romain d'Occident se morcelle. En Francie, les grands seigneurs prennent le pouvoir, les dialectes s'imposent, mais le français pointe le bout de son nez.

Certains Vikings enrichis par leurs rapines sont repartis vers la Scandinavie, mais d'autres se sont adaptés au climat serein de la Francie. Göngu-Hrólf, prestigieux chef scandinave, s'est établi à Rouen avec sa horde de pillards. Il s'est si bien installé sur ces bords de Seine qu'il a choisi de se faire appeler Rollon, patronyme plus local et plus prononçable que son nom d'origine. Un changement d'identité qui n'augure pas, hélas, d'un changement de mentalité. Avec sa bande, il s'en va régulièrement piller Paris, Saint-Lô, Bayeux…

Le roi de Francie veut en finir.

Charles III le Simple – dont le surnom signifie le sincère et non le benêt – convie le chef scandinave à une rencontre à Saint-Clair-sur-Epte, à mi-chemin entre Rouen et Paris. Pour obtenir la paix, le roi admet la domination viking sur un espace allant de la rivière Epte jusqu'à la mer, et comprenant les cités de Rouen, Évreux et Lisieux. En contrepartie, Rollon fait serment de ne plus attaquer les villes du roi de Francie et s'engage même à les protéger contre d'éventuels assauts d'autres Vikings.

Rollon et ses soldats vont ainsi fonder la Normandie, « le pays des hommes du Nord »… Ils sont venus sans femmes ni enfants, mais qu'importe, ils trouvent rapidement des épouses potentielles aux alentours, et ils enlèvent celles qui leur plaisent, ce qui dans la tradition scandinave équivaut à un mariage en bonne et due forme !

Ils vont tellement apprécier la région normande, ces Vikings, que trois générations plus tard, il ne restera rien de leurs coutumes religieuses et pas grand-chose de leur langue… à l'exception des mots du domaine maritime qui rappellent leur passé de marins victorieux. On parle le vieux norrois – la langue des Vikings – quand on évoque la mer, ses bateaux et sa faune… Abordage, carlingue, cingler, étrave, flotter, girouette, harpon, mât, quille, sonde, tanguer, vague, et encore crabe, homard, lieu, marsouin, narval, turbot…

L'arrivée du duc Rollon (mort en 928 ou 933) en Normandie, avec la ville de Rouen sur la gauche. Lettrine *D* décorée des armoiries de Philippe de Crèvecœur, seigneur d'Esquerdes (1418-1494). Miniature extraite du manuscrit *Grande chronique de Normandie,* 1460-1468.

Et il y a également l'iceberg, la « montagne de glace », entré plus tardivement dans notre langue, mais qui vient, lui aussi, des grands froids. C'est pourquoi, vous et moi qui prononçons *aïceberg* avec un *i* à l'anglaise comme dans iPhone sommes coupables de contresens linguistique… Nous devrions énoncer ce mot à la manière nordique, avec un *i* comme dans Irma, prénom viking. De la même manière, quand nous parlons d'un navire de plaisance, un yacht, nous disons *yot*, ce qui nous paraît à la fois luxueux et distingué. Mais ce mot est tiré du néerlandais *jacht* et signifie « chasse », pour désigner un bateau rapide. En toute bonne logique, et par respect pour les marins hollandais, il faudrait donc dire *yak*… mais tout le monde penserait à une grosse vache poilue paissant dans l'Himalaya !

Le joli Noël des Vikings

Le plus beau don des Vikings, quelques grammes de finesse dans un monde de brutes, c'est l'adjectif « joli » ! Il vient de *Jol*, fête païenne scandinave qui célébrait le solstice d'hiver, et les Danois disent encore *God Jul* pour Joyeux Noël. D'ailleurs, notre Noël, avant de célébrer la naissance de Jésus, était lui aussi une fête celte qui marquait le passage au même solstice d'hiver, que l'on nommait *Noio Helle*, nouvelle clarté.

Carte postale des années 1900, avec Jul, le gnome de Noël qui remplace le personnage du Père Noël dans les pays scandinaves.

En ancien français, le mot « joli » venu du *Jol* scandinave a changé de sens plusieurs fois ; il signifia d'abord ardent au XIe siècle puis joyeux au XIIIe, pour adopter ensuite le sens que nous lui connaissons. Alors, en souvenir de la célébration ancienne du nord de l'Europe, je vous propose que nous nous souhaitions tous un « Joli Noël » en décembre prochain… et tant pis si ces deux termes accolés, *Jol* et Noël, sont quasiment un pléonasme !

Quittons maintenant Rouen et ses Vikings assagis pour nous diriger vers le nord-ouest et retrouver l'abbaye de Saint-Amand où sainte Eulalie était célébrée un siècle auparavant. En cette année 950, on craint toujours les bandits venus de Scandinavie, mais on espère que trois jours de jeûne et des prières éloigneront la menace. Par ailleurs, une homélie est indispensable pour faire ressentir à tous les fidèles l'immanente protection du Seigneur… Le moine chargé de s'adresser aux croyants choisit d'évoquer Jonas, le prophète biblique que Dieu désigna pour aller prêcher à Ninive, mais qui prit la mer, pensant pouvoir échapper aux ordres du Tout-Puissant.

Avant de s'adresser à l'assemblée des fidèles, le moine prend quelques notes, quelques repères pour échapper aux trous de mémoire… Mais au lieu de consigner ses réflexions sur une tablette de cire, facilement fondue, rapidement réutilisable, il prend ses notes sur un parchemin. Pourquoi ce gaspillage ? Peut-être n'a-t-il pas de tablette sous la main, peut-être ce parchemin est-il si détérioré qu'il ne peut plus servir pour un beau manuscrit ? On ne le saura jamais.

Quoi qu'il en soit, le moine prend donc ses notes à sa manière, avec des ratures, des mots soulignés, mélangeant le latin et l'ancien français. Il remplit un recto verso, assez pour évoquer le prophète biblique, et il monte en chaire… Il parle de la colère divine qui a soufflé sur le bateau à bord duquel Jonas a fui, il raconte comment les marins ont jeté leur passager à la mer pour apaiser le courroux du Ciel, puis il révèle le miracle : Jonas a été sauvé par une baleine qui l'a avalé et l'a recraché, tout vivant, sur le rivage. Et le prédicateur s'inspire des commentaires de saint Jérôme pour interpréter la parole biblique : Jonas sacrifié pour sauver les marins annonce le Christ sacrifié pour sauver l'humanité…

En tout cas les trois jours de jeûne, les prières et le sermon ont très bien marché : les Vikings n'ont pas attaqué. Quant au parchemin transformé en pense-bête, il a sans doute été abandonné dans un coin de la bibliothèque. Peu après, sans se soucier de sa valeur aux yeux des historiens, un artisan s'en est servi pour renforcer la reliure d'un manuscrit. Il a découpé et collé le feuillet, sacrifiant toute une partie du document… mais le sauvegardant de la destruction totale et permettant de le faire parvenir jusqu'à nous et à la bibliothèque municipale de Valenciennes où ce sermon de Jonas est aujourd'hui pieusement conservé. Et c'est ainsi que nous avons sous les yeux un texte de huit cent quinze mots entiers ou abrégés, illisibles ou accessibles, qui nous montrent l'ancien français et le latin tardif côte à côte. Parfois, le prédicateur utilise successivement le même mot dans l'une et l'autre langue… *Faites vost eleemosynas*, écrit-il en latin. *Faites vost almosnes*, répète-t-il en vieux français. « Faites votre aumône », dirions-nous aujourd'hui. Faites ou faisez ? Le moine hésite d'ailleurs entre les deux formes, rien n'est encore figé.

Dessin pour la Bible de Marc Chagall
représentant le prophète Jonas
et le grand poisson, revue *Verve*, 1960.

*
* *

À l'image de ces notes hâtives qui mêlent le vocabulaire de demain à celui d'hier, la langue du pays semble évoluer et stagner tout à la fois, faire un pas vers l'avenir et revenir vers le parler ancien, se répandre uniformément puis se fractionner, se provincialiser…

En Germanie, les pouvoirs se concentrent. En 936, le roi Otton Ier a été couronné *Kaiser* de cet empire que l'on dit romain germanique et qui a avalé la Lotharingie.

En Francie occidentale, en revanche, l'heure serait plutôt à l'éparpillement des pouvoirs. Après avoir cédé un territoire aux Normands, Charles III voit d'autres pans de son royaume lui échapper, en Aquitaine, en Bourgogne, en Flandre. L'émiettement se traduit, au sud, par wwun marquisat à Narbonne, un comté à Toulouse, un duché en Gascogne, un autre en Guyenne. Au nord, le territoire se divise entre un comté dans le Vermandois, des duchés en Bourgogne, en Bretagne, en Normandie.

Partout, le pouvoir central est affaibli, c'est la naissance du système féodal, le temps des comtes et des évêques qui règnent sur de petits domaines tout en ayant théoriquement prêté allégeance à un suzerain lointain… Les paysans deviennent le plus souvent des serfs attachés à une terre, le château du seigneur local devient le principal centre judiciaire, militaire et administratif. Tout autour se regroupent les chaumières qui forment le village, on dit le *païs* (prononcez *païss*), on est du même *païs* quand on habite à moins de dix kilomètres à la ronde les uns des autres… Au-delà, c'est l'inconnu, c'est l'étranger !

Ce morcellement entraîne un cloisonnement des territoires, on bouge moins, l'enkystement local restreint la circulation, réduit les échanges. D'autant que l'insécurité née de diverses invasions n'incite pas à partir à l'aventure de l'autre côté des vallées ou au-delà des montagnes… En effet, aux incessantes guerres de succession entre les descendants de Charlemagne s'ajoutent les conflits ouverts entre petits seigneurs dont le voisinage ne se vit pas toujours dans la sérénité… Et ce n'est pas tout ! Les Vikings continuent de se répandre dans l'Ouest, les Arabes traversent la Provence et menacent Marseille, et les Hongrois arrivent par l'est.

En 913 en effet, les Magyars ont fait une première incursion en Francie, dévastant une partie de la Lotharingie. Dans les quarante années suivantes, ils vont revenir huit fois, saccageant tour à tour l'Alsace, la région de Verdun, mais aussi la Bourgogne, la Provence, les rives de la Saône, la Champagne… Cette invasion récurrente a-t-elle au moins enrichi notre vocabulaire de quelques mots venus des bords du Danube ? Même pas ! Les rares mots hongrois entrés dans la langue française sont arrivés par d'autres voies, et bien plus tard. Sabre, qui vient de *száblya*, a débarqué chez nous au XVIe siècle par l'intermédiaire de mercenaires allemands. Hussard, militaire à cheval qui nous vient du terme hongrois signifiant « le vingtième », rappelle qu'au temps des invasions turques du XVIe siècle, dans les villages, on alignait les hommes en files de vingt, et le vingtième de la file devait rejoindre l'armée pour défendre le pays. Le paprika et le goulasch, enfin, ont été empruntés plus pacifiquement à la cuisine hongroise au début du XXe siècle seulement.

Bref, entre les batailles qui opposent les seigneurs locaux et les invasions extérieures, la tendance est à l'isolement. Chacun reste chez soi, ce qui n'est pas vraiment un atout pour voir le langage évoluer de manière uniforme et centralisée.

La réalité politique et militaire va donc donner naissance à des dialectes distincts, tous issus du roman, mais qui progressent indépendamment les uns des autres, entraînant de fortes différences entre eux. Et je ne parle pas des peuples des confins comme les Alamans d'Alsace ou les Bretons d'Armorique restés plus ou moins insoumis, et surtout en dehors des grands mouvements qui façonnent le parler.

Sur le plan linguistique, le royaume de Francie est coupé en trois portions d'inégales grandeurs. Grosso modo, si vous tracez une ligne suivant très grossièrement la Loire, la plus grande partie de l'Hexagone, au nord, parle la langue d'oïl ; tout ce qui est au sud pratique la langue d'oc, et la plus petite subdivision, qui se trouve à l'est, du côté de Lyon jusqu'à Genève, Neuchâtel et Sierre, s'exprime en franco-provençal, cette langue mal nommée forgée par les Bourguignons. En y regardant de près, des lexicographes ont remarqué que ces frontières linguistiques suivent approximativement les limites des trois anciens grands royaumes des siècles précédents. La langue d'oïl, c'est le royaume des Francs. La langue d'oc, c'est le royaume des Wisigoths. Le franco-provençal, c'est le royaume des Burgondes.

Oïl et oc : deux façons de dire oui

Dans les deux cas ces interjections viennent du latin *hoc*, que l'on pourrait traduire par « c'est ainsi », et expriment la manière de dire oui dans chacune de ces deux langues.

Au nord le *hoc* latin a peu à peu laissé place à un « o-il » pour renforcer l'affirmation, comme dans l'anglais « *That's it* » ou le français « C'est cela », alors que le Sud est resté plus fidèle au latin *hoc*. La langue d'oc, c'est le provençal, mais attention, pour être dans le ton médiéval, il faut prononcer *o* tout court et non *ok*. Quant à la langue d'oïl, c'est l'ancien français, à articuler « o-il ». Et comme le *o* avait tendance à se prononcer « ou », on est petit à petit passé de « ou-il » à « ou-i » et donc à oui !

Si ces parlers sont signalés dès ce Xᵉ siècle, c'est Dante, l'auteur italien de *La Divine Comédie*, qui à la fin du XIIIᵉ siècle seulement classera de cette manière les différentes langues d'Europe, les identifiant par leur manière de dire oui. À côté d'oïl et d'oc, il y aura aussi la langue du *jo*, le germanique, et la langue du *sì*, l'italien.

Masque mortuaire de Dante Alighieri, 1265-1321.

La langue d'oc est donc le parler d'une Provence étendue, cette contrée que l'on appellera plus tard l'Occitanie – pays où l'on parle la langue d'oc – mais qui, finalement, n'a jamais désigné un espace très précis. En fait, l'Occitanie comprenait plusieurs régions et, selon, on parlait de l'Aquitaine, de la Gascogne ou du Languedoc, contraction du latin *linguae occitanae*. En tout cas, l'Occitanie du xe siècle n'avait pas grand-chose à voir avec la circonscription administrative créée en 2016, un territoire qui regroupe presque six millions d'habitants, treize départements et des villes comme Béziers, Montpellier, Toulouse, mais pas la Provence !

Cela dit, la différence linguistique du Sud n'est pas née du hasard ou d'un caprice, elle correspond à l'histoire propre à ce territoire. En effet, la Gaule méridionale a connu, dès l'origine, un peuplement différent de la Gaule du Nord. Cette *Provence*, qui a été une *province* romaine, rappelons-le, a été latinisée plus tôt et plus profondément que le reste du pays, et s'est montrée par la suite relativement imperméable aux invasions germaniques. Par exemple, pour désigner le petit mammifère à cornes qui grimpe dans les arbres, le latin disait *capra*. Or la langue d'oïl a transformé le mot en *chièvre*, puis en chèvre, où l'on ne retrouve guère de traces latines. Dans la langue d'oc, au contraire, avec *cabri*, le mot reste proche de l'origine romaine.

Fragment de la Lotharingie éclatée, la Provence s'était donné, dès 879, une dynastie royale avec Boson, un homme de guerre lotharingien, puis avec son fils Louis qui était monté sur le trône en 890. Pour régner sans contestation sur son royaume qui s'étirait de Marseille à Lyon, Louis s'est prudemment fait adopter par le souverain de Francie, Charles III le Gros, puis a fait acte de soumission auprès d'Arnulf, empereur germanique.

Mais il ne souhaite pas se contenter d'être souverain de sa Provence, il en veut davantage. Alors, il quitte Vienne, sa capitale des bords du Rhône, et s'en va guerroyer au-delà des Alpes. En 901, il chasse de Pavie le roi d'Italie Béranger Ier, monte sur le trône à sa place et se fait couronner dans la foulée empereur d'Occident par le pape Benoît V. Mais Béranger, le monarque italien déchu, n'entend pas abandonner son royaume aussi facilement, il revient avec des troupes fraîches, écrase le Provençal ambitieux et finit même, quatre ans plus tard, par le faire prisonnier. Pour dissuader définitivement Louis de poursuivre les hostilités, son geôlier lui fait crever les yeux… Et Louis l'Aveugle – puisqu'on l'appelle ainsi désormais – retourne piteusement sur ses terres. Mais comment ce loser infirme pourrait-il encore exercer son autorité ? C'est son cousin le comte Hugues d'Arles qui représente dorénavant le vrai pouvoir depuis Arles, tandis que Vienne n'est plus que la résidence délaissée de Louis qui se meurt doucement…

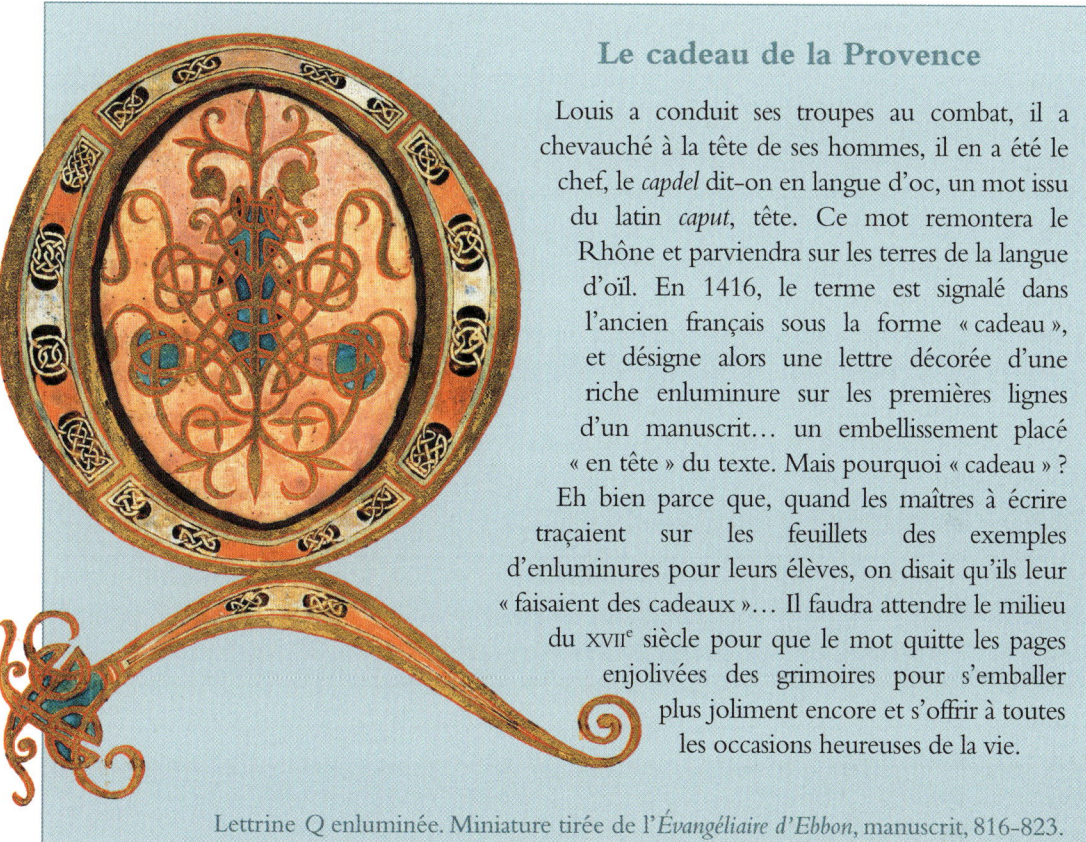

Le cadeau de la Provence

Louis a conduit ses troupes au combat, il a chevauché à la tête de ses hommes, il en a été le chef, le *capdel* dit-on en langue d'oc, un mot issu du latin *caput*, tête. Ce mot remontera le Rhône et parviendra sur les terres de la langue d'oïl. En 1416, le terme est signalé dans l'ancien français sous la forme « cadeau », et désigne alors une lettre décorée d'une riche enluminure sur les premières lignes d'un manuscrit… un embellissement placé « en tête » du texte. Mais pourquoi « cadeau » ? Eh bien parce que, quand les maîtres à écrire traçaient sur les feuillets des exemples d'enluminures pour leurs élèves, on disait qu'ils leur « faisaient des cadeaux »… Il faudra attendre le milieu du XVIIe siècle pour que le mot quitte les pages enjolivées des grimoires pour s'emballer plus joliment encore et s'offrir à toutes les occasions heureuses de la vie.

Lettrine Q enluminée. Miniature tirée de l'*Évangéliaire d'Ebbon*, manuscrit, 816-823.

La langue d'oc accompagne l'histoire de la région, elle s'implante à Vienne puis à Aix, et elle se divise en dialectes dans les régions qui cherchent à échapper au pouvoir central. On parle auvergnat autour de Clermont et gascon de l'autre côté de la Garonne… Tout cela appartient au grand arbre de la langue d'oc, mais se comprend-on d'un bout à l'autre de l'Occitanie ? Certainement pas, les familiers du provençal considèrent d'ailleurs le gascon comme *lengatge estranh*, une langue étrangère.

En tout cas le vrai parler provençal, lui, n'a jamais voulu mourir. Et si, dans les siècles suivants, la région sera divisée entre les comtes de Provence, les comtes de Toulouse, les ducs de Poitou, les vicomtes de Béarn, la langue provençale constituera un socle commun, un parler toujours vivant et constamment écrit… Au XVIe siècle, le Grassois Bellaud de la Bellaudière fera rimer ses vers en provençal et, au XVIIe, le Montpelliérain Isaac Despuech exprimera liberté et libertinage à l'ombre discrète de cette langue ensoleillée…

E tot ayisso es figurat
E n lo propda seguen tractat
O n cujas dichas tres guias
S egontino las prophessias

Petrus. Ecce qualiter beata virgo promissa fuit post peccatum de.

Genezis. iii. capitulo.

Ait moyzes. quod post peccatum primorum parentum. dixit dominus ad serpentem. inimicitias ponam inter te. et mulierem. et semen tuum et semen illius ipsa conteret caput tuum.

Nostra dona nos fo promessa apres lo peccat paternal.

Recointa moyzens que apres lo peccat del primier payre dieus dieus ala serpent. Ieu pauzarai enemistat entre te ela femna. ela semensa tua ela semensa daquela. ela te brizara latesta.

Les iuzieus eyssilhatz non enten son ebray.

Paulus. Beata virgo fuit ostensa moyzi in figura.

Exodi. iii. capitulo.

Moyzes venit ad montem dei oreb. apparuit ei dominus. in flamma ignis. de medio rubi. et videbat quod rubus arderet, et non combureretur. dixit ergo moyzes. vadam et videbo vizionem hanc magnam. quare non comburatur rubus. cernens
D ominus pergeret ad videndum. vocavit
E um de medio rubi. et ait moyzes.
M oyzes qui respondit adsum ait ille.
N e appropinques huc. solve
C alciamentum de pedibus tuis.
L ocus enim in quo istas terra sancta est.

Nostra dona fo mostrada a moyzen en figura.

Moyzes venc al puey de dieu oreb et apparec li nostre senher en flama de foc. e ta el mieg dun guilancier. e vezia quel guilancier ardia. mas no cremava ques corrompes ni degastes. adoncx dieys moyzens. yray vezer aquesta gran vezio. perque no crema le guilancier
E vist nostre senher quez el o venia
V ezer. e appelec lo del mieg del gui
L ancier. e dieis li moyzen. moyzen.
E t el respos ayssi soy. e nostre senher
D ieys li. nota, propres say. osta le causar
D e tos pes. quar le locx on estas es
T erra santa.

Frédéric Mistral : prix Nobel de littérature en langue d'oc

C'est avec ce merveilleux poète qu'au XIXe siècle le provençal connaîtra une véritable renaissance ou, tout au moins, un regain d'intérêt. Avec six autres jeunes poètes provençaux, Mistral va créer, en 1854, le Félibrige, mot forgé à partir de *félibre* : écrivain de langue provençale. Le Félibrige existe toujours, c'est une association qui, depuis Aix-en-Provence, agit pour la sauvegarde et la promotion de la langue et de la culture d'oc.

À la suite de cette initiative, qui était une prise de position, Mistral consacra sa vie à la défense et au renouveau du provençal :

Dis Aup i Pirenèu, e la man dins la man,
Troubaire, aubouren dounc lou vièi parla rouman !
« Des Alpes aux Pyrénées, et la main dans la main,
Poètes, relevons donc le vieux parler roman ! »

Son ouvrage principal, *Mirèio, Mireille*, poème épique publié en 1859, a l'originalité de placer quelques esprits déchirés par le romantisme dans le cadre ensoleillé de la Provence. Charles Gounod en fera un opéra et le prix Nobel de littérature viendra, en 1904, récompenser cette œuvre écrite dans une langue régionale. Une grande première pour l'Académie suédoise ! Et la langue provençale sera connue du monde entier par le truchement de traductions. L'écrivain russe Maxime Gorki pourra alors dire de Mistral : « C'est peut-être le génie le plus complet que je connaisse. Il n'y a pas d'écrivain qui soit moins homme de lettres et plus franchement, plus absolument poète… »

Portrait de Frédéric Mistral, entouré de personnages provençaux (gardian, fifre et Mireille), *in Le Petit Journal* du 28 décembre 1904.

Page de gauche : Poème en provençal de Matfre Ermengaud (mort vers 1322), auteur du *Breviari d'amor*, 1288.

Petit coup d'œil, maintenant, sur la langue d'oïl, au nord. Elle se divise également en différents dialectes : le lorrain, le picard, le champenois, le poitevin, le mainiau autour du Mans, le saintongeais aux environs de Saintes, et le dialecte d'Île-de-France. Mais enfin, elle conserve, elle, une unité assez forte pour qu'on puisse se comprendre d'une région à l'autre, jusqu'à ce que tous ces dialectes se fondent en une seule langue…

Pendant des générations, les lexicographes ont répété que la langue d'oïl s'était finalement coulée dans le dialecte parisien, ancêtre direct et unique de notre français moderne. Les savants du XIXe siècle avaient même inventé un mot pour désigner ce patois destiné à avaler tous les autres : le francien. Cette domination parisienne n'est plus linguistiquement correcte ! Il faut maintenant nuancer les choses, faire de la place aux différents idiomes, accueillir la province. Dans les années 1980, on estima qu'une langue pouvait très bien naître concomitamment dans différentes régions grâce à des éléments empruntés à plusieurs dialectes pour déboucher sur un seul parler unificateur. Le fameux francien aurait été comme un creuset central dans lequel les autres parlers auraient versé leur apport. Et c'est vrai que le breton lui a donné bijou, le normand, bouquet, le picard, galet, le poitevin, zigouiller, le provençal, rossignol… parmi tant d'autres mots. Une langue ou même un dialecte ne se forme sans doute pas de manière isolée, n'émerge pas vierge de toute influence. Mais le mystère demeure sur la manière dont un idiome, soudain ou plus lentement, prend finalement le pas sur les autres…

Le dialecte de Paris pouvait peut-être passer pour un des nombreux parlers de Francie, pas plus remarquable que les autres, tant que le langage traditionnel et héréditaire des rois francs restait le tudesque. Certes, le fils de Charlemagne Louis Ier avait donné au roman le droit de cité à la cour depuis plus d'un siècle et demi, mais la centralisation se faisait toujours sous la bannière linguistique germanique.

Seulement, en cette fin de Xe siècle, la dynastie des Carolingiens s'apprêtait à quitter la scène. Le pauvre roi Louis V mourait à vingt ans d'une mauvaise chute de cheval après avoir régné quatorze mois : il aura été le dernier souverain des Francs à parler tudesque. À l'assemblée de la haute noblesse réunie à Senlis le 1er juin 987, Adalbéron, archevêque de Reims, a plaidé avec fougue pour l'élection d'Hugues Capet à la royauté, seul garant d'une monarchie renouvelée : « Le trône ne s'acquiert pas par droit héréditaire, et l'on ne doit mettre à la tête du royaume que celui qui se distingue par des qualités de l'esprit… »

Hugues Capet fut donc élu par acclamation. À l'inverse de tous ses prédécesseurs, il ne parlait pas le tudesque. Il pratiquait le dialecte d'Île-de-France.

Timbre de la Poste française de 1967 gravé par Albert Decaris (1901-1988), représentant Hugues Capet, premier souverain de la dynastie capétienne élu et sacré roi des Francs en 987 par Adalbéron (vers 925-990), archevêque de Reims.

2 juin 995, naissance du français

Un petit tour par les Ardennes, et nous arrivons à Mouzon, plus précisément devant l'ancien monastère dont il reste deux bâtiments aux arcades de pierre qui formaient jadis le cloître (place de l'Abbaye, à Mouzon). Un concile s'est tenu ici en 995, qui n'a rien de fondamental pour l'histoire ecclésiastique : il s'agissait seulement, en présence du légat du pape et de quatre évêques, d'asseoir l'autorité contestée de l'archevêque de Reims. Mais pour l'histoire de la langue, ce concile est d'une autre importance !

En effet, quand l'évêque Aymon de Verdun ouvrit la séance pour présenter le sujet du synode et évoquer les noms des prétendants au siège épiscopal disputé, « il se leva et dans le silence prononça son discours en gallice », précisent les actes du concile… En *gallice*, c'est-à-dire en français !

En français ! Ce n'est plus du latin, ce n'est plus du roman, c'est déjà une langue spécifique parlée dans la partie nord de la Francie.

Je sais bien que l'on ne peut pas dater précisément un phénomène aussi complexe que la naissance d'une langue, mais ce 2 juin 995 ne marque-t-il pas la reconnaissance officielle de la langue française ? Du vieux français, à vrai dire, car la langue parlée ce jour-là dans les Ardennes était encore bien éloignée de la nôtre.

Cloître de l'abbaye Notre-Dame à Mouzon.

Hugues Capet, nouveau roi de France, l'affirmait lui-même : il ne parlait que le francien… À vrai dire, j'ai un peu de mal à croire à cette intransigeance linguistique. D'accord, il est né en Île-de-France, sans doute au château de Dourdan. D'accord, son père, Hugues le Grand, avait été comte de Paris. Mais sa mère, Hedwige de Saxe, était la fille d'Henri Ier, roi de Germanie, et la sœur d'Otton Ier, empereur germanique… Difficile, dans ces conditions, d'admettre qu'Hugues ne comprenait pas au moins un peu la langue de sa mère et de son oncle.

Au fond, l'important n'est pas de savoir s'il entendait le tudesque ou non, l'essentiel est dans ce qu'il a voulu faire croire… En affirmant haut et fort qu'il ne connaissait pas un traître mot de tudesque, le nouveau roi a rompu avec les dynasties précédentes qui demeuraient peu ou prou liées à leur passé franc.

Et tout le monde savait désormais que, pour s'adresser au roi, il fallait pouvoir s'exprimer élégamment dans le parler d'Île-de-France. Le chroniqueur Albéric de Trois-Fontaines racontera qu'un duc de Nancy avait choisi son ambassadeur auprès du souverain « parce qu'il l'avait reconnu très disert dans la langue française… *linguae gallicae* ».

Quand le pape de l'an mille choisit les chiffres arabes

Dans sa course vers le pouvoir suprême, Hugues Capet a bénéficié de l'appui de Gerbert d'Aurillac, directeur de l'école épiscopale rémoise. Un soutien de poids. En effet, Gerbert est considéré comme l'un des esprits les plus brillants et les plus novateurs de son temps. Cet Auvergnat a notamment inventé une sorte de machine à calculer qui utilisait des jetons et abandonnait les chiffres romains, trop compliqués, pour adopter ce qu'on a appelé « les chiffres arabes »… C'est en étudiant au monastère de Ripoll, en Catalogne, que le jeune moine, alors âgé de vingt ans, avait découvert cette numérotation faite de neuf signes plus le zéro… Une invention venue d'Inde, importée en Espagne par les Arabes.

Gerbert va faire connaître à l'Europe chrétienne cette manière de compter, tellement plus simple que les chiffres romains, et qui facilite grandement les calculs un peu complexes, surtout grâce au zéro ! Ce signe 0, on l'appelle alors *sifr,* mot dérivé d'un terme arabe qui signifie vide. Mais dès le XVe siècle, c'est le mot italien *zero* qui s'imposera. Et le *sifr,* devenu « chiffre », prendra un sens plus global.

Quant à Gerbert, après avoir étudié la théologie, la philosophie, l'astrologie, les mathématiques et quelques autres matières, il a fait preuve d'une stratégie politique assez subtile et efficace pour peser sur son ancien élève Otton III, l'empereur germanique, et se faire élire au trône de saint Pierre en 999 sous le nom de Sylvestre II. Il fut le pape de l'an mille… nombre que l'on n'écrivait pas encore avec trois zéros. Les changements s'amorcent toujours lentement.

Chiffre 0 ou zéro ou 000. Illustration de Laurence Folie, 2010.

L'art de compter avec les doigts de 1 à 20 000, *De Numeris. Codex Alcobacense* de Rabanus Maurus (780-856), moine bénédictin franc de l'école carolingienne.

Hugues Capet a reçu l'onction sainte qui a fait de lui le roi des Francs, des Bretons, des Normands, des Aquitains, des Goths, des Espagnols et des Basques. C'est bien beau mais en réalité, derrière ces qualificatifs fièrement alignés, les grands seigneurs affirment leur domination sur leur propre territoire géographique et refusent de se soumettre pleinement aux anciennes régulations sociales et administratives… qu'elles émanent du roi ou de l'archevêque ! Le latin si cher à Charlemagne est devenu la langue du passé. Les dialectes s'affichent comme des marqueurs d'indépendantisme. Partout en Francie, on adopte une nouvelle identité linguistique et culturelle pour entrer dans une légitimité repensée, celle du terroir et non celle de l'État centralisateur.

Dans cette redistribution des cartes liée au morcellement du pays, de nouveaux venus vont bientôt prendre une importance fondamentale pour la langue française : les Anglais !

Eh oui, les Anglais ! Je vois déjà nos puristes contemporains, fervents de la chasse aux anglicismes qui, aujourd'hui, envahissent prétendument notre vocabulaire, se crisper et se perdre en conjectures : que viennent faire les Anglais dans cette histoire ?

Dux Normanorum Wills vi validorum
Rex est Anglorum bello conquestor eorum
Wills Conquestor Anglie genuit de Alienora Regina
Robtm Curte Hose
Willm Ruffu
Henric Regem
Adam Comitissa Blesenc
Thebaldi Comitis Blesenc
Constancia Comitissa Britannie
Stephani Regis
Conquestor regnavit xx annis xi mensibus Cadamo iacet

– 11 –

QUAND LES ANGLAIS PARLAIENT FRANÇAIS… OU PRESQUE !

Au XIe siècle, la langue française s'émancipe des anciennes tutelles de l'empire et de l'Église, et sous sa forme normande, elle s'impose à l'Angleterre pour près de cinq cents ans. Quant aux croisés, ils vont implanter le français en Orient.

On les aimait bien, les gars du Nord, quand ils restaient tranquillement chez eux pour créer avec les filles du coin leur propre pays, la Normandie. Mais un jour, ces limites ne leur ont plus suffi. Et c'est là que commence l'histoire anglaise de la langue française…

Descendant direct de Rollon le Viking, le duc de Normandie Guillaume II rêvait d'agrandir son fief, mais il lui fallait d'abord reconquérir ses propres États que des barons félons avaient tenté de lui arracher. En fait, ces aristocrates avides de pouvoir méprisaient ouvertement le duc qu'ils appelaient le Bâtard. Pourquoi une telle détestation ? Parce que, alors que la Normandie était devenue chrétienne, les parents de Guillaume n'étaient pas passés devant monsieur le curé… La mère, une certaine Arlette de Falaise, était donc considérée comme la concubine du père, Robert le Magnifique. Mais cela ne l'empêchait pas d'être réellement la femme du duc de Normandie… Une femme à la mode scandinave, c'est-à-dire une épouse parmi d'autres, tout aussi légitimes, mariées sans cérémonie ni oraison ! Tous les Normands n'avaient pas encore bien compris le principe de la monogamie ni celui de la sanctification rituelle du mariage.

Le 10 août 1047, les troupes de Guillaume, alliées à celles du roi de Francie Henri Ier, se retrouvèrent donc face à la coalition des barons déloyaux à Val-ès-Dunes, dans le Calvados… Mais au dernier moment, avant le choc des armées, Raoul Taisson, l'un des importants barons rebelles, changea brusquement de camp et se rallia au duc de Normandie… Devant ce renversement de situation, les conjurés, désormais inférieurs en nombre, furent écrasés et beaucoup d'entre eux se noyèrent dans l'Orne en tentant de fuir. Guillaume n'était plus le Bâtard, mais le Conquérant.

Et des conquêtes, il allait encore en faire…

Guillaume Ier (1027-1087) sur son trône, armé d'une épée. Sa généalogie en dessous. Miniature tirée du manuscrit *Chronique d'Angleterre,* Pierre de Langtoft, vers 1300.

Le 5 janvier 1066, le roi d'Angleterre Édouard le Confesseur s'éteint à l'abbaye de Westminster à Londres. Il était si pieux, Édouard, que son mariage avec Édith de Wessex n'avait jamais été consommé ; enfin, c'est ce que rapportent les diverses chroniques de l'époque. En tout cas, le souverain est mort sans descendance. Une bataille de succession s'engage immédiatement car le défunt, pour obtenir l'amitié des grands seigneurs et la paix aux frontières, a promis naguère le trône aussi bien à Harold Godwinson, son beau-frère, qu'à Guillaume II de Normandie, le fils de son cousin…

Dès qu'Édouard a poussé son dernier soupir, Harold s'empresse donc de se proclamer roi d'Angleterre. Guillaume, ulcéré, réunit aussitôt les barons de Normandie et les engage à le suivre pour chasser l'usurpateur… Guillaume sait parler à ses vassaux : cette expédition leur permettrait, au passage, de piller la campagne et les villes anglaises, histoire de s'enrichir un peu ! Devant de tels arguments, les barons soutiennent d'une seule voix les prétentions de leur duc et suzerain.

Guillaume demande aussi de l'aide au roi de Francie, Philippe Ier, qui refuse. Peu importe : des soldats volontaires arrivent en grand nombre de Bretagne, de Flandre, de Bourgogne… Pleins d'espoir, ces aventuriers répondent à l'appel du duc de Normandie qui a promis une forte solde et des terres outre-Manche à tous ceux qui voudraient le servir.

De son côté, le pape Alexandre II approuve la démarche de Guillaume et l'incite à agir ; ce serait l'occasion de mettre au pas ces *English* qui poussent l'impiété jusqu'à refuser de lui payer le denier de saint Pierre, l'impôt pour le Vatican ! Afin de témoigner publiquement son

Tapisserie de Bayeux représentant Guillaume, duc de Normandie (Guillaume le Conquérant) et la flotte d'invasion normande qui traversent la Manche. Broderie de laine sur lin, 1070.

soutien, Sa Sainteté fait envoyer à son allié Guillaume un anneau et un étendard bénis. Munis de ces viatiques, les Normands n'ont plus qu'à partir à la guerre…

Dans la baie de Saint-Valery-sur-Somme, le duc de Normandie peut bientôt aligner sept mille hommes, trois mille chevaux et sept cents navires. Et cette flotte, profitant de vents favorables qui ont mis longtemps à se lever, appareille enfin au mois d'octobre 1066. Les Normands abordent l'Angleterre près de Hastings où ils vont affronter les Anglais à coups de lance, de hache, de pique, de hallebarde, d'arc et de flèches.

Pour galvaniser les Normands, un certain Taillefer se met à chanter. C'est un chevalier jongleur… Mais ce jongleur-là – *jougleor* en ancien français – est un ménestrel qui chante et récite des vers, rien à voir avec le sens moderne du mot qui désigne un surdoué de l'adresse manuelle.

Taillefer est un soldat artiste à la voix forte qui gratte son archet sur les cordes de sa vielle. Et tandis que les notes crissent et grincent, il psalmodie en langue normande les exploits de Roland, neveu de Charlemagne. Ce jeune combattant franc d'autrefois a trouvé une mort héroïque au cours d'une expédition dans les Pyrénées, et *La Chanson de Roland* est connue depuis longtemps dans les pays d'oïl.

La Chanson de Roland… retrouvée en Angleterre !

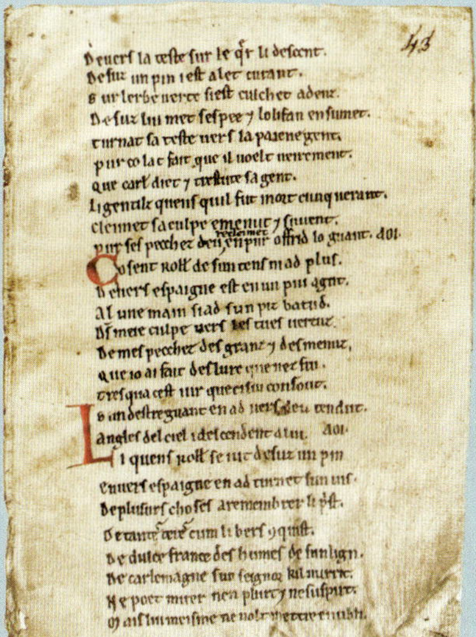

Quand on évoque aujourd'hui cette fameuse chanson, on fait généralement allusion à la plus ancienne version connue, environ quatre mille vers pour dire la gloire de Charlemagne le Sage et de Roland le Preux. Roland qui va mourir en brave au col de Roncevaux, où l'on a longtemps dit qu'il avait été attaqué par les Sarrasins. Certains historiens ont pourtant estimé qu'ils avaient bon dos, les Arabes : il semble que ce soient en réalité des bandits basques qui aient organisé ce mauvais coup.

Et où a-t-il été retrouvé, ce récit poétique dont nous sommes si fiers ? À la bibliothèque Bodley d'Oxford… Eh oui, le plus ancien texte de la littérature française nous vient d'Angleterre ! En 1835, le médiéviste Francisque Michel, conscient des trésors que l'île pouvait receler sur notre histoire, demanda à François Guizot, ministre de l'Instruction publique, de le dépêcher pour une mission littéraire à travers les archives universitaires de la Grande-Bretagne. Il en rapporta la copie de liasses entières de parchemins anciens, dont *La Chanson de Roland*.

La Chanson de Roland, XIe siècle, attribuée parfois à Turold et inspirée de la bataille de Roncevaux.

À Hastings, Taillefer chante donc une version de cet hymne qui exalte les vertus dont chaque soldat doit faire preuve sur le champ de bataille : courage, sacrifice, dévouement, ardeur, pugnacité…

Mais le chant s'interrompt soudain dans un borborygme sanguinolent : le javelot d'un Anglais vient de transpercer le chevalier jongleur de part en part. La clameur monte, le combat s'engage… L'édifiante légende que les Normands ont écoutée les encourage à trancher vaillamment des têtes et à crever des ventres. Et voilà que tout à coup, le cheval de Guillaume est tué. Où est le chef ? Les Normands se lamentent. Certains d'entre eux prennent déjà la fuite, persuadés que leur duc a été trucidé. Mais non, Guillaume se redresse, enfourche une autre monture, relève son casque et galope parmi ses troupes…

– Me voilà, regardez-moi, je vis encore et je vaincrai avec l'aide de Dieu !

Et les Normands reprennent le combat avec une vigueur renouvelée.

De leur côté, les Anglais sont aussi mal armés qu'indisciplinés ; de plus, leur stratégie militaire est à la fois brouillonne et improvisée. Ils sont vaincus après une dure journée de combat au cours de laquelle Harold, l'autre prétendant au trône, trouve la mort, frappé dans l'œil par une flèche normande.

La route de Londres est ouverte, et Guillaume le Conquérant va se faire couronner roi d'Angleterre le jour de Noël 1066. Il gagne l'abbaye de Westminster avec une impressionnante escorte, car il n'est pas certain que la population de la ville lui fasse bon accueil. Mais finalement, tout se passe bien et une foule de Normands et d'Anglais mêlés assiste à la cérémonie. L'archevêque d'York invite solennellement Guillaume à faire le serment de protéger l'Église, de régner avec justice, de maintenir les lois et les usages du pays. À ces paroles, les Anglais élèvent un grand cri… Approbation ? Réprobation ? En tout cas les soldats normands restés de garde en dehors de la basilique croient à une manifestation de rébellion, ils interviennent avec violence, une bagarre confuse s'ensuit et quelques maisons des alentours prennent feu… La cérémonie continue, mais tous les Anglais, humiliés et mortifiés, quittent la basilique. Mauvais début pour le règne de Guillaume.

Il n'empêche qu'à dater de ce jour, l'Angleterre est devenue normande… Et toute l'administration s'en trouve « normandisée », si j'ose dire. Guillaume doit tenir ses promesses et récompenser ceux qui l'ont soutenu dans cette improbable mais victorieuse campagne. Des fonctions et des titres détenus jusque-là par la noblesse anglo-saxonne sont attribués aux compagnons du duc de Normandie… Et le nouveau roi place ses hommes de confiance : un Normand nommé Thomas, ancien chanoine de Bayeux, est fait archevêque d'York tandis que Lanfranc de Pavie, conseiller très écouté de Guillaume, devient archevêque de Cantorbéry. Par ailleurs, des représentants de grandes familles normandes immigrent en Angleterre pour y recevoir des propriétés, et ces colons s'installent si bien de l'autre côté du *Channel* qu'ils adaptent parfois leur nom à la langue locale. Bourg se mue en Burgh, Burca, en Burke, Bruis, en Bruce, Ferrière, en Ferrers, Mortemer, en Mortimer…

Et pour surveiller Londres, pour se faire reconnaître comme le protecteur et le souverain, Guillaume fait entreprendre les travaux qui vont élever un donjon blanc dans le ciel de la capitale, la célèbre Tour de Londres, sans doute inspirée par un des premiers châteaux forts en pierre de France, lui aussi construit par les Normands au tournant de l'an mille, le château d'Ivry-la-Bataille.

Amateurs d'art et d'architecture, ces Normands vont ainsi édifier des châteaux fantastiques en Angleterre – le château de Ludlow, dans le Shropshire, et celui de Nottingham – et des églises prodigieuses en Sicile – la cathédrale de Cefalù et le Duomo de Monreale –, autant de monuments qui font encore l'admiration de tous… Et que dire de la monumentale tapisserie de Bayeux, cette bande dessinée de soixante-dix mètres de long sur cinquante centimètres de large, qui raconte la conquête de l'Angleterre par les troupes de Guillaume le Conquérant ?

P'têt ben qu'oui, p'têt ben qu'non

Les Normands n'avaient pas que l'Angleterre comme objectif. Ils aimaient aussi l'Italie… La tradition dit qu'ils y étaient arrivés pacifiquement en 1016. Cette année-là, quarante chevaliers normands revenant d'un pèlerinage en Terre sainte s'arrêtèrent à Salerne, au moment même où la ville était attaquée par les Sarrasins. Les chevaliers mirent en fuite les assaillants…

Frappé par le succès de cette intervention, le pape Nicolas II encouragea les Normands à débarquer en Sicile pour en chasser les musulmans et imposer le christianisme. Les hommes du Nord s'installèrent donc sur cette île pour plus d'un siècle. Et il leur fallut bien du tact pour maintenir un semblant de paix entre les différentes factions : les Lombards, les Arabes, les Byzantins… Ils se montrèrent si habiles, les Normands, si empressés à maintenir les équilibres et à ne vexer personne, qu'ils acquirent une belle réputation en matière de diplomatie. « Il faut prendre la rivière comme elle va », disait fort opportunément un vieux proverbe scandinave. Selon Geoffroi Malaterra, chroniqueur de l'époque, les Normands parvenaient à « tout simuler et dissimuler ». Il ne fallait pas leur poser de questions, ils maniaient trop adroitement l'art de l'esquive… Et voilà pourquoi, encore aujourd'hui, quand on ne sait dire ni oui ni non, ou qu'on ne veut pas prendre parti, on se contente de donner « une réponse de Normand » !

Levée du siège de Salerne, Roger Eugène (1839). Salerne, assiégée par les Sarrasins, est délivrée par quarante chevaliers normands revenant de pèlerinage en Terre sainte, vers 1016.

Mais revenons au duc de Normandie : le voilà devenu Guillaume Ier, roi d'Angleterre. Et avec lui, c'est la langue d'oïl qui débarque sur la grande île au milieu des Celtes, des Vikings, des Saxons et des Anglais. Cette langue nouvelle que l'on va appeler anglo-normande – mais qui n'est que normande – va surpasser tous les idiomes insulaires pour devenir la langue des puissants, la langue de la cour, de la justice, de l'armée. En Angleterre, désormais, quand on est noble et riche on opte pour le normand, quand on est religieux on pratique le latin, quand on appartient à l'ancienne aristocratie on s'exprime en saxon, quand on est nécessiteux et ignare on parle en anglais.

Et ce normand inoculé de force à l'Angleterre, on en trouve encore de nombreuses traces aujourd'hui. Par exemple, *war*, guerre ; *wardrobe*, garde-robe ; *warren*, garenne… Vous avez remarqué ? Vous substituez simplement au *w* du mot normand un *g*, et vous avez quasiment du français !

Mais bien d'autres mots anglais sont empruntés au normand. Par exemple, l'anglais *basket*, panier, vient du normand *baskat* ; *citizen*, citoyen, de *citezein* ; *crown*, couronne, de *curune*. Et *vintage*, dont on se gargarise pour sanctifier la mode des dernières décennies, savez-vous ce que cela signifie, en vrai ? C'est le terme normand pour « vendange ». Eh oui ! Par un cheminement œnologique assez cohérent, le mot est devenu synonyme de « vétuste » : de la vendange, il a d'abord désigné le millésime, et à partir du millésime il a fait allusion à l'ancienneté…

N'oublions pas non plus le vocabulaire de l'administration et de la justice, ces mots qui finissent en « -ent » ou « -tion » et qu'il n'est même pas besoin de traduire : *government, parliament, resident, jurisdiction, motion, nation*… Autant de mots d'origine française qui font de l'anglais la plus latine des langues germaniques.

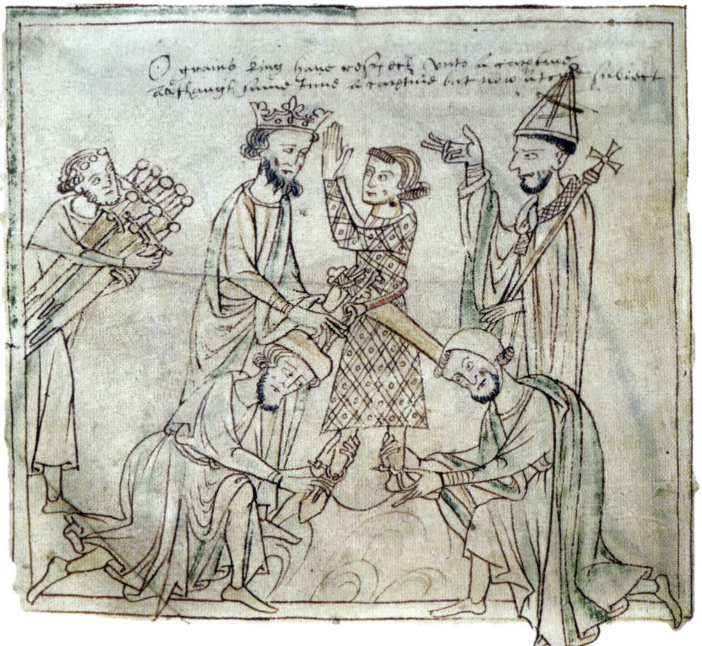

Le jeune Roland nommé chevalier par le roi en présence des évêques et des intendants. *in La Chanson de Roland*, 1240-1250.

Les Normands d'Angleterre ont donc installé pour longtemps leur langue au pouvoir, bien au-dessus des dialectes locaux et du latin.

Et l'on va parler cette forme de français au sommet de l'État anglais durant près de cinq cents ans... Car si ce normand – bientôt français – fit office de langue légale en Angleterre jusqu'en 1367, il resta encore la langue de la cour londonienne bien après cette date. D'ailleurs, la devise de la monarchie britannique, qui date du début du XVᵉ siècle, est en français : « Dieu et mon droit ».

★

★ ★

À propos de Dieu, en ce XIᵉ siècle, quelque chose est en train de subrepticement changer, surtout pour l'Église.

La Chanson de Roland, on l'a vu, n'est pas à proprement parler un hymne à la protection divine. Ce long poème est une chanson de geste... On dit « chanson » parce que ce texte et tous les autres du même genre qui ont suivi étaient destinés à être chantés par un ménestrel. On dit « geste », du latin *gesta*, actions, parce que les héros de ces récits légendaires étaient des personnages édifiants, nobles et guerriers, prompts à agir dans la bravoure et le sacrifice. Mais vous la percevez, la différence avec les récits exemplaires des siècles passés ? Naguère, les modèles à suivre, les tempéraments à imiter, les audacieux à magnifier étaient immanquablement des saints, et leurs vertus exaltaient la foi et l'Église. Avec la chanson de geste, une forme de laïcité entre en littérature.

Ces histoires, écrites et racontées en langue d'oïl, vont jouer un rôle fondamental dans les sociétés médiévales. Qu'on le veuille ou non, ce sont les premières pages d'un roman national ! En effet, derrière son apparence de conte édifiant, la chanson de geste favorise l'affirmation d'une identité culturelle par une histoire héroïque et aventureuse, célébrant les valeurs de la chevalerie et les vertus de l'honneur, principes cardinaux de la société féodale au début du deuxième millénaire.

Et elle est écrite en langue d'oïl, c'est-à-dire presque déjà en français. D'ailleurs, ce mot apparaît pour la première fois à l'écrit dans *La Chanson de Roland*. Le terme surgit dans la bouche d'un Sarrasin (ou plutôt d'un Basque !), un nommé Blancandrin... Blancan va d'ailleurs devenir un patronyme hyper-répandu dans le Sud-Ouest.

Pa ceste meie destre
E par la barbe ki al piz me ventelet,
L'ost des Franceis verrez sempres desfere.
Francs s'en irunt en France, la lur tere.
« Par cette main droite,
Et par la barbe qui flotte sur ma poitrine,
L'armée des Français vous la verrez toujours se défaire.
Les Francs s'en iront en France, c'est leur terre. »

Ces lignes nous montrent que le thème général des chansons de geste est plus national que religieux, la langue en devient le vecteur logique en s'émancipant du rituel ecclésiastique toujours symbolisé par le latin. On ne renie plus la guerre, la chasse, les tournois ; on les glorifie, au contraire… Bref, les pratiques profanes émergent, elles se frayent une nouvelle voie bien éloignée de la culture des monastères.

La langue d'oïl – le français bientôt – sert de lien pour illustrer un nouveau code social et établir une hiérarchie entre une aristocratie qui prend conscience d'elle-même et le vilain, c'est-à-dire le paysan. La chanson de geste illustre dans les textes la société tripartite du Moyen Âge féodal :

– le noble qui fait la guerre et à qui sont destinées les chansons de geste dans les différentes variations de la langue d'oïl ;

– le prêtre qui prie et à qui reviennent donc les textes religieux écrits en latin ;

– le paysan qui travaille, qui ne doit s'occuper de rien d'autre et ne lit pas.

Et la langue qu'on parle à la cour, à Rouen, à Paris ou à Londres contraste aussi bien avec la langue des paysans qu'avec celle de l'Église…

Alors là, attention ! Tous les signaux de l'Église passent au rouge : il y a danger de voir le latin « se ringardiser » en quelque sorte. Réduit maintenant à la sphère religieuse, le latin va devoir retrouver sa légitimité pour tenter de conserver son leadership culturel, moral et social.

Car l'Église veut encadrer par ses règles de conduite la vie de tous, celle des seigneurs comme celle des serfs. Il faut dire qu'à ses yeux, les clercs, et les clercs seuls, détiennent la connaissance. C'est à eux que revient la responsabilité d'enseigner les commandements et les lois sacrées. Le seigneur féodal vient ensuite, il est le bras armé et le garant de la justice et de la vérité dispensées par l'Église.

Mais le seigneur qui combat commence à avoir ses propres prétentions, il entrevoit déjà une culture où tout ne serait plus subordonné au divin et au sacré. Il commence à s'émanciper en prenant conscience de sa puissance, il lit ou écoute des aventures légendaires où les héros sont des humains bien humains, et pas nécessairement des élus de Dieu.

Pour retrouver son influence, l'Église doit donc s'introduire dans ces nouveaux codes sociaux. Dans ce but elle va, en quelque sorte, « resacraliser » les guerriers et donner une légitimité religieuse aux récentes règles de chevalerie. On voit ainsi se christianiser des rituels jusqu'ici laïcs. L'adoubement, par exemple – la cérémonie qui fait d'un combattant un chevalier –, est désormais placé sous la protection divine ainsi que la colée, le coup sur la nuque donné au chevalier anobli.

L'Église colmate les brèches de la désaffection en s'immisçant dans la vie des guerriers… et dans une autre forme de chanson de geste. Désormais, les nobles seigneurs ne doivent plus se battre pour leurs intérêts personnels ni pour leur propre gloire, mais pour répandre la voix de Dieu et faire sentir le souffle de Sa vérité.

Facile à dire mais comment faire ? Confrontée aux divisions et aux individualisations féodales, dont la multiplication des dialectes est une évidente manifestation, l'Église va devoir frapper fort, très fort… Il lui faut mobiliser les énergies, les canaliser, les diriger vers un but unique et rassembleur… Ce sera l'appel à la première croisade ! Encore faut-il savoir que le mot « croisade » n'apparaîtra que plus tard, dans la seconde moitié du XIIe siècle. Pour l'heure, on parle de pèlerinage, de voyage pour Jérusalem ou de marche vers la Terre sainte…

Bien sûr, d'un point de vue officiel, l'expédition est organisée pour répondre à la prise de Jérusalem par les Turcs, qui poussent leur avantage jusqu'à menacer les chrétiens de l'Empire byzantin. Mais cette campagne va aussi permettre à la papauté de renforcer son autorité en rassemblant la noblesse occidentale dans un projet commun, et de faire oublier les aspirations à l'indépendance de la jeune chevalerie, elle qui voudrait tant s'affranchir, au moins partiellement, de la tutelle spirituelle de Rome.

Le 27 novembre 1095, le pape Urbain II profite d'un concile à Clermont (futur Clermont-Ferrand) pour lancer son cri d'alarme… D'abord, il vitupère le manque de religion des nobles qui n'hésitent plus à attaquer les moines et les pèlerins pour les dépouiller. Et il enchaîne aussitôt sur les dévastations commises par les Turcs en Palestine. En liant les deux, le pape ne veut-il pas montrer que ces nobles désœuvrés pourraient trouver un sens à leur vie en allant là-bas se sacrifier pour le tombeau du Christ ? En tout cas, il termine sa diatribe en appelant la chrétienté à retrouver la voie de la sagesse et à prendre la route de Jérusalem pour arracher le Saint-Sépulcre aux infidèles…

Bien sûr le message auvergnat d'Urbain II ne suffit pas. Alors, des messagers s'en vont à travers le pays pour inciter chacun, noble ou vilain, à partir pour la Terre sainte.

Appel à la première croisade du pape urbain : « Dieu le veut ! » Illustration du XIXe siècle.

Ils se montrent sans doute convaincants, car des foules de pauvres gens se mettent bientôt en marche, traversent la Lorraine, atteignent l'Allemagne… Vingt-cinq mille miséreux, des moines, des serfs, des paysans, presque sans armes, dont la force est le nombre, descendent la vallée rhénane, saccagent les quartiers juifs, arrachent les plombs des toits des églises pour revendre le métal, mettent le feu à quelques villes traversées… Et cette violente errance qui n'a plus rien de chrétien se poursuit en Bohême, en Hongrie, en Bulgarie, avant que les « pèlerins » arrivent devant Constantinople. L'expédition s'arrêtera finalement un peu plus loin, en territoire turc : face aux archers, la horde hétéroclite des marcheurs ne peut rien faire, la plupart des pèlerins sont massacrés, et les survivants, vendus comme esclaves.

Avec Rachi, prononcez le français à la champenoise

Né à Troyes en 1040, Rachi était un exégète savant des textes juifs et un vigneron champenois. Confronté aux saccages de la première croisade à la fin de sa vie, il fut protégé par le comte de Champagne : on ne touchera pas un cheveu du vieil érudit !

Rachi nous légua une œuvre abondante écrite en caractères hébraïques, mais en mélangeant l'hébreu et le vieux français parlé chez lui, en Champagne. Grâce à cette transcription phonétique, on connaît la manière médiévale d'articuler certains mots… Si vous voulez parler le champenois du XIe siècle, il faudra dire *saloud* pour bonjour, prononcer *agul* pour aiguille, *arondèle* pour hirondelle, *clog* pour clou, *crocin* pour crochet, *espargne* pour asperge, *falcile* pour faucille, *fein* pour foin, *pikedure* pour piqûre, *plousors* pour plusieurs, *veile* pour voile. Et si vous tenez à faire taire quelqu'un, vous pourrez toujours lui souffler un « Chut ! » : Rachi nous apprend que l'interjection n'a pas changé depuis mille ans !

Si le rabbi de Troyes nous a transmis le français de son temps en lettres hébraïques, l'hébreu biblique a parfois nourri le français. À cette même époque, en Normandie, le jus de pomme se dit encore « le pommé » ; et puis, il change de nom et devient « le cidre », un mot venu de *sicera,* terme trouvé dans la traduction latine de la Bible, adaptation du mot hébraïque *sekhar,* qui désigne une liqueur forte. « Malheur à ceux qui se lèvent tôt le matin pour courir au *sekhar…* », tonne le prophète Isaïe (5 : 11). Une façon de dire : « À boire avec modération ! »

Portrait de Rachi de Troyes (1040-1105), commentateur des textes sacrés juifs.

Si le voyage des pauvres gens vers la Terre sainte a fini dans le drame, l'expédition des barons menée sous la conduite de Godefroy de Bouillon, duc de Basse-Lotharingie, va mieux atteindre ses objectifs. Mais le voyage a été long : les chevaliers sont parvenus à Jérusalem en janvier 1099, après trois ans d'un périple agité qui les a conduits à essuyer des tempêtes sur l'Adriatique, à traverser les déserts d'Anatolie, à faire le siège d'Antioche dont les cerbères fermaient la route… Même les combats pour la Ville sainte furent rudes, « le temple tout entier ruisselait de sang », rapporte un témoin anonyme.

Dès le mois de juillet, les chrétiens victorieux décidèrent d'ériger leur conquête en royaume, et donc d'élire un roi de Jérusalem. Les prêtres auraient préféré un patriarche, mais on ne les écouta pas vraiment. C'est Godefroy de Bouillon qui fut choisi, mais il refusa de ceindre une couronne d'or à l'endroit où le Christ n'avait porté qu'une couronne d'épines. Selon son vœu, il ne fut pas roi, seulement « avoué du Saint-Sépulcre ». Mais il mourut au bout d'un an, laissant la place à Baudouin de Boulogne qui, lui, n'hésita pas à devenir roi de Jérusalem sous le nom de Baudouin Ier. La sauvegarde du Saint-Sépulcre se terminait en prise de territoire…

Le royaume chrétien en Palestine durera presque deux cents ans, une longue période durant laquelle le français, que ce soit le roman, la langue d'oïl ou le normand, se répandra dans une bonne partie du monde. Après Londres, on va pratiquer la *lingua franca*, et pour longtemps, à Constantinople, à Jérusalem, à Antioche et jusqu'à Damas. Le français sera l'outil des échanges et du commerce dans l'Orient proche et dans tous les ports de Méditerranée. C'est devenu une langue à vocation internationale.

Baudouin Ier (1171-1205), sixième comte de Hainaut, couronné empereur de Constantinople en 1204. Miniature extraite de *Histoire de Hainaut*, Jacques de Guyse, XIVe siècle.

Suppl. 184.

Li rois de Navare fist ces chancons. ci. liiij.

ame li uostres fins amis ki tout son cuer
a en vous mis. de vous amer est si soul
pris. que de iour et de nuit est pris vos
mande que saciés de voir. ki vous
aime sans decevoir. en vos amer n'a pas mespris. Dame quant
de vous me souvient. une teux ioie au cuer me vient. c'amours me lace
ki me tient. vostres dous regars me soustient. ki souef m'a le cuer em
blé. et souvent me va il samble. que de vous toute ioie vient. Amours
aies de moi merci. que mon cuer ki n'est mie ci. saciés ioiant et proiés li. qu'il
li souviegne de mi. mais certes vous n'en ferois rien. que ie vos aim ce saciés
bien. pour ce s'el metés en oubli. Onques nus ki vos amast tant com
ie fas ki tous iours entent. a vos servir veraiement. pour cou sont
perdu li amant. que trop lor faites achater. ce dont il devroient chanter.
dex si faites pechie trop grant. Dame merci. merci. cent fois. pieties
vos prengne a ceste fois. de moi ki sui isi destrois. pour vos cor sui chaus or
sui frois. or chant or plour et or sospir. ie c'amant a vos mon espir. ne sai se
merci en avrois.

Ie ne puis pas bien metre en non chalour que ie ne
chant puis c'amours m'en semont. que de cai ie le gregneur doel du
mont. que ie n'os bien descouvrir ma pensee. ce dont ie voi les autres
decevoir tex fait samblant d'amer ki point n'i bee. pour ce chant

– 12 –

QUAND DEUX LANGUES SE DISPUTENT L'AMOUR

Le XIIe siècle invente l'amour. Au sud de la France, les troubadours le chantent en provençal. Au nord, les trouvères le versifient en ancien français.

Guillaume IX, comte de Poitiers, duc d'Aquitaine et de Gascogne… Un nom et des titres qui n'évoquent plus grand-chose. Et pourtant, son domaine s'étendait de la Guyenne à l'Auvergne, une seigneurie bien plus étendue que celle de Louis VI, le roi des Francs au même moment…

Guillaume fut d'abord un homme de guerre, car à l'époque il fallait aussi bien répondre aux appels du pape que défendre ses propres possessions. Il partit donc à la croisade à la suite de la prise de Jérusalem par Godefroy de Bouillon et en revint au bout d'un an et demi après avoir mené deux campagnes infructueuses en Anatolie et vu massacrer à peu près toute son armée. Quelques années plus tard, en 1113, il partit en guerre contre Toulouse qu'il jugeait devoir soumettre, la ville étant l'apanage de la famille de Philippa, son épouse. Pour financer son expédition, il n'hésita pas à arracher le trésor de quelques églises du Poitou, ce qui lui valut une excommunication en bonne et due forme.

Finalement, il garda Toulouse mais répudia Philippa pour s'installer avec Amauberge, sa tendre amie, une femme mariée… Scandale et nouvelle excommunication ! Guillaume rit de bon cœur de cette seconde condamnation prononcée par l'évêque Girard d'Angoulême, un prélat au crâne lisse comme un œuf.

– Le peigne frisera tes cheveux avant que je me sépare de la vicomtesse, lui lança Guillaume.

Et cette vicomtesse qu'il aima tant, il l'appela Dangerosa, surnom qu'il aurait imaginé à partir du latin *dominarium,* domination. La Dangereuse serait donc la maîtresse… Peu après, l'expression « être en danger » a logiquement traduit l'idée de se trouver sous une domination quelconque, et ensuite est apparu le sens de « péril », signification que le mot a conservée.

Chansonnier dit de Noailles, précieux témoignage sur la richesse et la variété de la poésie lyrique du XIIIe siècle où l'on retrouve le poète aristocratique Conon de Béthune (1150 - 1219).

Le comte inventait et innovait sans cesse, il écrivait des vers à ses compagnons, des hymnes au plaisir et des rimes à ses belles… Une inspiration qui allait déclencher en pays d'oc une passion pour l'amour dont l'œuvre de Guillaume serait la source vivifiante.

À Poitiers, son château est aujourd'hui devenu le palais de justice (10, place Alphonse-Lepetit). C'est là que le comte clamait ses chansons, faisait la fête et troussait les filles. Car ce gentilhomme était un boulimique, aussi fervent de femmes que de poésie. Il reçut à sa cour les plus belles Poitevines et la fine fleur des bardes de son temps. Le Gascon Cercamon y vint chanter les délices de l'amour et les affres de la passion. De son côté, le Gallois Bréri y fit découvrir l'histoire de Tristan et Iseut, l'amour impossible entre le jeune neveu du roi Marc de Cornouailles et la reine à la blonde chevelure. Une vieille légende celtique, à la vérité, redécouverte grâce à Bréri, un conte très vite chanté, arrangé, transformé et finalement traduit en langue normande pour s'introduire dans la littérature française.

Quant à Guillaume lui-même, il n'était pas en reste et ne craignait pas de rivaliser avec ces beaux poètes.

Farai chansoneta nueva
Ans que vent ni gel ni plueva ;
Ma dona m'assai e'm prueva,
Quossi de qual guiza l'am…

« Je ferai une chanson nouvelle
Avant qu'il vente, gèle ou pleuve ;
Ma dame me tente et m'éprouve,
Pour savoir de quelle façon je l'aime… »

Le comte mourut en février 1127 après une vie passée à aimer, beaucoup, à faire la guerre, un peu, et à écrire, toujours. La grande Histoire s'est empressée de l'oublier, mais elle se souvient de sa descendance : sa petite-fille Aliénor d'Aquitaine, tour à tour reine de France et reine d'Angleterre, et son arrière-petit-fils Richard Cœur de Lion.

Quant à sa lignée poétique, elle fut diverse, envahissante et inoubliable… Les « cours d'amour », à l'image de celle de Poitiers, se multiplièrent dans le pays d'oc. On parlait d'amour partout, on chantait l'amour, on récitait l'amour. Et les maîtres d'amour, ceux qui inventaient et déclamaient ces vers, on les appela « troubadours », c'est-à-dire « trouveurs », parce qu'ils *trouvaient* à discourir sur un sentiment dont on avait fait jusqu'ici peu de cas.

Opéra de Verdi *Le Trouvère* (1853)
avec Heinrich Knote (1870-1953) dans le rôle-titre.

Eh oui, les troubadours ont inventé l'amour !

Avant eux, même dans le pays d'oc, le mot n'existait pas vraiment, au moins dans le sens où nous l'entendons ici. Il y avait bien le latin *amor*, mais quelle réalité recouvrait-il ? Les Francs préféraient les plaisirs virils de la guerre et du pillage, quitte à empoigner quelques femmes au passage ; les Normands, eux, manifestaient leur inclination en enlevant la dame désirée avant de l'enfermer.

Certes, on employait quand même les termes *amor* ou *amur,* selon que l'on s'exprimait en langue d'oc ou en langue d'oïl. Sauf que ces mots revêtaient un sens large et diffus qui s'appliquait essentiellement au bon Dieu, à la rigueur au genre humain. On *aimait* le Seigneur, on *aimait* son prochain. D'ailleurs, les *Serments de Strasbourg*, dont nous avons parlé au IXe siècle, souvenez-vous, commençaient par ces mots : *Pro Deo amur,* en roman. « Pour l'amour de Dieu », expression qui n'a pas tout à fait disparu de notre langage actuel.

Mais en ce qui concerne les sentiments qui peuvent animer un couple, le mot amour ne venait même pas à l'idée. Prenez la fameuse *Chanson de Roland*, où le héros meurt en cent trente-huit vers. Il a largement le temps de se remémorer sa vie, de recommander son âme à Dieu, de songer à son ami, à son roi, à son épée… Mais pas une seconde il ne pense à Aude, la damoiselle qui attend son retour ! Il l'a oubliée, c'est de si peu d'importance… Alors que la belle Aude, elle, tombe raide morte quand elle apprend l'affreuse nouvelle du trépas de son aimé. Bref, l'amour est une affaire de femmes, c'est-à-dire peu de chose.

Tout change avec les troubadours. Dans leurs chansons, l'amour devient pour le chevalier la source unique du bonheur et la seule raison de vivre. On a trouvé le thème éternel des romances à succès.

Totz la joys del mon es nostre
Dompna, s'amduy nos amam…
« Toute la joie du monde est à nous
Ma dame, si tous deux nous nous aimons… »

La reine de France Aliénor d'Aquitaine lors de son séjour à Antioche au cours de la deuxième croisade en 1148, entourée de ses suivantes et de troubadours. Gravure de Gustave Doré (1832 - 1883), tirée de *History of the World*, Ridpath, 1885.

Avec le XIIe siècle, les pays d'oc sont donc saisis d'une fièvre amoureuse. Et cet amour ardent, jamais rassasié, devient bientôt le *fin'amor,* le pur amour devrait-on traduire, même si on a parlé plus tard d'amour courtois, d'amour de cour. On pourrait faire mieux et parler d'amour « joyeux », car si la sensualité n'en est jamais vraiment absente, elle est englobée dans un contexte plus vaste. Pour nommer cet état amoureux, on a inventé ce terme *joy*, tiré du latin *gaudium*, qui exprime à la fois le bonheur et le plaisir... Le *joy*, dans l'acception occitane, c'est l'extase autant que l'égarement des victimes d'Éros. Le *joy* a autant de mérites que de fâcheuses conséquences, il « peut guérir les malades, sa colère, faire mourir les bien portants, il peut rendre sot un sage, transformer la beauté d'un bel homme, faire d'un courtois un rustre et d'un rustre un homme de cour », disait déjà Guillaume de Poitiers.

Plus tard, le mot *joy* quittera le domaine particulier des amours pour occuper celui, plus apaisé, de la satisfaction heureuse, et se féminisera pour devenir « la joie », tout simplement. Le sens charnel initial subsistera pourtant dans le verbe dérivé du *joy*... jouir.

Dans les pays de langue d'oc, la femme acquiert en tout cas avec le *joy* un statut nouveau de liberté et d'indépendance. En clair, elle a droit à l'amour, elle a droit au plaisir. Et lorsqu'elle est sous le joug d'un père intraitable ou d'un mauvais mari, le chevalier se doit de la libérer si elle le désire.

Ainsi, les époux qui enferment leur femme pour s'assurer de sa fidélité sont vilipendés, honnis, raillés. Quand un chevalier auvergnat du nom de Pierre de Maenza, troubadour à l'occasion, enlève la femme du châtelain Bernard de Tiercy, personne n'y trouve à redire. C'est normal, puisque la dame était malheureuse avec son barbon de mari ! Et l'on souhaite que le jeune chevalier lui redonne vigueur, jeunesse et espoir...

Le couple illégitime et pauvre vient se réfugier au château de Robert, dauphin d'Auvergne, et quand Bernard réclame son épouse, le dauphin refuse tout net de livrer celle qu'il a accueillie en son domaine. L'intervention de l'évêque de Clermont en faveur du mari trompé ne change rien à la décision du dauphin : l'Église ne peut rien contre l'amour courtois ! Quelques escarmouches guerrières contre son rival, aussi vaines qu'insignifiantes, sauvent l'honneur bafoué du pauvre Bernard et permettent aux amants de rester unis. À l'époque, c'est par la force qu'on sépare les époux mal assortis. Comment faire autrement en ce siècle où le mot « divorce » n'existe pas encore et où l'Église vient de faire du mariage un sacrement, le rendant par là même indissoluble ?

Dans les châteaux, l'amour est célébré, on improvise des « parlements de *joy* », spectacles animés par les troubadours, sanctifications sentimentales si chastes, si belles, si pures que le seigneur des lieux peut y emmener sa femme, sa fille et toute sa *maynade*, sa famille... On commence les festivités par les *tensons*, des pièces en vers dans lesquelles deux poètes soutiennent des points de vue contradictoires. Et pour lancer ce jeu de rôle, on débite des questions aberrantes, mais auxquelles il faudra répondre très sérieusement...

– Est-il préférable de voir la maîtresse qu'on aime mourir, ou de la voir épouser un autre amant ?

– Celui qui court la nuit au rendez-vous que lui a donné une femme préférerait-il en voir sortir un autre amant lorsqu'il s'y présente lui-même, ou l'y voir entrer lorsqu'il sort ?

– Qu'est-ce qui est préférable : être aimé d'une dame, en recevoir la preuve la plus désirée et mourir après, ou l'aimer de longues années sans obtenir de récompense ?

L'aubade, la chanson de l'adultère

Quand on parle d'aubade aujourd'hui, on pense au concert donné à sa belle par un amoureux au petit matin. Mais en ce XIIe siècle où les dames s'égayaient sous la couette en dehors des liens conjugaux, c'était plutôt, toujours au lever du jour, la chanson destinée à réveiller l'amant et à l'avertir du retour d'un méchant mari. Certaines phrases sont explicites : « Dans un verger, sous le feuillage d'aubépine, la dame tient son ami à côté d'elle, en attendant que la sentinelle crie qu'elle voit l'aube… »

Chanson d'amour du poète lyrique allemand Walther von der Vogelweide (1170-1230). Fresque d'Eduard Ille (1823-1900), XIXe siècle.

Les troubadours traversent ainsi l'Auvergne, la Provence, l'Aquitaine, la Gascogne, le Limousin, le Rouergue en adoptant une sorte de langue consensuelle, une langue d'oc qui semble englober tous les dialectes, ou tout au moins en constituer une base commune. Cette langue non seulement est comprise, mais est lue et prend des formes littéraires et poétiques… C'est à se demander si elle ne va pas s'étendre bientôt dans l'Hexagone et dominer par sa puissance et son inventivité tous les parlers du Nord.

Cela ne s'est pas produit. Pourquoi ? Pour en comprendre les raisons, il faut un peu avancer dans le temps, parvenir à la fin de ce XIIe siècle et écouter la rumeur… Elle gronde là-bas, en terre occitane, elle charrie des mots comme hérésie, apostasie, sacrilège… Car une foi nouvelle s'est répandue dans les terres du Sud. Les cathares recherchent dans leur culte une rigueur et une perfection qui les incitent à bousculer les pratiques religieuses en cours. Estimant qu'ils sont les vrais disciples du Christ, ils rejettent tout ce qui a été instauré après la mort du fils de Dieu : les sacrements chrétiens (sauf le baptême, puisque le Christ a été baptisé), l'adoration des saints et la dévotion à la Croix, entre autres… Cela fait beaucoup pour l'Église qui considère très vite cette pensée comme une déviance inacceptable.

C'est ainsi que seront lancées les croisades contre les albigeois, appelées de la sorte parce que l'on s'imaginait que la contestation était partie de la ville d'Albi, alors qu'elle venait d'un peu partout.

En 1209, les habitants de Béziers seront massacrés sans distinction par des soldats du comte Raymond VI de Toulouse. Et ce ne sera qu'un début… En 1226, l'armée royale de Louis VIII descendra la vallée du Rhône pour aller faire la chasse aux dissidents religieux. À la soldatesque s'ajoutera bientôt l'Inquisition qui installera la terreur parmi les populations. L'amour courtois ne sera plus de saison ! D'abord, les cathares eux-mêmes, épris d'un idéal de pureté extatique, refuseront la chansonnette qui pourrait les distraire de leurs devoirs.

Et puis, le cliquetis des armes n'est guère favorable à l'éclosion poétique… Les troubadours prendront la fuite en Espagne ou en Italie, terres géographiquement et surtout linguistiquement voisines.

On ne chantera plus en langue d'oc, on écrira moins,

et cette langue, après avoir connu la gloire littéraire, redeviendra un dialecte régional tristement recroquevillé sur lui-même alors que les hommes du Nord et d'oïl prendront possession de l'Occitanie. L'amour, lui, reviendra sans doute à la mode, mais quand ? À la Saint-Glinglin ?

Mais qui donc était saint Glinglin ?

Il fut un temps où la vie était rythmée par les saints. Chaque jour que Dieu faisait portait le nom d'un pieux personnage, et toute commémoration, toute action, tout projet dans le temps étaient désignés par le nom inscrit sur le calendrier… « Je vous rembourserai à la Saint-Sylvestre », avançait-on pour s'acquitter de ses dettes à la fin de l'année. « Nous nous marierons à la Saint-Benjamin », annonçait-on pour une cérémonie fixée au 31 mars. « Je me rendrai à la foire de la Saint-Martin », disait-on pour parler du grand marché du 11 novembre…

Et quand on ne pouvait pas payer ses dettes, quand on ne souhaitait pas convoler en justes noces, quand on ne voulait pas aller faire ses courses ? Tout ce fatras négatif était renvoyé à la Saint-Glinglin, un jour apparemment bien chrétien, mais que l'on n'avait aucune chance de trouver dans le calendrier…

Car ce saint-là n'est pas un saint, mais un *seing*, c'est-à-dire une cloche en ancien français, et cette cloche fait « gling-gling », une onomatopée burlesque tirée du tudesque *klingen*, sonner.

Pendant que l'amour triomphait en pays d'oc, que se passait-il au nord, en pays d'oïl ? La langue n'était pas la même, mais un mouvement semblable inspira certains auteurs, certaines autrices devrais-je dire…

Héloïse, celle qui fut folle amoureuse d'Abélard et que le sort avait séparée de son unique amant, devint abbesse à Nogent, en Champagne. Elle composa une œuvre abondante, perdue en grande partie, mais dont il reste tout de même quelques lettres, assez pour nous montrer comment cette amoureuse sut être novatrice et pertinente. Notamment quand elle faisait la différence entre le désir et l'amour. Elle écrivait alors à son amant : « C'est la concupiscence plutôt que la tendresse qui vous a attaché à moi, c'est l'ardeur des sens plutôt que l'amour ; et voilà pourquoi, vos désirs une fois éteints, toutes les démonstrations qu'ils inspiraient se sont évanouies avec eux… »

Page de gauche : Croisade contre les Cathares, prise de Béziers le 21 juillet 1209 par Simon de Montfort (Simon IV, comte de Montfort). Gravure *in Histoire de France en cent tableaux*, Paul Lehugeur, 1891.

Héloïse a exprimé ses pensées en latin, mais c'est en normand, forme d'ancien français, qu'a écrit Marie de France, qui malgré son nom vécut en Angleterre. Elle se mit à composer ses poèmes vers 1164, quand Héloïse disparut.

Marie pourrait être la fille spirituelle de l'abbesse, car le modèle d'Héloïse, clairement évoqué dans ses poèmes, lui permet de magnifier l'amour. Or l'amour, chez Marie, n'est jamais un pur sentiment éthéré. Au contraire, il s'appuie sur la réalité physique et aboutit immanquablement à l'étreinte charnelle. Ses vers, elle ne les appelle ni chansons ni poèmes, elle les intitule « lais », d'un mot breton alors à la mode qui désigne les compositions des ménestrels bretonnants, ceux qui vont pousser la chansonnette de château en château en s'accompagnant d'une harpe.

L'amour dévorant, la jalousie excessive, la violence d'un époux, tels sont les thèmes de Marie. Et ce sont presque toujours des drames, des morts, du sang, avec tout au bout un bébé qui naît, comme une régénération de l'amour perdu… En Bretagne, une femme est condamnée par son conjoint à vivre dans une tour. À force de prier, elle voit un grand oiseau entrer dans sa chambre et se transformer en beau chevalier… Hélas, ces amours secrètes sont découvertes par l'affreux mari qui fait poser des pièges pour tuer l'amant et celui-ci s'empale mortellement sur un de ces traquenards. Peu de temps après, la dame accouche d'un garçon, qui vengera son père en tuant le mari de sa mère…

Avec Héloïse et Marie, l'amour courtois, qui se veut ailleurs si pur, si évanescent, devient soudain une liaison torride. Ces femmes du Moyen Âge réclamaient le droit au plaisir.

On voit d'ailleurs bien là que si la langue peut servir à décrire une époque, elle peut aussi – dans son expression littéraire ou poétique largement divulguée – influencer les mœurs.

★
★ ★

La Bretagne a connu les bardes, la Provence, les troubadours, voici maintenant dans le Nord les trouvères, exacte traduction, en pays d'oïl, des poètes du Sud. Eux aussi chantent l'amour, bien sûr, mais ils étendent leur chant à des thèmes divers, la foi, la guerre, l'héroïsme… et les croisades. Car on ne saurait oublier qu'en ce siècle de courtoisie amoureuse, deux expéditions en Terre sainte ont mobilisé les croyants et envoyé sur les routes des soldats, des nobles et des miséreux. Les soldats de Francie et de Germanie sont partis en 1147, pour revenir après deux ans de combats et l'échec du siège de Damas. En 1189, nouveau départ de combattants qui ont tenté sans succès de reprendre Jérusalem au sultan Saladin. Ces campagnes militaires ne sont pas vraiment des réussites, mais quelques trouvères enflammés chantent des poèmes dont l'amante recherchée serait la mort au combat : *Chivalers, cher vus purpensez*… « Chevaliers, songez-y, offrez votre corps en présent à celui qui pour vous fut dressé en croix… »

Fables d'Ésope, par Marie de France. Manuscrit du XIIIe siècle.

S i aceust vir clartei
P or lor qui a mlt gnt biautei
Q ant ma uolentei nai de toi
J a nulle honor nauraz de moi.

A la moralite de la fab

A utresi est de maute gent
Se tout ne vait a lor talent
C ome dou coc et de la jame
L en lauons de maute fame
B ien ne honor nient ne prisent
L e pis prenent le melx despisent

D ou leu et de laingnel

C i dist dun leu et dun aignel
Q i buuoient a .j. ruissel
L i leus en la sorce beuoit
E t li aigniaus aual estoit
J reement parla li leus
Q i mlt estoit contrarieus
P ar mautalent parla a lui
T u me fais dist il grant anui
L i aigneles adonc respont
S ire la beuez uous amont
D e uous me uient que iai beu
P or cot fait il maudis me tu
C il li a dit nenai uoloir
E t cil respont ien sai le uoir
C e meisme me fist tes pere
A ceste sorce ou o lui ere
O r a sis mois tel uous di
Q en demandez fait il a mi
N e fui pas nez si com ie cuit
E t que ce li leus a dit
J a me faiz tu ore contraire
E t ce que ne deusses faire
D onc prist li leus lengnel petit
A s denz lestrangle si locist

C moralite de la fable — moralite

C e font li riche robeor
Li .j. conte et li iugeor
D e ceus quil ont en lor iustise
F ause acoison par couoitise
T rueuent assez por aus confondre
S ouent les font as plais semondre
L a char leur tolent et la pel
S i com li leus fist a lengnel

D e la souris et de la raine

Mais ils ne vont pas tous offrir leur corps au Christ, et certains reviendront de ces expéditions les yeux pleins de paysages fabuleux, la besace remplie de plantes inconnues et la langue émaillée de mots nouveaux… Il y a aujourd'hui, en français, environ cinq cents termes arabes ou issus d'une racine arabe. Bien plus que de mots gaulois ! Les voyages en Terre sainte nous en ont apporté directement certains, mais beaucoup d'autres nous sont arrivés par l'intermédiaire de l'italien, de l'espagnol, du portugais, voire de l'anglais ou du russe. On trouve bien sûr les caractéristiques alcazar, baraka, bédouin, derviche, djellabah, fez, harem, henné, kaftan, loukoum, mosquée, muezzin, mufti, razzia, salamalecs, mais aussi d'autres termes moins attendus comme abricot, algèbre, amalgame, assassin, benzine, café, camelot, douane, échec, épinard, girafe, goudron, hasard, jupe, magasin, matelas, mesquin, raquette, récif, sirop, tabouret…

Et puis est arrivé Chrétien de Troyes… Dans les années 1170, c'est une véritable vedette littéraire, écoutée, recherchée, admirée, le premier auteur de best-sellers de notre littérature ! Avec lui, le texte, l'histoire à lire, commence à supplanter la chanson, parce que ce trouvère-là est avant tout un écrivain. Et c'est lui qui nous conte la légende arthurienne, inspirée par les récits bretonnants… Arthur, roi du pays breton, réunit ses chevaliers autour d'une table ronde et ils partent à la quête du Graal. Ce terme d'ancien français ne désigne d'abord qu'une coupe, et Chrétien de Troyes meurt avant d'avoir pu révéler de quelle coupe il pouvait bien s'agir. Alors, ses successeurs, ceux qui continueront de narrer le cycle du roi Arthur, vont imaginer que le mot ne pouvait que désigner le calice dans lequel le Christ but à son dernier repas et avec lequel, le lendemain, Joseph d'Arimathie recueillit le sang qui coulait des blessures du Crucifié. Bien plus tard, au retour d'une croisade, un descendant de Joseph aurait apporté la coupe en Bretagne… Les chevaliers de la Table ronde se sont fixé pour mission de la retrouver.

En tout cas, le texte de Chrétien de Troyes est écrit en dialecte champenois, une forme ancienne du français, très proche du parler d'Île-de-France. Ce parler parisien, on l'a vu, est devenu la langue de la cour depuis deux cents ans, et s'impose désormais sur tous les autres idiomes, pour devenir la seule norme, la valeur-étalon.

D'ailleurs, la prééminence du « français » de Paris est une évidence pour tous… Lorsque le poète normand Wace écrit en 1160 son *Roman de Rou*, une chronique du duché de Normandie, il parle de *franceis* pour désigner les langues d'oïl de façon générale. Quant à Chrétien de Troyes, quand il cite la *lengue françoise* dans *Lancelot ou le Chevalier de la charrette*, il parle de la langue pratiquée globalement au nord de la Loire.

À l'origine de la langue romane, quand elle s'est divisée en divers dialectes, le parler parisien n'était qu'un dialecte parmi d'autres, mais à mesure que les seigneurs d'Île-de-France Robert le Fort, Eudes ou Hugues Capet ont commencé à endosser le rôle de roi des Francs, il s'est

Le Roi Arthur, photographie de Julia Margaret Cameron pour illustrer *Idylls of the King*, Alfred Tennyson, 1874.

placé comme le meilleur d'entre tous, le plus centralisateur. Voilà pourquoi les Parisiens ont la prétention d'affirmer qu'ils parlent le français qu'il faut parler, eux. Ils ont même le front de dire qu'ils n'ont pas d'accent, eux. Et cette arrogance, on le voit, ne date pas d'hier !

Le sucre, conquête des croisades

Les croisades nous ont aussi apporté le sucre, le mot et la chose. En effet, les croisés découvrirent en Syrie la *canna mellis*, le roseau à miel, et le chroniqueur teuton Albert d'Aix évoque les agriculteurs d'Orient qui broient ce végétal pour en obtenir un jus qui s'épaissit « en prenant l'aspect de la neige ou du sel blanc ». Mélangé avec du pain ou écrasé dans l'eau, il procure un aliment « plus doux et salutaire que le rayon de miel ». Ce produit, les Arabes l'appellent *sukkar*, et comme la culture de la canne s'est rapidement adaptée en Sicile, le mot s'italianise, devient *zucchero*, et passe les Alpes pour se franciser en « sucre ».

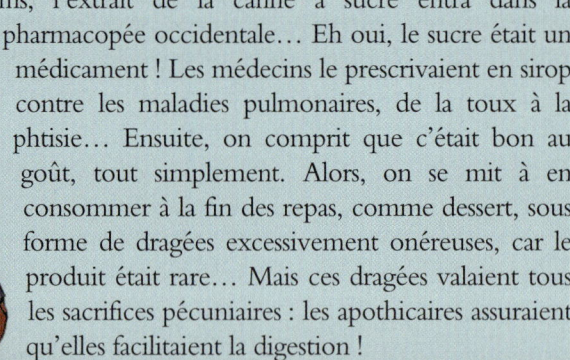

Sous ces divers noms, l'extrait de la canne à sucre entra dans la pharmacopée occidentale… Eh oui, le sucre était un médicament ! Les médecins le prescrivaient en sirop contre les maladies pulmonaires, de la toux à la phtisie… Ensuite, on comprit que c'était bon au goût, tout simplement. Alors, on se mit à en consommer à la fin des repas, comme dessert, sous forme de dragées excessivement onéreuses, car le produit était rare… Mais ces dragées valaient tous les sacrifices pécuniaires : les apothicaires assuraient qu'elles facilitaient la digestion !

Petit rappel utile : aujourd'hui, l'abus de sucre est considéré – à raison – par le corps médical comme l'un des plus grands dangers pour notre santé.

Fabrication du sirop de sucre. Détail de *Tractatus de Herbis*, vers 1440.

Le dialecte parisien triomphe donc partout. Lors du mariage du roi Philippe Auguste avec Isabelle de Hainaut, en 1180, la reine mère Alix de Champagne et son fils, le jeune marié, se montrent fort mécontents du poème improvisé par le trouvère Conon de Béthune. On lui reproche son accent d'Artois et ses tournures provinciales… Et celui-ci se plaint amèrement de cet ostracisme bien parisien :

La roïne n'a pas fait ke cortoise,
Ki me reprist, ele et ses fieus, li Rois.
Encoir ne soit ma parole franchoise,
Si la puet on bien entendre en franchois…

« La reine ne s'est pas montrée courtoise,
Qui me reprit, elle et son fils, le roi.
Peut-être mon langage n'est-il pas français,
Mais on peut bien le comprendre en français… »

Et Conon se lamente, traitant de malappris ceux qui ont osé railler ses mots d'Artois. Il soupire : « Je n'ai pas été élevé à Pontoise, moi ! », cette ville francilienne des bords de l'Oise devenant soudain dans son esprit chagrin le parangon du bien-parler ! Voilà sans doute le plus ancien document illustrant le snobisme des Parisiens et leur dérisoire sentiment de supériorité…

Tranquillisez-vous, les provinciaux malins ont riposté, affublant les Parisiens du vocable offensant de *badau*, un terme venu du provençal et qui dérive à la fois de « niais » et de « bâiller ». Les Parisiens se voient donc assaisonnés d'une sauce sarcastique qui fait d'eux des observateurs stupides et fatigués… Pour répliquer à l'offense, quelques beaux esprits des bords de Seine vont faire appel à une étymologie fantaisiste. Badauds ? Ce terme, expliquent-ils doctement, vient du gaulois *badawr* – qui signifie batelier – parce que les habitants des bords de Seine étaient d'habiles bateliers au temps de sainte Geneviève… Personne ne croit à cette explication aux allures savantes, et l'on continue de traiter les Parisiens de badauds, en se disputant toujours sur le sens de ce mot. C'est Voltaire, au XVIIIe siècle, qui mettra un point final à la querelle en livrant cette analyse ironique : « Si on a donné le nom de badaud au peuple de Paris plus volontiers qu'à tout autre, c'est uniquement parce qu'il y a plus de monde à Paris qu'ailleurs, et par conséquent plus de gens inutiles, qui s'attroupent pour voir le premier objet auquel ils ne sont pas accoutumés, pour contempler un charlatan, ou un charretier dont la charrette sera renversée, et qu'ils ne relèveront pas. »

On peut se moquer, on peut s'invectiver entre les différents parlers, mais les poètes, eux, exigent déjà le respect de la belle langue. L'écrivain normand Guernes de Pont-Sainte-Maxence conseille en 1174 de « bien écrire afin que nul ne puisse en rire ». De son côté, Marie de France confie son chagrin de ne pas toujours trouver le style juste. Quant à Chrétien de Troyes, il prescrit la règle essentielle :

« Doit chacun penser et entendre
À bien dire et à bien apprendre. »

*
* *

Philippe Auguste, pour sa part, a ses raisons de critiquer ceux qui, à ses yeux, baragouinent un français imparfait. Car le français, il en a besoin pour unir le pays… Le jeune roi des Francs règne encore essentiellement sur l'Île-de-France, c'est vrai, mais il va faire tant de conquêtes : la Normandie, la Champagne, la Bretagne, l'Auvergne. Bientôt, il ne sera plus roi des Francs, mais roi de France… Et ce terme de « France », il en dispose comme d'une couronne dont le plus beau joyau serait une langue commune, ce français qui commence seulement à éclore et que les poètes défendent déjà.

ce m...ᵉ. Comēt le noble roy phē dieu donne enhorta ses barōs de biē combatre.

Quant la bataille fut cōmancee le roy admonnesta ses barons & ses gens la soit ce quilz eussent cuer & voulēte

et au
pue
conn
yst
la h

– 13 –

QUAND LE FRANÇAIS NAÎT DE LA CONTESTATION

Au XIII*e siècle, on refuse l'hégémonie des empereurs germaniques, la bourgeoisie revendique son statut social, et les best-sellers européens s'écrivent en français !*

– Mort aux Français !

Ce dimanche 27 juillet 1214, à quelques lieues de Lille, près du pont de Bouvines qui enjambe une petite rivière, les armées du roi Philippe Auguste se trouvent face à des forces coalisées regroupant Boulonnais, Brabançons, Flamands, Germains, Hollandais, Lorrains et Saxons placés sous la bannière de l'empereur germanique.

C'est le Flamand Eustache de Maline qui a ainsi crié sa haine… Un chevalier français s'élance, arrache le casque de l'offenseur et lui enfonce son épée dans la gorge. Ce paladin vengeur se nomme Michel de Harnes, ardent champion de l'idée de la France et de la langue française. Il a même traduit en français des ouvrages latins sur le règne des anciens rois. Il n'a pas supporté l'insulte…

Cette bataille est décisive, elle doit marquer la volonté du roi de France Philippe Auguste de récupérer ses territoires occupés par les Anglais, et en même temps d'affirmer la pleine souveraineté de son royaume face à l'Empire germanique. Parce que depuis le siècle précédent, un mariage et des conquêtes ont fait peser une grave menace sur le royaume de France. Le mariage, c'est celui d'Aliénor d'Aquitaine qui a épousé en 1152 Henri Plantagenêt, futur roi d'Angleterre, offrant ainsi l'immense Aquitaine à la couronne britannique. Les conquêtes, ce sont celles de Richard Cœur de Lion, fils d'Aliénor et d'Henri et roi d'Angleterre à son tour, qui non content de détenir par héritage l'Aquitaine et la Normandie, prétendait arracher à la France le Vexin et quelques autres provinces.

Bataille de Bouvines, enluminure de Testard Robinet (actif de 1475 à 1523) extraite des *Grandes chroniques de France*, Jean Fouquet, XVe siècle.

Seulement voilà, en 1199, Richard Cœur de Lion avait trouvé la mort en faisant l'assaut d'un château dans le Limousin. Dès lors Philippe Auguste, débarrassé de son plus dangereux ennemi, s'était lancé dans la reconquête des territoires perdus… Il avait ainsi repris la Normandie et les pays de la Loire au nouveau roi d'Angleterre Jean sans Terre.

Mais l'épreuve décisive l'attend maintenant à Bouvines : il doit faire face à la coalition menée par Otton IV, qui règne sur le Saint Empire romain germanique, et dont l'ambition affichée est de recréer pour son compte l'empire de Charlemagne.

Le combat fondateur va se dérouler en trois heures de luttes intenses sous une chaleur étouffante. Le roi de France, qui connaît l'enjeu terrible de la bataille, prend des risques extrêmes jusqu'à mettre en danger sa propre personne. En cas de défaite, Philippe Auguste ne serait plus qu'un roitelet soumis à diverses influences… mais c'est la victoire ! La France existe, elle a mis ses ennemis en fuite… C'est donc là, à Bouvines, que le royaume de France serait vraiment né. En tout cas, la guerre a définitivement cimenté un projet collectif et renforcé la cohésion nationale, dont la langue commune pourrait bien être un élément déterminant… « Une langue, c'est un dialecte avec une armée », nous rappellent les linguistes.

Et en effet, l'établissement d'un royaume de France puissant s'accompagne d'un sentiment populaire de filiation avec la langue du roi, donc avec le dialecte d'Île-de-France, donc avec Paris. L'identité française se cristallise sur ce dialecte. Certes, d'autres dialectes subsistent, mais, au moins au nord de l'Hexagone, le fossé entre les divers idiomes et le parler parisien ne semble plus très profond. L'Italien saint Thomas d'Aquin remarque d'ailleurs : « Dans une même langue on trouve diverses façons de parler, comme il apparaît en français, en picard et en bourguignon, pourtant il s'agit d'une même langue. »

Je ne sais pas si la France est vraiment née à Bouvines, comme on l'a prétendu, mais c'est à cette époque que la notion de « langue française » se fixe définitivement pour décrire le parler commun. Une langue, répétons-le, qui est encore loin de notre français actuel et que les linguistes appelleront au fil des siècles vieux français, moyen français puis français moderne. Cependant, pour ne pas nous perdre dans des querelles de spécialistes qui ne sont pas encore terminées, jusqu'au français moderne incontesté du XVIIIe siècle, nous parlerons ici de vieux français.

À partir de Bouvines, et toujours dans l'idée de justifier la légitimité d'une nation commune, on va tordre l'histoire et convoquer la légende pour trouver des sources fabuleuses ou des origines plus ou moins fantaisistes à la France et à sa langue ! On évoque un chimérique Pharamond, qui aurait été le premier roi des Francs, on met en avant les racines grecques des mots… et même les sources égyptiennes avec le culte d'Isis observé par les Gaulois sur une

colline des bords de la Seine. Nos ancêtres y auraient construit un temple à Isis, le *bar Isis* en langue celtique… qui devint Paris, évidemment ! Ou alors, on peut se tourner vers une autre fresque mythologique et faire encore appel aux souvenirs de l'Antiquité… On affirme que quand Pâris, prince de Troie, enleva la reine Hélène, entraînant ainsi une guerre entre Grecs et Troyens, il échappa aux coups de Ménélas, le mari jaloux, en fuyant sur les bords de la Seine. Et dans son refuge, il fut à l'origine d'un peuple nouveau, la tribu gauloise des Parisiis, qui donna plus tard son nom à la ville.

Pourquoi cet entêtement à s'inventer des lignées aussi extravagantes que lointaines ? Pour des raisons purement politiques. Admettre une langue française venue du latin, ce serait reconnaître que le royaume de France et ses souverains sont les enfants de l'Empire romain… Ils devraient donc tout logiquement être soumis à l'héritier direct de la puissance romaine, le Saint Empire romain germanique ! Or, la victoire française de Bouvines vient de dire exactement le contraire. On estime que, par les armes et par la langue, Philippe Auguste et ses soldats se sont définitivement affranchis de la filiation romaine… Ce qui est une erreur historique, mais la politique n'est pas à ça près.

Nouveau portail d'église appliqué au temple supérieur d'Isis, bâti par les Gaulois et conservé par François Ier. Dessin de Jean-Jacques Lequeu (1757-1826).

Ce n'est pas non plus un hasard si quelques décennies plus tard, au milieu de ce XIIIe siècle, le roi Louis IX – Saint Louis – demandera à Primat, moine de Saint-Denis, de rédiger, en français, une chronique de la monarchie. Ce sera *Le Roman des rois*, allusion au biblique *Livre des Rois*, encore une façon de plonger ses racines bien au-delà des empereurs romains. Mais en plus, l'œuvre de Primat établit officiellement le fait que les rois de France le sont devenus par la volonté de Dieu. Un beau « roman », au sens actuel du terme, destiné à unifier le royaume et ses habitants…

⋆
⋆ ⋆

Pendant que certains s'évertuent à exprimer en français la légende du royaume, d'autres se coulent dans la langue pour jouer avec les mots… C'est le cas d'un Champenois monté à Paris, Rutebeuf, un trouvère assez original pour refuser de mettre systématiquement ses vers en musique. Il faudra attendre 1956 et Léo Ferré pour entendre chanter ces mots de *La Complainte* :

Que sont mes amis devenus
Que j'avais de si près tenus…

La défaite des Sarrasins par le roi Philippe II de France (dit Philippe Auguste, 1165-1223).
Miniature extraite du manuscrit *Chronique de Primat*, après 1333.

Avec Rutebeuf, audace nouvelle, on entre dans l'introspection : le poète se lamente volontiers sur sa vie difficile, mais il manie avec une telle habileté les sens et les contresens, l'humour et la dérision, qu'il égare et surprend le lecteur. Son pseudo, déjà, est un trait d'esprit autocritique : Rude Bœuf, autrement dit le Bourru, l'Obstiné.

Ailleurs, il se saisit de termes ambigus pour donner à ses vers des aspects contrastés – et parfois contradictoires – selon l'angle de lecture. Il parle d'Ane, mais s'agit-il du baudet ou de la dame ? Impossible de le savoir puisque le prénom féminin s'écrit alors avec un seul *n* et que l'accent circonflexe n'a pas encore été inventé. Dans un autre texte, il écrit :

N'ai pas busche de chesne ensamble :
Quant g'i suis si à fou et tramble

Ces deux vers peuvent se comprendre de deux façons. « Je n'ai pas deux bûches de chêne ensemble, aussi suis-je fou et tremblant »… Image de la misère, du froid, de la privation. Sauf que « fou » vient de *fagus* et signifie à la fois « dément » et « hêtre ». Quant à *tramble*, le mot peut être entendu comme « tremblant » ou comme « tremble », peuplier. Et dans ce dernier cas, cela voudrait dire que le trouvère possède plusieurs sortes de bois pour se chauffer, donc jouit d'un certain confort !

Les lecteurs et les auditeurs du XIIIe siècle recevaient cinq sur cinq le double sens de ces paroles, et en riaient franchement.

Comment l'éléphant des échecs devint fou

Jouons encore un peu avec les mots. En ouvrant *Le Roman de la Rose*, cette fois… Dans ce roman d'amour en deux parties, écrites l'une par Guillaume de Lorris, l'autre par Jean de Meung, on parle du jeu d'échecs. En Inde, où le jeu a été inventé, une des pièces, celle qui avance en diagonale, était un éléphant : *al fil*, disaient les Arabes, qui raffolaient des échecs. En Occident, on appela cette pièce *fil* sans trop savoir ce que ce terme signifiait… De *fil* à *fol*, il n'y avait qu'une lettre de différence. Et dans *Le Roman de la Rose*, l'éléphant initial devint le *fol*, puis le fou en français moderne. Et la pièce abandonna la trompe pour s'octroyer une fêlure au crâne. La présence du fou sur l'échiquier permettra de dire qu'aux échecs, comme dans la vie peut-être, les fous sont les plus proches des rois. Et inversement.

Pièce d'échecs (fou) : éléphant et cornac, XIe siècle.

Si la langue française est née d'une contestation dirigée vers l'extérieur, comme on l'a vu, si elle s'est imposée pour légitimer le pouvoir du roi face à l'Église et aux prétentions hégémoniques du Saint Empire, elle illustre également une contestation interne, une opposition venue de l'intérieur même du pays.

En effet, au XIIIe siècle, on assiste à de véritables bouleversements. Le savoir comme privilège de l'Église est de plus en plus contesté par les laïcs, qui prétendent acquérir une part des connaissances. Et c'est ainsi que se crée, à Paris, l'Université, qui vient concurrencer le droit canon.

Sceau de l'Université de Paris au XIVe siècle.

On assiste aussi à une véritable remise en cause des principes de la féodalité, cet univers cloisonné en trois classes : les nobles, les prêtres, les paysans. La société, un temps figée, se transforme avec l'apparition des communes, qui acquièrent une certaine autonomie, et des corporations, ou plus exactement des communautés de métiers vouées à la défense des droits de certaines professions. Ces mutations précipitent les bourgeois sur la scène nationale. Le mot « bourgeois » a changé de sens pour suivre l'évolution générale : quand on le prononce désormais, on ne pense plus à l'habitant d'un bourg, on désigne plutôt une classe sociale, celle des commerçants enrichis.

Avec Philippe Auguste, la France moderne émerge. Désormais, le commerce joue son rôle dans un pays mieux centralisé, mieux homogénéisé, et qui permet le développement serein d'une économie de marché. Pour un peu, on assisterait à la naissance d'un embryon de société capitaliste ! Dans ce pays où le savoir et la culture se démocratisent avec les collèges et l'Université, les trouvères et les troubadours d'antan sont un peu ringardisés. Après le développement de l'amour courtois au siècle précédent, les baladins ont bien du mal à trouver un nouveau souffle. Alors tout s'éparpille… Dans la religion, la chanson à boire ou la grivoiserie, selon les cas.

Guiraut Riquier, considéré comme le dernier troubadour d'Occitanie, abandonne les amours humaines pour sanctifier, en provençal, l'amour de Dieu. Son amour des femmes, il l'offre à la Vierge Marie.

D'autres troubadours se montrent moins vertueux dans ce qu'ils ont appelé « les tensons obscènes ». Les tensons, ces anciennes joutes verbales d'Occitanie, font désormais dans la critique et le dévergondage… Ainsi, le Marseillais Bertran Carbonel attaque le clergé : « Ah, clercs hypocrites ! chante-t-il. Un bon berger ne doit pour aucune raison dépouiller son troupeau, et parce que vous voulez le faire, vous méritez d'être brûlés. » Il consacre aussi une chanson à son membre viril qu'il accuse indirectement d'impuissance… Et dans cette virtuosité crue, je relève le verbe *boteculer*, qui signifie « renverser », et je lui trouve une tournure bien suggestive… On rencontre cette expression jusque dans le fameux *Roman de Renart,* fable animalière qui propose au lecteur une féroce critique de la société…

Ces bourgeois, ni nobles, ni prêtres, ni paysans, cherchent donc leur place dans le pays et tentent d'obtenir un véritable statut au sein d'un monde où le commerce revêt une importance croissante. Or l'activité négociante nécessite toutes sortes de franchises, c'est-à-dire un éventail de droits, d'obligations, de privilèges accordés par le seigneur. Le bourgeois veut comprendre ces franchises, il faut donc les détailler dans sa langue, ce vieux français qui s'installe un peu partout.

Le bourgeois exige aussi des textes de loi en français. Pour exercer son métier, il a besoin, plus que d'autres, de connaître les fondements du droit. Comment entamer une procédure ? Comment poursuivre juridiquement un cambrioleur ? Comment récupérer une créance ? Comment léguer ses biens ? Pour pouvoir consulter tout ce paquet juridique, il lui faut des textes dans sa langue usuelle. C'est donc bien aux bourgeois, autrement dit aux marchands, que l'on doit l'écriture du droit en langue française dans les provinces du Nord…

Dès 1268, le prévôt de Paris, Étienne Boyleau, fixe par écrit les règlements qui régissent les différentes professions exercées dans la capitale. Et pour que ses *Établissements des métiers de Paris* soient compris de tous, il les rédige en dialecte d'Île-de-France. Et puis, en 1273, trois ans après la mort du roi Louis IX, *Les Établissements de Saint Louis*, dus à un compilateur anonyme d'Orléans, tentent de faire, en français, un point sur le droit de leur époque.

Mais le texte juridique le plus complet est écrit en 1283 par Philippe de Beaumanoir, bailli du comté de Clermont-en-Beauvaisis – préfet des Hauts-de-France, dirions-nous aujourd'hui. Dans *Les Coutumes de Beauvaisis*, l'auteur scrute et analyse le droit en vigueur en soixante-dix chapitres. On y retrouve notamment les systèmes de procédure, les problèmes d'héritage, la législation sur le vol, la question des aveux, les difficultés de l'endettement et même les règles de la guerre… Et tout cela en français ! N'oublions pas que la justice est alors rendue au nom du roi, il est normal qu'elle parle aussi sa langue.

La somme de Beaumanoir est certainement un monument pour l'histoire du droit, mais plus encore pour notre recherche : elle représente une formidable plongée dans le langage du XIIIe siècle, en l'occurrence un mélange de picard et de dialecte d'Île-de-France.

Et puis apres itant li dit
Pour quoi me voles vous abatre
Je vois la jus ma coulpe batre
Je voi en vous mal confessor
Et li prebstres regitte ancor
Un des bastons qui est cheus
Et thieb. est aval venus
De branche en branche lellenit
Mlt se pourpense bn coment
Il pourroit saisir le cheval
Le prebstre qui tant li fait mal
Qui ses livres avoit trousses
Lors avroit de ses bons asses
Aler len feroit ases pres
Tant par est thiebert abaissies
Que tuit cuident qua tre voise
Lors ne firent ne plait ne noise
Tuit cuident quil doie descendre
Mais il vaulra ael entendre

Atant se traict vs le poulain
Dont il ha bn saisi le frain
De sor le coul tout adeliure
Li prebstres se tenra pour pure
De ce quil ne loust ataiche
Et thiebt sest tant approche
Que quil gittoient les bastons
Que il est saillis es arsons
Li poulains qui fu sc tournes
Sen est les grans galos tournes
Droit le chemin vs blegnicourt
Et chaucins daux apres lui court
Pour le chat quil ourent perdu
Qnt le prevoire tant batu

Et li prebstres sen va plorant
Apres le chat mlt tenrement
Et thieb. galope sous fraim
Mlt seoit bn sus le poulain
Le pbstre resgarde souvent
Qui apres lui va tressuant
Avoi pbstres ce dit thieb
Telz cuide gaaigner qui pert
Vous nestes mie tres bn saiges
Or en est vres li domaiges
Et la perde et la mescheance
Et je sui en ferme creance
Sirai mais oan au moustier
Pour vous ferai je le mestier
Mlt vous en est mal avenu
Tout vre sens aves perdu
Del vous couvenra entremettre
Que ne saves or nullie lettre
Que de cure dames tenir
Que vo aves darrier trousse
Et a vostre dos adosse
Les sains livres nre seignour
Don on le sert et nuit et iour

Le *Roman de Renart* : la revanche des petits sur les grands

Renart est le diminutif de Reginhart, un prénom germanique que l'on peut traduire par « conseil fort », et qui est attribué au goupil, le petit carnassier voleur de poules. Ce texte en vers, composé par plusieurs auteurs successifs, met en scène un âne, un lion, un loup, un corbeau et toute une ménagerie, qui se comportent comme des humains avec leurs espoirs, leurs craintes, leurs gredineries.

Ce roman va remporter d'ailleurs un tel succès qu'on ne dira plus goupil pour désigner le canidé roux de nos campagnes, mais *renart* et bientôt renard…

À travers ces fables, les vieux potentats du passé sont copieusement raillés. L'Église en prend pour son grade quand Renart se déguise en curé pour voler les offrandes des fidèles… La noblesse est décriée à son tour avec le loup Ysengrin, personnification du prédateur benêt dépassé par la ruse de Renart. Bref, le roman nous détaille la victoire des petits sur les grands, et le limaçon devient un héros à part entière !

Mais qui est épargné dans ce cruel jeu de chamboule-tout ? Les bourgeois ! Il faut les ménager, ces marchands, car ils sont riches, peuvent engager des poètes, et de plus, ils ont le vent en poupe et symbolisent l'avenir.

Et les bourgeois deviendront, bien évidemment, le public le plus assidu des aventures de Renart !

Page de gauche et ci-dessus : Manuscrit du *Roman de Renart,* entre 1170 et 1250.

Quand le français médiéval se rapproche du nôtre

En parcourant *Les Coutumes,* on remarque que nombre de mots nous sont accessibles directement, même si l'orthographe peut parfois nous décontenancer : arester, asseurer, communauté, compaignon, continuacion, desobeïr, eritage, garder, gason, haineus, marcheandise, mentir, nuisance, paier, perilleus, prison, soufrant, tricheeur, voierie…

D'autres termes se révèlent plus difficiles à comprendre mais nous sentons quand même une certaine proximité avec le sens des mots actuels : *apeticier* pour diminuer, *bougre* pour hérétique, *crestienner* pour baptiser, *damner* pour condamner, *embesoignier* pour charger d'un travail, *s'entresembler* pour se ressembler, *esclairier* pour expliquer, *fisicien* pour médecin, *joliveté* pour gaieté, *ribaudaille* pour mauvaise vie, *vengement* pour vengeance…

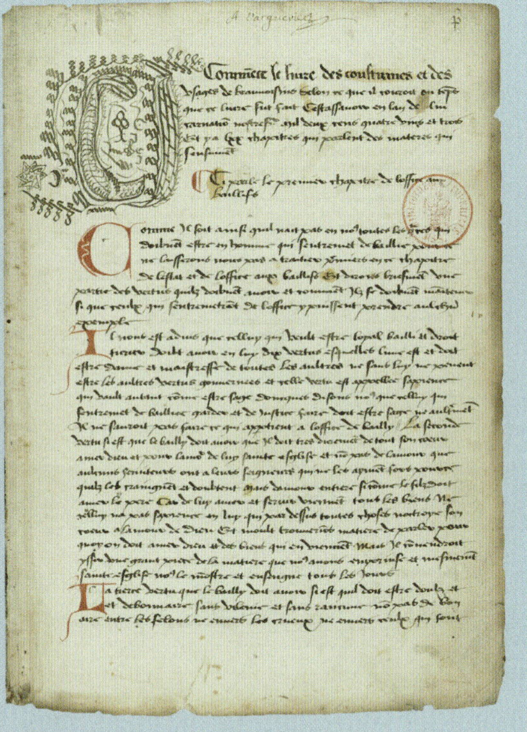

Les Coutumes de Beauvaisis, Philippe de Beaumanoir (1250-1296), XIIIe siècle.

Puisque les marchands se mettent au français, les grands seigneurs sont bien obligés de les suivre s'ils veulent s'assurer de la maîtrise et du contrôle des échanges économiques sur leur territoire. Par exemple, les comtes de Champagne légifèrent en langue française locale pour les célèbres foires de Champagne, alors carrefour de l'Occident. La Picardie, de son côté, accumule les chartes et autres documents administratifs en pareil langage.

De la même manière, la Bretagne va abandonner administrativement le latin au profit du français, sans passer par la case du breton ! De façon curieuse, là où vécut et vit encore avec tant de ferveur le respect justement dû à la vieille langue bretonne, le français triomphe au moment où il est encore adopté avec parcimonie ailleurs. Dès la fin du XIIIe siècle, les ducs de Bretagne renoncent au latin pour les actes administratifs alors que dans le royaume de France, neuf actes sur dix sont encore rédigés dans cette langue. La situation évoluera très vite dans les décennies suivantes, mais il faudra attendre encore trois siècles pour que la France entière imite la Bretagne et décide de légiférer en français.

La langue française remporte ainsi des victoires et grignote de plus en plus d'espace. Va-t-on assister à la disparition du latin ? Ça, c'est une autre paire de manches, comme on disait déjà au Moyen Âge…

« Une autre paire de manches »…

Vous l'avez déjà entendue, cette expression qui signifie que l'on s'attaque maintenant à un travail différent, et certainement plus difficile. Mais pourquoi des manches ? La formule fait allusion aux habits médiévaux dont les manches n'étaient généralement pas fixées au vêtement : elles étaient juste accrochées superficiellement. L'avantage ? On pouvait ainsi nettoyer les manches salies sans passer toute la tenue au lavoir. De la même manière, on connut à la Belle Époque le faux col qui permettait de décrasser les cols sans toucher à la chemise.

Mais dans certains cas, au Moyen Âge, les manches étaient plus que des manches… Lorsque la dame les séparait de sa robe et les offrait à son galant, c'était pour lui promesse de bonheur. Et l'heureux soupirant arborait comme un trophée les manches de sa belle. Mais quand le cœur inconstant de l'amant regardait vers une autre dame ? Alors, tout changeait, et il brandissait… une autre paire de manches !

Illustration pour *L'Histoire du costume féminin mondial*, Paul-Louis de Giafferri (1922).

Pour en revenir au latin, on pourrait penser, à première vue, que le français prend le pas sur lui partout. Mais non, la vieille langue des Romains se débat et refuse de mourir. Avançons un peu dans le temps : Louis X en 1315, Philippe VI en 1339, Charles VII en 1458 et Louis XI en 1461 confirmeront en latin la charte aux Normands, un document mi-français mi-latin qui garantit certains privilèges accordés aux habitants de la Normandie, notamment sur les plans de la procédure juridique et de la collecte des impôts.

D'une manière générale, au XIIIe siècle, les ordonnances de l'administration royale utilisent tour à tour le latin et le français de manière apparemment aléatoire. Quant au parlement de Paris, qui prône pourtant avec obstination le maintien du latin, ses sentences, requêtes ou décisions sont souvent rédigées en français. Bref, on s'accroche au latin par tradition, on a recours au français parce que c'est devenu la langue du quotidien, souvent la seule comprise, la langue nationale. Le latin conserve l'idée du dogme, de la vérité, du sacré, il devient la langue repère, l'apanage de la science et de la religion.

Du coup, le français, qui a pris conscience de sa moindre qualité par rapport au latin, va essayer de copier la vieille langue romaine pour l'égaler. D'abord en passant à l'écrit. Mais comment codifier le français pour bien l'écrire ? Il n'est pas encore assez standardisé, et la seule norme reste le latin, justement. Dans les actes et les documents administratifs, l'écriture française est donc davantage une traduction du latin écrit qu'une expression du français parlé !

Et puis, le latin conserve certains avantages. Il se perçoit comme un marqueur d'excellence, se manifeste comme la référence sacrée. Alors que la naissance du royaume de France s'est accompagnée d'une affirmation linguistique, le latin demeure une valeur forte de distinction sociale, et l'on assiste à une double tension contradictoire entre le besoin et le refus de cette langue.

Ainsi, tandis que le roi de France veut tant que l'on parle français à sa cour, il souhaite parallèlement que ses hauts seigneurs soient capables de maîtriser le latin, label d'aristocratie. Dans les romans français préférés de la noblesse, ceux qui content les exploits des chevaliers de la Table ronde, le héros Caradoc s'efforce d'apprendre le latin. Exemple à suivre !

Combat de Caradoc Briébras et d'Aalardin ; Caradoc Briébras et Guignier chevauchant. Miniature extraite de *Conte du Graal*, XIVe siècle.

⋆
⋆ ⋆

Le royaume hésite entre le latin et le français, mais à l'international, le choix est déjà fait. La langue française, l'ancien dialecte d'Île-de-France, est devenue un parler européen. Pour bien écrire, pour se faire comprendre, pour étendre son public, il faut écrire en français…

Il est vrai que la France est au plus haut de son prestige. C'est d'abord la population la plus nombreuse de tous les pays d'Europe, vingt millions d'habitants au moment où l'Allemagne n'en a que quatorze, l'Italie, un peu plus de huit et l'Angleterre, à peine quatre. La France, pays peuplé et prospère ! L'usage généralisé du cheval de labour et les améliorations des cultures permettent d'atteindre des rendements exceptionnels dans la récolte du blé et la production de vin. Et le commerce extérieur est en plein essor. On exporte les vins du Sud ; le blé, de la Beauce, de la Brie, des grandes plaines du Nord et de la haute Auvergne ; le fer, du Poitou et de la Bretagne. Tout ce fructueux négoce amène la royauté à frapper de riches monnaies comme le tournois d'argent ou l'écu d'or. Je sais bien que cette opulence ne profite pas à tous et que des misères criantes demeurent, notamment dans les campagnes, mais les grandes catastrophes, les famines et les épidémies sont pour les siècles à venir. Ce XIIIe siècle restera d'ailleurs dans l'Histoire « le siècle d'or de Saint Louis ».

Pour l'heure, le monde s'apaise. Signe des temps, le terme « vilain », qui qualifiait étymologiquement le campagnard libre, par rapport aux serfs d'autrefois, mais se teintait quand même d'une nuance de mépris, laisse lentement la place au *païsant*, celui qui habite le pays, personnage que l'on voit d'un œil plus favorable et que l'on imagine volontiers ouvert et accueillant. Rutebeuf lui-même parle du *filz d'un povre païsant* et abandonne le classique « vilain ».

Vendeur de vin. Miniature tirée du manuscrit *De Universo* (ou *De la nature des choses*), Rabanus Maurus, IXe siècle.

En tout cas, cette *success story* française du XIIIe siècle donne une belle énergie à la langue qui se répand dans toute l'Europe comme expression de la culture et de la connaissance.

En 1275, l'Italien Martino Canal développe son *Histoire de Venise* en français, et précise même que « la langue française court parmi le monde, elle est plus délectable à lire et à ouïr que nulle autre ». De son côté, le Florentin Brunetto Latini rédige en français son ouvrage de philosophie politique *Le Livre du Trésor.* Par ailleurs, *La Chronique de Morée,* l'histoire des événements du siècle, est consignée en Grèce, mais en langue française. Quant à l'Anglais Jehan de Mandeville, il écrit en français également le récit de ses prétendus voyages en Asie…

Même Marco Polo n'hésite pas à raconter en français sa découverte de la Chine… Ce célèbre marchand vénitien est revenu chez lui en 1296 après un périple de vingt-six ans. En Italie, il participe à de nouvelles aventures et prend part à un conflit naval entre Venise et Gênes. Fait prisonnier, il consacre les trois ans de son incarcération à dicter ses souvenirs asiatiques à Rustichello de Pise, son compagnon de cellule. Rustichello est un Italien, certes, mais un auteur français ! Il a déjà adapté d'anciens récits légendaires sur le roi Arthur et sa quête du Graal, c'est donc l'homme tout désigné pour aider Marco Polo à structurer et rédiger son extraordinaire odyssée. Et le faire en français assurera au livre une large renommée !

Cet ouvrage intitulé d'abord *Le Devisement du monde,* c'est-à-dire « Le Récit du monde », deviendra *Le Livre des merveilles.* Écrit en champenois, donc dans un dialecte d'oïl très proche du langage d'Île-de-France, le texte posera d'épineuses questions aux traducteurs chargés d'en rédiger la version italienne. Par exemple, Marco Polo parle de « la très noble cité de Saianfu », en réalité Siang-yang-fu. Le traducteur confond le mot français *très,* pour dire « beaucoup », et le *tre* latin, qui signifie triple. Et c'est ainsi que, dans la version italienne, on parle des *trois* nobles cités de Saianfu, au lieu de la très noble cité de Siang-yang-fu… Ailleurs, un roi de jadis devient *il re Jadis,* le roi Jadis, comme s'il s'agissait d'un fameux souverain de la Chine d'autrefois ! En tout cas, ces erreurs démontrent, à ceux qui en douteraient, que la première version du livre de Marco Polo fut bien rédigée en français.

Mais la langue française comme langue internationale va subir de plein fouet les contrecoups de la guerre et de la peste qui s'annoncent…

Le *Livre des merveilles*, Marco Polo, 1298.
Miniature réalisée par Maître d'Egerton (actif entre 1405 et 1420).

Cy dist encore de la province de caraian.

Et quant len se part de ceste cite Iacin que ie vous ay dit dessus
et len a chevauchie .x. iournees par ponent. Sy treuve len en
core de ceste province de caraian. et si treuve len aussy une au
maistre cite de ceste province. et a nom aussi la cite caraian
Il sont idoles et sont au grant kaan. Et en est roys uns au
tres filz au grant kaan. qui a nom cogatin. Et en ceste contree treuve len y
aussi or de paillole a grant foison. et est en fluns et en lacs et en montaignes
et est or plus gros que autre or. Il ont tant dor que ie vous dy quil donnent un
pois dor pour six pois dargent. Et encore despendent les pourcelaines que ie vous
ay dittes cy devant. Et vous dy que en ce pais ne treuvent point les pourcelai
nes. mais leur viennent dinde. En ceste province naissent et se treuvent les
calcatrices et les grans serpens qui sont si desmesurez que cilz qui les voit en
a grant paour. et ceulx qui loent dire sen devroient merveillier tant sont hideu
ses. et vous diray comment elles sont grandes et grosses. Or sachiez tout cer
tainement il en ya de telles qui sont longues bien .x. pas et telles plus et telles
mains. et sont bien si grosses comme une grosse bote qui taille le montance
de six paumes. et si ont deux iambes pres de la teste qui nont nul pie. fors un
ongle fait a guise de faucon ou de lion. le chief a moult grant. et les yeux sont
gros oultre mesure la bouche a si grant que bien engloutiroit un homme tout entier.
et sont si hideuses et si laides et si fieres. quil ny a homme ne beste qui ne les
doubte ne qui ne les cresme. La maniere comment il se prennent est ceste. Sa
chiez que le iour il demeurent soubz terre pour le grant chault et la nuit issent

– 14 –

QUAND LE FRANÇAIS S'EN VA-T-EN GUERRE

Le XIVe siècle est celui du malheur, celui de la guerre de Cent Ans et de la peste noire. Le français perd son aura, et pour l'améliorer on le latinise à tout-va !

Le siècle commence par un scandale épouvantable : une Valenciennoise nommée Marguerite Porete a écrit et diffusé un livre hérétique en français : *Le Miroir des âmes simples et anéanties et qui seulement demeurent en vouloir et désir d'amour.* Cet ouvrage est religieusement dissident car il met l'accent sur l'amour vrai, l'amour absolu qui débouche sur l'union charnelle parfaite, au-delà des idées du clergé, de la morale… peut-être même au-delà de la conception de Dieu ! Marguerite propose une philosophie d'amour qui mènerait à la sérénité et au lâcher-prise afin que chaque âme puisse prendre sans hésiter et sans se tromper « le droit chemin royal vers le pays du rien vouloir ».

Imaginez la tête des prélats de l'Église devant semblables déclarations ! Sans compter la réaction de l'Université qui voit cette impudique philosopher – voire blasphémer en français ! Sans oublier tous les hommes choqués de voir une femme se présenter comme théologienne et théoricienne.

Dès 1306, par ordre de l'évêque de Cambrai, des manuscrits du *Miroir* sont jetés au feu sur la place publique à Valenciennes. Dans la foulée, l'autrice coupable est sommée de cesser d'enseigner et d'écrire. Quant à ceux qui oseraient lire cet ouvrage condamné, ils seraient purement et simplement excommuniés… Et pourtant, malgré cette damnation sans appel, le texte de Marguerite est largement propagé et passe secrètement de couvent en couvent, tandis que la dame continue de diffuser oralement sa doctrine.

Alors là ! Brûler le livre ne suffit plus. Le tribunal de l'Inquisition convoque une commission de vieux sages qui se penchent sur ce grave cas d'hérésie et condamnent au feu non seulement le livre mais aussi la philosophe ! Le 1er juin 1310, un bûcher se dresse place de Grève à Paris, notre place de l'Hôtel-de-Ville…

Guerre de Cent Ans : le sac de la ville d'Aubenton en Picardie par le comte Jean de Hainaut en 1340. Détail d'une miniature tirée des *Chroniques* de Jean Froissart (1337-1410).

En exécutant Marguerite, l'Inquisition espère mettre fin au mouvement des béguines qui séduit de plus en plus de femmes dans le nord de l'Europe. C'est un prêtre liégeois, Laurent Bègue, qui avait initié autrefois ces communautés de veuves laïques dont les maris avaient disparu aux croisades. Presque un siècle et demi plus tard, le mouvement existe toujours, mais ce ne sont plus des veuves qui l'animent : on y rencontre des jeunes femmes célibataires et libres, bien décidées à n'être ni épouse soumise ni religieuse enfermée. À l'image de Marguerite Porete, elles réclament hautement leur indépendance face à l'Église, face à l'amour.

Si le clergé sévit aussi sévèrement, c'est que, d'une manière générale, l'époque est à la contestation religieuse, et l'on craint la contagion… Il faut étouffer ces voix dissidentes qui se répandent partout, imposer le silence à ceux qui insultent le Ciel et se moquent sous cape de la religion, n'hésitant pas à donner à la Vierge Marie le surnom irrévérencieux de Mariole…

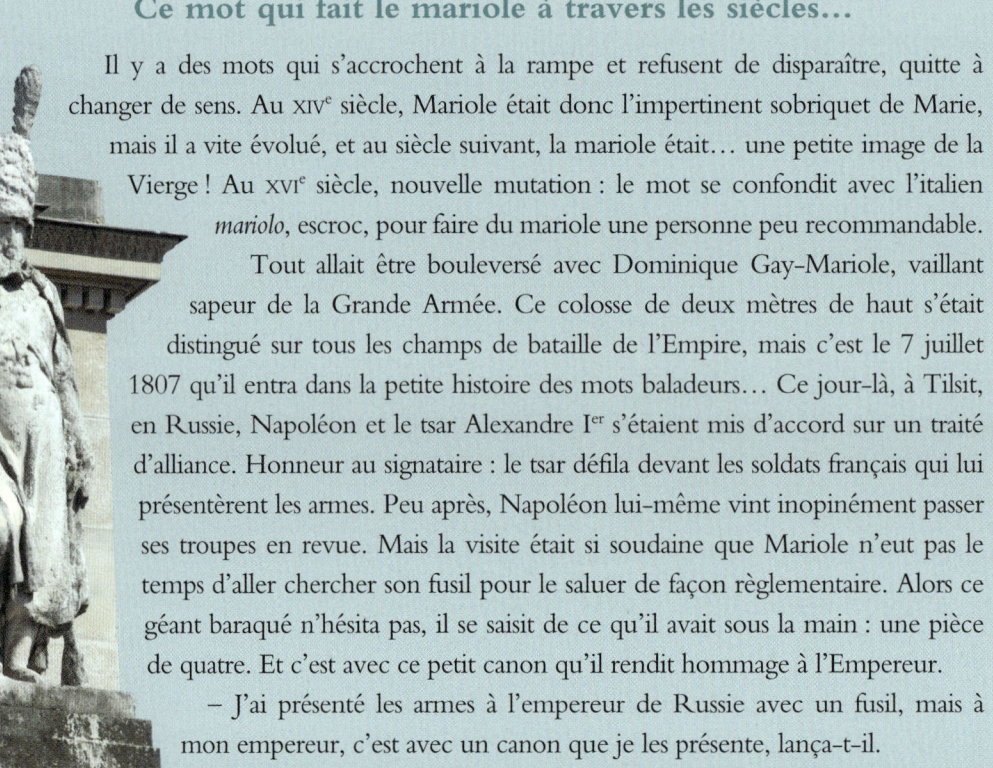

Ce mot qui fait le mariole à travers les siècles…

Il y a des mots qui s'accrochent à la rampe et refusent de disparaître, quitte à changer de sens. Au XIVe siècle, Mariole était donc l'impertinent sobriquet de Marie, mais il a vite évolué, et au siècle suivant, la mariole était… une petite image de la Vierge ! Au XVIe siècle, nouvelle mutation : le mot se confondit avec l'italien *mariolo*, escroc, pour faire du mariole une personne peu recommandable.

Tout allait être bouleversé avec Dominique Gay-Mariole, vaillant sapeur de la Grande Armée. Ce colosse de deux mètres de haut s'était distingué sur tous les champs de bataille de l'Empire, mais c'est le 7 juillet 1807 qu'il entra dans la petite histoire des mots baladeurs… Ce jour-là, à Tilsit, en Russie, Napoléon et le tsar Alexandre Ier s'étaient mis d'accord sur un traité d'alliance. Honneur au signataire : le tsar défila devant les soldats français qui lui présentèrent les armes. Peu après, Napoléon lui-même vint inopinément passer ses troupes en revue. Mais la visite était si soudaine que Mariole n'eut pas le temps d'aller chercher son fusil pour le saluer de façon règlementaire. Alors ce géant baraqué n'hésita pas, il se saisit de ce qu'il avait sous la main : une pièce de quatre. Et c'est avec ce petit canon qu'il rendit hommage à l'Empereur.

– J'ai présenté les armes à l'empereur de Russie avec un fusil, mais à mon empereur, c'est avec un canon que je les présente, lança-t-il.

Depuis, « faire le mariole » signifie faire le malin pour attirer l'attention sur soi…

Le sapeur de la Garde impériale Dominique Gaye Mariolle (1767-1818) ; statue de l'arc de triomphe du Carrousel, Paris.

Les flammes qui s'élèvent en 1310 sous le soleil parisien font taire Marguerite Porete, mais l'ouvrage ne disparaît pas pour autant : des exemplaires continuent de circuler sous le manteau. On trouve bientôt des traductions du *Miroir* qui se déclinent en italien, en anglais, en latin…

Des copies du livre interdit circulent jusque dans le Languedoc… Mais ce n'est pas ce que l'on attend dans le Sud. Pour redonner du lustre à la province, qui a tant souffert autrefois des croisades contre les albigeois, et pour attirer de nouveaux troubadours, sept bourgeois de Toulouse créent en 1324 la Compagnie du Gai Savoir…

À Toulouse, la plus ancienne société littéraire d'Europe

La Compagnie du Gai Savoir… Le but de la confrérie est d'organiser, à chaque Toussaint, des jeux floraux dans les vergers des Augustines, l'actuel quartier de Saint-Aubin. Des jeux floraux ? Une allusion aux fêtes de la Rome antique en l'honneur de la déesse Flore. Mais à Toulouse, il s'agit plus simplement d'un concours destiné à distinguer le meilleur ménestrel de l'année. La récompense : une violette dorée à l'or fin et le titre fantaisiste de docteur en la Gaie Science. Le poète Arnaud Vidal, originaire de Castelnaudary, venu chanter une chanson dédiée à la Sainte Vierge, est le premier lauréat de cette compétition… Et il y en aura beaucoup d'autres par la suite. En effet, depuis près de sept cents ans, les Jeux floraux de Toulouse, la plus ancienne société littéraire d'Europe, attribuent chaque année des prix littéraires pour défendre le talent et l'originalité.

Les Jeux floraux de Jean-Paul Laurens (1838-1921), fresque de la salle des Illustres du Capitole à Toulouse.

Portrait de Henri, duc de Lancastre, extrait du *Livre de l'ordre de la Jarretière*, William Bruges, vers 1440-1450.

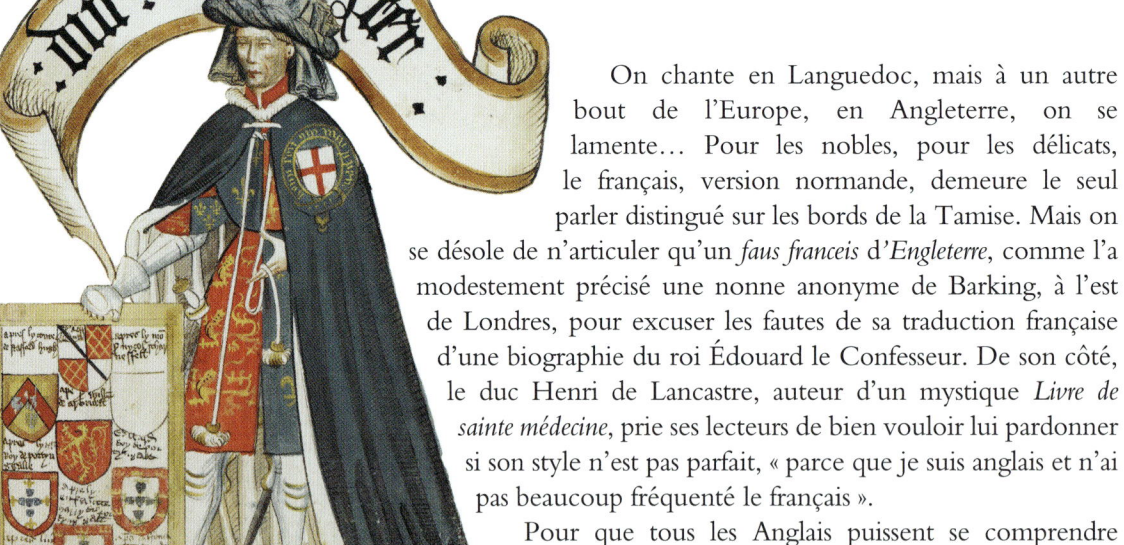

On chante en Languedoc, mais à un autre bout de l'Europe, en Angleterre, on se lamente… Pour les nobles, pour les délicats, le français, version normande, demeure le seul parler distingué sur les bords de la Tamise. Mais on se désole de n'articuler qu'un *faus franceis* d'*Engleterre*, comme l'a modestement précisé une nonne anonyme de Barking, à l'est de Londres, pour excuser les fautes de sa traduction française d'une biographie du roi Édouard le Confesseur. De son côté, le duc Henri de Lancastre, auteur d'un mystique *Livre de sainte médecine*, prie ses lecteurs de bien vouloir lui pardonner si son style n'est pas parfait, « parce que je suis anglais et n'ai pas beaucoup fréquenté le français ».

Pour que tous les Anglais puissent se comprendre dans un français commun et acceptable, une ordonnance du parlement de Londres recommande en 1337 à tout seigneur, baron, chevalier et honnête homme de faire apprendre la langue française à ses enfants… Mais cette belle intention ne semble pas être particulièrement suivie et, vingt-cinq ans plus tard, le roi Édouard III suggère l'emploi de l'anglais dans les procédures judiciaires. Selon lui, la langue française serait trop *desconue* du public… Étonnante contradiction : un texte en français cherche à imposer l'anglais ! Mais cette proposition restera lettre morte et pendant presque quatre siècles encore, rien ne changera. Ce n'est qu'en 1731 que *The Proceedings in Courts of Justice Act*, la loi sur les procédures judiciaires, rendra obligatoire l'usage de l'anglais dans les tribunaux d'Angleterre et d'Écosse.

Certes, le français d'Angleterre, issu du normand, est différent du français de France, et d'abord en ce qui concerne la manière de prononcer les mots. On s'en rend compte en comparant les termes dérivés du gaulois, comme *clocca* : cloche en français et *cloque* en normand, d'où l'anglais *clock*, l'horloge, et l'allemand *Glocke*. Ces petites discordances nous invitent à goûter les accents qui ont façonné les langues.

Cela dit, le français – à travers le normand – a fortement marqué l'anglais, et les exemples abondent. *To rescue*, secourir, vient de *rescuer*. *Toast*, le pain grillé, nous est revenu en français au XVIIIe siècle, alors qu'il était issu du normand *tostée*, la grillade. *Araphernal*, attirail, est un emprunt sans changement au mot normand qui désignait un mobilier bon marché. Le verbe *to relish*, savourer, vient de *relicher*, et l'on disait même un *relicheux* pour désigner un gourmand normand. Et puis, il y a *raguin*, qui a donné l'anglais *raging*, furieux, en rage… En fait, le mot normand, qui avait le même sens, s'appliquait le plus souvent aux buveurs de cidre rendus un peu querelleurs par l'abus de leur boisson favorite !

Si les Anglais du XIVe siècle tiennent tant à conserver la langue héritée des Normands, ce n'est pas seulement par respect de la tradition, c'est aussi parce qu'ils ont des prétentions sur le royaume de France. Et puisqu'ils rêvent de fonder un seul grand pays sur les deux rives de la Manche, ils se montrent plutôt enclins à favoriser une certaine unité linguistique… Car la conquête de la France par l'Angleterre a commencé. Les deux royaumes sont entrés dans le long tunnel de la guerre de Cent Ans… qui va en durer cent seize !

Comment Français et Anglais en sont-ils venus à cet interminable conflit ?

Tout a commencé, penseront les superstitieux, par une terrible malédiction. Le 18 mars 1314 Jacques de Molay, le chef des Templiers, condamné pour d'imaginaires crimes de sodomie et d'hérésie, est monté au bûcher en maudissant le roi de France Philippe le Bel et ses héritiers jusqu'à la treizième génération…

Jacques de Molay (1243-1314), grand maître de l'ordre du Temple, brûlé au bûcher sur ordre de Philippe IV de France. Gravure sur acier, XIXe siècle.

Cette malédiction – à moins que ce ne soit juste la fatalité – a précipité la chute de la dynastie des Capétiens qui avait fait émerger la France autour de son dialecte.

Philippe le Bel est mort d'un accident de chasse huit mois après sa victime. Le fils aîné du roi défunt, Louis X le Hutin, ne régna qu'un an et demi et succomba à un verre de vin glacé ou à un empoisonnement, allez savoir. L'héritier du trône, Jean le Posthume, encore bébé, s'éteignit très vite dans son berceau. Son successeur, Philippe V le Long, périt d'une dysenterie après cinq ans de règne. Le dernier fils de Philippe le Bel accéda au trône sous le nom de Charles IV, mais il mourut en 1328 sans héritier mâle… On était encore loin de la treizième génération mais toutes ces morts, en moins de quinze ans, ça fait quand même bizarre…

Quoi qu'il en soit, après la disparition de Charles IV, on se trouvait devant un vrai problème de succession. À qui donner le trône ? À Isabelle, fille de Philippe le Bel, qui réclamait la couronne pour elle-même et pour son fils de seize ans ? Impensable ! Non seulement Isabelle était une femme, ce qui irritait les tenants de l'autorité masculine, mais en plus elle était reine d'Angleterre, veuve du roi Édouard II et mère du jeune souverain Édouard III, situation familiale qui ne simplifiait pas les choses. Circonstance aggravante, ni Isabelle ni Édouard ne parlaient parfaitement le français parisien. Lui était né au château de Windsor, elle était arrivée en Angleterre à l'âge de douze ans. On lui préféra donc le neveu de Philippe le Bel, Philippe de Valois, qui, lui, pratiquait la langue des Parisiens.

Non seulement il parlait français, le nouveau roi Philippe VI, mais en plus, soucieux de favoriser la stabilité de la dynastie des Valois, il tenta de se rendre populaire en imposant à sa chancellerie l'usage du français au détriment du latin. C'était pour lui une manière de se montrer proche de ses sujets en leur délivrant des actes dans une langue que tous pouvaient comprendre.

Il faut dire que, depuis quelques décennies, le débat sur la langue à adopter en matière de droit et de loi – on l'a vu au XIIIe siècle avec les exigences des bourgeois – avait ouvert un fossé entre les défenseurs d'un latin élitiste pur et dur pour tous les écrits et ceux, plus souples, qui prônaient un passage en douceur au français populaire. En tranchant en faveur du français, Philippe VI favorisait un sentiment d'attachement à la nation. On ne connaissait pas encore le mot « patrie », qui n'apparaîtra pas avant 1516 ; quant au « nationalisme », il devra carrément attendre la Révolution.

En fait, le principe d'une unité politique autour d'une unité linguistique a consolidé le ciment national durant toute la guerre de Cent Ans… et finalement Jeanne d'Arc entérinera ce principe, faisant appel à Dieu pour opter définitivement en faveur d'un roi français plutôt qu'anglais.

À partir du Moyen Âge, les trois constituants du sentiment national se déclinent donc ainsi par ordre décroissant d'importance :

– les éléments naturels, la terre, le sang, la langue ;
– les éléments historiques, les mythes, les légendes, les personnages illustres ;
– les éléments religieux, c'est-à-dire le rapport à l'Église.

La lutte pour le trône, qui a si bien alimenté cette guerre de Cent Ans, s'est nourrie en permanence de ces trois critères, et la langue est devenue un facteur prioritaire dans ce besoin urgent d'une entente nationale. Parce que, comme l'écrit à l'époque le savant allemand Nicolas Oresme dans sa traduction française de *La Cité de Dieu* de saint Augustin : « Les bêtes muettes cohabitent plus facilement que des hommes qui ne partagent pas la même langue. »

⁂

Cette longue guerre fut constituée d'une suite de campagnes militaires interrompues par des trêves négociées. Mais en dépit de ces moments de relative sérénité, le conflit se révéla une catastrophe pour la France. Dans un premier temps, le royaume perdit la Bretagne, la Normandie, la Guyenne, la Gascogne et le Poitou, avant de devoir abandonner d'autres régions…

Pour l'heure, le sentiment national nourrit une haine féroce contre ces *English* qui nous font la guerre et que l'on appelle avec mépris les Godons, contraction de *God damn me*, « Dieu me damne », injure que ces Anglais répètent continuellement.

Avant la bataille, le doigt d'honneur !

Pendant la guerre de Cent Ans, la terreur des Français, c'étaient les archers anglais, adroits et légers, qui utilisaient un arc long et puissant. Les Français en avaient si peur que lorsqu'ils faisaient prisonnier un archer, ils lui coupaient le majeur de la main droite… comme ça, il ne pouvait plus se servir de son arme. Car on tend la corde de l'arc avec trois doigts, l'index, le majeur, l'annulaire : un doigt en moins et la manœuvre devient difficile. Alors, pour provoquer les Français avant la bataille, les archers anglais lançaient une insulte récurrente : le poing fermé, ils brandissaient le majeur. Et toc, vous le voyez, ce doigt ? Stop, je m'arrête là, je suis à deux doigts de tomber dans la grossièreté !

Les archers anglais ignoraient sans doute qu'ainsi ils redonnaient vie à une invective antique : au ve siècle avant Jésus-Christ, le Grec Aristophane avait déjà évoqué le « doigt impudique » dans sa comédie *Les Nuées*.

Le *V* de la victoire aurait la même signification : les archers anglais, en parfait état de marche, narguaient ainsi les Français pour les avertir qu'ils avaient bien tous leurs doigts pour bander leurs arcs.

Représentation de soldats anglais armés d'arcs. Miniature tirée de *Costumes of the Time of Charles V of All Nations of the World* « Costumes de toutes les nations à l'époque de Charles Quint », 1540.

Un homme porte un enfant atteint de la peste noire ; illustration de 1349.

La peur, cependant, ne règne pas que dans les batailles, les régions prises, les récoltes incendiées et les villages détruits ; il y a la peste noire, plus ravageuse encore que la guerre, et qui fauche les combattants de tous les camps. Partie du sud au mois d'août 1348, l'épidémie remonte et balaye tout l'Hexagone avant d'atteindre l'Angleterre. La peste, c'est la mort qui frappe, les douleurs affreuses dans la poitrine, la bouche qui devient noire, les ulcères gorgés de pus. La peste, c'est le feu qui monte du centre des villes, parce qu'il faut brûler les maisons pour tenter d'enrayer les miasmes mortels. La peste, c'est la médecine impuissante…

Le mal se répand en Europe durant quatre longues années, et puis, sans qu'on sache ni pourquoi ni comment, il reflue et disparaît. Mais la France est exsangue, elle a perdu près de la moitié de sa population pour passer sous la barre des dix millions d'habitants. Amoindrie par la peste, épuisée par la guerre, la France n'est plus la grande puissance d'antan, et sa langue ne fait plus office de parler européen.

En Angleterre, le vieux français perd de son aura. Un mouvement profond se fait jour pour accepter et développer une culture proprement anglophone. C'est donc en anglais qu'écrit Geoffrey Chaucer, poète londonien, auteur des *Contes de Canterbury,* première pierre d'une littérature anglaise.

– *The first fynder of our faire language,* le premier inventeur de notre belle langue, dira de lui un de ses élèves.

Et en France, si la langue accède à l'écrit, à la littérature, au pouvoir, elle est encore sous la tutelle du latin, seul langage permettant de s'exprimer dans tous les domaines du savoir…

Mais en écrivant cela, passant de la naissance de la littérature anglaise à l'éternelle querelle français-latin en France, je me dis qu'on pourrait peut-être me reprocher de sauter du coq à l'âne…

Photographie de Marielsa Niels, illustrant l'expression sauter du coq à l'âne, 2016.

« Sauter du coq à l'âne… »

À première vue, cette expression est limpide. Sauter du coq à l'âne, c'est passer d'une idée à une autre, sans cohérence, comme d'aller du coq à l'âne, deux animaux de la ferme qui n'ont rien en commun.

Au XIVe siècle, l'expression était un peu différente. On disait « saillir du coq à l'asne ». Mais le coq, malgré son beau tempérament, n'allait tout de même pas séduire un baudet ! En fait, cette *asne* serait le mot ancien pour cane… Or parfois, le roi de la basse-cour se trompait de cible et présentait ses hommages à la femme du canard plutôt qu'à la gentille poulette qui l'attendait dans son poulailler. Il passait ainsi, sans logique, d'un sujet à un autre.

En fait, ce qui manque au français pour égaler le latin comme langue officielle, c'est une véritable grammaire, qui structurerait ce dialecte né de l'oral grâce aux règles précises de l'écrit.

Cela dit, personne n'aurait songé à l'époque à offrir au français une grammaire. À croire que ce langage ne méritait pas un tel honneur ! En 1400, dans l'*Archiloge Sophie,* Jacques Legrand, un religieux champenois, n'affirmait-il pas que l'apanage de la grammaire était réservé aux trois grandes langues du monde : l'hébreu, le grec et le latin ?

Pourtant, l'orthographe commence à se fixer, sous l'égide de lettrés qui exigent de conserver des graphies conformes à l'étymologie latine, lesquelles avaient disparu en vieux français. Retour donc au deux *m* de « commun » pour être proche du latin *communis,* et de « flamme » pour se souvenir de *flamma.* « Addition » devra prendre deux *d* pour ne jamais oublier *addere* – ajouter –, mais « fidèle » pourra garder son *l* unique puisque le mot vient de *fidelis.*

Cependant, un autre problème se pose : pour exprimer la science, la philosophie, le droit ou la religion, le latin se révèle plus précis et surtout plus concis que le vieux français. Quand on le traduit, il y a un risque de perdre la vérité, il peut y avoir un décalage entre l'original et la copie traduite, c'est d'ailleurs pourquoi les autorités chrétiennes ont longtemps refusé toute traduction de la Bible en langue romane, et donc en vieux français. Car les traducteurs se trouvent régulièrement devant un dilemme : expliquer ou inventer ? En effet, s'ils se lancent dans une paraphrase pour exprimer le mot latin, cela risque de déformer le sens original et de rallonger inutilement le texte. Autre face de l'alternative, ils peuvent imiter le latin en créant un néologisme. Mais ce n'est pas toujours mieux ! Prenons, par exemple, le mot *civitas* que l'on voit sur une borne milliaire romaine du IVe siècle retrouvée en 1874 au cimetière Saint-Marcel, dans le 13e arrondissement : *civitas parisiorum*, première allusion à la ville de Paris. Ce *civitas* ne signifie pas simplement « ville », mais plus précisément quelque chose comme « droit de cité » attribué à la tribu gauloise des Parisii... Au XIVe siècle, ce *civitas* sera traduit par « bourgeoisie », dans le sens « habitants du bourg » de Paris, ce qui ne reflète pas vraiment la signification latine.

Finalement, puisque personne ne veut voir mourir le français ni disparaître le latin, on va remanier le français dans un inattendu mouvement de relatinisation. La mode est donc à la marche arrière ! Comme dans toutes les périodes difficiles, quand le présent est inquiétant et l'avenir, incertain, on se tourne vers le passé, si rassurant par son cycle accompli. C'est ainsi qu'apparaît le règne de ceux que Rabelais appellera les « écumeurs de latin ». Sous la pression de savants pédants pressés de raccrocher la langue parlée à l'héritage culturel d'antan, on latinise à tout-va. On puise largement dans le fonds latin un vocabulaire nouveau et francisé à la hâte. Contrat, convention, contester, habitude... autant de termes qui apparaissent à ce moment-là et sont choyés pour leur proximité avec le latin : *contractus*, *conventio*, *contestari*, *habitum*...

De manière générale, on s'efforce de toujours choisir le mot le plus proche du latin hyperclassique et d'écarter les termes qui viendraient d'un latin plus tardif. Ainsi, armée remplace *ost*, pour s'approcher d'*arma,* colère succède à ire à cause du latin *cholera*, liberté se substitue à franchise pour se souvenir de *liber*. Et dans cette période de misères apportées par la maladie et la guerre apparaît le mot « bienfaisance », traduction littérale du latin *benefactum*, terme en concurrence avec le vieux mot de charité, qui appartient, lui, au langage de l'Église.

Le commerçant de poules. Miniature tirée du manuscrit *De Universo* de Rabanus Maurus, IXe siècle.

Ce raz de marée latiniste, qui touche tous les secteurs du parler, fait naître une bizarrerie lexicale : les doublets. Il s'agit de deux mots français qui ont la même origine étymologique, mais dont l'un a suivi l'évolution phonétique du latin parlé et l'autre a été directement emprunté au latin classique. Il existe ainsi, dans le français d'aujourd'hui, des centaines de doublets qui témoignent de la folie latiniste du XIVe siècle qui perdurera jusqu'à la Renaissance au XVIe siècle. Quelques exemples : raide et rigide viennent tous deux du latin *rigidus*, mais le premier a subi l'évolution du vieux français alors que le second est resté dans son jus latin. Même chose pour écouter et ausculter, qui découlent d'*auscultare*, ou pour volaille et volatile, de *volatilis*, et encore pour mûr et mature, de *maturus*, pour fragile et frêle, de *fragilis*, et pour tant d'autres…

Et puis, il y a des doublets qui ont évolué très différemment et ne sont pas synonymes : bref et brevet, de *brevis*, court, parce que le brevet est la courte présentation d'une invention ; chose et cause, de *causa* ; étroit et strict, de *strictus*, serré ; métier et ministère, de *ministerium*, service.

Dans cette guéguerre français-latin, dès le début du XIVe siècle, l'écrivain italien Dante avait pris position, et nombreux étaient ceux qui le suivaient encore : il plaidait pour un respect absolu du latin. Selon lui, toutes les langues et tous les dialectes issus de cette racine première étaient incapables de se hisser au niveau de la mère romaine et de se plier aux exigences de la littérature et de la réflexion. Dans son *Banquet*, l'auteur précisait ainsi l'opposition inévitable entre le latin et la langue populaire, en l'occurrence pour lui l'italien : « Le latin est éternel et incorruptible alors que l'italien est instable et corruptible », et il pensait la même chose pour le français. Le latin était donc vécu comme une langue figée, sur laquelle on pouvait s'appuyer sans risque d'erreurs puisqu'elle n'évoluerait plus. C'est pourtant ce qui la perdra… La langue populaire, en revanche, se montrait plus fluctuante, plus instable, puisqu'elle innovait au gré des audaces de ses utilisateurs. C'est ce qui fera sa richesse et la maintiendra vivante au fil du temps.

L'Atlas catalan, 1375, attribué au juif majorquin Abraham Cresques, cartographe de Palma, et à son fils, Jehuda Cresques. Il fut offert par le roi d'Aragon au roi Charles V de France.

– 15 –

QUAND LE FRANÇAIS S'IMPOSE

Au XVe siècle, Christine de Pisan prône l'émancipation de la femme, Jeanne d'Arc sauve la France, François Villon parle l'argot, la guerre de Cent Ans s'achève et Gutenberg invente l'imprimerie.

En France, le français d'Île-de-France s'est relatinisé pour être plus correct et se répandre plus largement, mais en Angleterre, le vieux normand tend à céder la place à l'anglais. Johan Barton, un médecin du comté de Chester, regrette cet abandon progressif. Non qu'il pense que le français soit la langue d'avenir sur son île, mais Barton est un optimiste… Alors que d'autres voulaient naguère maintenir la langue française en Angleterre afin de préparer un grand royaume englobant les deux pays, le médecin chesterestois imagine déjà, en pleine guerre de Cent Ans, la paix entre les combattants. Estimant naïvement qu'il suffit de se parler pour s'entendre, il souhaite donc que les Anglais continuent de parler français…

Et pas n'importe quel français, pas un dialecte normand approximatif, mais *la droite language du Paris et de païs la d'entour*, qui permettrait aux Anglais de communiquer plus aisément avec leurs voisins du royaume d'outre-Manche…

Bénéficiant de l'aide de quelques clercs, il rédige vers 1410 la première grammaire française : le *Donait françois*. Ce titre fait référence à Donat, auteur de la *Grammaire* latine évoquée au IVe siècle… Depuis, le nom de Donat – transformé ici en *Donait* par l'accent anglo-normand – est devenu synonyme de « traité de grammaire ». Mais si l'on trouve dans les divers *Donait* beaucoup de données intéressantes allant de la construction de la phrase aux combinaisons verbales en passant par les accords, le tableau se révèle en définitive assez incomplet. Barton s'applique à l'enrichir, essayant de faire coller le français à la règle latine, notamment par un exposé approfondi des déclinaisons anciennes dont le français serait censé s'inspirer.

L'intention est bonne, mais le résultat espéré, décevant : le *Donait françois* ne va pas instaurer la paix entre les protagonistes ! La guerre se poursuit, alternant comme d'habitude des accalmies bienheureuses et des moments de rage destructrice.

L'émancipation des femmes. Christine de Pisan fonde la cité des femmes. Miniature du XVe siècle.

Cependant, en Angleterre, il y a du changement. Le nouveau roi Henri IV, monté sur le trône en 1399, est le premier souverain anglais de langue maternelle anglaise depuis plus de trois siècles. Va-t-il imposer ce langage à tous ses sujets ? Apparemment, il a d'autres rêves : il invite à sa cour la plus belle et la plus douce représentante de la langue française, la poétesse Christine de Pisan. Mais celle-ci repousse avec horreur l'idée d'aller se compromettre chez l'ennemi !

Elle a autre chose à faire, la belle Christine : défendre la cause des femmes. Avec elle apparaissent en effet les premières revendications d'un féminisme qui ne porte pas encore son nom.

Cette Vénitienne a été mariée à un noble picard, qui lui a fait trois enfants avant de succomber à une épidémie… À vingt-trois ans, Christine n'a aucune envie d'imiter les jeunes veuves de son époque : se remarier ou entrer au couvent. Alors, elle écrit des vers, évoque l'amour et la nostalgie, se souvient de son mariage heureux… Elle compose des recueils poétiques, des traités moraux, des œuvres philosophiques, des libelles politiques et même un manuel militaire. De grands personnages comme Jean de Berry, Louis d'Orléans et la reine Isabeau de Bavière sont séduits par ce talent lumineux et soutiennent activement l'écrivaine, lui permettant non seulement de vivre de sa plume, mais aussi d'exprimer avec véhémence son féminisme avant la lettre. Dans un monde franchement misogyne, dans une société où une femme qui écrit est souvent regardée avec commisération et sarcasme, Christine ne craint pas de jouter verbalement et épistolairement avec des messieurs trop satisfaits d'eux-mêmes.

Ainsi, elle participe à un débat sur la valeur du *Roman de la Rose*, œuvre du XIIIe siècle écrite en partie par Jean de Meung. Elle s'en prend au vieil auteur disparu pour mieux fustiger la phallocratie de son temps. « Jean de Meung accuse, blâme et diffame les femmes de plusieurs très grands vices et prétend que leurs mœurs sont pleines de toutes perversités », écrit Christine de Pisan tout en remarquant avec ironie : « Ces propos sont incompatibles avec les conseils du même auteur pour séduire une femme. Si les femmes ont tous les défauts que de Meung leur prête, pourquoi s'en approcher ? » Christine attaque aussi Jean de Montreuil, prévôt de Lille, qui a édité un opuscule à la gloire du *Roman de la Rose* dans lequel il fustige au passage l'infidélité des femmes mariées. Réplique cinglante de Christine : « Si on parlait maintenant un peu des femmes qui ont mauvais mari ? »

Le thème du débat est bien entendu l'émancipation de la femme, mais il faut souligner que l'œuvre autour de laquelle se cristallise la controverse n'est pas un classique latin mais un roman français.

Cela dit, pour revenir aux revendications exprimées par les femmes, on peut se demander si ce mot – femme – est bien adapté… C'est pourtant déjà un progrès : dans les siècles précédents, en effet, on utilisait le vieux terme *moillier*, un mot dérivé du latin *mollis*, faible, comme on dit encore parfois « le sexe faible ». D'ailleurs, le terme a subsisté en italien, en espagnol, en portugais… *moglie, mujer, mulher*. En français, en revanche, si « mouquère » existe toujours en argot pour désigner « le sexe faible », la *moillier* a été remplacée par la femme. Mais hélas ce n'est guère mieux… Savez-vous ce que signifie vraiment ce mot issu du latin *femina* ? Il est dérivé de *fellare*, sucer. Pas au sens trivial qui viendra aussitôt à l'esprit de certains, non ! En réalité, on fait allusion ici au bébé tétant le sein de sa mère. Le terme *femina* désigna d'abord la femelle animale, puis s'étendit à la femme, la réduisant à son rôle de reproductrice. Le « féminisme », apparu au XIXe siècle, est donc presque un oxymore, une expression contradictoire. Comment vouloir l'émancipation de la femme et en même temps la désigner uniquement par sa fonction maternelle ? Sans doute serait-il judicieux d'opter pour le mot dame, vocable issu de *domina*, féminin de *dominus*. La « maîtresse de maison » – c'est le sens premier de *domina* – est ici placée au même niveau lexical que l'homme, « maître de maison ».

En tout cas Christine de Pisan a choisi le bon moment pour défendre les femmes – ou les dames, comme on voudra – puisque en pleine guerre de Cent Ans, c'est une jeune fille venue de Lorraine qui va sauver la situation quand la plupart des hommes ont perdu la tête…

Christine de Pisan présentant son livre au comte Louis Ier, duc d'Orléans.
Illustration des maîtres de l'atelier des Dames de la Cité, *in Écrits regroupés de Christine de Pisan*, de Christine de Pisan, 1410-1411.

Quelle langue parlait Jeanne d'Arc ?

L'avez-vous remarqué ? Dans les films les plus élaborés, historiques ou romancés, la question de la langue se pose rarement. Les Romains casqués conversent avec des Slaves ou des Africains dans le meilleur anglais d'Hollywood, les cow-boys discutent sans problème avec les Indiens, quant aux aliens, en VO ou en VF, ils dégainent toujours *in* extremis une machine magique qui permet de les comprendre !

Dans les pages des livres d'histoire, les non-dits sont les mêmes… Qui souligne que Charlemagne pratiquait quotidiennement l'allemand, que Richard Cœur de Lion, roi d'Angleterre, ne parlait pas un mot d'anglais, que Napoléon III maniait plus aisément le *swytzerdütsch*, le suisse allemand, que le français ?

Et Jeanne d'Arc ? Dans la chronique, elle s'adresse à tous avec naturel, et chacun a l'air de la comprendre facilement… Pourtant, elle semble bien avoir eu au moins un fort accent de l'Est. Le 16 mars 1430, elle a dicté une lettre adressée aux habitants de Reims : *Je vous mandesse anquores augunes nouvelles de quoy vous seriés bien choyaux*. « Je vous enverrai une nouvelle dont vous serez bien *choyaux*. » À la volée, sous la dictée, le secrétaire a écrit *choyaux*. Puis il a réfléchi, a biffé le mot, et a noté « joyeux », ce que Jeanne avait vraiment voulu dire, mais avec son accent…

Plus tard, lors de son procès, alors qu'elle déclinait son nom, « d'Arc », le greffier a noté « Tarc »… Là encore, l'accent de la Pucelle prêtait à confusion.

Pourtant, même avec une prononciation venue de Lorraine, il semble qu'elle parlait bel et bien le français, plus exactement le dialecte champenois. En effet, Domrémy, son village, était divisé en deux par le ruisseau des Trois-Fontaines. Du côté est, rive droite, c'était le Barrois, où l'on s'exprimait en lorrain, mais du côté ouest, rive gauche, où se dressait la maison natale de Jeanne, on se trouvait dans le comté de Champagne. Et l'on y parlait le champenois, très proche du parler d'Île-de-France. Coup de chance ! Jeanne serait née sur l'autre rive du cours d'eau, sa mission aurait été compromise : elle aurait eu beaucoup de mal à se faire comprendre du roi et de sa cour.

À dix-sept ans, Jean Seberg incarne Jeanne d'Arc dans *Sainte Jeanne* d'Otto Preminger, en 1957.

Jeanne d'Arc va galvaniser les troupes françaises autour de sa bannière blanche frappée de l'image du Christ, et va faire d'un prince timoré le roi de France Charles VII… Objectif suprême : reconquérir les régions occupées par les Anglais, c'est-à-dire Bordeaux, la Normandie, la Champagne, la Picardie, l'Île-de-France, et Paris, prise par l'ennemi en 1420. Mais avant tout, il faut sauver Orléans et chasser les Anglais qui en font le siège depuis plusieurs mois. Revêtue de son armure, Jeanne est entrée dans Orléans le 8 mai 1429 : devant la détermination française, les Anglais ont abandonné la ville ! Le 17 juillet suivant, elle a accompagné le roi à Reims pour le sacre. On connaît la suite : faite prisonnière à la bataille de Compiègne, Jeanne d'Arc a été jugée à Rouen et brûlée vive le 30 mai 1431.

Les chevauchées de la Pucelle ont changé le cours de la guerre, et les protagonistes tentent quelques approches de négociation… Mais comment discuter de paix quand Paris est encore occupé ? Comment ouvrir des pourparlers quand le roi d'Angleterre Henri VI se fait sacrer roi de France à la cathédrale Notre-Dame ?

Charles VII commence alors la longue équipée qui le conduira à la reconquête des provinces perdues, tandis que la Normandie et la Picardie, enflammées par l'espoir, se soulèvent contre l'occupation anglaise. Le 13 avril 1436, le tocsin appelle la population de Paris à l'insurrection et les soldats du roi de France pénètrent dans la ville par la porte Saint-Jacques, au sud. La population parisienne acclame les cohortes françaises, c'est la libération !

Lanterne magique illustrant la prise d'une place par Jeanne d'Arc.

Jehanne

Lettre envoyée par Jeanne d'Arc aux bourgeois de Riom pour leur demander une aide logistique et financière dans la guerre qu'elle menait. Elle est signée de sa main, écrite sous la dictée par un scribe et daterait du 9 novembre 1429.

L'Université parisienne, qui s'était rangée du côté de l'occupant, reprend un peu son indépendance, et c'est en 1449 que l'on voit arriver sur la montagne Sainte-Geneviève un jeune homme pauvre venu étudier à la faculté des arts. Un étudiant joyeux, buveur, bagarreur et un peu poète aussi… C'est François de Montcorbier, que l'avenir connaîtra sous le pseudonyme de François Villon.

Les mots de François Villon

Il a été le grand poète de la fin du Moyen Âge, le mauvais garçon dont le destin reste entouré de mystère. Après 1463, il a disparu… A-t-il voulu se faire oublier loin de Paris ? A-t-il été tué dans une rixe ? A-t-il connu, autour de son cou, cette corde qu'il attendait, qu'il prévoyait…

Et de la corde d'une toise
Saura mon col que mon cul poise

« Mon cou saura ce que pèse mon cul »… Humour noir de Villon !

Suivons un instant le poète dans ses mots, des termes disparus mais qui chantent et nous enchantent encore. « Détester », ce mot que Villon est le premier à écrire, signifie tout simplement « rayer du testament », déshériter ; on peut tester pour telle compagnie religieuse, telle université ou tel enfant peut-être, et puis dé-tester si l'on change d'avis ! Ce verbe va mettre presque deux cents ans pour sortir de cet emploi juridique… Si l'on supprime quelqu'un de l'héritage, c'est qu'on l'exècre, non ? Détester va finalement adopter ce sens élargi, et ne plus quitter la langue.

D'autres mots de Villon nous racontent notre quotidien : *bourder* pour mentir, dont il nous reste la « bourde », l'erreur, la gaffe ; « bureau », qui désigne un tapis de bure posé sur une table, et bientôt la table elle-même ; sans oublier la finesse, que Villon utilise à la place de caresse.

Et puis, il y a chez le poète un peu de la langue secrète utilisée par la *truandaille.* Cette langue cachée, incompréhensible pour le bourgeois, c'est le jargon, qui deviendra l'argot. *Parouart, la grant mathe gaudie*, écrit-il pour évoquer « Paris, la grande ville joyeuse », mais il y a aussi des mots restés dans l'argot d'aujourd'hui. *Artis* est devenu artiche, et désigne encore l'argent. Coffrer veut toujours dire « arrêter par la police ». *Enterver*, comprendre, a changé un peu pour devenir entraver, exemple : « Il n'entrave que couic çui-là ! » Quant à la « feuille », qui désignait la poche, elle a changé une seule lettre en plus de cinq siècles pour devenir la fouille. « J'ai plus un kopek dans mes fouilles », ça date de Villon !

François Villon n'est pas le seul à jongler avec les mots. Le français bouge beaucoup en cette période, des règles nouvelles viennent rendre la langue plus limpide, plus facile à lire, plus aisée à dire… Par exemple, comment distinguer à la lecture le mot *uile* de *vile* – ancienne orthographe de la *ville* –, en une époque où le *u* et le *v* ne sont pas différenciés ? On ajoute donc un *h* au premier, qui devient *huile*. Par ailleurs, dans l'écriture gothique que l'on utilise encore au XVe siècle, on développe le *y*, qui permet de ne pas trop confondre le *i* avec un jambage excédentaire[1], et si l'on veut quand même garder le *i*, on ajoute un point au-dessus. Comme ça, c'est clair. Autre nouveauté, l'introduction de certaines lettres muettes. Par exemple, *vainquir* devient « vaincre » et se conjugue « je vaincs, tu vaincs, il vainc… », où le *c* ne se prononce pas mais vient rappeler l'infinitif pour identifier instantanément le verbe conjugué. Quant au *veu* du verbe « voir », il devient « vu », parce que c'est plus joli et plus graphique.

Mais qui impose ces changements ? À cette époque, il n'y a pas d'Académie française pour venir nous alerter sur les mots à conserver ou nous inciter à parfaire notre orthographe ! Alors qui décide de distribuer une lettre muette par ici et d'en retirer une autre par-là ? On pourrait croire que des sages de l'Université se sont penchés sur ces problèmes et ont tranché de manière circonstanciée après en avoir débattu entre collègues… Mais non, les maîtres des facultés sont généralement trop obnubilés par le latin pour se préoccuper des progrès possibles de la langue française. En fait, avant la découverte de l'imprimerie qui ne va pas tarder, les copistes sont tout-puissants. Ils transcrivent un livre qui sera recopié par d'autres, et ainsi de suite dans une chaîne ininterrompue. Ce sont eux, les copistes, qui introduisent les nouveautés, parce que c'est plus pratique, parce que c'est plus logique, parce que c'est plus intelligible… Ensuite, le prochain copiste copiera la copie, et l'innovation deviendra bientôt la règle.

Cela dit, pour que les copistes puissent calligraphier des livres en français, il faut des auteurs qui attirent le public et l'amusent… Car si on a beaucoup poétisé dans cette langue, beaucoup théologisé, on n'a pas rigolé souvent. Eh bien, on va rattraper le temps perdu.

Dans la première moitié du XVe siècle, un livre en prose intitulé *Les Quinze Joyes du mariage* n'a pas d'autre but que d'amuser beaucoup et de faire réfléchir un peu. L'ouvrage est un pastiche des *Quinze Joyes de Notre-Dame*, un vieux texte édifiant détourné pour la plus grande joie des lecteurs. Dans la droite ligne de la misogynie ambiante de l'époque, ces quinze joies maritales s'écartent dangereusement du politiquement correct d'aujourd'hui…

Le mariage, c'est la nasse qui attend le *povre hom* pris dans les terribles filets de l'hymen et se trouve bientôt « endurci comme un vieil âne qui par accoutumance endure l'aiguillon ». Notre pourfendeur du conjungo adore les métaphores animalières. « On vous fait entrer dans la nasse du mariage comme l'oiseleur fait venir les oiseaux dans les filets, attirés par certains autres oiseaux apprivoisés qui sont attachés… » Ces oiseaux attachés sont évidemment les futures épouses dont l'action tortueuse consisterait à attirer dans leurs filets les innocents qui jusqu'ici planaient heureux et libres…

1. Le *i*, en gothique, n'a pas de point.

Lhystoyre et plaisante cronicque

du petit Jehan de saintre/de la ieune dame des belles cousines sans autre nom nommer/auecques deux autres petites hystoires de messire Floridan et la belle Ellinde/et lextraict des cronicques de flandres. Nouuellement imprime par Michel le noir Libraire iure de luniuersite de Paris.

Cum priuilegio.

On ne saura sans doute jamais qui fut le facétieux et coupable rédacteur de cette œuvre anti-mariage. On l'a attribuée faussement à Antoine de La Sale, un auteur excessivement misogyne, lui aussi, et dont la vie précaire - il est passé d'un protecteur à un autre - témoigne de la difficulté de l'état d'écrivain à cette époque.

Jeune garçon doué mais désargenté, Antoine a été confié dans sa jeunesse à la cour d'Aix-en-Provence réunie autour de Louis III d'Anjou, qui règne avec bonhomie sur le comté de Provence. Francophile et francophone, Louis d'Anjou prend Antoine de La Sale comme secrétaire, mais au bout de onze ans, en 1434, il succombe à la malaria, et c'est son frère René qui lui succède. Antoine est alors nommé précepteur de Jean, le fils du roi René. C'est là que sa plume semble se libérer… Pour son élève, il écrit *La Salade*, un mélange qui se veut didactique où se confondent littérature, pensées, conseils, quelques pages de géographie et une histoire abrégée de la Sicile. Une drôle de salade, en effet, qui lui est certes payée mais pas assez à son goût. Donc, en 1448, Antoine se décide à quitter la Provence pour remonter vers le nord et gagner le Brabant où il espère voir ses talents reconnus plus justement. Là-bas, il se met au service de Louis de Luxembourg en son château de Genappe, près de Bruxelles, où il écrit pour l'éducation des fils du comte ce qui sera son chef-d'œuvre : *Le Petit Jehan de Saintré*.

Ce roman français expose de manière amusante et détachée les deux grands thèmes à enseigner au fils d'un comte : l'amour et la chevalerie. Et l'histoire commence par des piques ironiques lancées à l'enseignement en latin, incompréhensible, fastidieux, contrairement à l'expression française, si vivante, dynamique et finalement victorieuse.

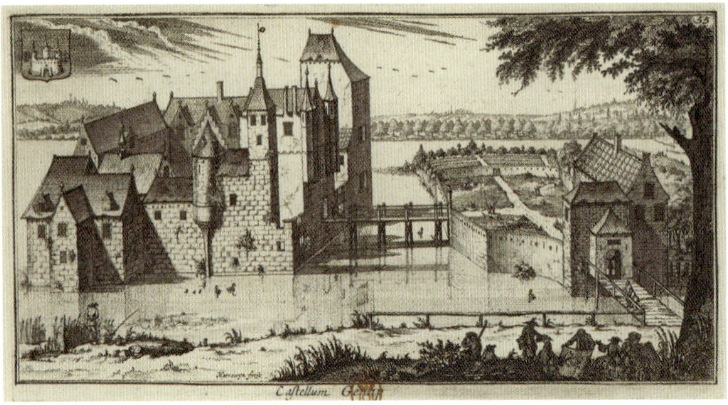

Château de Genappe, extrait de *Délices de la noblesse*, ouvrage de Jacques Le Roy (1633-1719) contenant quelque deux cents vues des principales maisons de campagne et autres beaux édifices des familles illustres du Pays-Bas, et quelques monastères remarquables du duché de Brabant.

Le joli petit château de Genappe, aujourd'hui disparu, a été entièrement construit sur la rivière Dyle et isolé des rives par un pont-levis. Quatre tourelles et une grosse tour en saillie le protègent, assez en tout cas pour qu'en 1456 vienne s'installer ici le dauphin de France, le futur Louis XI. Le jeune homme fuit son père Charles VII avec lequel il est en délicatesse, car le roi et le prince se méfient l'un de l'autre, chacun menant sa propre politique et concluant ses propres alliances. À Genappe, Louis a trouvé refuge dans l'un des châteaux du duc de Bourgogne Philippe le Bon, qui a étendu sa domination jusqu'à la Flandre, l'Artois, le Brabant…

Double page précédente : *Histoire et plaisante cronique du petit Jehan de Saintré et de la jeune dame des Belles-Cousine,* Antoine de La Sale, 1517.

Louis va rester cinq ans au château, c'est-à-dire jusqu'à la mort de son père le roi et sa propre accession au trône. Cinq ans, c'est long. On passe ses journées à la chasse ou l'on erre à travers champs en discutant un peu avec les paysans du coin… Pour désennuyer le futur souverain, le duc Philippe et son fils Charles, comte de Charolais, le futur Charles le Téméraire, viennent de Bruges à Genappe passer de longues soirées…

Une fois le pont-levis remonté, bien à l'abri des tracas du monde, on mange, on s'abreuve, on parle un peu politique, on dessine l'avenir. Et quand la nuit s'étire, on se raconte des histoires imaginées ou entendues, on se répète des faits divers, on évoque des liaisons amoureuses… Ces trois illustres personnages, leurs compagnons d'armes, plusieurs gentilshommes, quelques chevaliers de Picardie et des ménestrels de passage écrivent au fil des soirées ce qui deviendra un volume complet, collationné par une plume anonyme, *Les Cent Nouvelles Nouvelles*… Des récits courts, alertes, dans lesquels des femmes cherchent à tromper leur mari et des chevaliers s'évertuent à imaginer des tactiques pour se débarrasser d'époux trop niais… Et c'est toute une galerie de portraits qui défilent devant le lecteur, un médecin,

Les Cent Nouvelles Nouvelles, 1462 ; une collection de récits burlesques et grivois racontés à la cour de Philippe le Bon, duc de Bourgogne.

un charretier, un mercier, un curé, une bouchère, un aubergiste… Des histoires dont le choix est un peu inspiré du *Décaméron* du Florentin Boccace et de quelques fabliaux pas tout à fait oubliés. Tout cela ne prétend pas être de la haute littérature, on veut simplement s'amuser dans cette période pleine d'espérances où la guerre de Cent Ans s'achève enfin. Et dans cette cour du Brabant, parmi ces gentilshommes réfugiés dans un château du duc de Bourgogne, on ne pratique ni le dialecte brabançon ni l'idiome bourguignon, on parle et on écrit en français.

« Revenons à nos moutons »

L'humour est passé avec succès dans la littérature : *Les Quinze Joyes du mariage, Le Petit Jehan de Saintré* et même certains passages des *Cent Nouvelles Nouvelles* étaient destinés à déclencher le rire… Dans le milieu de ce XVe siècle, la joyeuseté va également entrer au théâtre au moment même où les saltimbanques cherchent à se libérer du carcan religieux. À côté des représentations saintes, voici donc *La Farce de maître Pathelin* due à un auteur inconnu, mais grand succès des tréteaux qui vont de place en place.

Maître Pathelin est un avocat malin qui se présente devant le juge pour défendre le berger Thibault accusé d'avoir égorgé plusieurs moutons de son patron Guillaume. Mais l'histoire se complique : on apprend soudain que Pathelin a déjà dérobé naguère des draps à Guillaume… et le volé veut se faire entendre. Le juge, qui ne comprend rien à cette affaire dans l'affaire, tente désespérément de limiter les débats à la cause première :

– Revenons à nos moutons ! ne cesse-t-il de réclamer.

La réplique a fait mouche, et nous ne l'avons pas oubliée, tout comme « patelin », qui a bientôt qualifié un homme rusé un brin cauteleux.

La Farce de maître Pathelin, auteur inconnu, vers 1490.

La guerre contre l'Angleterre a finalement vu les Français triompher. Ils ont volé de victoire en victoire, ils ont reconquis la Normandie en 1450 et repris Bordeaux en 1453… L'Angleterre est boutée hors de France partout, sauf à Calais qui restera anglaise un siècle encore.

Personne ne s'en est rendu compte, aucun parchemin n'a été signé, mais la guerre de Cent Ans est terminée. Elle a trouvé sa conclusion dans le silence des peuples et l'indifférence des rois. Il faut dire que le monde est en train de changer… Cette même année 1453, les troupes ottomanes se sont emparées de Constantinople et Gutenberg a imprimé à Mayence sa première Bible…

L'invention de Gutenberg, qui a très vite enthousiasmé les pays germaniques et l'Italie, n'a pas immédiatement trouvé d'écho en France. Est-ce en raison des contrecoups de la guerre de Cent Ans ? Est-ce par désinvolture des rois Charles VII puis Louis XI qui n'ont pas saisi l'intérêt de la chose ? En tout cas, il faudra attendre presque vingt ans pour voir une imprimerie s'établir en France, plus précisément à Paris, au collège de la Sorbonne. Et encore, il semble bien que l'établissement de cet artisanat dans les soubassements de l'université en 1470 soit, au départ, le fruit du pur hasard : il y avait de la place, et les imprimeurs venus des pays germaniques ont pu s'y installer avec leur presse, leurs moules à fondre et leurs boîtes de poinçons qui permettaient de fabriquer à l'infini les indispensables caractères mobiles. Michael Friburger, Ulrich Gering et Martin Crantz se mirent aussitôt au travail et sortirent des presses de la Sorbonne les cent dix-huit feuillets d'*Epistolæ,* des lettres latines de l'humaniste italien Gasparino Barzizza. Quelques semaines plus tard, nouveau livre imprimé du même auteur, l'*Orthographia,* et ensuite place aux ouvrages de Salluste et Florus, historiens latins de l'Antiquité.

Nos trois compères qui avaient échoué à la Sorbonne parce que c'était central et pratique, se dépêchèrent de quitter les lieux dès que les circonstances le permirent. Ils abandonnèrent donc le collège au mois de mai 1473 pour poser leur imprimerie non loin, rue Saint-Jacques, à l'enseigne du Soleil d'Or. Ils continuèrent, là-bas, de glorifier les œuvres latines…

Le roi Louis XI de France (1423-1483) recevant le premier livre imprimé dans les ateliers de Gutenberg, 1470 environ. Illustration tirée de *Mon histoire de France*, Henriette Suzanne Brés, 1894.

Et le français, alors ? Il ne s'imprime pas ? Patience… Allons nous promener sur le parvis de la cathédrale Notre-Dame, à Paris. En cherchant un peu, on repère sur certains pavés des inscriptions indiquant l'emplacement de la rue Neuve-Notre-Dame, voie aujourd'hui disparue, mais qui était une sorte de Champs-Élysées du Moyen Âge : une rue large (pour l'époque) conçue au XIIe siècle afin d'acheminer les matériaux de construction de la future Notre-Dame depuis le Petit et le Grand Pont, alors les seuls ponts reliant les rives de la Seine à l'île de la Cité. C'est là, avec ses fenêtres ouvrant sur les dentelles blanches de la cathédrale, que se situait un atelier à l'enseigne de Saint-Christophe. Le 26 janvier 1476, Pasquier Bonhomme, le maître imprimeur qui travaillait ici, produisit le premier ouvrage imprimé en français : les *Grandes Chroniques de France*, une traduction des textes latins de l'abbaye de Saint-Denis sur l'histoire des rois.

Mais ce titre envié de « premier livre imprimé en français » est contesté, car à quelques mois de l'impression faite par Bonhomme, un peu avant ou un peu après, le marchand Barthélemy Buyer sortait des presses de son imprimerie de la rue Mercière, à Lyon, *Légende dorée*, traduction d'une œuvre latine de l'archevêque italien Jacques de Voragine racontant la vie édifiante de cent cinquante saints.

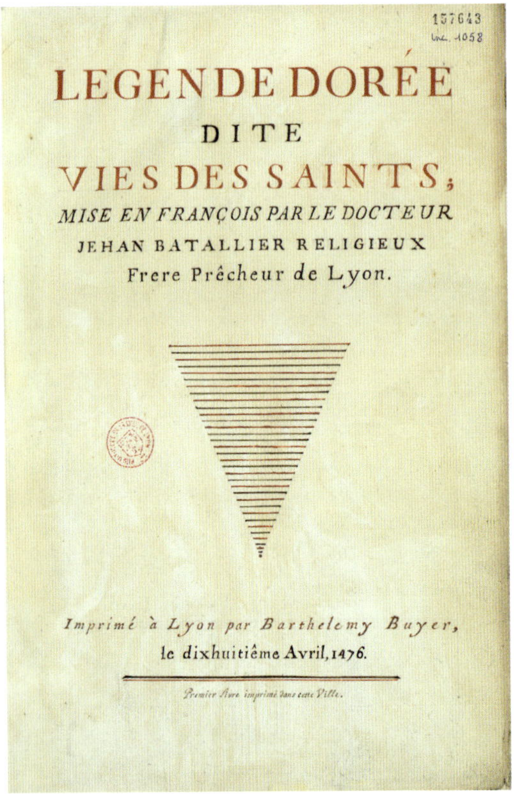

LEGENDE DORÉE
DITE
VIES DES SAINTS,
MISE EN FRANÇOIS PAR LE DOCTEUR
JEHAN BATALLIER RELIGIEUX
Frere Prêcheur de Lyon.

Imprimé à Lyon par Barthelemy Buyer,
le dixhuitiême Avril, 1476.

Premier livre imprimé dans cette Ville.

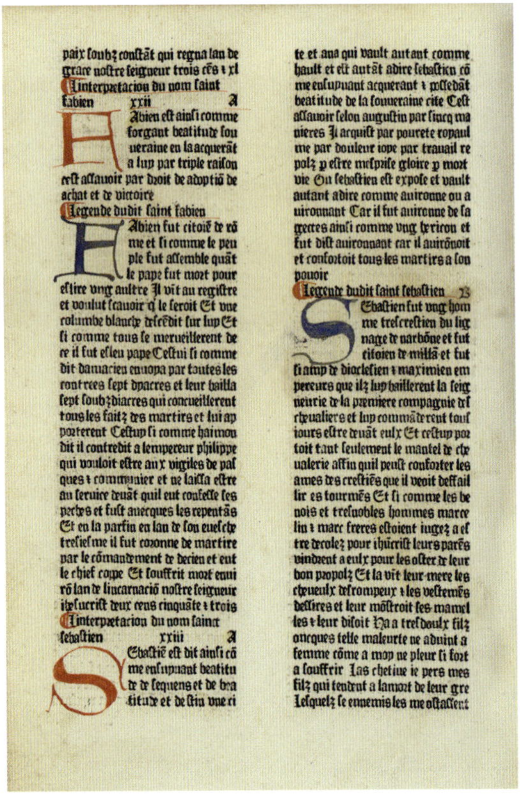
paix soubz constãt qui regna lan de grace nostre seigneur trois cẽs ı xl
Linterpretacion du nom saint fabien xxii
Fabien est ainsi comme forgant beatitude souveraine en la acquerãt a luy par triple raison cest assavoir par droit de adoptiõ de achat et de victoire
Legende dudit saint fabien
Fabien fut citoiẽ de rõme et si comme le peuple fut assemble quãt le pape fut mort pour eslire ung aultre Il vit au registre et voulut scavoir q̃ le seroit Et une columbe blanche descẽdit sur luy Et si comme tous se merveillerent de ce il fut esleu pape Cestui si comme dit damacien envoya par toutes les contrees sept dyacres et leur bailla sept soubz diacres qui concueillerent tous les faitz des martirs et lui apporterent Cestuy si comme haimon dit il contredit a lempereur philippe qui vouloit estre aux vigiles de pasques ı communier et ne laissa estre au service devãt quil eut confesse ses pechies et fust avecques les repentãs Et en la parfin en lan de son eveschie tresiesme il fut coronne de martire par le cõmandement de decien et eut le chief coppe Et souffrit mort envirõ lan de lincarnaciõ nostre seigneur ihesucrist deux cens cinquãte ı trois
Linterpretacion du nom saint sebastien xxiii
Sebastiẽ est dit ainsi cõme ensuyvant beatitude de sequens et de beatitude et de astin une cite et ana qui vault autant comme hault et est autãt adire sebastien cõme ensuyvant acquerant ı possedãt beatitude de la souveraine cite Cest assavoir selon augustin par sincq manieres Il acquist par povrete royaulme par douleur ioye par travail repolz p̃ estre mesprise gloire p̃ mort vie Ou sebastien est expose et vault autant adire comme avironne ou avironnant Car il fut avironne de saiettes ainsi comme ung herichon et fut dist avironnant car il avirõnoit et confortoit tous les martirs a son pouoir
Legende dudit saint sebastien B
Sebastien fut ung homme trescrestien du lignage de narbõne et fut citoien de millã et fut si amy de diaclesien ı maximien empereurs que ilz luy baillerent la seigneurie de la premiere compagnie des chevaliers et luy commãderent tousiours estre devãt eulx Et cestuy portoit tant seulement le mantel de chevalerie affin quil peust conforter les ames des crestiẽs que il veoit deffaillir es tourmẽs Et si comme les benois et tresnobles hommes marcelin ı marc freres estoient iugez a estre decolez pour ihũcrist leurs parẽs vindrent a eulx pour les oster de leur bon propolz Et la vit leur mere les cheveulx desrompeux ı les vestemẽs dessires et leur mõstroit ses mamelles ı leur disoit Ha a tresdoulx filz oncques telle maleurte ne advint a femme cõme a moy ne pleur si fort a souffrir Las chetive ie pers mes filz qui tendent a la mort de leur gre Lesquelz se ennemis les me ostassent

Page de titre et page intérieure de la *Légende dorée*. Ed. Jean Batallier, trad. Jean de Vignay, publiée en 1476.

L'apparition des italiques

À partir de 1476, des imprimeries s'ouvrirent un peu partout en France. Dans les grandes villes, bien sûr, mais aussi dans des villages perdus parce qu'elles venaient se nicher à l'ombre des moulins à papier… En effet, certains moulins fabriquaient du papier-chiffon à partir de tissus de chanvre, de lin ou de coton macérés et broyés comme on le fait pour le blé quand on veut obtenir de la farine. En 1484, deux associés, Jean Créez et Robin Foucquet, ouvraient ainsi une imprimerie en Bretagne, à Bréhan-Loudeac, parce que se dressait non loin un de ces moulins dont la roue tournait sans fin dans les eaux du Lié. Les deux associés éditèrent les textes religieux que leur imposait la piété de leurs clients, et notamment *Le Trépassement de la Vierge*, poème de trois cent cinquante-cinq vers mais en français. Ici, pierre rime avec saint Pierre, Notre-Dame avec l'âme et *puyssance* avec *habundance*. Le langage de tous les jours au service de la foi et de la métrique : c'est ce que réclamaient désormais les lecteurs !

P·V·M·MANTVANI BV
COLICORVM
TITYRVS.
Melibœus · Tityrus.
Tityre tu patulæ recubãs sub tegmi ne fagi Me.
Syluestrem tenui musam medita: ris auena.
Nos patriæ fines, et dulcia linqui mus arua,
Nos patriam fugimus, tu Tityre lentus in umbra
Formosam resonare doces Amaryllida syluas.
O Melibœe, deus nobis hæc ocia fecit. Ti.
Namq; erit ille mihi semper deus. illius aram
Sæpe tener nostris ab ouilibus imbuet agnus.
Ille meas errare boues, ut cernis, et ipsum
Ludere, quæ uellem, calamo permisit agresti.
Non equidem inuideo, miror magis. undiq; totis Me.
Usque adeo turbatur agris. en ipse capellas
Protinus æger ago. hanc etiam uix Tityre duco.
Hic inter densas corylos modo namq; gemellos,
Spem gregis, ah silice in nuda connixa reliquit.
Sæpe malum hoc nobis, si mens non læua fuisset,
De cœlo tactas memini prædicere quercus.
Sæpe sinistra caua prædixit ab ilice cornix.
Sed tamen, iste deus qui sit, da Tityre nobis.
Vrbem, quam dicunt Romam, Melibœe putaui Ti.
Stultus ego huic nostræ similem quo sæpe solemus

Mais les livres étaient encore chers… Heureusement arrive bientôt d'Italie une innovation qui va permettre d'abaisser les coûts, et les étudiants pourront acquérir les manuels indispensables à leur éducation. Un imprimeur de Venise, Francesco Griffo, a eu l'idée de fondre des caractères *plus petits, plus serrés, plus fins et penchés !* Résultat : un gain de place et une moindre dépense d'encre, donc des livres meilleur marché. Ces caractères ont d'abord été appelés « vénitiens », et puis on leur donna un nom qui serait un hommage à leur inventeur italien : les *italiques* !

En avril 1501, l'imprimeur vénitien Aldus Manutius publie une édition des poèmes de Virgile en italiques conçus par Francesco Griffo.

Avec l'imprimerie, la langue française gagne partout. Non seulement elle se structure, mais elle est maintenant imprimée d'un bout à l'autre du royaume, tandis que des poètes, des prosateurs, des chroniqueurs, des amuseurs, des dialecticiens lui confèrent son ton et son élégance. Elle devient si claire, si propre à occuper tous les aspects de l'existence et de la pensée que la conscience publique en réclame désormais l'emploi exclusif, trop heureuse d'abandonner l'obscurité latine.

La fin de la guerre de Cent Ans marque le triomphe du français comme langue nationale, une langue qui supplante le latin, une langue prête à être structurée, imprimée, objectivée. C'est aussi la fin du Moyen Âge, cette longue période de mille ans qui, on l'a vu, a connu ses phases de fanatisme et d'obscurantisme, c'est vrai, mais qui a aussi traversé des siècles de faste, de création, d'intelligence. En tout cas, sur le plan de notre langue, le Moyen Âge a tout osé, tout inventé, tout proposé…
Il suffira aux successeurs de la Renaissance de polir un peu le diamant.

C'est quoi, un remède de bonne femme ?

C'est la preuve qu'à cette époque le latin, bien souvent, n'est plus compris. Ceux qui parlent alors des remèdes de bonne femme font la même erreur de traduction que nous aujourd'hui. Pour eux comme pour nous, c'est une vieille recette de grand-mère, une de ces bonnes femmes du peuple qui gardent le secret de leurs décoctions de plantes, de leurs onguents moutardés ou de leurs cataplasmes. En latin, pourtant, quand on citait un remède ou une recette de *bona fama*, cela signifiait « de bonne renommée ». En vieux français, on a parlé de *bonne fame*… Et l'on n'a bientôt plus compris cette surprenante *fame*, qui devint femme… La *fama*, la renommée latine, a subsisté ailleurs dans notre langue, on la retrouve dans « fameux » ou « malfamé », mais aussi dans « infâme », qui signifie littéralement « sans renommée ».

Marie Madeleine avec un pot d'onguent.

Page de droite : Tobit devenu aveugle est étendu dans un lit. Une sœur converse prépare des remèdes dans une marmite et une femme de chambre apporte une bassine.
In Bible historial, Guyart des Moulins, exemplaire d'Édouard IV, 1479.

– 16 –

QUAND LA GRAMMAIRE REND LES LINGUISTES FOUS

Au XVIe siècle, Clément Marot rapporte d'Italie l'accord du participe passé, Rabelais lutine la langue, François Ier l'impose dans tous les domaines et les Québécois l'adoptent pour toujours.

Benvenuto Cellini, Léonard de Vinci... les grands peintres italiens franchissent les Alpes, attirés par la générosité de François Ier. Désormais, la Renaissance des arts déborde de la péninsule et se répand dans le royaume de France. Le roi a découvert l'Italie en 1515, en combattant victorieusement à Marignan pour défendre ses droits héréditaires sur le duché de Milan. Il a été aussitôt subjugué par l'art italien, l'architecture italienne, l'humanisme italien... Et désormais l'Italie est à la mode ; c'est bien davantage qu'une mode d'ailleurs, c'est une manie ! Il faut construire comme en Italie, peindre comme en Italie, parler comme en Italie. Alors la langue française, jamais rassasiée, happe les termes ultramontains, les avale, les digère, les intègre pour enrichir son vocabulaire.

Plus d'un millier de mots sont accueillis avec enthousiasme dans le français, faisant de l'italien la deuxième langue la plus présente dans nos dictionnaires après l'anglais et ses mille cinq cents à deux mille mots. Il y a les évidences comme bravo, brio, concerto, lazzi, opéra, oratorio, piano, scénario, spaghetti. Et puis, il y a les autres... En art, on ne ferait rien sans le coloris (*colorito*), la fresque (*fresca*), la gouache (*guazzo*), la miniature (*miniatura*). En musique, nous avons besoin de la cantatrice (*cantatrice*), de la mandoline (*mandolino*), du solfège (*solfeggi*), du soliste (*solo*), du ténor (*tenore*). Dans la finance, on ne pourrait pas se priver de la banque (*banca*), du crédit (*credito*), du tarif (*tariffo*). On s'habillerait différemment sans le caleçon (*calzone*), le costume (*costume*), les escarpins (*scarpa*), la jupe (*jupa*), le pantalon (du personnage de la commedia dell'arte Pantalone). Notre table changerait si on lui retirait le cervelas (*cervellato*), la citrouille (*citrulo*), la rémoulade (*ramolaccio*), le riz (*riso*), le sorbet (*sorbetto*), les vermicelles (*vermicelli*). Sur le champ de bataille, on serait bien démunis sans la bombe (*bomba*), le canon (*cannone*), la cartouche (*cartoccio*), le soldat (*soldato* – celui qui reçoit la solde).

Le siècle de François Ier : Le roi de France reçoit à Fontainebleau le tableau de la Sainte Famille, envoyé de Rome par le peintre Raphaël. Huile sur toile de Gabriel Lemonnier, 1814.

Mais les mots italiens ne suffisent pas, il faut aussi adopter la grammaire italienne ! Poète préféré de la cour de François Ier, Clément Marot est auréolé par son séjour en Italie. On aime sa poésie, dans laquelle chacun apprécie un « élégant badinage ». Pour lui aussi l'Italie est un modèle, alors il veut importer en France une certaine syntaxe venue de là-bas… et plus spécifiquement l'accord du participe passé ! Quelle tocade a saisi le grand poète ? Pourquoi se cramponne-t-il à cette règle insensée que même les Italiens finiront par abandonner ?

Rappelons cette règle, ou plutôt ces règles qui nous ont donné tant des cauchemars quand nous étions écoliers… Avec le verbe être, l'accord ne pose pas de gros problèmes : le participe passé s'accorde toujours avec le sujet. Exemple : « Elles sont parties. »

Avec le verbe avoir, le participe passé s'accorde avec le complément d'objet direct lorsque celui-ci est placé avant le verbe. Pourquoi ? C'est comme ça ! Exemple : « Elles ont mangé des pâtes », mais « Les pâtes qu'elles ont mangées. »

Tout cela se complexifie encore avec les verbes pronominaux. Leur participe passé ne s'accorde pas quand le verbe est suivi d'un complément d'objet direct : « Ils se sont essuyé les pieds », mais « Ils se sont essuyés à la serviette. »

Tous ces exemples paraîtront à certains parfaitement logiques, à d'autres ils donneront la migraine. En revanche, concernant une phrase comme « Les dix jours qu'il a passés à Ambroise », les uns optent pour le *s* à « passé », parce que ce sont ces jours qui ont été passés, mais bien des puristes le refusent sous prétexte que « les dix jours » seraient ici un complément circonstanciel de temps et non un complément d'objet direct. Et là, ce n'est plus la migraine : on devient fou !

Clément Marot milite donc avec ardeur pour « son » participe passé. Pierre de Ronsard n'est pas d'accord, si j'ose dire. En 1754, l'abbé d'Olivet, ecclésiastique et grammairien, se résignera, lui, à ne pas juger le participe passé : « Il est inutile de chercher la raison d'une chose convenue, et qui n'est contestée de personne à dater de François Ier. » Voltaire, cependant, donnera son avis sans ambages : « Clément Marot a rapporté deux choses d'Italie : la vérole et l'accord du participe passé… Je pense que c'est le deuxième qui a fait le plus de ravages ! »

Et ce n'est pas fini ! À l'aube du XXe siècle, Georges Leygues, audacieux ministre de l'Instruction publique en 1900, fit passer une réforme de l'enseignement secondaire dans laquelle il laissait chacun libre d'accorder ou non le participe passé. Cette tentative de bouleversement orthographique par arrêté ministériel était une première : aucun homme politique républicain ne s'était encore risqué à intervenir dans des affaires concernant la langue. Ce sujet

Portrait de Clément Marot (1496-1544), poète français. Illustration *in Le Plutarque français*, Édouard Mennechet, 1836.

était le domaine réservé de l'Académie française… Les hommes en habit vert se lancèrent alors dans une violente campagne contre cette insupportable ingérence gouvernementale, ils présentèrent le pauvre ministre comme la conjonction parfaite du vice et de l'incompétence, et réclamèrent avec véhémence le maintien des sacro-saintes règles du participe passé ! La IIIe République recula : la réforme de l'orthographe imaginée par Georges Leygues ne fut jamais appliquée, et le nom du ministre sombra dans l'oubli, sauf pour mon meilleur ami qui s'est marié avec son arrière-petite-fille.

★
★ ★

Pendant que certains, comme Clément Marot, cherchent à fixer la langue dans des règles strictes, d'autres se plaisent, au contraire, à tordre les mots pour en faire leur propre jargon, tout de saveurs et d'inventions.

C'est d'ailleurs l'esprit de la Renaissance, un siècle de lumière et de création avant les désastres des guerres de Religion.

La France va connaître une période bénie, audacieuse, l'allégeance aveugle au latin vole en éclats. On ne se soumet plus à un langage figé mais on l'adapte à l'expérience, à l'observation. Le français sort ses ailes et s'envole, teinté d'humanisme, de bigarrures, de mélanges. En 1532, quand François Rabelais publie *Pantagruel,* il est déjà médecin à l'hôtel-Dieu du Pont-du-Rhône, à Lyon. Dans ce premier ouvrage, puis dans *Gargantua* deux ans plus tard, l'auteur crée un monde onirique plein de bons géants et de donzelles volages. Dans ces romans, les personnages sont décrits avec une verve haute en couleur qui malmène la langue pour le plus grand plaisir du lecteur…

Rabelais s'amuse à jouer avec les mots, lançant à la face du monde cette formule qui fait encore florès : « Femme folle à la messe », dans laquelle tout amateur de contrepèteries lira évidemment « femme molle à la fesse ». Il ne faut pas être bégueule quand on se plonge dans Rabelais ! Et lorsqu'il nous détaille les cent et une manières de se torcher le cul, on ne résiste pas, car la truculence l'emporte sur le côté scabreux du sujet traité. De cette philosophie de bas-fonds – si j'ose dire – est né le mot aujourd'hui trop négligé de « torcheculatif », qui signifiait vulgaire, sale, méprisable. Et si cela choque, n'oublions pas la morale rabelaisienne : « Mieux vaut de rires que de larmes écrire pour ce que rire est le propre de l'homme. »

Rabelais a aussi créé, à partir du latin, nombre de mots plus usuels, et certains n'ont pas quitté notre langue : automate, bénéfique, célèbre, génie, gymnaste, indigène, horaire… Nous lui devons encore des expressions stimulantes comme « la substantifique moelle », pour indiquer le meilleur d'un ouvrage, ou « la dive bouteille », pour désigner le divin flacon de vin porteur de réconfort.

Cela dit, Rabelais se fait aussi pourfendeur de l'obscurantisme, et je ne résiste pas au plaisir de vous transmettre quelques lignes de *Pantagrueline Prognostication,* recueil de voyances drolatiques destinées à tourner en dérision les astrologues. Voici donc les prédictions pour 1533, valables aussi pour cette année et l'an prochain : « Les aveugles ne verront que bien peu, les sourds entendront mal, les muets ne parleront guère, les riches se porteront un peu mieux que les pauvres, et les sains, que les malades… »

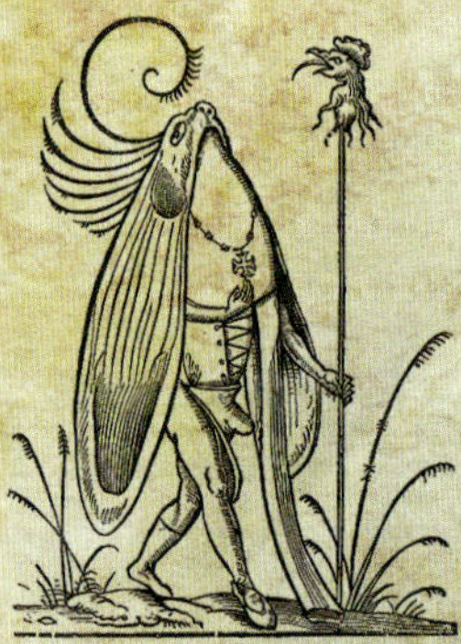

Gargantua) Chier? Non, diſt Grand-
goſier. Mais torcher le cul. Mais: diſt
Gargantua) voulez vous payer vn buſ
ſart de vin Breton, ſi ie vous foys qui-
nault en ce propos? Ouy vrayement,
diſt Grandgouſier. Il neſt, diſt Gargãtua, poinct beſoing torcher cul, ſinon quil
y ayt ordure. Ordure ny peut eſtre, ſi on
na chié: Chier doncques nous fault da-
uant que le cul torcher. O (diſt Grand-
gouzſier) que tu as bõ ſens petit guarſon-
net. Ces premiers iours ie te feray paſ-
ſer docteur en Sorbone par dieu, car tu
as de raiſon plus que daage. Or pour-
ſuiz ce propos torcheculatif, ie ten prie. Et
par ma barbe pour vn buſſart tu auras
ſoixãte pippes. Iẽtends de ce bon vin bre
ton, lequel poinct ne croiſt en Bretaigne.
mais en ce bon pays de Verron. Je me
torchay apres (diſt Gargãtua) dun cou-
uerchief, dun aureiller, dune pantophle,
dune gibbeſſiere, dun panier. Mais o, le
malplaiſãt torchecul. Puis dun chappe-
au. Et notez q̃ des chappeaulx les vns ſõt
ras, les aultres a poil, les aultres veloutт-
tez, les aultres taffetaſſez, les aultres ſati
nizez. Le meilleur de tous eſt celluy de poil
Car il faict treſbõne abſterſion de la ma
tiere fecale. Puis me torchay dune poul-
le, dũ coq, dun poulet, de la peau dũ veau
dũ lieure dun pigeõ, dun cormarã dũ ſac
daduocat, dune barbute, dune coyphe, dũ
leurre, Mais cõcluent ie dys et mãtiens,

D

Page extraite de *Gargantua. La Vie inestimable du grand Gargantua, père de Pantagruel, jadis composée par l'abstracteur de quinte essence. Livre plein de pantagruélisme,* Rabelais, 1535.

Tout autour, série de gravures de 1823 *in Les Songes drolatiques de Pantagruel,* Rabelais (1494-1553).

Pantagruel, fils de Gargantua, est nourri du lait de quatre mille six cents vaches. Illustration de Gustave Doré (1832-1883) *in Gargantua et Pantagruel*.

Comment naissent les mots

Il y a plusieurs manières de créer un mot. On l'a vu, l'influence du latin ou de l'italien et le verbe de Rabelais ont déjà grandement enrichi notre vocabulaire dans ce siècle de progrès et de découverte qui en a bien besoin. Mais le français a d'autres ressources…

L'onomatopée fabrique des mots à partir d'un son. Coquelicot, qui apparaît en ce XVIe siècle, dérive de… cocorico, parce que la fleur rouge fait penser à la crête du coq. Cliquer, qui signifiait dès 1306 « émettre un bruit sec », avait disparu de la langue ; il est revenu vers 1980, rapporté par l'anglais *to click* pour désigner, en informatique, l'utilisation de la souris d'ordinateur. Mais il y a bien d'autres termes issus d'onomatopées : chuintement, claque, hibou, hoquet, zézaiement…

Au fil du temps, on va découvrir aussi des mots tirés de noms propres. Dès ce XVIe siècle, on connaît la « lapalissade », autrement dit une évidence inutilement précisée. Elle nous vient de Jacques de La Palice, qui n'a pourtant rien fait pour connaître cette gloire posthume. En effet, c'est une chanson célébrant la disparition de ce maréchal de France, en 1525, qui fut à l'origine de ce mot : « S'il n'était pas mort, il serait encore en vie… Quand il était tout nu, il n'avait point de chemise… Quand il ne disait rien, il observait le silence… », et cela a suffi pour faire de monsieur de La Palice le roi des truismes.

Dans cette gloire lexicale lui succédera Antoine Silhouette, contrôleur général des Finances sous Louis XV. Il a légué son nom à un portrait à peine ébauché, peut-être parce que ses projets de réformes fiscales n'aboutissaient jamais, peut-être parce que lui-même pratiquait l'art de ce dessin aux contours schématiques. On trouvera plus tard Michel Bégon, gouverneur de Saint-Domingue au XVIIIe siècle, qui donna son nom au bégonia, Madeleine Paulmier qui, à la même époque, sortit de ses fours de Commercy la première madeleine, et Nicolas Chauvin, personnage d'un vaudeville qui symbolisait le soldat patriote sous le premier Empire.

D'autres procédés peuvent engendrer des mots. Dans ce que la linguistique appelle la dérivation, on ajoute à un terme existant – « occupé », par exemple – un préfixe pour créer « inoccupé » ou un suffixe pour obtenir « occupation ». Quant à la composition, elle consiste à juxtaposer deux mots pour en former un troisième : après-midi, baromètre, bicyclette, électrocardiogramme, gratte-ciel, sous-main, tournevis…

Enfin, on voit aussi la langue s'enrichir par des glissements de sens. Quand en 1538, l'imprimeur Robert Estienne publia son lexique français-latin, il appela son ouvrage « dictionnaire », terme encore synonyme, à ce moment-là, de « vocabulaire ». Mais le mot changera vite de signification pour désigner tout ouvrage dont l'érudition sera présentée par classement alphabétique.

Jacques II de Chabannes, seigneur de La Palice ; craie sur papier, XVIe siècle.

Le marechal chabanes

Au XVIe siècle, l'italianisme balaye tout, et le latin est de plus en plus délaissé. Mais la vieille langue romaine garde force de loi en justice, même si elle n'est plus comprise par grand monde. Quand Gilles de Rais, ancien compagnon de Jeanne d'Arc, avait été jugé à Nantes pour avoir violé et assassiné plus d'une centaine d'enfants, le déroulé du procès et la sentence avaient été consignés en latin. Quand François Villon et sa bande avaient comparu pour la mort d'un prêtre au cours d'une bagarre, c'est encore en latin que le poète avait reçu, par mesure de grâce, les lettres de rémission de la chancellerie…

Et parfois – c'était peut-être pire –, les langues s'entremêlaient. Dans les procédures de Toulouse, les questions des juges étaient en français, les réponses des accusés, en langue d'oc, et les verdicts, en latin !

François Ier comprend que l'on ne peut pas continuer de juger, condamner ou absoudre en latin des gens qui ne saisissent pas les tenants et aboutissants du procès dont ils sont les accusés. Le roi ressent d'autant mieux le désarroi des justiciables qu'il est lui-même un piètre latiniste et n'a jamais pu ingurgiter les règles des diverses déclinaisons. Il est donc trop heureux de se débarrasser de cette langue… Le 25 août 1539, dans son château de Villers-Cotterêts, en Picardie, il signe l'ordonnance dont les articles 110 et 111 concernent la promotion du français non seulement dans les tribunaux, mais dans l'Administration en général. Il faudra désormais émettre des arrêts clairs et compréhensibles, prononcer, rédiger et publier tous les registres, enquêtes, contrats, commissions, sentences, testaments et autres actes et exploits de justice « en langage maternel francoys, et non autrement ».

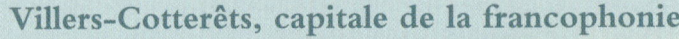

Villers-Cotterêts, capitale de la francophonie

Le président Emmanuel Macron l'a annoncé en mars 2018 : le château du département de l'Aisne dans lequel François Ier a signé l'ordonnance sur la primauté de la langue française va devenir la Cité de la francophonie (1, place Aristide-Briand, à Villers-Cotterêts). À l'horizon 2022, on devrait voir s'y établir un espace ouvert à toutes les cultures francophones. Et le château de Villers-Cotterêts, qui a abrité une maison de retraite jusqu'en 2014, puis a été laissé à l'abandon et en partie muré, sera totalement restauré.

Château de Villers-Cotterêts, huile sur toile, Armand Bernard (1829-1894).

Ordonnan du Roy [illegible]
De Justice.
Francoys par la grace de dieu Roy de france
Savoir faisons A tous presens et advenir Que pour aucunement pourveoir au bien de nostre justice abbreviation des proces et soulaigement de noz subiectz Avons par edict perpetuel et irrevocable statue et ordonne Statuons et ordonnons les choses qui sensuyvent

LI Aussi sera faict registre en forme de preuve des baptesmes qui contiendront le temps et lheure de la nativite et par lextraict dudict registre se pourra prouver le temps de maiorite ou minorite et fera plaine foy a ceste fin.

CX Et affin quil ny ayt cause de doubter sur lintelligence desdictz arrestz nous voulons et ordonnons quilz soient faictz et escriptz si clerement quil ny ayt ne puisse avoir aucune ambiguite ou incertitude ne lieu a en demander interpretation

CXI Et pource que telles choses sont souventesfois advenues sur lintelligence des motz latins contenuz esdictz arrestz Nous voulons que doresnavant tous arrestz ensemble toutes autres procedures soient de noz cours souveraines ou autres subalternes et inferieures soient de registres enquestes contractz commissions sentences testamens et autres quelzconques actes et exploictz de justice ou qui en dependent soient prononcez enregistrez et delivrez aux parties en langaige maternel francoys et non autrement.

Selon la fameuse ordonnance de 1539, les droits coutumiers du nord du pays, essentiellement oraux, sont couchés par écrit en français et, dans le Sud, le droit canon est traduit. On peut voir là une volonté de s'affranchir du latin, certes, mais on doit y déceler également le souci d'homogénéisation du territoire. Dans cette perspective d'unification, le roi ne voulait-il pas lutter aussi contre les nombreux patois répandus à travers le pays ?

C'était en tout cas la volonté de François Ier à qui l'on pourrait attribuer la devise de l'époque : « Une langue par royaume. »

François Ier n'y réussira pas totalement : la Navarre et le Roussillon continueront de rédiger les textes administratifs en dialecte local, le gascon pour le premier, le catalan pour le second.

L'ordonnance de Villers-Cotterêts édictée par le roi de France François Ier.

Au même moment, d'ailleurs, de grands écrivains plaident pour les régionalismes. Dans son *Abbrégé de l'art poëtique françois*, Pierre de Ronsard conseille aux jeunes poètes de choisir les vocables précis sans se soucier « s'ils sont gascons, poitevins, normands, du Maine, du Lyonnais ou d'autres pays, pourvu qu'ils soient bons et que proprement ils expriment ce que tu veux dire ». Quant à Montaigne, il résume ainsi la situation : « Que le gascon y aille, si le français n'y peut aller. »

Toutes ces variétés de langues sont sources de richesses et participeront de la « langue de Roy » si on le désire.

D'ailleurs, en ce siècle où le souverain et sa cour officialisent le français, le dialecte va devenir une petite préciosité, un côté proche des gens, proche du peuple. On se plaît à le parler, on en prend soin comme d'un vieux parent, un vieil héritage, mais on en use par distraction ou pour faire authentique plus que pour faire sérieux. Les Français « de province » le ressentent comme Montaigne lui-même : « Mon langage françois est alteré et en la prononciation et ailleurs par la barbarie de mon cru. »

Ces recours littéraires à la saveur des dialectes locaux ne dérangent pas vraiment l'administration centralisatrice… Le véritable ennemi, c'est encore le latin ! Car ce que la vieille langue a perdu dans le royaume, elle l'a gagné à l'international. En effet, le latin devient en ce XVIe siècle la langue européenne pour les sciences, le droit, la philosophie et l'Église. Un peu comme l'anglais est aujourd'hui la langue quasi officielle des sciences et des échanges. En vertu de cette place prépondérante, certains enseignants jugent bon de dédaigner le français. Selon le règlement version 1558 du collège du Plessis, rue Saint-Jacques à Paris, les enfants ne doivent « ni jurer, ni blasphémer, ni parler en français ». Ils doivent s'exprimer en latin.

Mais encore une fois, de quel latin s'agit-il ?

Puisque le latin est devenu la langue qui permet de communiquer sur le plan européen, les latinistes ont tendance à oublier un peu les règles strictes pour privilégier la compréhension rapide. De plus, cette langue internationale est prononcée différemment d'un pays à l'autre… Érasme s'en inquiète dès 1528 dans son *Dialogue sur la prononciation correcte du latin et du grec.* Le philosophe néerlandais s'angoisse à l'idée qu'un prêtre italien pourrait ne plus être compris d'un savant germanique… Alors, tout en admettant que la religion chrétienne s'ouvre aux langues populaires, il plaide pour un latin « pur », le latin classique, réservé à l'élite. Comme dans les siècles passés, ce latin des textes antiques reste un langage pour forts en thème, un langage par ailleurs relégué au rang de fossile.

Le français, lui, fait autorité pour le quotidien, y compris dans les domaines les plus élitistes, ceux du pouvoir, de la justice et du commerce. Sans oublier les expéditions lointaines qui portent la langue au bout du monde…

Double page suivante : Carte représentant Jacques Cartier au moment du débarquement sur les côtes canadiennes, et basée sur ses découvertes entre 1534 et 1541. *In Atlas Vallard,* 1547.

Bienvenue dans le français du Québec

En 1539, le navigateur malouin Jacques Cartier pose pour la première fois le pied en Amérique et découvre un pays que les Iroquois appellent Kanata, et que nous connaissons sous le nom de Canada.

Cartier fait traverser l'Atlantique à la langue française qui s'installe au Québec, « là où le fleuve se rétrécit », selon le parler du peuple amérindien des Algonquins. Et nos cousins de là-bas sont très fiers d'avoir conservé le français du XVIe siècle, avec ses mots et son accent. Lorsque le Premier ministre canadien reçoit le président français et lui lance : « Quel plaisir de jaser avec toi ! », il utilise effectivement un mot surgi de cette époque lointaine.

Et l'on sourit, parce que l'on ne peut pas ne pas adorer les tournures imagées de là-bas : « Il ne s'excite pas le poil des jambes », pour parler d'un collègue indolent ; « On va se paqueter la fraise », pour aller prendre un verre ; « Elle est attriquée comme la chienne à Jacques », pour dire qu'elle est mal habillée. Quand un homme parle de « sa blonde », c'est sa petite amie qu'il évoque, même si la jeune femme a les cheveux noirs ! Et lui, son compagnon, c'est son « chum ».

Quant à « Swing la bacaisse dans l'fond d'la boîte à bois », c'est un peu plus compliqué ! Mais patience… Tout a une explication : *swing* signifie balancer en anglais, la bacaisse était la bâche qui permettait de transporter le bois de chauffage dans les habitations, la boîte à bois était la réserve de bûches. Balancer la bâche dans le dépôt de bois marquait donc la fin du travail… et le début d'une danse endiablée !

Mais ce que personne n'ose faire remarquer aux Québécois, parce que ça leur ferait de la peine, c'est que bien souvent, dans leur « parlure » de ce XXIe siècle, ils traduisent littéralement l'américain pour l'exprimer en français… « Bon matin » ou « magasiner » sont des transpositions fidèles de *good morning* et de *shopping*. Remerciez un Canadien de Montréal, il vous répondra par un « bienvenue » sympathique mais un peu déconcertant. Dans les mêmes circonstances, un Américain répondra : *You're welcome*…

On a même entendu une star de la musique country francophone lancer à son public :

– Vous êtes fins, ce soir !

Ce qui, on en conviendra, ne veut pas dire grand-chose. À moins de savoir que *fine* signifie « bien » en anglais…

Jacques Cartier (1491-1557), marin français et explorateur ; gravure française d'après peinture.

Illes des esores
Terra Nova
Labrador

Au XVIe siècle, le développement du français se voit aussi dans l'évolution des travaux d'imprimerie. Alors que le pourcentage d'ouvrages imprimés dans cette langue est infime en 1500, il est de cinquante pour cent en 1575… Le reste se partage entre les livres latins, bien sûr, mais aussi allemands, italiens et flamands.

Même la médecine commence à échapper timidement au latinisme acharné. Dans un domaine manuel comme la chirurgie, le rapport au réel impose de franciser les termes scientifiques afin de faciliter la compréhension des gestes et des théories. Les chirurgiens sont en lien étroit avec leurs patients, ils ont donc besoin du français… Le meilleur exemple de ce profond changement reste Ambroise Paré, le père de la chirurgie moderne, qui reçoit le bonnet de maître du collège de chirurgie malgré l'opposition des médecins offusqués de voir un maître ne pas parvenir à fanfaronner en latin !

*
* *

Le malheur couve et se profile, mais avant les désastres des guerres de Religion, la France connaît jusqu'en 1562 une période relativement calme, audacieuse en tout cas, durant laquelle le français s'enrichit de jour en jour et devient de plus en plus un outil général de communication. C'est le temps des premières grammaires et des premiers dictionnaires dans cette langue.

La première grammaire française publiée en France est due à Jacobus Sylvius, un médecin picard qui a écrit en 1531 sa *Grammatica latino-gallica*, une grammaire française en latin pour qu'elle puisse être utilisée par les étrangers curieux de connaître les arcanes du français. Je ne sais pas si les étudiants venus d'ailleurs se sont beaucoup servis de la grammaire de Sylvius, mais son influence sur la langue, en France, se fait encore sentir. En effet, ce médecin nous a fait cadeau de l'accent circonflexe ! Il ne l'a pas inventé puisqu'il l'a emprunté au grec et au latin, mais il a tenté d'en fixer l'emploi en remplacement d'un *s* intercalé entre une voyelle et une consonne. Grâce à lui, on n'écrira plus *fenestre* mais « fenêtre », *bastiment* mais « bâtiment », *teste* mais « tête ».

D'autres grammaires verront le jour tout au long du siècle, mais il y aura aussi des textes destinés à faire l'éloge de la langue afin de la développer, de l'imposer et de refuser les influences extérieures. En 1549, le poète Joachim Du Bellay publie *Deffence et illustration de la langue françoyse* : « Et qui voudra de bien près y regarder, trouvera que notre langue française n'est si pauvre qu'elle ne puisse rendre fidèlement ce qu'elle emprunte des autres ; si infertile qu'elle ne puisse produire de soi quelque fruit de bonne invention… »

Portrait du médecin français Jacobus Sylvius (Jacques Dubois), (1478-1555). Gravure du XIXe siècle.

Cette affirmation selon laquelle le français est capable d'aborder tous les champs de la création littéraire est une audace et une nouveauté, car bon nombre de lettrés estiment encore que cette langue ne possède ni la puissance ni la beauté du grec et du latin.

En tout cas la langue française attire l'attention et la curiosité. Certains esprits fureteurs commencent à s'intéresser à son histoire. Les uns s'en tiennent à l'étymologie, d'autres s'égarent parfois dans un flou artistique… En 1557, par exemple, Jacques Peletier du Mans, poète, grammairien, philosophe, mathématicien et médecin, publie anonymement *Discours non plus mélancolique que divers*, dans lequel il explique de manière fantaisiste l'origine du mot « Parisienne »… Ce terme viendrait du grec *parisia*, bavardage, « à cause qu'aux femmes de Paris ne gela encore jamais le bec ». Quant à Paris, si la ville s'est appelée Lutèce, c'est que ses maisons étaient faites de plâtre, on l'a donc nommée la Blanche, *Luceo* en latin !

En évoquant Lutèce, Peletier nous précipite dans l'Antiquité, cette période que la Renaissance redécouvrait avec volupté. La création du Collège de France en 1530 permettait d'étudier, avec le latin, le grec et l'hébreu, ce qui favorisait de belles trouvailles. Mais surtout, sous l'impulsion de Guillaume Budé, le latin était remis à sa place : celle d'une grande langue, certes, mais une grande langue de l'Antiquité, au même titre que l'hébreu ou le grec, des langues mortes par rapport au français.

Littérature, philosophie, sciences, tout ce qui venait de l'histoire grecque ou romaine était toutefois assidûment étudié et idéalisé. Jusqu'aux vieilles légendes qui retrouvaient une nouvelle vigueur…

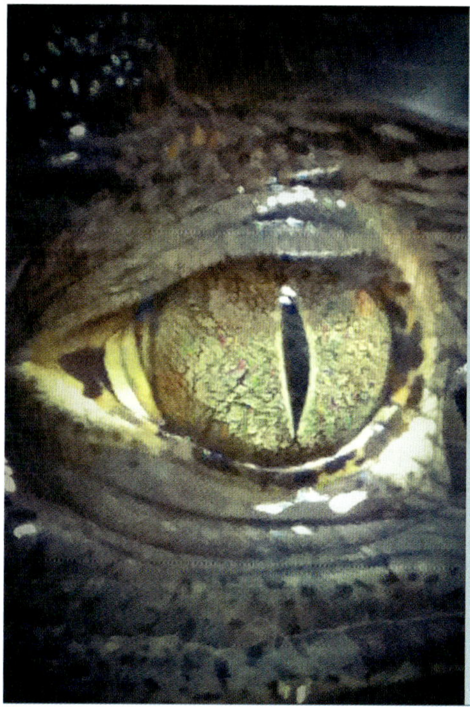

« Les larmes de crocodile »

En revisitant l'Antiquité, la Renaissance fait la part belle à la mythologie… Et l'on s'émerveille de cette fable grecque selon laquelle les crocodiles du Nil font semblant de pleurer pour attendrir les passants… qui s'approchent pleins de commisération et sont aussitôt dévorés ! Dès lors, et pour faire étalage de sa culture antique, on parle des « larmes de crocodile » versées par les hypocrites pour feindre l'émotion.

Pendant que Du Bellay convainc ses amis poètes de faire chanter la langue française et que Peletier se divertit avec les mots, le grammairien lyonnais Louis Meigret grammatise à tout-va et publie, en 1550, *Le Tretté de la grammère françoeze*. Eh oui, il écrit comme il en a envie, et personne n'ose rien lui dire… puisqu'il est grammairien !

Dans ce *traité* (et non *tretté* !) Meigret plaide pour une réforme de l'orthographe (déjà !). Il refuse les latinismes à l'écrit dans la langue *françoyse* (et non *françoeze* !) et insiste pour gommer toute référence à la vieille langue romaine. Par ailleurs, selon lui, « les lettres doivent faire en entier leur devoir envers la prononciation », autrement dit chaque caractère tracé sur le papier a vocation à être exprimé. Il faut donc d'urgence se débarrasser de toutes les lettres muettes, qui seraient remplacées par une apostrophe, signe à peine inventé et terriblement tendance ! Vaste programme… Ensuite, toujours pour simplifier l'orthographe, Meigret suggère de retirer le *u* après le *q*, « équitable » devenant *éqitable,* et « question », *qestion*, sans oublier de supprimer toutes les consonnes doubles, inutiles et complexes, « personne » s'écrivant désormais *person*. Enfin, il faut en finir avec cette aberration du *ch* prononcé *k*, « chœur » et « chronologie » devenant en conséquence *keur* et *kronologi*…

En transcrivant les propositions de Meigret, je me rends compte à quel point tout cela nous semble aujourd'hui farfelu ; mais en plein milieu du XVIe siècle, les concepts meigrétistes furent pris très au sérieux et trouvèrent des adeptes qui s'efforcèrent d'écrire *selon lé règl edicté par le metr*. Si cette démesure simplificatrice n'a pas résisté au temps, il nous reste tout de même une trace de cette cascade d'innovations : la cédille sous le *c*, signe emprunté par Meigret à l'espagnol. Jusqu'ici, pour passer du son dur du *c*, comme dans « communauté », au son doux, comme dans « garçon », on plaçait un *z* après le *c* : *garczon*.

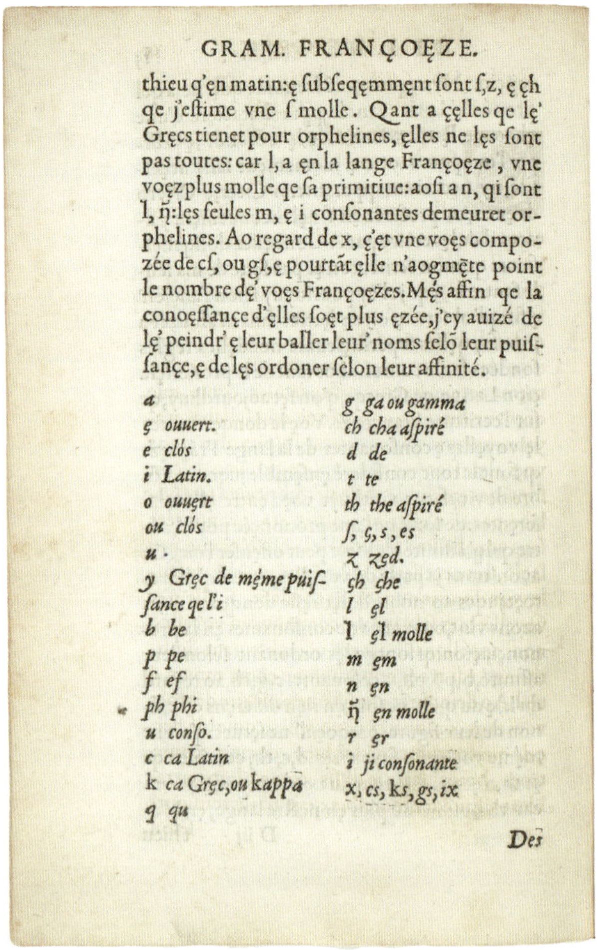
GRAM. FRANÇOĘZE.

thieu q'ęn matin: ę ſubſeqęmmęnt ſont ſ,z, ę ęh qe j'eſtime vne ſ molle. Qant a ęelles qe lę' Gręcs tienet pour orphelines, ęlles ne lęs ſont pas toutes: car l, a ęn la lange Françoęze, vne voęz plus molle qe ſa primitiue: aoſi a n, qi ſont l, ŋ̃: lęs ſeules m, ę i conſonantes demeuret orphelines. Ao regard de x, ç'ęt vne voęs compozée de cſ, ou gſ, ę pourtāt ęlle n'aogmēte point le nombre dę' voęs Françoęzes. Męs affin qe la conoęſſançe d'ęlles ſoęt plus ęzée, j'ey auizé de lę' peindr' ę leur baller leur' noms ſelō leur puiſſançe, ę de lęs ordoner ſelon leur affinité.

a	*g ga ou gamma*
ę ouuert.	*ch cha aſpiré*
e clós	*d de*
i Latin.	*t te*
o ouuęrt	*th the aſpiré*
ou clós	*ſ, ς, s, es*
u	*z zęd.*
y Gręc de męme puiſſance qe l'i	*ęh ęhe*
b be	*l ęl*
p pe	*l ęl molle*
f ef	*m ęm*
ph phi	*n ęn*
u conſo.	*ŋ̃ ęn molle*
c ca Latin	*r ęr*
k ca Gręc, ou kappa	*i ji conſonante*
ꝗ qu	*x, cs, ks, gs, ix*

Des

Le Tretté de la grammère françoeze, Louis Meigret, 1550.

Meigret trouva bientôt plus intransigeant et plus extrémiste que lui-même. En 1578, le Marseillais Honorat Rambaud publia en effet un livre qui fit grand bruit : *La Desclaration des abus que l'on commet en escrivant*… L'intégrisme orthographique de Rambaud commençait par la suppression pure et simple de l'alphabet ! Il réinventa un nouvel abécédaire, des caractères qui ne ressemblaient en rien à nos lettres latines mais s'approchaient plutôt, graphiquement, d'un mélange de grec et d'hindi, avec une profusion d'accents et une abondance d'apostrophes – signe décidément très à la mode.

L'absurdité des bouleversements proposés par Rambaud tua dans l'œuf toute velléité de changement. Et finalement, on oublia tout pour se plier aux règles anciennes.

Moralité : aujourd'hui où la folie réformatrice semble reprendre les linguistes, lesquels ont comme ceux d'autrefois leurs raisons et leur déraison, ne vous affolez pas inutilement ! Le temps fera sans doute judicieusement son œuvre…

⋆
⋆ ⋆

À vrai dire, à la fin du XVIe siècle, les temps ont changé, les grammairiens et les poètes ont de moins en moins l'esprit à l'apostrophe juste ou à la cédille bien placée. Depuis 1562, les guerres de Religion ravagent la France. D'ailleurs, dans la haine qui oppose catholiques et réformés, le souci de la langue n'est pas absent. Martin Luther dans les pays germaniques, Jean Calvin pour les francophones refusent que le service religieux continue de se dérouler en latin. Rappelons que seuls les sermons, à l'époque, sont prononcés en langue locale. Désormais, il faut que les offices des temples protestants se déroulent eux aussi dans la langue de chaque pays afin que les fidèles puissent comprendre ce qui leur est dit et ce qu'ils vont chanter tous ensemble. D'ailleurs, soulignent les réformés avec ironie, saint Jérôme a bien traduit la Bible en latin, alors pourquoi ne pas lire les Évangiles en français ?

Il faut remarquer que la plupart des réformateurs de l'orthographe et de la grammaire, de Meigret à Peletier en passant par Sylvius, étaient également réformateurs sur le plan religieux. Ces protestants demandaient une modernisation de l'orthographe dans un but culturel et social :

Portrait de Jean Calvin (1509-1564).

que tous ceux qui n'entendaient pas le latin puissent avoir un accès plus facile à l'écriture. Les catholiques, eux, penchaient généralement pour une grammaire élitiste et une orthographe étymologique… et ce sont eux qui l'ont emporté finalement, malgré les quelques réformettes venues ponctuer l'histoire de la langue depuis plus de cinq siècles.

Le 26 août 1572, Paris est secoué par les massacres antiprotestants qui ont commencé deux jours plus tôt, à la Saint-Barthélemy. Une bande d'assassins fanatiques enfoncent les portes du collège de Presles, sur la montagne Saint-Geneviève, et se ruent sur un vieux maître, Pierre Ramus, un réformé que ces brutes transpercent de coups d'épée avant de le jeter vivant par la fenêtre puis de le traîner par les pieds pour le précipiter dans la Seine.

Pierre Ramus… Son nom d'humaniste éclairé résonne dans toute l'Europe, et les amoureux de la langue française n'ignorent pas qu'il a publié une grammaire afin de répandre « la grâce et la douceur » du bon français. Selon la mode du temps, il fait, lui aussi, quelques propositions novatrices… Grâce à lui, on distinguera le *u* du *v* et le *j* du *i*. Grâce à lui, on mettra des accents sur le *e*.

Les guerres de Religion se prolongèrent quasiment jusqu'à la fin du siècle. Et puis, le 30 avril 1598, Henri IV, roi protestant converti au catholicisme, accorda partiellement la liberté de culte en signant l'édit de Nantes.

Déjà de nouvelles grammaires se préparaient. Le Blésois Charles Maupas concoctait un ouvrage contenant les *reigles bien exactes* de l'orthographe française… Le temps était venu d'adopter certains usages et d'en rejeter d'autres, pour que tous s'accordent sur une base commune fixée définitivement.

Le français du XVIe siècle avait été un jeune chien fou qui courait dans tous les sens, cherchant à se nourrir et à s'amuser, le siècle suivant devait faire parvenir la langue à l'âge adulte…

Ci-dessus : La mort de Ramus (Pierre de La Ramée (1515-1572)), humaniste, mathématicien et philosophe français, la nuit de la Saint-Barthélemy. Gravure *in Les Martyrs de la science,* Gaston Tissandier, 1882.

Page de droite : Première page de l'Édit de Nantes d'Henri IV, roi de France et de Navarre, 1598.

Edit de Nantes en Faveur de ceux de Religion pretendue reformée 1598

Henry

Henry par la grace de Dieu Roy de France et de Navarre. A tous presens et advenir salut. Entre les graces infinies qu'il a pleu a Dieu nous departir celle est bien des plus insignes et remarquables de nous avoir donné la vertu et la force de ne ceder aux effroyables troubles, confusions et desordres qui se trouverent a nostre advenement a ce Royaume, qui estoit divisé en tant de partz et de factions que la plus legitime en estoit quasi la moindre, et de nous estre neantmoings tellement roydiz contre ceste tourmente, que nous l'ayons enfin surmontée et touchions maintenant le port de salut et repos de cest estat, de quoy a luy seul en soit la gloire toute entiere, et a nous la grace et obligation qu'il se soit voullu servir de nostre labeur pour parfaire ce bon oeuvre. Auquel il a esté visible a tous si nous avons porté ce qui estoit non seullement de nostre debvoir et pouvoir, mais quelque chose de plus, qui n'eust peut estre pas esté en autre temps bien convenable a la dignité que nous tenons, que nous n'avons plus eu crainte d'y exposer, puisque nous y avions tant de fois et si librement exposé nostre propre vie. Et en ceste grande concurrence de si grandz et perilleux affaires ne se pouvans tous composer tout a la fois et en mesme temps, il nous a fallu tenir cest ordre d'entreprendre premierement celles qui ne se pouvoient terminer que par la force, et plustost remettre et suspendre pour quelque temps les autres qui se debvoient et pouvoient traicter par la raison et la justice. Comme les differendz generaulx d'entre noz bons subjectz et les maulx particuliers des plus saynes parties de l'Estat, que nous estimions pouvoir bien plus aysement guerir, apres en avoir osté la cause principalle qui estoit en la continuation de la guerre civille. En quoy nous estans par la grace de Dieu bien et heureusement succedé, et les armes et hostilitez estans du tout cessées en tout le dedans du Royaume, nous esperons qu'il nous succedera aussi bien aux autres affaires qui restent a y composer, et que par ce moyen nous parviendrons a l'establissement d'une bonne paix et tranquille repos, qui a tousjours esté le but de tous noz voeux et intentions, et le prix que nous desirons de tant de peines et travaulx ausquelz nous avons passé le cours de nostre aage. Entre lesdictes affaires ausquelles il a fallu donner patience, et l'une des principalles, ont esté les plainctes que nous avons receues de plusieurs de noz provinces et villes catholicques de ce que l'exercice de la religion catholicque n'estoit pas universellement restably, comme il est porté par les edictz cy devant faictz pour la pacification des troubles a l'occasion de la religion. Comme aussy les supplications et remonstrances qui nous ont esté faictes par noz subjectz de la religion pretendue reformée, tant sur l'inexecution de ce qui leur est accordé par lesdictz edictz, que sur ce qu'ilz desireroient y estre adjousté pour l'exercice de leurdicte religion, la liberté de leurs consciences et la seureté de leurs personnes

– 17 –

QUAND LE FRANÇAIS DEVIENT LA LANGUE DE MOLIÈRE

Au XVIIe siècle, Richelieu crée l'Académie française, Malherbe puis Vaugelas fixent le bon usage, et avec Corneille, Molière, Racine, Pascal, Bossuet, Boileau, La Bruyère et Perrault, notre langue se pare de tous les talents.

Étrange face-à-face au Louvre en ce mois de septembre 1605. Deux hommes s'observent comme dans un miroir, chacun voyant dans l'autre son propre reflet. Qui est le roi ? Qui est le poète ? Même barbe grisonnante et carrée, même chevelure éclaircie sur le devant, même nez busqué, même bouche gourmande, même cinquantaine fièrement portée…

Portrait du roi de France Henri IV (1553-1610).
Peinture de Louis Hersent (1777-1860).

Mais soudain ils se mettent à parler, et la ressemblance s'estompe. Le roi s'exprime avec le rude accent gascon, roulant ses mots comme des pierres dans les torrents des Pyrénées. Le poète, né à Caen et installé en Provence, mêle dans son langage quelques éléments normands aux relents latins du Sud, même s'il s'évertue surtout à parler le français de Paris.

Henri IV et François de Malherbe sont deux provinciaux venus faire la conquête de la grande ville. Tous les deux veulent réunir le royaume autour de la langue, tous les deux cherchent à promouvoir les belles-lettres… et chacun a besoin de l'autre. Sans le poète, le roi n'aurait aucune autorité sur le devenir de la langue. Sans le roi, le poète ne pourrait pas se faire entendre.

Page de gauche : Portrait de François de Malherbe (1555-1628).
Peinture de Robert Lefèvre, 1822.

Malherbe fait de la défense intransigeante de la langue française le combat de sa vie. Mais quelle langue ? Celle des érudits, de l'élite ? Pas du tout. Le poète considère que ses seuls maîtres en ce domaine sont… les crocheteurs du port au Foin ! Eh oui ! Les débardeurs des rives parisiennes de la Seine. Parce que, nous explique-t-il, le peuple décide toujours de son langage et l'aménage selon ses besoins. Or une langue n'existe que si elle est utilisée, et c'est donc le peuple qui fait son avenir.

Devenu poète officiel, Malherbe se coule avec délices dans son rôle de sage pédagogue, déclarant avec ostentation qu'il travaille à *dégasconner* la cour ! Car à la suite du roi, des bandes de nobles gascons ont envahi les galeries du Louvre, faisant résonner sous les voûtes anciennes leur élocution rocailleuse. Malherbe fait tout pour extirper l'accent gascon du palais royal… Il se bat même avec l'orthographe, retirant le *g* de *recoing*, espérant que le roi et ses courtisans renonceront désormais à prononcer cette lettre finale et inutile. Peine perdue, ils continuent de mettre un *g* à *besoing*, et de louer en gascon *nosté boun réy Hénric,* notre bon roi Henri… Mais en même temps, ces Gascons apportent au parler parisien des mots qui lui manquent. Si Malherbe était parvenu à *dégasconner* complètement la cour, nous n'aurions ni le béret, ni le cadet, ni la cargaison, ni le cèpe, ni le magret.

Poisson et bateau à lessive, quai de la Mégisserie, vers 1670 (gouache sur papier).

Pour l'écrit, la démarche est plus complexe encore. Il ne s'agit pas de revenir aux délires orthographiques du siècle passé, mais il faut impérativement permettre au français de s'appuyer sur des règles fixes, cohérentes, admises. Devant l'intransigeance de Malherbe, ses contemporains l'appellent « le tyran des mots et des syllabes », n'hésitant pas à le présenter comme un véritable maniaque. Il est vrai qu'on s'étonne parfois de le voir s'attacher à un amas pointilleux de détails, un embrouillamini dont on peine à suivre la cohérence. Qu'il enlève un *l* à *s'envoller* par respect du latin *volare*, soit. Mais pourquoi insiste-t-il pour garder le *d* de « brouillard », alors que le mot vient de l'ancien français *broillars* ?

Néanmoins, ne nous accrochons pas trop à ces broutilles, car dans l'ensemble, l'action de Malherbe se révèle salutaire. Par exemple quand le poète, méticuleux sur le sens des mots, parvient à sauver quelques termes en péril. Ainsi l'adjectif « chaleureux », qui a été longtemps synonyme de chaud. On parlait « d'un été chaleureux ». Mais avec ce sens limité, le mot est menacé : l'adjectif « chaud » le remplace avantageusement. Eh bien, Malherbe le préserve d'une disparition annoncée en lui donnant une signification plus large : « d'une chaude sympathie ».

Mais si le poète conserve certains termes, il en exclut d'autres. Malherbe fait preuve d'une surprenante pudeur en déclarant que le mot « barbier » est un terme sale, à utiliser le moins possible, et jamais en poésie. Quel ostracisme étrange envers une profession si utile à une époque où la plupart des hommes ont du poil au menton ! C'est qu'à la Renaissance, le barbier n'est pas seulement barbier, il est aussi chirurgien, donc chargé de pratiquer la saignée… Ah, la saignée ! Elle s'applique partout et pour tout, on entaille les chairs à l'occasion d'un accouchement difficile, à la suite d'un étourdissement ou pour enrayer un trouble inconnu, et l'on tranche allègrement au pli du coude, au jarret, à la cheville. Ce flot de sang extirpé fait horreur à Malherbe ! Son langage délicat rejette également l'ulcère, le rhume et l'estomac… Il s'effarouche même devant la poitrine : « Je serais bien aise que l'on n'usât point de ce mot de poitrine, que rarement, il n'est guère bon en vers. » Poitrine lui fait trop penser à la poitrine de veau, et il s'offusque à l'idée que l'on puisse utiliser le même vocable pour le bétail et pour l'humain.

Vous qui voulez la barbe auoir
Faictes à la mode de la Cour,
Venez ; car i'entens bien le tour,
Et y feray bien mon deuoir.
vij.

Le barbier ; lithographie en couleur de Jean Leclerc (1587-1632).

Et puis, il y a les mots qui agonisent… Des archaïsmes, dit Malherbe. Et là, il se montre intraitable. Il pense que les vieux mots ne valent pas les neufs, il estime que les termes délaissés par l'usage sont comme des monnaies usées qui ont perdu leur beauté et un peu de leur poids…

Comment meurent les mots

Les mots sont comme des êtres vivants, on peut les faire mentir, on peut les trouver biscornus ou spirituels, on peut les aimer, les protéger, mais parfois on ne peut pas les empêcher de disparaître…

Le latin *audire* avait donné à l'ancien français le verbe « ouïr », entendre. Et l'on déclinait : j'ois, tu ois, il oit… Et au futur : j'orrai, tu orras, il orra…

En 1605, Malherbe avait écrit dans sa *Prière pour le roi Henri le Grand* :

Et le peuple qui tremble aux frayeurs de la guerre,
Si ce n'est pour danser, n'orra plus de tambours.

Autrement dit, le peuple effrayé *n'entendra* plus de tambours.

Seulement, vingt ans plus tard, pour l'édition de 1627, le poète ne peut laisser ce vers en l'état… les jeunes ne le comprendraient plus ! Alors désormais, le peuple « *n'aura* plus de tambours » – futur du verbe avoir –, ce qui ne veut rien dire mais évite de faire de l'acharnement thérapeutique sur le futur d'ouïr, forme verbale moribonde.

Ainsi périssent les mots. Et quand, chaque année, les auteurs des dictionnaires se vantent des nouveaux termes entrés dans leurs nomenclatures, ils oublient de mentionner les sortants, enfouis à la hâte sous l'indifférence et l'oubli… Voici mon tiercé gagnant des disparus : un nom commun, la « crapaudaille », qui qualifiait un groupe de gens méprisables ; un adjectif, « frisquette », pour dire gentille ; un verbe, « marmitonner », concocté par Michelet pour désigner la préparation de coups bas en politique, et qui mériterait bien de reprendre du service.

Un crieur public, vers 1910.

À l'endroit où s'étire actuellement l'esplanade dallée du centre Georges-Pompidou serpentait jusqu'en 1976 la rue des Vieilles-Étuves. Tout au bout de cette modeste voie, au coin de la rue Saint-Martin, se dressait l'hôtel habité par Valentin Conrart, un brave homme, qui aurait voulu être un grand poète, mais se satisfaisait avec bonhomie d'être un ami des belles-lettres.

Une fois la semaine, Conrart réunit autour de lui un aréopage de beaux esprits. Comme il ne peut plus recevoir Malherbe, mort en 1628, il se contente d'accueillir Antoine Godeau – qui vient de publier une étude sur le poète disparu –, Jean Ogier de Gombauld, vaillant versificateur et heureux dramaturge, Jean Chapelain, qui écrit peu mais lit beaucoup, Louis Giry, avocat et traducteur du grec, du latin et de l'italien, François Le Métel de Boisrobert, abondant auteur, l'abbé Germain Habert, polygraphe comme ses amis, et quelques autres…

Que concocte cette assemblée de malherbiens convaincus dans les salons de l'hôtel des Vieilles-Étuves ? On devise de littérature, et quand l'un des convives a publié un ouvrage ou fait jouer une pièce, on en parle librement, entre soi, avec amabilité et bienveillance.

Mais le cardinal de Richelieu, principal ministre du roi Louis XIII, ne voit pas d'un très bon œil ces réunions pourtant bien innocentes. En fait, il cherche à tout contrôler, et ne supporte pas de ne pas savoir ce que disent ces littérateurs distingués… Le puissant cardinal s'inquiète d'autant plus que certains de ces écrivains, et d'abord le maître de maison, appartiennent fièrement et publiquement au protestantisme. Pour Richelieu, la paix religieuse n'empêche pas la méfiance…

Mais on n'interdit pas une réunion de poètes aussi réputés… Alors, pour surveiller de près ce peloton de rimailleurs, le cardinal use d'une stratégie efficace : la flatterie. Il suggère à ces auteurs éminents de se réunir dans un cercle inspiré de la Rome antique, une académie, qui favoriserait l'émergence de la belle langue dont ils seraient, eux, les garants !

Le lundi 13 mars 1634, rue des Vieilles-Étuves, s'ouvre la première réunion de l'Académie française… Réunion élargie, car de nouveaux participants ont été priés de se joindre au cénacle. Selon le souhait de Richelieu, ils seront bientôt quarante. Au milieu d'une assemblée fourmillante, on peut placer quelques espions…

Institut de France, 1635. Le cardinal de Richelieu (Armand Jean du Plessis, 1585-1642) donne lecture aux immortels (surnom donné aux académiciens) des statuts de l'Académie française qu'il vient de fonder. Illustration de Maurice Leloir (1853-1940) *in Richelieu*, 1901.

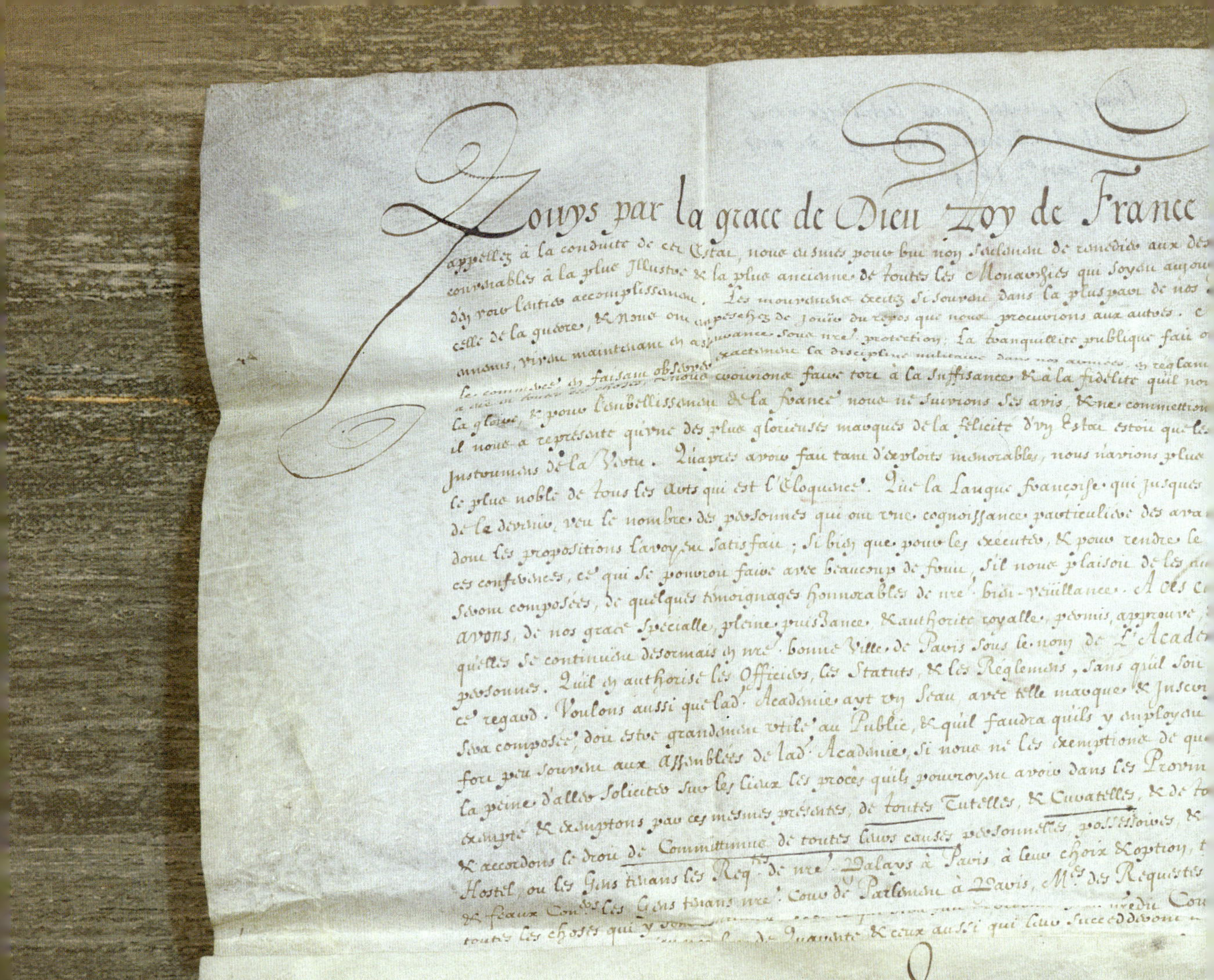

Louys par la grace de Dieu Roy de France

Par le Roy

Lettre patente de l'Académie française, 1635, signée vraisemblablement par le roi Louis XIII (1601-1643).

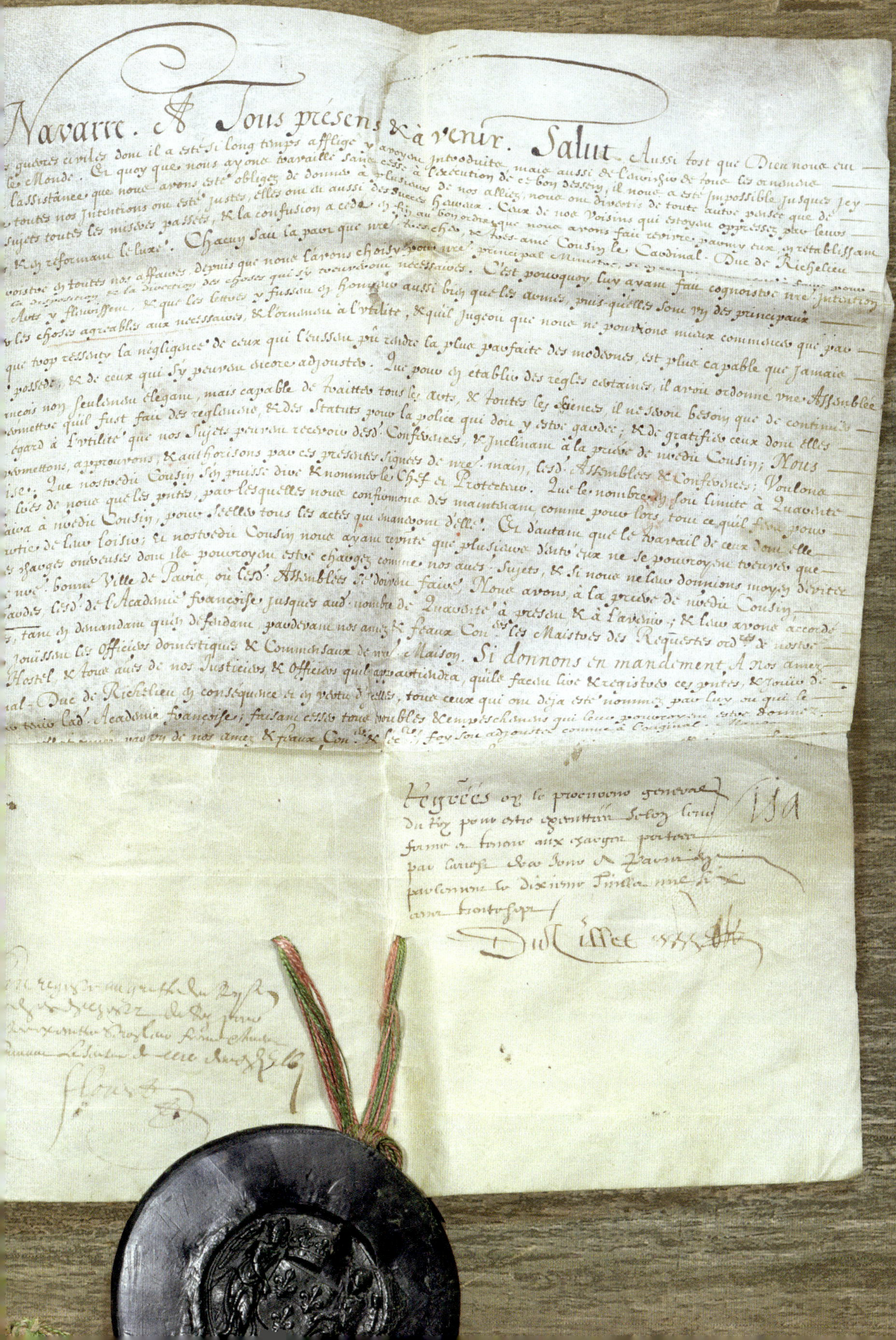
Navarre. A Tous présens & à venir. Salut. Aussi tost que Dieu nous eut
... guerres civiles dont il a esté si long temps affligé y avoyent introduites, mais aussi de l'ornement de tout les ...
... le Monde. Et quoy que nous ayons travaillé sans cesse à l'exécution de ce bon dessein, il nous a esté impossible jusques icy
l'assistance que nous avons esté obligez de donner à plusieurs de nos alliez, nous ont divertis de toute autre pensée que de
... toutes nos Intentions ont esté justes, elles ont eu aussi des succez heureux. Ceux de nos Voisins qui estoyent oppressez par leurs
Sujets toutes les misères passées, & la confusion a cédé enfin au bon ordre que nous avons fait revivre parmy eux en restablissant
... en réformant le luxe. Chacun sait la part que nre très cher & très amé Cousin le Cardinal Duc de Richelieu
... voistre en toutes nos affaires, depuis que nous l'avons choisy pour nre principal Ministre ...
... la disposition de la direction des choses qui s'y trouveront nécessaires. C'est pourquoy luy ayant fait cognoistre nre intention
... Arts y fleurissent, & que les lettres y fussent en honneur aussi bien que les armes, puis qu'elles sont un des principaux
... les choses agréables aux nécessaires, & l'ornement à l'utilité, & qu'il jugeoit que nous ne pourrions mieux commencer que par
... que trop ressenty la négligence de ceux qui l'eussent pû rendre la plus parfaite des modernes, est plus capable que jamais
... possède, & de ceux qui s'y peuvent encore adjouster. Que pour en establir des règles certaines, il avoit ordonné une Assemblée
... mesmes non seulement élégant, mais capable de traitter tous les Arts, & toutes les Sciences, il ne seroit besoin que de continuer
... permettre qu'il fust fait des reglemens, & des Statuts pour la police qui doit y estre gardée; & de gratiffier ceux dont elles
... esgard à l'utilité que nos Sujets peuvent recevoir desd. Conférences, & Inclinant à la prière de nostred. Cousin;
... permettons, approuvons, & authorisons par ces présentes signées de nre main, lesd. Assemblées & Conférences; Voulons
... ise. Que nostredit Cousin s'en puisse dire & nommer le Chef et Protecteur. Que le nombre en soit limité à Quarante
... liées de nous que les petits, par lesquelles nous confirmons des maintenant, comme pour lors, tout ce qu'il fera pour
... aira à nostred. Cousin, pour sceller tous les actes qui émaneront d'elle. Et d'autant que le travail de ceux dont elle
... utiles de leur loisir; et nostredit Cousin nous ayant représenté que plusieurs d'entre eux ne se pourroyent trouver que
... charges onereuses dont ils pourroyent estre chargez comme nos autres Sujets, & si nous ne leur donnions moyen d'éviter
... nre bonne Ville de Paris, où lesd. Assemblées se doivent faire; Nous avons, à la prière de nostred. Cousin,
... audits de l'Académie françoise, jusques aud. nombre de Quarante à présent & à l'avenir, & leur avons accordé
... tant en demandant qu'en défendant pardevant nos amez & feaux Conrs les Maistres des Requestes ordres de nostre
... jouissent les Officiers domestiques & Commensaux de nre Maison. Si donnons en mandement A nos amez
... Hostel, & tous autres de nos Justiciers & Officiers qu'il appartiendra, qu'ils facent lire & registrer ces présentes, & jouïr de
... al Duc de Richelieu en conséquence et en vertu d'icelles, tous ceux qui ont déjà esté nommez par luy ou qui le
... toute lad. Académie françoise; faisant cesser tous troubles & empeschemens qui leur pourroyent estre donnez.
... foy soit adjoustée comme à l'original ...

Registrées oy le procureur general
du Roy pour estre executtées selon leur
forme et teneur aux charges portées
par l'arrest de ce jour. A Paris en
parlement le dixiesme juillet mil six
cens trente sept.
Du Tillet

Visa

Registré au greffe du ...
... de Paris ...
...
...

À quoi occuper ces brillants esprits pour éviter qu'ils intriguent contre le régime ? Ils n'ont qu'à faire un dictionnaire ! Mais la tâche est de longue haleine, alors, dans un premier temps, l'Académie reçoit la mission d'imposer simplement le langage correct en déclarant ce qui est juste et ce qui ne l'est pas. Comment en décider ? Les académiciens appliquent d'abord le principe premier de Malherbe : le respect de l'usage.

– C'est une erreur qui n'est pardonnable à qui que ce soit de vouloir, en matière de langues vivantes, s'opiniâtrer pour la raison contre l'usage ! s'exclame l'un deux.

Sauf que, nous le verrons bientôt, l'« usage » de cet immortel n'est pas celui de Malherbe.

L'homme qui s'exprime ainsi est un Savoyard nommé Claude Favre de Vaugelas. Il a appris le beau langage à Annecy et a été reçu à l'Académie uniquement parce qu'il parle et s'exprime avec correction. Il n'a encore rien écrit, c'est vrai, mais il connaît si bien les arcanes subtils de la grammaire que l'on ne saurait se passer de lui.

Effectivement, Vaugelas se fait la cheville ouvrière du travail sur le dictionnaire. Il prépare la besogne de ses collègues, classe, évalue, choisit. Mais il ne s'inspire pas, lui, des crocheteurs du port au Foin, comme Malherbe, il explique au contraire que le bon usage « est la façon de parler de la plus saine partie de la cour, conformément à la façon d'écrire de la plus saine partie des auteurs du temps ». En somme, Malherbe est pour l'usage – le taux d'utilisation du mot –, Vaugelas pour le « bel usage », la langue des élites.

Enfin, c'est ce qu'il prétend, parce que, dans les faits, il accepte de nombreuses exceptions venues de l'expression populaire.

Par exemple, faut-il dire « afin que » comme le peuple et la province ou « pour que » comme la cour ? Vaugelas déclare que la première formule, celle de la majorité, a raison parce que « c'est la manière de dire selon la grammaire ». Quant aux néologismes, il finit par en accepter certains… Ainsi le terme « exactitude », qui nous paraît aujourd'hui à la fois correct et banal : « C'est un mot que j'ai vu naître comme un monstre, avoue-t-il, contre qui tout le monde s'écriait ; mais enfin on s'y est apprivoisé ; et dès lors j'en fis ce

Portrait de Claude Favre de Vaugelas (1585-1650) ; gravure du XIXe siècle.

jugement, qui se peut faire en beaucoup d'autres mots, qu'à cause qu'on en avait besoin et qu'il était commode, il ne manquerait pas de s'établir. » *Qu'à cause qu'on en avait besoin*… La façon de s'exprimer a bien changé ! Vaugelas a des facilités de langage qui nous paraissent aujourd'hui aussi incorrectes qu'insupportables.

En tout cas, pour mieux approcher la langue de tous les jours, l'académicien se tourne vers *La Gazette*, qui paraît chaque samedi depuis fin mai 1631.

La Gazette de Théophraste Renaudot

Gazette ? Un mot emprunté à l'italien *Gazeta de le novite*, « Gazette de l'actualité », nom d'un journal de Venise qui coûtait une *gazeta*, c'est-à-dire la plus petite pièce de monnaie de la cité des Doges.

L'hebdomadaire français de 1631, lui, est imprimé à huit mille exemplaires et a l'ambition de diffuser « le bruit qui court sur les choses advenues ». Quatre pages de paragraphes serrés les uns contre les autres, sans le moindre titre ni la plus petite respiration. On tasse les nouvelles, car on fait dans le sérieux, le factuel, sans fioriture ni embellissement. La langue accomplit son office de véhicule de l'information.

Pour connaître les événements du monde, Théophraste Renaudot, le créateur de cette gazette, affirme disposer de correspondances « jusqu'aux pays les plus éloignés », de quoi « vous rendre le meilleur compte qu'il me sera possible ». Il s'efforce de coller à l'actualité, ce qui fait bien rire La Bruyère : « Le nouvelliste se couche tranquillement sur une nouvelle qui se corrompt la nuit et qu'il est obligé d'abandonner le matin à son réveil… »

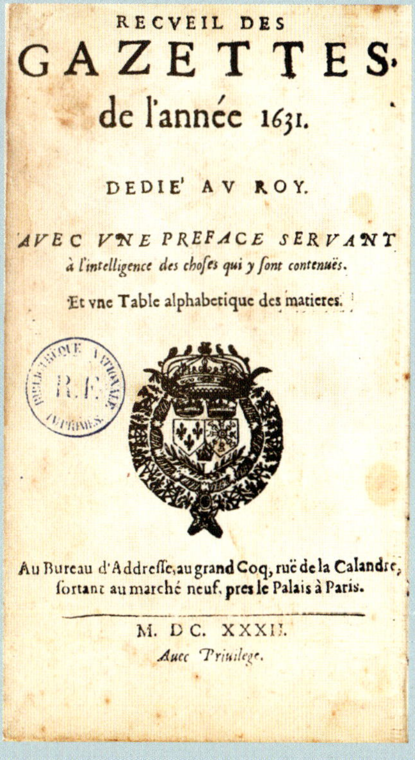
RECVEIL DES
GAZETTES
de l'année 1631.
DEDIE' AV ROY.
AVEC VNE PREFACE SERVANT
à l'intelligence des choses qui y sont contenuës.
Et vne Table alphabetique des matieres.
Au Bureau d'Addresse, au grand Coq, ruë de la Calandre, sortant au marché neuf, pres le Palais à Paris.
M. DC. XXXII.
Auec Priuilege.

Page de titre des *Gazettes de l'année 1631*, parue en 1632, dédiée au roi Louis XIII.

En 1637, les lecteurs de *La Gazette* apprennent que l'Académie s'est saisie d'un lourd dossier… En effet, les académiciens sont en colère : Pierre Corneille fait jouer sa tragicomédie *Le Cid* au théâtre du Marais, rue Vieille-du-Temple, à Paris, et la pièce remporte un énorme succès populaire. Scandale ! Pensez, la règle des trois unités – un jour, un lieu, un fait – n'a pas été respectée dans cette œuvre baroque.

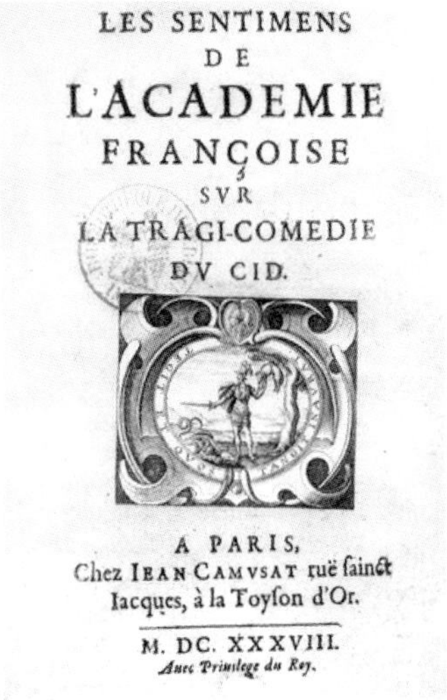
LES SENTIMENS
DE
L'ACADEMIE
FRANÇOISE
SVR
LA TRAGI-COMEDIE
DV CID.

A PARIS,
Chez IEAN CAMVSAT ruë sainct
Iacques, à la Toyson d'Or.

M. DC. XXXVIII.
Auec Priuilege du Roy.

Page de titre de l'ouvrage *Les Sentiments de l'Académie française sur la tragicomédie du Cid* paru à Paris chez Jean Camusat en 1638.

Vaugelas lui-même reste silencieux sur cette affaire, mais l'Académie va s'ériger à cette occasion en défenderesse du conformisme, dans des termes qui semblent déjà condamner les succès populaires : « Nous ne dirons pas sur la foi du peuple qu'un ouvrage soit bon parce qu'il l'aura contenté, si les doctes aussi n'en sont contents », annoncent officiellement les académiciens. Autrement dit, ils s'arrogent le droit de déclarer ce qui est bon et ce qui ne l'est pas… Et certains espèrent voir Corneille s'incliner devant Chapelain, Mairet et Scudéry, ces immortelles gloires littéraires qui savent, elles, comment il faut écrire !

Cela nous paraît incroyable aujourd'hui, mais ces académiciens acariâtres auront en partie satisfaction : le dramaturge révisera un peu son *Cid* avant de le confier à la publication… Et dix ans plus tard, Corneille sera accueilli au sein de cette communauté de littérateurs influents…

★
★ ★

En 1647, l'année même où Corneille entre à l'Académie, Vaugelas fait cavalier seul… Jugeant que le dictionnaire n'avance pas assez vite, il se résout à publier le premier tome de ses *Remarques sur la langue françoise*. Il n'aura, hélas, pas le temps d'achever le second tome, la mort venant le saisir deux ans plus tard. Et la légende assure qu'en son dernier instant, il faisait encore de la grammaire.

– Je m'en vais ou je m'en vas, l'un et l'autre se dit ou se disent…

Phrase qu'il n'a jamais pu prononcer, car il s'était élevé fermement contre la forme « je vas », pourtant utilisée à la cour. Il lui préférait grammaticalement « je vais », même si cette conjugaison passait pour provinciale et populaire.

En feuilletant les *Remarques*, le livre-testament de Vaugelas, on apprend qu'il ne faut pas dire « quasi » mais « presque » ; que le mot « œuvre » est masculin quand il désigne un livre, « un bel œuvre », mais féminin quand il qualifie une action, « faire une bonne œuvre » ; que l'expression « une infinité de » demande un verbe au pluriel par la suite : « une infinité de personnes sont réunies » ; de même pour « la plupart » : « la plupart des hommes partiront… » Pour la bonne raison que ce n'est pas l'infinité qui est réunie mais les personnes, ni la plupart qui partira mais les hommes qui partiront.

Par ailleurs, le grammairien réhabilite la poitrine que Malherbe avait réprouvée naguère : « Poitrine est condamnée dans la prose, comme dans les vers, pour une raison aussi injuste que ridicule, parce que, disent-ils, "on dit poitrine de veau". Pour cette même raison, il s'ensuivrait qu'il faudrait condamner tous les mots des choses qui sont communes aux hommes et aux bêtes, et que l'on ne pourrait pas dire "la tête d'un homme", à cause que l'on dit "une tête de veau". »

Avec Vaugelas, la langue quitte l'absolutisme de Malherbe, mais on respecte son principe de base : c'est l'usage qu'en fait l'ensemble de la population qui justifie l'acceptation d'un mot… L'Académie va même élever ce principe au rang de dogme qui reste valable de nos jours.

Devant un mot nouveau, les académiciens d'aujourd'hui ne se posent qu'une seule question : est-il admis par l'usage ? Si oui, il a le bonheur d'entrer dans les pages du dictionnaire. Et les autres dicos, les Robert, les Larousse, les Littré ? Ils ne pensent pas autrement. La règle de Malherbe n'a jamais été réexaminée.

À une exception près…

Face à l'invasion des termes américains, l'Académie semble traîner un peu les pieds. « Pipe-line » a été remplacé académiquement par « oléoduc », « self-service », par « libre-service », « scoop », par « exclusivité », « mail », par « courriel », « pièce en attachement », par « pièce jointe », « fake news », par « contrevérités », etc.

Mais l'usage a la vie dure et l'on dit encore plus souvent « je vous envoie un mail » que « je vous adresse un courriel ». Et quand les puristes acharnés contre les termes étrangers, oubliant que notre langue serait bien pauvre sans les milliers de mots venus d'ailleurs, découvrent dans le dictionnaire « dégagisme » (fait de dégager les vieilles lunes) et « flexitariens » (végétariens flexibles)… ils sont tout aussi verts de rage, alors que ces néologismes audacieux sont pourtant franco-français !

« Vert de rage… »

Au début, il y avait deux mots, colère et choléra, issus de la même racine latine. Et ces deux termes faisaient allusion aux maladies frappant la bile… Mais en ce XVIIe siècle, la colère a quitté le domaine médical pour désigner, simplement, un emportement violent. Cependant on se souvient quand même de la bile : quand la colère est vraiment trop violente, on devient virtuellement « vert de colère », allusion un peu crue aux crachats de bile verte des cholériques, les malades du choléra… Et plus tard, on oubliera l'origine délétère de la colère. Et l'on dira « vert de rage »… ce qui n'est, en définitive, qu'une allusion à une autre maladie !

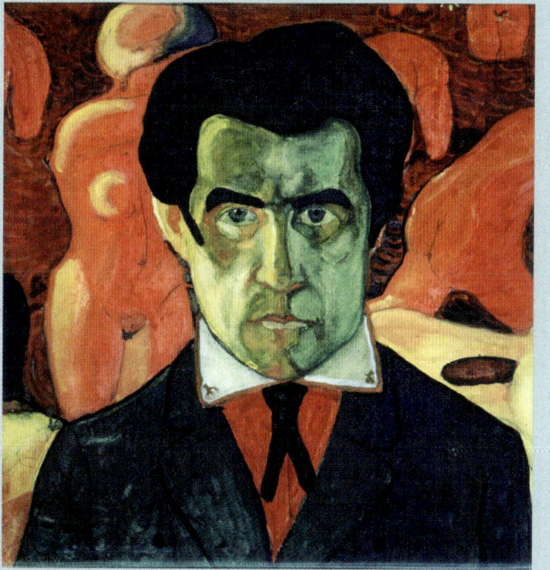

Autoportrait,
Kasimir Severinovich Malevitch,
gouache sur papier, vers 1910.

Pour tous ceux qui, à cette époque, ne jurent que par l'usage, les événements vont offrir une ouverture nouvelle sur le parler populaire… Au matin du 27 août 1648, bourgeois, ouvriers, artisans ont pris les armes. L'augmentation des impôts et le système du pouvoir absolu catalysent les colères. Armés de vieux mousquets, de baïonnettes rouillées, de piques décrochées dans les greniers, les Parisiens tiennent le centre de la cité : dans la nuit se sont élevées plus de mille barricades faites de tonneaux remplis de terre et de fumier.

Un vent de récriminations souffle sur le royaume. Des gamins armés de frondes se lancent dans la bataille, à leur manière : près des Tuileries, ils s'amusent à faire voler en éclats les carreaux vitrés des écuries du cardinal Mazarin, le puissant ministre qui assiste la régente Anne d'Autriche, mère du tout jeune Louis XIV… L'affaire des carreaux cassés à coups de fronde amuse beaucoup, et désormais, chacun veut faire « la fronde » à sa façon. Le mot est lancé, et l'on y ajoute les néologismes « fronder » et « frondeur ». Le peuple fronde, on trouve même des gentilshommes frondeurs, tandis que des pamphlets appellent à la « vraie fronde » ou convoquent une « juste fronde »… Le terme est sur toutes les lèvres, et la volonté rebelle de la population se fortifie dans de joyeux rondeaux :

Un vent de fronde
A soufflé ce matin ;
Je crois qu'il gronde
Contre le Mazarin…

Les événements de la Fronde vont se prolonger durant cinq années. Le peuple et les princes vont tenter, chacun de son côté, d'en finir avec ce trio qui les gouverne : un enfant perdu, une reine arrogante et un cardinal chafouin. Tout cela prépare le siècle de Louis XIV et forge le caractère inquiet et renfermé du futur souverain.

*
* *

Dix ans plus tard, en juin 1658, Louis XIV n'est pas encore le roi absolu qu'il sera bientôt, mais il n'est plus l'enfant craintif des temps de la Fronde… Il s'en est allé guerroyer du côté de Dunkerque avec son mentor Mazarin. Les troupes françaises ont pris la ville aux Espagnols, puis l'ont remise aux Anglais selon les accords signés avec Londres. La ville, espagnole le matin, a été française l'après-midi et anglaise le soir… Ce qui n'empêche pas les Dunkerquois de continuer de parler un français mâtiné de flamand. Passant d'un maître à l'autre, ils font la fête ou, plus exactement, ils font la bringue, comme on dit ici… Un terme qui ne va pas rester longtemps cantonné aux dunes du Nord.

Ci-dessus : Louis XIV endormi sur un canon à Saint-Germain-en Laye, fuyant la Fronde (1648-1653). Dessin du XIXe siècle.

La bataille des Dunes (près de Dunkerque), le 14 juin 1658 :
victoire des armées françaises commandées par Henri de la Tour d'Auvergne, vicomte de Turenne (1611-1675) sur l'armée espagnole des Flandres commandée par le prince Louis II de Bourbon Condé dit le Grand Condé, duc d'Enghien (1621-1686).
Chromotypographie *in Le Roy Soleil,* Gustave Toudouze, illustration de Maurice Leloir, 1904.

Le 26 octobre de cette même année, Louis XIV est de retour au Louvre. Ce jour-là, en fin d'après-midi, une troupe de comédiens récemment placée sous la protection de Monsieur frère du roi joue *Nicomède* du grand Corneille et ajoute au spectacle *Le Docteur amoureux*, un acte dû à la plume du directeur de la compagnie, un certain Molière…

Cette farce était seulement destinée à offrir un pendant joyeux à la tragédie de Corneille, et personne ne songea à en conserver le texte ! Qui pouvait croire alors que ce comédien allait devenir le grand auteur du siècle ? Qui pouvait imaginer que l'on parlerait un jour de « la langue de Molière » ?

Et l'on a bien raison de qualifier ainsi le français… Dans son œuvre, Molière a utilisé tous les langages de l'époque : celui des provinciaux, celui des Parisiens, celui des latinistes, celui des prétentieux, celui des naïfs… Ils ont tous leur quart d'heure de célébrité dans ses comédies et offrent un éventail complet des parlers français.

Dans *Dom Juan*, Pierrot aime Charlotte et lui décrit en patois le comportement de deux amoureux, histoire sans doute de faire accepter ses propres avances : « Regarde la grosse Thomasse, comme elle est assotée du jeune Robain ; alle est toujou autour de li à l'agacer, et ne le laisse jamais en repos. Toujou al li fait queuque niche, ou li baille queuque taloche en passant… »

Dans *Le Médecin malgré lui*, Sganarelle parle assez de latin de cuisine pour se moquer des prétentieux : « *Cabricias arci thuram, catalamus, singulariter, nominativo hæc Musa… bonus, bona, bonum…* »

Dans *Les Précieuses ridicules*, Cathos trouve des circonvolutions grotesques pour simplement demander à quelqu'un de s'asseoir : « Mais de grâce, monsieur, ne soyez pas inexorable à ce fauteuil qui vous tend les bras il y a un quart d'heure ; contentez un peu l'envie qu'il a de vous embrasser. »

Dans *Le Tartuffe*, l'hypocrite énonce ainsi sa philosophie trompeuse : « Ah ! Pour être dévot, je n'en suis pas moins homme. »

Et l'on pourrait continuer comme ça à travers toute l'œuvre de Molière, ce linguiste malgré lui.

Mais quand on dit « Molière », certains entendent « Corneille »…

Portrait de Pierre Corneille (1606-1684), poète dramatique français ; dessin anonyme du XVIIIe siècle.

Corneille, plume de Molière ?

En tout cas ces deux-là, Pierre Corneille et Molière, se connaissaient fort bien. Ils ont même travaillé ensemble une fois, très officiellement. C'était pour *Psyché*, tragédie-ballet jouée aux Tuileries devant Louis XIV le 17 janvier 1671. Molière, pressé par le temps, avait seulement écrit le premier acte et ébauché quelques scènes avant de livrer le manuscrit à Corneille qui avait terminé en quinze jours la versification de l'œuvre.

Mais pour le reste ? Jean-Baptiste Poquelin, brillant comédien encore inconnu, bâcla deux farces, et puis se précipita à Rouen en 1644 où il vit Corneille, et en repartit affublé du pseudonyme de Moliere, sans accent… Ce nom serait-il issu du verbe ancien *molierer*, « légitimer » ? Corneille voulait-il légitimer Poquelin auteur, ou légitimer son propre talent comique à travers le comédien ? Dans ce dernier cas, le vieux dramaturge rouennais aurait écrit les grandes pièces qui ont fait entrer Molière dans l'immortalité : *Le Tartuffe, Dom Juan, Le Misanthrope, Amphitryon…* Pourquoi Corneille se serait-il déguisé ainsi ? Parce que l'auteur du *Cid* ne pouvait pas risquer sa réputation en écrivant des comédies, genre alors méprisé par les esthètes du bon goût.

Cette thèse, proposée en 1919 par le poète érudit Pierre Louÿs, est une affaire de langue et de mots… En étudiant le vocabulaire de Corneille et celui des principales œuvres de Molière, on trouverait des concordances troublantes. Thèse renforcée par l'ordinateur qui viendrait aujourd'hui conforter la similitude de langage entre tragédies cornéliennes et comédies molièresques.

Alors que penser ? Je constate seulement, comme Robert Manuel naguère, que seuls deux auteurs se voient contester la paternité de leur œuvre : Shakespeare et Molière. Deux comédiens… Est-il si difficile de croire que des saltimbanques puissent avoir un peu de génie ?

Jean-Baptiste Poquelin dit Molière, dans le rôle de Mascarille ; huile sur pierre, XVIIe siècle.

Molière était un habitué des tavernes, qu'il fréquentait assidûment avec d'autres célèbres plumes du Grand Siècle, Boileau, La Fontaine, ou encore Racine. Retrouvons ce dernier à la taverne du Mouton blanc, rue Saint-Denis. Jeune muscadin dont le nom commence à s'étaler sur les affiches de théâtre, Jean Racine est attablé avec Jean-Baptiste Lully, surintendant de la musique du roi. Les deux hommes laissent leur esprit divaguer dans les vapeurs des eaux-de-vie. Racine parle harmonie et prosodie, tandis que Lully discourt sur l'art italien, expliquant que l'opéra restera à jamais un apanage ultramontain.

– La tragédie lyrique française est impossible par le défaut de la langue et des acteurs, martèle-t-il.

Et il ajoute, sûr de lui :

– La langue française n'est point propre pour ces grandes pièces !

Racine hausse les épaules, agacé. Pour lui, la langue française est une musique ! Et afin de convaincre son ami compositeur, il l'emmène à l'hôtel de Bourgogne, voir la scène où mademoiselle de Champmeslé donne corps aux vers de *Bérénice*. Lully est conquis par le phrasé presque chanté de la comédienne. Ainsi donc, il est possible de trouver dans le parler français ce rythme merveilleux, cette harmonie splendide, cette musicalité encore inexplorée… Et Lully le compositeur italien va créer l'opéra français, dont *Cadmus et Hermione* sera la première pierre.

En cette année 1670, Corneille est au crépuscule de sa carrière, mais donne encore *Tite et Bérénice*, Molière triomphe avec *Le Bourgeois gentilhomme* et Racine emporte tous les suffrages avec sa *Bérénice*. Cette même année, Pascal publie ses *Pensées* et Bossuet déclame l'oraison funèbre d'Henriette d'Angleterre : « Ô nuit désastreuse ! Ô nuit effroyable, où retentit tout à coup, comme un éclat de tonnerre, cette étonnante nouvelle : Madame se meurt, Madame est morte ! »

Par le croisement de ces génies en un même temps, en un même lieu, la langue française, grâce à la richesse de son vocabulaire et l'aboutissement de ses règles, a atteint un superbe achèvement dans le classicisme. La langue va encore évoluer, s'embellir même, se préciser sans doute, se transformer certainement, mais elle ne retrouvera jamais ce rythme dans l'élégance qu'elle a su déployer dans la seconde moitié du XVIIe siècle.

Portrait de Marie Desmares dite *la Champmeslé* (1642-1698), actrice dans le rôle de Roxane. Peinture du XVIIe siècle.

Enfin, ça, c'est ce dont beaucoup d'entre nous sont aujourd'hui persuadés. Mais à l'époque, tout le monde n'était pas d'accord.

La langue a atteint une certaine perfection, certes, mais elle est tout de même méprisée par les uns tandis que les autres ne se lassent pas de chanter son évolution… Nous sommes en pleine querelle des Anciens et des Modernes ! Un débat qui agite le monde de la création et singulièrement l'Académie française.

D'un côté, les Anciens, menés par Nicolas Boileau, veulent toujours imiter l'Antiquité. De l'autre, les Modernes, conduits par Charles Perrault, affirment la supériorité de la langue française sur le grec ou le latin, et cherchent à créer un art nouveau.

La polémique s'amplifie dans les dernières années du siècle, et l'on pose alors cette question existentielle : le progrès existe-t-il en art ? Pour La Bruyère, adepte des Anciens, c'est non : « Tout est dit, et l'on vient trop tard. » De son côté, le moderne Perrault, gentil auteur du *Petit Chaperon rouge et autres contes,* pense que « les arts ont été portés dans notre siècle à un plus haut degré de perfection que celui où ils étaient parmi les Anciens ».

À l'Académie, la controverse trouvera une conclusion en 1694 par l'accolade publique échangée entre les irréconciliables Boileau et Perrault.

Quant à la langue française, peu importent les chamailleries qu'elle suscite encore : les génies qui l'ont servie en ce XVIIe siècle l'ont auréolée d'une telle manière qu'elle va bientôt briller plus que jamais.

« En traversant le bois, le Petit Chaperon rouge rencontre le loup » ; Gravure de Gustave Doré *in Contes* de Charles Perrault, 1879.

– 18 –

QUAND TOUTE L'EUROPE PARLE FRANÇAIS

Au XVIIIe siècle, la langue française triomphe dans toutes les cours européennes… jusqu'à la Révolution. Car le français est aussi la langue des philosophes comme Voltaire, de la libre expression et de l'irrévérence qui mènent à toutes les audaces.

La France a vieilli, les voix qui ont fait le Grand Siècle se sont enfoncées dans le néant, Louis XIV a pris de l'âge, son visage encadré d'une perruque démesurée a des reflets jaunâtres, sa bouche édentée s'est creusée, ses yeux cernés de poches bleues semblent froids, indifférents. À Versailles, on s'ennuie, la bigoterie de madame de Maintenon s'est répandue sur la cour, et dans les jardins du château, on ne croise plus que des ombres tristes.

Le vieux roi ne fait plus peur, le siècle des Lumières s'ouvre sur des pages nouvelles, au ton à peine feutré d'irrévérence et de liberté… Fénelon a écrit *Les Aventures de Télémaque*, et les péripéties mythologiques du fils d'Ulysse sont prétexte à une critique de l'absolutisme royal : « Heureux le roi qui est soutenu par de sages conseils… Insensé, celui qui cherche à régner. » Des phrases qui déclenchent la colère royale ; l'auteur part en exil, mais ses mots restent dans les mémoires.

Pourtant, la Terre continue de tourner et Louis XIV, qui avoue avoir trop aimé la guerre, se prépare à mener sa dernière campagne… La grande question du moment est de savoir qui sera roi d'Espagne. En 1700, Charles II est mort sans descendance, le trône de Madrid est vacant. Pas pour longtemps. La France et l'Autriche ont chacune un prétendant légitime, ce qui entraîne l'Europe dans un conflit qui va durer treize ans. Les armées de Louis XIV se trouvent face aux forces réunies d'Angleterre, de Hollande et du Saint Empire romain germanique.

Portrait de cire de Louis XIV, (1638-1715), Antoine Benoist (1632-1717), vers 1705.

En 1712, les Anglais et les Hollandais ont établi leurs quartiers à Denain, à l'extrême nord du royaume de France, ils y ont construit de solides fortifications, tiennent le terrain et narguent les Français qui, jusqu'ici, ont subi revers sur revers.

Tout va changer le 24 juillet. À l'aube de ce jour-là, le maréchal Claude-Louis-Hector de Villars prend l'initiative et attaque les troupes anglo-hollandaises commandées par le prince Eugène de Savoie. Il faudra une journée d'avancées, de contournements, d'hésitations et d'affrontements à la baïonnette pour obtenir enfin la défaite de l'ennemi. Les fantassins hollandais décampent par un pont sur la Selle qui s'effondre sous le poids des fuyards… Les alliés sont battus à plate couture.

Bataille de Denain, 24 juillet 1712, huile sur toile de Jean Alaux (1786-1864), 1839. La victoire française a permis de sauver le royaume de France.

« À plate couture… »

Pour annoncer une victoire militaire ou sportive, on disait alors – et l'on dit toujours – que l'adversaire a été « battu à plate couture ». Étrange expression ! Elle trouve son explication dans les « vêtures » d'autrefois. Les tissus de ce temps-là n'avaient pas la finesse de ceux d'aujourd'hui, on ne connaissait ni les cotons souples, ni les alpagas distingués, ni les viscoses légères. Généralement, les habits étaient taillés dans des draps de laine… Allez faire une couture discrète avec ça ! Aux manches et au dos apparaissaient donc des bourrelets disgracieux. Alors, pour tenter d'en amoindrir l'inélégance, on les aplatissait en les battant avec force à l'aide d'une latte. Plus on frappait et plus la couture s'aplatissait… « Battre à plate couture » signifiait donc que l'on avait tellement frappé de la latte que la boursouflure du raccord avait disparu. Et bientôt, métaphoriquement, l'expression indiqua que l'on avait triomphé sans conteste, l'adversaire étant écrasé comme un ourlet bien nivelé !

Un atelier de tailleur ; gravure *in* l'*Encyclopédie* (détail), Denis Diderot (1713-1784), 1770.

Le maréchal de Villars a gagné la bataille, mais c'est la paix qu'il veut obtenir maintenant. Le 6 mars 1714, dans un salon du château de Rastatt, en Allemagne, sous les angelots de stuc blanc qui semblent voleter dans l'espace doré des hautes voûtes, le maréchal de Villars se retrouve face au prince Eugène de Savoie. Le vainqueur et le vaincu. Le premier est le ministre plénipotentiaire du roi de France, le second représente Charles VI, l'empereur romain germanique. Les deux hommes signent le traité qui met fin à la longue guerre pour la succession au trône d'Espagne. Philippe V, petit-fils de Louis XIV, s'installe à Madrid, mais avec des pouvoirs réduits…

Traité de Rastatt (1714) ; la rencontre du maréchal de Villars (1653-1734) et d'Eugène de Savoie (1663-1736) au château de Rastatt. Illustration de Gilbert, fin du XIXe siècle.

Ce traité, par ailleurs, rompt avec une tradition diplomatique qui paraissait immuable : cet accord n'est pas rédigé en latin, comme le voudrait la bienséance internationale. On l'a écrit en français. Pourquoi ? Simplement parce que le maréchal ne parle pas latin : depuis l'âge de dix-huit ans, Villars fait la guerre, il n'a pas eu le temps de finir ses humanités. Pour lui être agréable, les signataires acceptent un texte en langue française… mais à la condition expresse – et dûment spécifiée – que cette singularité linguistique soit considérée comme une exception ! Une exception qui va vite devenir une habitude…

⋆

⋆ ⋆

Au crépuscule du Roi-Soleil, on avait l'impression de voir la France et sa langue sombrer dans une vague léthargie, mais tout change en 1715. La disparition de Louis XIV amène sur le trône un enfant de cinq ans, Louis XV, et ce poupon royal fait souffler sur le pays un vent de renouveau…

On écrit beaucoup, on parle énormément, jamais les littérateurs et les philosophes n'ont été aussi bavards… Dans les cafés à la mode, le Procope, rue de la Comédie, le Gradot, quai du Louvre, ou chez la veuve Laurent, rue Dauphine, on nargue les espions de la police en s'exprimant sur tout, sans éviter les sujets qui fâchent, depuis les finances publiques jusqu'aux ministres du roi… Dans les allées du Luxembourg, dans les jardins des Tuileries, sous les galeries du Palais-Royal sont vendues des gazettes manuscrites porteuses d'irrévérence. Des clubs s'ouvrent ; à celui de l'Entresol, place Vendôme, se réunissent des gens de lettres… On y voit Jean-Baptiste Rousseau, Crébillon fils et Montesquieu qui, signe des temps, parle de « despotisme », terme sorti de l'oubli pour désigner tout gouvernement autoritaire… Les temps nouveaux se perçoivent déjà dans les mots ! Après le morne silence de la fin du règne, le royaume tout entier semble émerger du sommeil.

Le Café Procope (Le Procope), à Paris à la fin du XVIIe siècle, où tous les acteurs et dramaturges à la mode se rassemblent.

Page de droite : Portrait de Louis XV enfant, Augustin-Oudart Justinat, huile sur toile, 1717.

La langue française, d'ailleurs, ne se réveille pas seulement en France en ce début du XVIIIe siècle : elle se répand à travers toute l'Europe. Et, bizarrement, c'est au départ à cause d'une décision inique…

Le triomphe des huguenots condamnés à l'exil

En 1689, Louis XIV avait révoqué l'édit de Nantes. Le culte protestant était proscrit dans le royaume. Cette intolérance avait provoqué des conversions forcées au catholicisme et précipité certains pasteurs dans la clandestinité, mais elle avait surtout entraîné le départ de deux cent mille huguenots vers des cieux plus cléments. Ils s'étaient dirigés vers Genève, bien sûr, à la fois proche et francophone, mais avaient pris également la route d'Amsterdam, de Londres, de Gênes, de Stockholm, de Berlin, de Potsdam, de Francfort, de Weimar…

Ils étaient arrivés dans ces pays étrangers avec leur savoir-faire et leur langue, ils s'étaient montrés assez entreprenants pour devenir des commerçants prospères, des physiciens éminents, des chimistes inventifs, des ingénieurs innovants, des pédagogues efficaces… Ils avaient ainsi méta-morphosé en profondeur certains pays dans lesquels ils s'étaient implantés. En 1697, Berlin comptait six mille habitants, et la ville avait accueilli, cette année-là, plus de quatre mille réfugiés huguenots… La cité s'en trouva transformée : elle allait se développer, regrouper quelques bourgs alentours, pour devenir, dès 1710, la capitale indiscutée de la Prusse à la place de Königsberg, la vieille cité des chevaliers Teutoniques.

Les huguenots, leur entregent et leurs succès représentaient dorénavant un modèle à imiter… Et parler français était une marque de distinction, un signe extérieur de réussite.

Frédéric-Guillaume de Brandebourg, dit le Grand Électeur, reçoit les huguenots, 1685.

À Berlin, le jeune Frédéric subit la violence de son père, Frédéric-Guillaume, roi en Prusse, qui exige pour son héritier une éducation sévère et militaire dont seraient exclus le latin, la littérature, la musique et la danse, autant de disciplines qui éloigneraient l'enfant de la martiale rigueur d'un authentique Prussien. Cette rigidité germanique n'est du goût ni de la gouvernante du prince, une Normande protestante nommée Marthe de Roucoulle, ni de son précepteur, Jacques Égide du Han, un huguenot français né dans les Ardennes. C'est donc secrètement que l'élève Frédéric, guidé par ses mentors, va apprendre la langue de Molière et s'initier avec émerveillement à la littérature française.

Changement de décor mais processus semblable, à Stettin, en Poméranie, où la petite Sophie, fille d'un prince allemand, profite de l'enseignement d'une protestante d'origine française, Babette Cardel, qui lui fait découvrir le français et ses grands auteurs.

Quant au jeune Gustave, fils du roi de Suède, il bénéficie à Stockholm des leçons de Charles-Gustave Tessin, un comte suédois qui a vécu quelques années à la cour de Louis XV. Pour celui-ci, le raffinement aristocratique ne peut se traduire que par la langue française, la littérature française, le théâtre français.

Un jour prochain, Frédéric deviendra roi de Prusse, Sophie sera la tsarine Catherine II et Gustave montera sur le trône de Suède… Bientôt, on conversera en français dans les cours de Berlin, de Saint-Pétersbourg, de Stockholm, et dans le monde entier les diplomates parleront en français de guerre et de paix, d'alliances et de commerce…

Portrait équestre de l'impératrice Catherine II de Russie, Vigilius Erichsen (1722-1782), vers 1770.

*
* *

À Paris, en 1746, l'Académie française, qui s'est établie au Louvre depuis le départ des rois pour Versailles, offre un fauteuil à Voltaire. Le célèbre auteur de *Zaïre* choisit pour son discours de réception de parler du langage, et plus spécifiquement de l'influence de la poésie sur la formation du français « devenu la première langue du monde, pour les charmes de la conversation et pour l'expression du sentiment ».

Voltaire ne sera jamais un académicien très assidu, mais il s'ingénie tout de même à convaincre ses collègues de cette évidence dont il veut faire une règle : « L'écriture est la peinture de la voix ; plus elle est ressemblante, meilleure elle est. » Selon ce postulat, l'orthographe doit se soumettre à la prononciation usuelle. Par exemple, on ne doit plus écrire *françois* ou *connoissance* mais « français » et « connaissance ». Comme on le prononce à peu près partout.

À l'Académie, l'abbé d'Olivet vitupère cette hardiesse. Le grammairien, qui a été autrefois le professeur de Voltaire, se dresse à présent contre son ancien élève. Selon lui, il faut continuer d'écrire *françois* et *connoissance*... par respect de l'usage ancien ! Cet argument, qui ne me semble pas très convaincant, fera tout de même douter les académiciens, et si le changement voulu par Voltaire entre facilement dans les mœurs orthographiques, l'Académie tergiversera si longtemps qu'elle n'adoptera officiellement cette évolution qu'en 1835, presque un siècle plus tard !

D'ailleurs, après avoir dit haut et fort ce qu'il pensait, Voltaire ne s'accroche pas vraiment à ces détails d'écriture. Pour lui, seul le style compte, et il regarde avec commisération la manière d'écrire de certains de ses collègues, leur donnant au passage cette leçon :

– Si l'on pouvait du moins faire entendre à ces messieurs que dire trop, c'est affaiblir ; et que l'adjectif est souvent le plus grand ennemi du substantif...

Ces mots à peine prononcés, Voltaire ne s'attarde pas à l'Académie, il a tant à voir et tant à faire... Il voyage à Lunéville, à Londres, à Francfort. Et puis, en 1750, il part pour Berlin où l'invite Frédéric II.

Là-bas, l'ancien élève de Marthe de Roucoulle est devenu roi, un souverain francophone plus que francophile. Son attachement purement culturel au français n'influence guère sa stratégie politique : le roi de Prusse s'apprête à s'allier avec l'Angleterre contre la France... Ce qui n'empêche pas Sa Majesté prussienne d'accueillir Voltaire comme « le Virgile de ce siècle ».

Au palais rococo de Potsdam, baptisé en français le Sans-Souci, le philosophe est effectivement reçu avec magnificence... Au mois d'août, un carrousel nocturne de cavaliers est éclairé par trente mille lampions. Les bals, les réceptions, les dîners se succèdent.

La Table ronde de Frédéric II de Prusse (1712-1786)
avec Voltaire (François Marie Arouet, 1694-1778) au palais de Sans-Souci, Potsdam, Allemagne, 1750.

Les journées de Voltaire sont bien remplies. Toute la matinée, il fait répéter les comédiens qui vont jouer ses œuvres théâtrales. *La Mort de César, Zaïre, Mérope*… Et parmi les acteurs, honneur insigne, figurent les frères du roi, quelques princesses et de nombreux représentants de la noblesse prussienne. À 11 heures, il faut assister à la manœuvre du régiment de la garde, puis promenade avec le roi Frédéric en personne, histoire de philosopher un peu. Le soir, après le souper, on discute encore des comportements de l'humanité : « Jamais on ne parla en aucun lieu du monde avec tant de liberté de toutes les superstitions des hommes, et jamais elles ne furent traitées avec plus de plaisanterie et de mépris », écrira Voltaire, ébloui, charmé et flatté.

Loin de là, à Versailles, Louis XV n'est pas mécontent d'être débarrassé de l'encombrant auteur, trop critique à son goût.

– Un fou de plus dans la cour du roi de Prusse, et un de moins dans la mienne, se réjouit le roi de France.

Richement pensionné, le « fou » restera presque trois ans à la cour du roi de Prusse, et puis tout lasse, l'hôte du Sans-Souci quittera Potsdam pour se diriger vers Genève, sa douce retraite…

Frédéric II n'est pas le seul admirateur de Voltaire en Europe. La tsarine de Russie, Catherine II, n'a rien perdu des leçons de Babette Cardel, quand elle était enfant, en Poméranie… Elle a lu Montesquieu et Diderot, mais se déclare surtout fervente elle aussi de Voltaire. On joue d'ailleurs régulièrement les pièces de celui-ci à la cour de Saint-Pétersbourg. « Par hasard, vos ouvrages me tombèrent dans les mains ; depuis, je n'ai cessé de les lire, et n'ai voulu d'aucuns autres livres qui ne fussent aussi bien écrits et où il n'y eût autant à profiter », écrira Catherine à Voltaire. Cette première lettre sera suivie d'une longue correspondance en français entre le moraliste des *Contes philosophiques* et l'impératrice.

87

Lettre de L'impératrice a Mr. de Voltaire
a petersbourg le 9 juillet 1766.

Monsieur, La lueur de l'etoille du nord — n'est qu'une aurore boréale, ses bienfaits — repandus a une centaine de lieues dont il vous plait de faire mention ne m'appartiennent pas, Les Calas doivent cequ'ils ont recus a leurs amis, Mr. Diderot la vente de sa bibliotequé aux siens, tout comme les calas, et les sirven — vous doivent tout. Ce n'est rien que de donner a son prochain un peu de ce dont on a un grand superflu, mais c'est s'immortaliser que d'être l'avocat du genre humain, le defenseur de l'innocence opprimée. Les deux causes vous doivent la veneration düe a de tels miracles. Vous avez combattu les Ennemis reunis des hommes, la superstition, le fanatisme, l'ignorance, la chicanne, les mauvais Juges et la partie du pouvoir qui repose entre les mains des uns et des autres. il faut bien des qualités et des vertus — pour surmonter ces obstacles, vous avez montré que vous les possedéz, vous avez vaincu. —

Voltaire ne retournera pas à l'Académie, mais au Louvre, certains ont écouté les changements qu'il avait proposés et veulent aller plus loin… Le philologue Charles Pinot Duclos suggère à ses collègues de faire disparaître le *ph* pour le remplacer par un *f*. Plus de philosophe, mais un *filosofe*, plus de paragraphe mais un *paragrafe*… Il veut aussi – c'est une vieille exigence des réformistes – supprimer les consonnes doubles, sans parler du *y* qu'il juge inutile et désire voir retirer des mots et même de l'alphabet !

Les académiciens se récrient contre cette nouvelle toquade de grammairien, mais Duclos sait à la fois manœuvrer politiquement et se rendre indispensable. Il est franc, ouvert, spirituel, et certains de ses aphorismes nous parlent toujours : « Les gens d'esprit n'en ont jamais moins que lorsqu'ils tâchent d'en avoir », constate-t-il. Il se fait aussi penseur lucide : « Le mépris n'est que le langage de la jalousie, de la haine et de l'estime voilées par l'orgueil. »

Bref, il est si brillant, si présent, si insistant qu'il est élu secrétaire perpétuel de l'Académie en 1755. Dès lors, sa réforme ne peut plus être rejetée d'un bloc, il faut bien satisfaire a minima cet éminent personnage… Alors, pour faire plaisir à Duclos – et uniquement pour cela – *phantôme* se mue en fantôme, *dissonnance* se transforme en dissonance, et *satyre*, dans le sens de texte critique, devient satire, alors que le satyre lubrique garde son *y*.

Ces changements seront les derniers auxquels l'Académie consentira de manière purement arbitraire et par seul goût du compromis. Effectivement, à la mort de Duclos, en 1772, un autre grammairien, Nicolas Beauzée, lui succède à son fauteuil académique. Le nouveau venu est honoré pour sa *Grammaire générale*, une somme de plus de huit cents pages dans laquelle il ne songe pas, lui, à transformer l'orthographe et la syntaxe, mais simplement à en expliquer les règles. Ce qui est déjà méritoire, et ce qu'il fait en toutes circonstances ! Le moraliste Nicolas Chamfort raconte que, rentrant chez lui après une séance au Louvre, Beauzée trouva sa femme en position délicate avec un maître de langue allemande… Contrarié d'être ainsi surpris, l'amant teuton souffla à la dame :

– Quand je vous disais qu'il était temps que je m'en aille.

– Que je m'en allasse, monsieur, corrigea l'incurable grammairien.

Après quoi le mari trompé retourne à ses propres amours : l'*Encyclopédie* de Diderot et d'Alembert, qui paraît régulièrement depuis 1751, volume après volume, et à laquelle il participe, et l'Académie française où il continue de défendre les « principes immuables » de la grammaire.

Mais l'Académie a, pour l'heure, renoncé à chambouler de fond en comble l'orthographe. Il y a plus urgent… On manque de mots !

Ci-dessus : Charles Pinot Duclos, secrétaire de l'Académie française ;
gouache sur papier de Louis Carmontelle (1717-1806).

Page de gauche : Lettre de l'impératrice Catherine II de Russie à Voltaire datée du 7 juin 1766.

Le rigorisme classique du siècle précédent ne correspond plus à l'effervescence technique, scientifique et philosophique des temps nouveaux. Antoine Lavoisier veut parler d'un élément chimique, il faut un mot, il invente « oxygène », un dérivé de termes grecs signifiant « générateur d'acide ». Parce que, pensait Lavoisier, une des propriétés de l'oxygène était « de former des acides en se combinant avec la plupart des substances » !

De son côté, le naturaliste Buffon va chercher un vieux substantif oublié, « scorie », pour désigner le résultat du refroidissement des coulées de lave.

À Lunéville, Stanislas Leszczynski, qui règne sur le duché de Lorraine et de Bar, baptise, Bébé un nain de sa cour, terme forgé sur le *baby* anglais et qui entrera dans la langue française avec le sens de nourrisson.

Pour le reste, on fait comme Stanislas, on va chercher des mots anglais : *packet boat,* un bateau pour le transport du courrier, donne « paquebot » ; *riding coat,* l'habit pour monter à cheval, devient « redingote », et « sentimental » est emprunté au titre d'un roman publié en 1768 : *A Sentimental Journey Through France and Italy.*

Devant cette cascade de mots nouveaux, les académiciens rechignent, hésitent, ergotent. Faut-il les accepter ? Faut-il en rejeter certains ?

– Notre langue est une gueuse fière, il faut lui faire l'aumône malgré elle, avait lancé naguère Voltaire à ses collègues.

Et puisqu'on cherche des mots, on va les dénicher jusque sur les sommets enneigés…

« Crétin des Alpes ! »

Il a raison, le capitaine Haddock, quand il profère cette insulte suprême : « Crétin des Alpes ! » Il a raison parce que les crétins sont effectivement originaires des Alpes. Parfaitement ! Au XVIIIe siècle, dans les régions reculées du Valais, en Suisse, on a constaté une amplification endémique du syndrome d'hypothyroïdie. Dans sa forme la plus grave, la pathologie se manifestait par un goitre, et les sujets pouvaient accuser un retard de croissance accompagné d'un déficit intellectuel.

Dans les villages francophones du Valais, on appelait ces malades des « crétins », un mot franco-provençal issu du latin *christianus*, chrétien… mais avec le sens d'innocent, de simple d'esprit. Un siècle plus tard, le mot deviendra synonyme d'imbécile dans l'argot scolaire.

Les crétins ont disparu du Valais à partir de 1922 grâce à l'ajout d'iode dans le sel de table… Seulement voilà, les médecins nous disent à présent que le sel est néfaste pour la santé et favorise les accidents vasculaires cérébraux. Résultat : la consommation de sel diminue, donc la teneur en iode s'effondre dans la population valaisanne… Les crétins risquent-ils de revenir ?

Crétin du Valais, gravure en couleur de Salvadore Tresca (1750-1815).

S'il est de bon ton de s'exprimer en français dans les cours d'Europe, c'est tout le contraire dans le Nouveau Monde : en parlant cette langue, on risque de passer pour un dangereux rebelle !

En 1754, dans la vallée de l'Ohio, Français et Britanniques se font face, chacun réclamant la possession de ces terres. Le gouverneur britannique envoie sur place une colonne de la milice dirigée par un jeune lieutenant… Un détachement français s'avance vers les Britanniques pour tenter une négociation. Mais le lieutenant, saisi d'un irrépressible élan patriotique, abat l'officier français qui conduit ce détachement, le sieur de Jumonville. Dans l'échauffourée qui s'ensuit, les trente Canadiens du détachement français sont tués… Plus tard, l'officier britannique donnera plusieurs versions de l'événement : il prétendra avoir pris le Français pour un espion, puis, se ravisant, accusera du forfait un chef iroquois… En tout cas, cette agression ne ralentira pas la carrière du lieutenant impulsif, un certain George Washington, futur premier président des États-Unis !

Plus au nord, en Acadie, l'Union Jack flotte sur le fort Beauséjour, verrou de la région pris aux soldats de Louis XV. Les Britanniques sont maintenant les maîtres d'une province dont une partie de la population parle français… Tous ceux qui pratiquent ce langage à la fois suspect et détesté sont des *rascals*, des gredins, et il faut les mettre hors d'état de nuire… Sur une population de dix-huit mille personnes, douze mille Acadiens francophones sont arrêtés et déportés. Les conditions de

Evangeline, réalisé par Edwin Carewe, États-Unis, 1929. L'action du film se déroule dans les années 1740 en Acadie. Ses habitants masculins sont enrôlés par les militaires britanniques pour la guerre de Sept Ans à venir contre la France (1756-1763). Une partie des Acadiens rebelles contre ce service militaire forcé est expulsée et expropriée.

froid et de faim imposées par les persécuteurs britanniques sont si extrêmes que la plupart d'entre eux n'arriveront pas au bout du voyage… Une épuration ethnique avant la lettre. Les survivants seront en partie détenus dans le Massachusetts, autour de Boston, d'autres se trouveront relégués dans quelques villes d'Angleterre, notamment Liverpool et Southampton.

Le coup de feu tiré par George Washington s'entend au-delà des mers, le conflit des plaines américaines se répercute jusqu'en Europe, on perçoit des bruits de guerre, les coalitions se font et se défont. En janvier 1756, la Prusse, naguère alliée de la France, signe avec la Grande-Bretagne le traité de Westminster, participant ainsi à une coalition contre le royaume de Louis XV… Ce traité affirme en effet que, au cas où « quelque puissance étrangère » ferait entrer des troupes en Allemagne, elle trouverait devant elle les forces liées de ces deux pays.

Ce document est signé, côté allemand, par un dénommé Michell, chargé des affaires du roi de Prusse à Londres, et du côté britannique par un duc de Newcastle. Et les deux hommes, le Prussien et l'Anglais, trouvent tout naturel de parapher un traité rédigé entièrement en français !

★
★ ★

L'Europe parle français, mais l'Europe s'apprête à se déchirer dans le premier conflit mondial de l'Histoire, la guerre de Sept Ans. En effet, c'est quasiment le monde entier qui va s'embraser… L'enjeu de ces affrontements ? En Europe, la possession de la Silésie revendiquée par l'Autriche. En Amérique du Nord, la rivalité territoriale entre la France et la Grande-Bretagne. Aux Indes, le maintien des comptoirs français. Aux Philippines, la pérennité de la présence espagnole.

Deux blocs s'opposent : la France et l'Autriche, d'une part ; la Prusse et la Grande-Bretagne, de l'autre. Et puis la Russie et l'Espagne entrent dans le jeu et se rangent aux côtés de la France et de l'Autriche…

Les Britanniques se battent pour chasser les Français d'Amérique du Nord, des Caraïbes et des Indes. Mais ils tentent aussi, sans succès, de déloger les Espagnols des Philippines. En Europe, la Silésie est attaquée par l'Autriche, et le Hanovre, par la France, mais ce ne sera une réussite ni pour l'une ni pour l'autre.

Au bout de sept ans, les protagonistes de cette guerre tous azimuts sont épuisés… En 1763, le traité de Paris instaure la paix, et la Grande-Bretagne s'impose comme la grande puissance mondiale… De son côté, la France meurtrie a perdu la plupart de ses territoires outre-Atlantique. Il reste tout de même quelques terres où l'on continue de parler français : la Martinique, la Guadeloupe, Marie-Galante, Sainte-Lucie. Au Canada, en revanche, la présence française n'est plus qu'un souvenir… Une mémoire française déchirée que Québécois et Acadiens vont entretenir ardemment.

Guerre de Sept Ans : défaite du général anglais Edward Braddock (1695-1755) en route pour Fort Duquesne durant la guerre entre Français et Indiens en 1755. Gravure en couleur *in L'Histoire de France racontée à mes petits-enfants*, François Guizot, (1787-1874).

Le peuple français est mécontent. Il sait bien que le royaume a perdu beaucoup dans ce conflit, des hommes ont péri, des colonies ont été abandonnées, des alliés ont déserté. L'ennemi prussien, en revanche, se relève lentement, le pays de Frédéric II est ruiné, certes, mais il a pu s'agrandir de la Silésie…

– On a travaillé pour le roi de Prusse ! grognent les Français.

L'expression ne sera pas oubliée, et nos grands-mères l'utilisaient encore pour manifester la déception d'avoir dû se démener pour des nèfles, s'agiter pour des clous, autrement dit s'affairer pour rien.

Mais ce n'est pas la seule expression qui s'inspire de la Prusse… Quand on s'habille de ses plus beaux atours, quand on se met « sur son trente et un », on fait comme les soldats prussiens qui attendaient chaque 31 du mois pour revêtir leur tenue de gala : à cette date, ils recevaient un complément de solde…

À Paris, on se met sur son trente et un pour aller au théâtre applaudir les comédies à la mode. Dans toutes les périodes moroses, on a besoin de légèreté. La langue qui vit au théâtre a changé, c'est la prose maintenant que le public apprécie. Marivaux triomphe depuis longtemps déjà, avec son théâtre à la fois badin et léger qui donnera le mot de « marivaudage ». Et voici maintenant Beaumarchais. *Le Jeu de l'amour et du hasard* du premier et *Le Barbier de Séville* du second utilisent une langue proche du parler quotidien, et non seulement ces œuvres explorent

Fête donnée en l'honneur de Marie-Thérèse d'Autriche (1717-1780), de Joseph II (1741-1790) qui deviendra empereur et de son épouse Isabelle de Bourbon-Parme (1741-1763), le 10 octobre 1760. Peinture de l'école de Martin van Meytens (1695-1770), 1760.

les sentiments humains, mais elles dressent aussi un tableau global de la société… La langue ne chante plus une Antiquité fantasmée ni les grands de ce monde, elle évoque le sort des humains ordinaires, bref du peuple. Et quand on parle du peuple, la critique des princes qui nous gouvernent et la revendication d'une plus grande justice sociale ne sont jamais très loin…

★

★ ★

Malgré tous les événements, les alliances, les revirements et les guerres, Frédéric II reste un inconditionnel admirateur de la langue française. En 1783, l'Académie royale de Berlin, pour lui complaire, met au concours un sujet ainsi formulé : « Qu'est-ce qui a rendu la langue française universelle ? »

Quelques linguistes planchent sur le thème et, bientôt, les lauréats sont annoncés. Les académiciens prussiens déclarent deux vainqueurs ex aequo : l'Allemand Johann Christoph Schwab et le Français Antoine de Rivarol. Pour le premier, les éléments capables de procurer à un langage l'empire sur toutes les nations sont constitués « d'une langue plus facile, plus parfaite ; d'une civilisation plus grande, et de la prépondérance politique, effet de sa grandeur et de sa puissance ». Mais j'avoue que je préfère la théorie de Rivarol, qui juge que « le Français, ayant reçu des impressions de tous les peuples de l'Europe, a placé le goût dans les opinions modérées, et ses livres composent la bibliothèque du genre humain ».

Mais au-delà de ces jugements un peu attendus, il me semble que le fait important réside dans l'existence même de ce concours… En 1783, personne ne trouve ni étonnant ni contestable d'entendre la très sérieuse Académie de Berlin déclarer le français langue universelle !

Pourtant, cette belle harmonie ne va pas durer. Bientôt, les cours européennes remettront en cause cette adhésion « universelle » au parler de France… En effet, six ans plus tard, la Révolution va balayer toutes les idées établies.

Portrait d'Antoine de Rivarol (1753-1801), polémiste et écrivain français. Aquarelle de l'école française, XVIIIe siècle.

★
★ ★

Quand la Bastille est prise, le 14 juillet 1789, Frédéric II est mort depuis trois ans et l'Académie royale de Berlin a abandonné le français pour siéger en allemand. Quant à Catherine II, elle se préoccupe uniquement de barrer la route aux idées dangereuses venues de France et désormais, elle se soucie bien peu de littérature…

En France, la Révolution veut d'abord tenir compte de la trentaine de patois du pays… Pour que tous puissent suivre les soubresauts politiques de la capitale, l'Assemblée prétend « publier les décrets dans tous les idiomes qu'on parle dans les différentes parties de la France ». Curieux retour en arrière… mais projet vite abandonné devant le coût faramineux de l'entreprise !

Alors, puisqu'on ne peut pas traduire, mais pour que toute la population puisse comprendre le sens des décisions prises par le pouvoir, il faut imposer un langage commun à tous. Bertrand Barère, membre du Comité de salut public, plaide pour une langue nationale :

– Dans la démocratie, laisser les citoyens ignorants de la langue nationale, incapables de contrôler le pouvoir, c'est trahir la patrie… Chez un peuple libre, la langue doit être une et la même pour tous.

De son côté, l'abbé Grégoire, le défenseur des Noirs et des Juifs, rêve également de ce parler commun. Il propose même d'élaborer une langue nouvelle et unificatrice, « la langue de la liberté », fondée sur le français, évidemment, mais remaniée par la Révolution !

Le chantier se met en place… Pour commencer, les noms des mois, qui rappelaient des divinités antiques – le dieu Mars, la déesse Junon pour juin, Aphrodite pour avril, Maia pour mai, Jules César pour juillet ou Auguste pour août –, sont remplacés, comme tous les autres mois de l'année, par des évocations climatiques ou champêtres. Nivôse (21 décembre-19 janvier) : mois de la neige. Pluviôse (20 janvier-18 février) : mois des pluies. Ventôse (19 février-20 mars) : mois des vents. Germinal (21 mars-19 avril) : mois de la germination. Floréal (20 avril-19 mai) : mois de l'épanouissement des fleurs. Prairial (20 mai-18 juin) : mois des récoltes et des prairies. Messidor (19 juin-18 juillet) : mois des moissons. Thermidor (19 juillet-17 août) : mois des chaleurs. Fructidor (18 août-16 septembre) : mois des fruits. Vendémiaire (17 septembre-21 octobre) : mois des vendanges. Brumaire (22 octobre-20 novembre) : mois des brumes et des brouillards. Frimaire (21 novembre-20 décembre) : mois des froids (frimas).

La toponymie de certains lieux doit changer, elle aussi : à Paris, Montmartre, le mont des Martyrs qui rendait

Portrait de Henri dit l'abbé Grégoire (1750-1831), ecclésiastique et homme politique français.

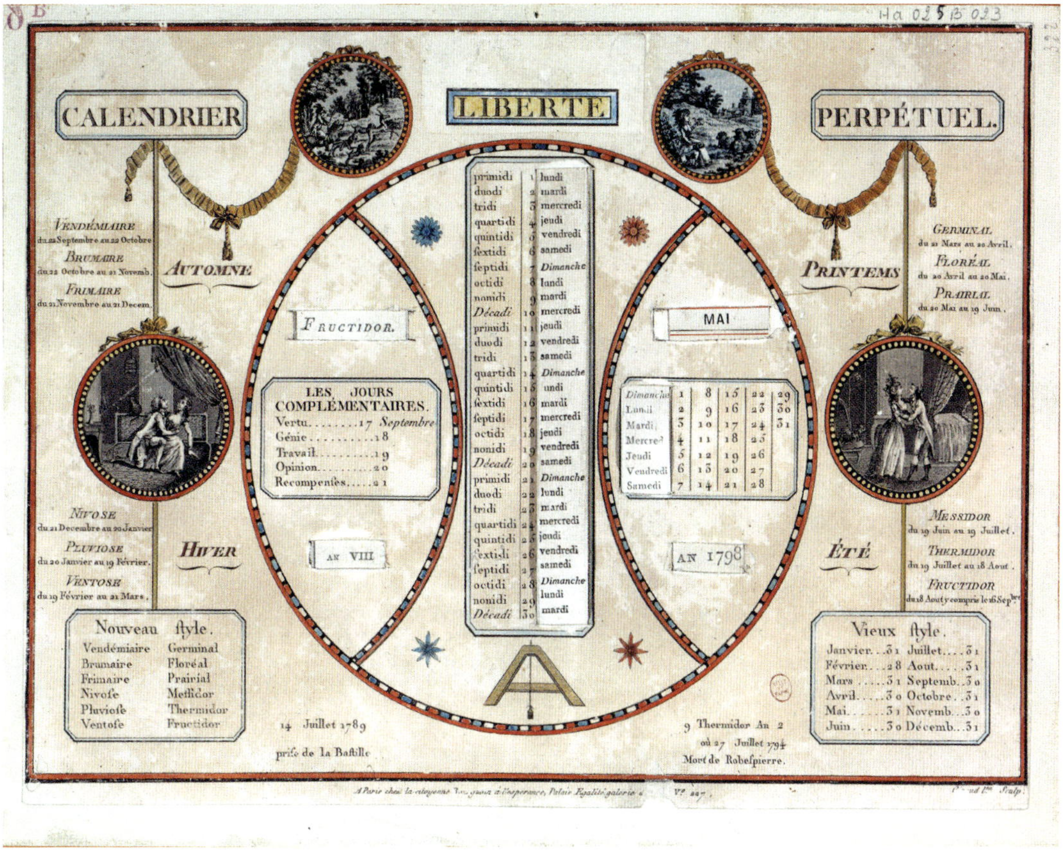

hommage à saint Denis et à ses compagnons, s'appelle maintenant Mont-Marat. Nogent-le-Roi devient Nogent-la-Haute-Marne, Saint-Étienne prend le nom de Libreville, Tremblay-le-Vicomte devient Tremblay-sans-Culottes. Le département de la Vendée qui s'était insurgé contre la jeune république a été sévèrement châtié puis renommé Vengé. Et Dunkerque, qui signifie « l'église sur la dune », opte pour Dune-Libre…

Et puis, des mots nouveaux apparaissent. On dit « patriotes » pour les purs révolutionnaires, « monarchistes » pour les partisans du roi, « chouans » pour les contre-révolutionnaires de Vendée, « réfractaires » pour les prêtres ayant refusé de prêter serment à la République. Sans oublier les Jacobins, les Girondins, les Montagnards, et l'on parle désormais de « droite » ou de « gauche », selon les opinions des uns et des autres et l'endroit où ils siègent sur les bancs de l'Assemblée.

Au siècle qui s'annonce, les régimes politiques vont se succéder, s'opposer, se combattre, et de ce melting-pot émergera lentement l'idée d'instruction publique… Un vecteur pour la langue qui se propagera ainsi dans les provinces et jusqu'aux colonies.

Révolution française : calendrier révolutionnaire perpétuel à tirettes. XVIIIe siècle.

– 19 –

QUAND LE FRANÇAIS FIXE SES RÈGLES

Au XIX*e siècle, outre la rigueur imposée par les grammairiens, on découvre l'argot dans le dictionnaire de Vidocq, les Anciens et les Modernes s'écharpent au Théâtre-Français, ailleurs on savoure les rires du vaudeville, et Jules Ferry instaure l'école publique obligatoire.*

Sommes-nous tous des cacographes ? Rassurez-vous, la cacographie n'est pas une maladie ! Ce mot étrange est tiré du grec *kakos*, mauvais – caca en est aussi dérivé –, et *graphein*, écriture… La mauvaise écriture ! Autrement dit, l'incapacité d'éviter les fautes d'orthographe…

En ce début de XIXe siècle, écrire sans fautes apparaît comme une forme de bienséance et de politesse. Jean-Étienne Boinvilliers, professeur de belles-lettres à Beauvais, publie alors un ouvrage qui fait immédiatement référence : *Cacographie ou recueil de phrases dans lesquelles on a violé à dessein l'orthographe…* Le consciencieux professeur nous apprend tout des pièges de la syntaxe et nous assène ses phrases cacographiques : « Linstrucsion est ci prétieuse ! Pourquoi l'a négligé ? » Le jeu consiste évidemment à en repérer les erreurs, manière dix-neuvièmiste d'inculquer la juste règle.

Cette science orthographique mise à la portée du plus grand nombre connaît un succès délirant, d'autres livres paraissent sur le même modèle et les jeux de cacographie se répandent dans tout le pays. Il est vrai que l'orthographe n'est plus un système en devenir, mais une discipline durablement établie avec ses bases solides et ses règles stables.

Il ne faudrait pas croire pour autant que le français a triomphé partout dans le pays, malgré les nombreux efforts déjà fournis pour l'imposer. Certains continuent de s'exprimer dans leur langue régionale… En 1802, André-Joseph Abrial, ministre de l'Intérieur, reçoit un message de Christophe Dieudonné, préfet du département du Nord. Le haut fonctionnaire se plaint des arrondissements de Bergues et d'Hazebrouck dont les habitants ont le front de rédiger leurs documents en flamand, ce qui oblige l'Administration à faire appel à des traducteurs pour

Le Music-hall, Walter Sickert (1860-1942), 1889.

enregistrer les actes et fixer les droits à recouvrir. Dieudonné réclame une loi pour obliger ces contribuables à écrire leurs contrats en français… On l'a compris, la demande du préfet ne répond pas à une attitude politique, elle ne cherche pas à promouvoir la langue nationale, elle a pour seul souci de faire des économies !

En réponse, le 24 prairial an IX – 13 juin 1803 –, Bonaparte, nommé Premier consul, prend un arrêté pour ordonner que, dans un délai d'un an, tous les actes authentiques sur le territoire soient rédigés en français.

Cet arrêté de Bonaparte – encore valable aujourd'hui – a imposé administrativement la langue française… Et le plus extraordinaire aux yeux des observateurs lointains que nous sommes, c'est que cette décision ait été acceptée et appliquée sans grandes récriminations. Même en Alsace, terre germanophone, le passage administratif au français n'a pas posé d'insurmontables problèmes. Simplement, on nomma un nombre suffisant d'interprètes assermentés… Restait tout de même à traiter les difficultés qui surgissaient inévitablement chez le notaire. En effet, comment rédiger un testament en français quand ni le client ni le juriste ne parlaient cette langue ? Cette situation absurde donna lieu à quelques procès à Metz, Nancy et même Paris, puis tout s'apaisa : le Premier consul devenu empereur ne souffrait aucune exception à son décret…

Aucune exception ? Pas tout à fait. La Corse, elle, avait le droit de s'administrer dans sa langue régionale ! Il faut rappeler qu'en 1789, dans une lettre à son parrain Laurent Giubega, le jeune Napoléon, qui avait alors tout juste vingt ans, qualifiait la domination de la France sur la Corse de « tyrannie la plus affreuse », et se désespérait de constater que les magistrats venus du continent demeuraient étrangers à la langue et aux mœurs de son île natale.

Au début de l'année 1806, Napoléon traverse l'Alsace pour aller guerroyer en Westphalie. Avec sa suite, il s'arrête pour déjeuner, et le cuisinier lui sert un pain de seigle noir et dur… Napoléon le goûte, et s'écrie épouvanté :

– C'est bon pour Nickel !

Le Nickel en question est son cheval à la belle robe grise… Les Alsaciens entendent la parole impériale et, ne comprenant pas vraiment les mots, mais soucieux d'en recueillir les sonorités, baptisent leur pain « Bon-pour-Nickel », Pumpernickel avec l'accent… Une spécialité boulangère qu'on peut toujours apprécier sur les bords du Rhin.

Cette mésaventure culinaire n'est qu'une légende, mais elle est si bien implantée en Alsace qu'il ne faut pas beaucoup pousser les mitrons et les gourmets pour qu'ils vous racontent l'anecdote comme un haut fait de l'épopée impériale !

Entouré de son état-major, Napoléon Ier fait son entrée dans Berlin sur Nickel, le 27 octobre 1806. Tableau (détail) de Charles Meynier (1768-1832).

Moi, je trouve que cette petite fable illustre bien les incompréhensions nées des divers accents régionaux… Comment les Alsaciens pouvaient-ils interpréter les mots de l'Empereur ? Son accent corse était si prononcé que, naguère, ses camarades de l'école militaire de Brienne ne parvenaient pas toujours à le comprendre.

Mais en ces temps où les différentes inflexions et les divers patois se côtoyaient, il ne paraissait ni étonnant ni choquant de voir un chef suprême, militaire ou politique, parler la langue avec quelque hésitation et prononcer les mots de manière singulière. On ne comprenait pas toujours, alors on déformait… Pumpernickel !

Pourtant, Napoléon fut un homme de l'oralité, il a galvanisé ses troupes avec ses discours, même s'il roulait les *r* et avait des difficultés avec les *u* qui avaient tendance à virer vers le *ou*… Comme sa maman !

– *Pourrrvou que ça dourrrre !* disait Letizia quand elle évoquait les triomphes de son fils.

Napoléon fut donc homme d'action et de verbe, en dépit de son accent… Mais il aurait tant voulu être un génie de la littérature ! Souvent, il laissait entendre que l'arme suprême n'était pas l'épée, mais la plume. Il aurait aimé s'imposer par ses écrits… et en français ! À vrai dire, son œuvre littéraire de jeunesse se limite à trois plaisantes nouvelles, un début de roman et quelques observations romantiques sur l'amour… Sans oublier un petit texte désespéré sur le suicide, écrit à l'âge de dix-huit ans : « Que les hommes sont éloignés de la nature ! Qu'ils sont lâches, vils, rampants ! » En lisant ces pages désenchantées, Chateaubriand commenta non sans ironie : « Mille béjaunes sont obsédés de l'idée de suicide, qu'ils pensent être la preuve de leur supériorité. »

Portrait de Letizia Bonapart (1750-1836), mère de Napoléon Bonaparte. Peinture miniature sur ivoire de Jean-Baptiste Isabey (1767-1855), 1800.

Ce sarcasme mis à part, François-René de Chateaubriand a été fasciné par Napoléon… et inversement. Chacun de ces deux hommes, l'Empereur et l'écrivain, voyait dans l'autre une forme de réussite hors de sa portée.

Chateaubriand, qui connaît alors la gloire littéraire avec le *Génie du christianisme*, rêve de politique. Il a tort. Le pouvoir, il le détient par la langue en marche, l'ébullition créatrice, le mot qui jaillit… Pour exprimer les idées neuves du romantisme, pour dire les pleurs sur les ruines antiques, il invente, notamment dans *René ou les Effets des passions*, la prose rythmée, la poésie sans vers, et ressuscite parfois une langue ancienne qui ne lui survivra pas… *Entomber* pour « enterrer » ou *vénusté* pour « beauté ».

Par la suite, l'Empereur sembla de moins en moins fascinant aux yeux de Chateaubriand… Désappointé par la dérive autoritaire du régime, celui-ci prit ses distances et critiqua ouvertement le despotisme.

Napoléon, en revanche, ne renonçait pas à son admiration pour l'écrivain. En 1811, il l'incita à se présenter à l'Académie française qui depuis peu avait quitté le palais du Louvre pour l'ancien collège des Quatre-Nations, quai de Conti, lieu qu'elle occupe toujours. Chateaubriand hésita, céda, fut élu… mais fallait-il le recevoir en grande pompe sous la Coupole ? Les avis des académiciens étaient partagés en raison des positions politiquement critiques de l'auteur. Son discours de réception, soumis au secrétaire perpétuel avant lecture publique, était un hymne à la liberté, « le plus grand des biens et le premier des besoins de l'homme ». On fit porter ce texte dangereux à l'Empereur pour lui demander son arbitrage.

– Les gens de lettres veulent donc mettre le feu à la France ! s'étrangla Napoléon… Comme homme de lettres et comme homme de goût, monsieur de Chateaubriand a fait une inconvenance.

On ne parla plus du discours, définitivement enterré à la bibliothèque de l'Institut de France. Chateaubriand fut donc un académicien sans réception, et l'on continua de travailler tranquillement sur le dictionnaire. On en était à la lettre *E*…

Génie du christianisme, René de Chateaubriand, pages 26-27.
Exemplaire annoté de la main de l'auteur, 1802.

★

★ ★

Cette même année 1811 paraît la *Grammaire des grammaires*, une somme de Charles-Pierre Girault-Duvivier, un avocat parisien ruiné par la Révolution, et qui s'est occupé de syntaxe pour parfaire l'éducation de ses filles. Cette *Grammaire* ne veut rien réformer, rien changer, mais simplement affiner. L'auteur ne se contente pas de prôner une orthographe correcte, comme naguère Boinvilliers, il fait la chasse aux barbarismes, aux solécismes, aux pléonasmes… Le barbarisme, nous apprend le grammairien, « est une faute contre la pureté du langage », notamment quand on emploie une expression « qui n'est adoptée ni par l'Académie ni par les bons écrivains », par exemple en disant « par contre » et non « au contraire ». Le solécisme, lui, « viole les règles établies pour la pureté du langage », et l'auteur cite Jean-Jacques Rousseau qui parle dans son *Émile* des « *longues* pleurs d'un enfant », alors que « pleurs » est un mot masculin. Le pléonasme, lui, est une faute admise quand elle donne au discours « plus de grâce ou plus de netteté », comme dans le *Tartuffe* de Molière : « Je l'ai vu, dis-je, vu de mes propres yeux vu, ce qu'on appelle vu. »

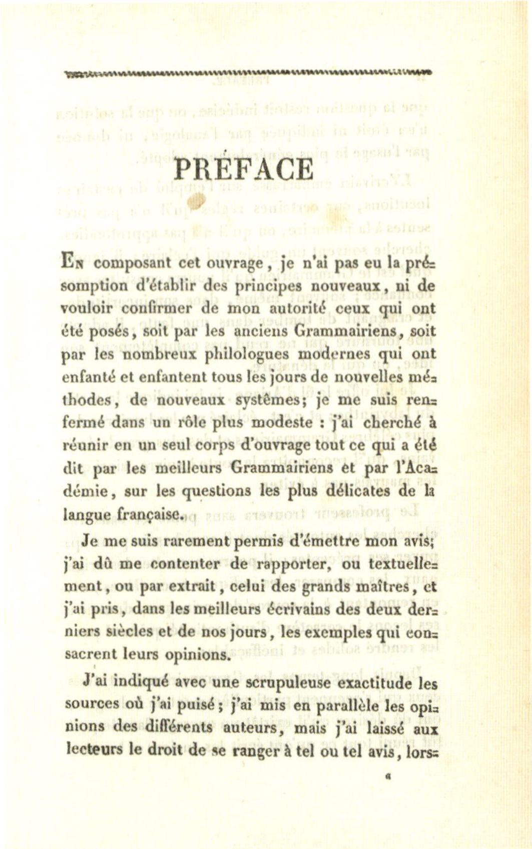

PRÉFACE

En composant cet ouvrage, je n'ai pas eu la présomption d'établir des principes nouveaux, ni de vouloir confirmer de mon autorité ceux qui ont été posés, soit par les anciens Grammairiens, soit par les nombreux philologues modernes qui ont enfanté et enfantent tous les jours de nouvelles méthodes, de nouveaux systêmes; je me suis renfermé dans un rôle plus modeste : j'ai cherché à réunir en un seul corps d'ouvrage tout ce qui a été dit par les meilleurs Grammairiens et par l'Académie, sur les questions les plus délicates de la langue française.

Je me suis rarement permis d'émettre mon avis; j'ai dû me contenter de rapporter, ou textuellement, ou par extrait, celui des grands maîtres, et j'ai pris, dans les meilleurs écrivains des deux derniers siècles et de nos jours, les exemples qui consacrent leurs opinions.

J'ai indiqué avec une scrupuleuse exactitude les sources où j'ai puisé; j'ai mis en parallèle les opinions des différents auteurs, mais j'ai laissé aux lecteurs le droit de se ranger à tel ou tel avis, lors-

a

Grammaire des grammaires,
ou Analyse raisonnée des meilleurs traités
sur la langue française,
Charles-Pierre Girault-Duvivier
(1765-1832), 1840.

Girault-Duvivier a beau expliquer, analyser, recommander, certains dédaignent tout de même le bien écrire… On raconte que le comte de Rambuteau, préfet de la Seine dans les années 1830, se rendit un jour au domicile de la princesse de Ligne. La dame étant absente, il laissa sa carte avec quelques mots ainsi rédigés : « Je Suis Venus En Personne »… Ce qui plongea la princesse dans des abîmes de perplexité. Longtemps, elle se demanda par quel sortilège cet austère bonhomme pouvait incarner la déesse de l'Amour !

*
* *

Après l'Empire, le congrès de Vienne qui, en 1815, redessine l'Europe, place sur le trône de France Louis XVIII, frère du roi décapité. Celui-ci « octroie » une charte constitutionnelle qui garantit les droits individuels et donne le pouvoir exécutif au souverain, lequel partage le pouvoir législatif avec la Chambre des pairs et la Chambre des députés… Mais l'important n'est pas vraiment dans les articles de cette Constitution, la situation est tout entière résumée dans le verbe « octroyer », issu de l'ancien français *otroier*, autoriser, mais qui dans le vocabulaire diplomatique du temps signifie « accorder par grâce ». Bref, c'est un retour à la monarchie de droit divin. À la mort de Louis XVIII, en 1824, la monarchie ne trembla pas et le frère du défunt se fit couronner sous le nom de Charles X…

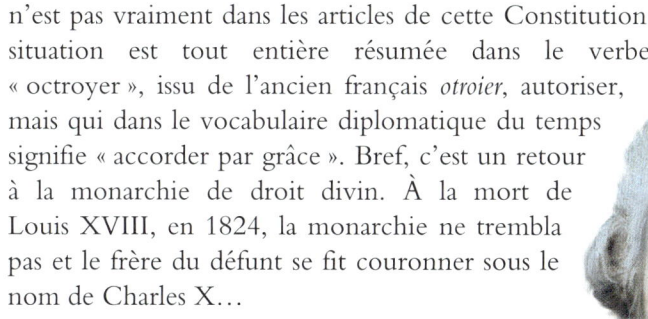

La politique semble régresser mais la langue et le théâtre, en pleine ébullition, évoluent et se transforment. Si le français écrit observe désormais des règles rigoureuses, l'oral est plus fluctuant et la liberté que l'on peut prendre avec les mots fait renaître le débat entre les Anciens et les Modernes… Comment faut-il parler ? Comment faut-il dire les vers ?

Comte de Provence,
le futur roi de France Louis XVIII.
Adélaide Labille-Guiard, (1749-1803),
1788.

Les jeunes audacieux, les romantiques pleins d'emphase, ne peuvent que triompher avec Victor Hugo pour chef de file ! L'objet du délit, qui crispe les positions, c'est *Hernani,* drame en cinq actes… Doña Sol aime Hernani, un homme dont le père a été tué par celui du roi d'Espagne, ce qui suscite une tragédie d'amour et de vengeance. Hernani, c'est le héros romantique, déchiré, emphatique, pathétique, dont les mots s'accumulent dans une boursouflure qui enthousiasme les uns et agace les autres.

– Vous êtes mon lion superbe et généreux !

Cette réplique paraît si ampoulée que mademoiselle Mars, la comédienne chargée du rôle de doña Sol, insiste pour supprimer ce lion ridicule… Et si l'on mettait plus simplement « mon *seigneur* superbe et généreux » ? Mais non, Victor Hugo n'en démord pas, ce sera le lion, quitte à recevoir des sifflets des vieilles badernes !

Le 25 février 1830, le Théâtre-Français est en effervescence… Pour défendre le romantisme, les Modernes sont réunis autour de Victor Hugo, et l'on voit applaudir Gérard de Nerval, Hector Berlioz et Théophile Gautier qui, par provocation, porte un gilet rouge, signe de sa révolte.

– Nous allons combattre cette vieille littérature crénelée, verrouillée ! s'écrie Victor Hugo.

Cinq mois plus tard, les Trois Glorieuses des 27, 28 et 29 juillet chassaient Charles X pour mettre sur le trône son cousin Louis-Philippe. Un roi selon les vœux de Victor Hugo, et c'est en tant que pair de France nommé par le souverain que l'écrivain découvre la politique active et développe ses talents d'orateur.

Membres du mouvement littéraire romantique assistant à la première représentation de la pièce *Hernani* de Victor Hugo à la Comédie-Française de Paris, le 25 février 1830. Parmi eux, Alexandre Dumas père et Alfred de Vigny. Gravure de Stop (1825-1899), 1860.

Portrait de l'écrivain français Victor Hugo (1802-1885), vers 1880.

Mais c'est par la plume qu'il va magnifier la langue avec l'emploi romantique et grandiose des mots, et donner ainsi à chaque terme une ampleur insoupçonnée…

Ce maniement sublime de l'écrit utilise des termes existants et non une langue plus ou moins réinventée. En fait, Hugo n'apprécie pas les néologismes, et il en crée très peu… Dans une préface à ses écrits en prose, il souligne : « Ce sont les mots nouveaux, les mots inventés, les mots faits artificiellement qui détruisent le tissu d'une langue… »

Cependant, l'auteur des *Châtiments* a beau refuser les mots nouveaux – « inventés », comme il dit –, face à l'évolution des techniques et des sciences, des termes sont imposés par la nécessité : épidémiologie, vaccination, locomotive, wagon… Bien sûr, ces termes neufs traduisent surtout les progrès de la médecine et des transports, mais il y en a d'autres… Allons donc jeter un coup d'œil sous les feux de la rampe.

Le récital de Franz Liszt

Vers 1835, Franz Liszt est une si grande vedette que l'on parle de « « lisztomanie » à travers toute l'Europe. Quand le pianiste arrive dans une ville pour donner un spectacle de ses géniales interprétations, les foules se massent sur son passage, les jeunes filles crient ou se pâment, on lui jette des fleurs. Les fans cherchent des reliques : une mèche de cheveux, un mégot jeté, un verre sur lequel il aurait posé ses lèvres…

Pour satisfaire son public, Liszt invente des auditions d'un style nouveau : il est seul en scène avec son piano, sans orchestre, sans chanteur.

– Le concert, c'est moi, explique-t-il.

Mais comment qualifier cette formule audacieuse ? Inspiré par l'anglais *recital*, qui signifie « déclamation », ou « récitation », Franz Liszt crée, en français, le terme de « récital », spectacle musical donné par un seul artiste. Un mot qui ne quittera plus ni la langue ni la scène.

Caricature représentant le compositeur Franz Liszt (1811-1886), 1842.

Page de droite : Portrait d'Eugène François Vidocq (1775-1857).
Illustration *in Mémoires de Vidocq, chef de la police de sureté jusqu'en 1827*, Vidocq, 1828-1829.

Pour trouver d'autres mots inédits, il faut descendre dans les bas-fonds, là où les voleurs et les filles de peu s'expriment en argot, un langage de reconnaissance, auquel les honnêtes gens *n'entravent* rien… au moins jusqu'en 1838 ! Car, cette année-là, François Vidocq publie une nouvelle édition de ses *Mémoires* en y joignant un glossaire de l'argot…

Vidocq, un nom célèbre à l'époque. Chacun sait que cet ancien escroc a été condamné au bagne à l'âge de vingt ans, qu'il s'en est échappé, a été repris, s'en est échappé encore… Ensuite, fort de son expérience dans le banditisme, il a commencé une fructueuse carrière au service de l'ordre. Il a pris la tête d'une brigade de sûreté formée d'anciens taulards réinfiltrés dans le milieu du crime pour renseigner la police.

Grâce à son ouvrage, nombre de mots sortis de la langue verte sont entrés dans la langue courante… Oui, mais « un balle » correspondait à vingt sous, c'est-à-dire un franc, et maintenant c'est un euro, tout augmente !

« Dans le pieu de la piaule, je mate une frimousse, c'est le moutard du rupin à la belle tocante. » Inutile de traduire… C'est la langue des « cagous », les voleurs surveillés par Vidocq !

Et quand vient la révolution de 1848, qui chasse Louis-Philippe pour instaurer la IIe République, l'ancien bagnard tente vainement de former une nouvelle police de sûreté pour se mettre au service du gouvernement.

*
* *

Quatre ans plus tard, en 1852, un coup d'État balaye la République et instaure le second Empire. Curieux siècle qui aura vu au final trois rois, trois républiques, deux empires…

Sous le règne de Napoléon III, les temps qui s'ouvrent vont rester dans les annales comme ceux de la prospérité et de la fête permanentes, au moins dans les milieux du pouvoir et des affaires.

Dans l'entourage de l'empereur, on invente toujours des jeux nouveaux, des saynètes, des charades… et la dictée !

Par un terne après-midi au château de Compiègne[1], l'écrivain Prosper Mérimée a l'idée de soumettre à la sagacité de la cour un petit texte concocté par quelques académiciens retors. Ces lignes ont la particularité de réunir les pièges les plus imparables ! Cris, effroi, la plupart des courtisans se désistent en riant ; ils refusent de se ridiculiser publiquement pour quelques accords trop complexes. Pourtant, un petit groupe suit l'empereur et l'impératrice en acceptant de tenter l'épreuve.

1. Lieu indiqué par Léo Claretie quand il a publié la dictée en 1900 dans la revue *Le Monde moderne*. D'autres auteurs ont situé la dictée en différents endroits, et le princesse Pauline de Metternich, qui l'a faite avec quarante-deux fautes, la place, elle, à Fontainebleau dans ses *Souvenirs* (Plon, 1922).

Autour d'une grande table, les courageux participants à cette joute de l'esprit affûtent leur plume. Mérimée commence à dicter. Lentement.

– « Pour parler sans ambiguïté, ce dîner à Sainte-Adresse, près du Havre, malgré les effluves embaumés de la mer, malgré les vins, de très bons crus, les cuisseaux de veau et les cuissots de chevreuil prodigués par l'amphitryon, fut un vrai guêpier […] »

Cuisseaux et cuissots… Le premier terme, hérité des cuisiniers, désigne la cuisse et le bassin d'un veau dépecé ; le second, venu des chasseurs, est la cuisse d'un gibier. En 1990, l'Académie, soucieuse de simplification, mélangera vènerie et gastronomie en adoptant officiellement, dans les deux cas, la graphie « cuisseau ». Pourtant la vieille dame du quai Conti continue de faire le distinguo entre l'un et l'autre sur son site en ligne, suivie en cela par la plupart des dictionnaires !

Mérimée continue de dicter.

– « Quelles que soient et quelque exiguës qu'aient pu paraître, à côté de la somme due, les arrhes qu'étaient censés avoir données la douairière et le marguillier, il était infâme d'en vouloir pour cela à ces fusiliers jumeaux et mal bâtis et de leur infliger une raclée alors qu'ils ne songeaient qu'à prendre des rafraîchissements avec leurs coreligionnaires […] »

Entre les phrases, le maître du jeu jette un coup d'œil sur ses élèves : l'empereur couvre sa feuille de ratures, l'impératrice réfléchit longuement après chaque mot et parfois, agacée, tape rageusement du pied. En bout de table, Octave Feuillet et Alexandre Dumas fils, côte à côte, s'appliquent avec sérieux.

Quelques phrases encore et les derniers mots de la dictée tombent, Mérimée relève les copies et se met à corriger, tandis que les victimes font cercle autour de lui, dans un silence angoissé.

– Que de fautes ! Que de fautes ! ne cesse de répéter l'écrivain, même s'il est obligé à plusieurs reprises de se reporter à son texte pour s'assurer d'une graphie correcte.

Enfin, il se lève pour proclamer les résultats :

– Le lauréat est le prince Richard de Metternich, avec trois fautes !

Stupéfaction. L'ambassadeur d'Autriche manie le français avec plus de maîtrise que tous les écrivains réunis ici ! Octave Feuillet serre chaleureusement la main du vainqueur et sourit.

– Prince, quand allez-vous vous présenter à l'Académie pour nous apprendre l'orthographe ?

Portrait du prince Richard de Metternich-Winneburg (1829-1895), ambassadeur d'Autriche à Paris à partir de 1859. Photographie d'André Adolphe Disdéri (1819-1889), 1850.

Fête de nuit aux Tuileries, le 10 juin 1867, à l'occasion de la visite des souverains étrangers à l'Exposition universelle. L'impératrice Eugénie au bras du tsar Alexandre II, derrière eux Napoléon III et Guillaume Ier de Prusse. Peinture de Pierre Tetar van Elven (1828-1908), 1867.

Et Mérimée poursuit la lecture du palmarès : l'empereur a fait soixante-quinze fautes, l'impératrice, soixante-deux, la princesse Pauline de Metternich, quarante-deux, Alexandre Dumas, vingt-quatre, Octave Feuillet, dix-neuf…

Tout le monde est effondré. C'est décidément trop humiliant.

Est-ce pour cela que la mode de la dictée disparaît très vite après le second Empire, l'exercice évoquant un peu trop une redoutable épreuve scolaire ?

Elle sera bien plus tard ressuscitée par Bernard Pivot, deviendra un concours à l'échelle hexagonale… et passionnera les téléspectateurs jusqu'au début des années 2000.

*

* *

À Paris, on a d'autres plaisirs que les bizarreries orthographiques. Chaque soir, les théâtres font le plein. On rit, on danse, on chante parfois, les portes claquent, les cocottes se pavanent, les amants sont dans le placard et les maris trompés ne voient rien… Le XIXe siècle aime le vaudeville, follement.

Caricature d'Hyppolite Petitjean (1854-1929) pour sa série sur les cocottes, reprise dans la revue *Frou-Frou* du 6 septembre 1902.

Acte I de *La Cagnotte* d'Eugène Labiche (1815-1888). Aquarelle sur papier de Gilbert L'Héritier (1809-1885).

Pourquoi « vaudeville » ? Pour comprendre le mot, il faut changer d'époque. Un peu après 1400, un ouvrier drapier normand de Vire, Olivier Basselin, popularisa les chansons satiriques et joyeuses… Il était même la personnalité marquante d'une association de poètes chanteurs, « Les Compagnons du vau de Vire », la vallée de la Vire. Deux cents ans plus tard, le terme *vaudevire* désignait toute chanson populaire riant de l'actualité. Et de *vaudevire* on est passé insensiblement à « vaudeville », parce que le Vire des origines n'était plus compris. Le mot se métamorphosait, mais le sens restait toujours le même : une chanson satirique. Et puis l'on vit émerger sur scène « les pièces en vaudevilles », autrement dit des comédies agrémentées de chansons.

Quand Eugène Labiche donna ses premières comédies, aux environs de 1840, il était attendu et presque obligatoire d'agrémenter la fin des actes de chansonnettes aux airs célèbres et aux paroles détournées… Seulement voilà, Labiche détestait la musique, et il s'ingénia à diminuer de plus en plus le nombre de chansons dans ses vaudevilles… jusqu'à les supprimer tout à fait ! Plus tard, en 1886, au moment où Georges Feydeau donnera son premier grand succès, *Tailleur pour dames*, tout le monde aura oublié que le vaudeville avait été un jour synonyme de chanson.

Ne quittons pas immédiatement Labiche et écoutons sa définition de l'égoïste : « C'est quelqu'un qui ne pense pas à moi. » Parce que la fin du siècle a développé « le bon mot », ni plaisanterie ni calembour, mais une flèche décochée en situation…

Au festival des bons mots…

Nestor Roqueplan, directeur du théâtre des Nouveautés, avait horreur d'entendre les dramaturges lui lire leur manuscrit. Un après-midi, l'un d'eux parvint pourtant à le coincer dans son bureau et se mit à déclamer son œuvre, scène après scène… Roqueplan s'endormit, et se réveilla à la dernière réplique, juste à temps pour refuser sèchement la pièce. L'auteur, vexé, fit remarquer au directeur qu'il ne pouvait pas juger puisqu'il avait dormi…

– Au théâtre, le sommeil est une opinion, asséna Roqueplan.

Et comment ne pas citer Aurélien Scholl ? Le journaliste définissait ainsi son métier : « bâcler le mieux possible »… et disait à ses collaborateurs du *Quotidien de Paris* :

– Vous voulez faire sérieux ? Faites emmerdant !

Passons à l'Académie. Quand le philosophe Victor Cousin s'écria :

– La décadence de la langue française a commencé en 1789…

– À quelle heure, s'il vous plaît ? demanda plaisamment Victor Hugo.

Portrait de Nestor Roqueplan (1805-1870), écrivain, journaliste et administrateur de théâtres français. Gravure *in Le Monde Illustré* du 30 avril 1870

Bien sûr, la langue sous le second Empire n'est pas seulement une dictée énoncée pour passer le temps ou une suite de bons mots, c'est surtout le développement de l'instruction publique sous la houlette du ministre Victor Duruy…

Cet historien veut réformer l'enseignement secondaire classique, redynamiser l'enseignement supérieur, élargir l'enseignement primaire, organiser l'éducation des filles et supprimer les patois… Vaste programme ! Il ne parviendra pas à mettre en place la totalité de ses projets, loin de là, mais l'élan est si bien donné que la IIIe République persistera dans la même voie.

Car, nouveau chambardement politique, le second Empire s'effondre avec la guerre franco-prussienne de 1870, et la IIIe République s'installe. Dix ans plus tard, sous l'impulsion du député Camille Sée, la loi instituant des collèges pour jeunes filles est promulguée par le président Jules Grévy. L'année suivante, en 1881, c'est Jules Ferry, ministre de l'Instruction publique, qui déclare l'école gratuite, obligatoire et laïque pour les filles et les garçons.

On voit alors « les hussards noirs de la République » partir à l'assaut du pays pour diffuser le savoir, la culture, la langue… Les hussards noirs… parce que les instituteurs, à l'uniforme noir, avaient l'allant des troupes de choc !

Je sais qu'il est de bon ton, aujourd'hui, de dénigrer Jules Ferry et tous les enseignants de cette époque. On rit de leur morale sentencieuse inscrite au tableau noir, ces petites phrases destinées à exhorter à la tempérance, à la propreté, à l'honnêteté…

« Une manière de vivre simple et frugale conserve la santé, entretient le calme de l'âme et assure l'indépendance. »

« On n'imagine pas plus facilement une âme sans tache dans un corps malpropre qu'une eau pure dans un vase immonde. »

« Une bonne conscience est un doux oreiller. »

On peut se moquer de tout cela, c'est si loin, si décalé, mais avec ces enseignants-éducateurs, le français se répand dans tout le pays.

Il est vrai que pour mieux propager la langue nationale, les maîtres font la chasse aux dialectes : interdiction de parler la langue régionale à l'école ! Les Bretons, les Alsaciens, les Vosgiens, les Occitans, les Basques et tous les autres ont obligation de parler exclusivement le français.

Mais certains enseignants ne sont pas d'accord… Par exemple, l'inspecteur primaire de l'arrondissement de Moissac écrit à ses supérieurs pour défendre l'occitan, expliquant qu'il « ne se montre pas favorable à une interdiction absolue du patois à l'école, car cette interdiction aurait pour résultat de détruire une langue qui a ses poètes, son dictionnaire, sa grammaire ».

Cependant, les poches de contestation ne modifient pas la réalité : les langues régionales sont pourchassées, et cette politique se prolongera sur une centaine d'années… Je connais une professeure des collèges qui a commencé sa carrière dans les années 1970 par des remplacements dans une école publique de Saverne, en Alsace. Pendant la récréation, son rôle était de repérer les élèves parlant alsacien, de les dénoncer et de leur distribuer des punitions ! Mais les mentalités avaient évolué et la jeune enseignante ne songeait pas réellement à réprimander les germanophones malgré les consignes de l'Éducation nationale.

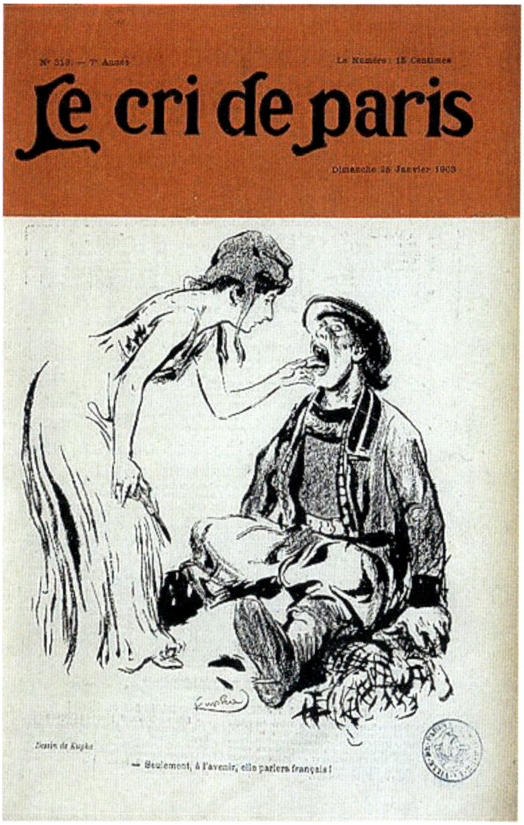

Marianne tirant un Breton par la langue : « Seulement, à l'avenir elle parlera français ! »,
François Kupka (1871-1957), *in Le Cri de Paris* du 25 janvier 1903.

Double page suivante : *En classe, le travail des petits*, Jean Geoffroy (1853-1924), 1889.

Pendant que l'instruction publique s'attelait à uniformiser le français sur l'ensemble du territoire, celui-ci commençait à s'envoler au-delà des mers… Les instituteurs, les soldats, les missionnaires, les médecins qui participaient à l'entreprise coloniale apportaient la langue nationale dans leurs bagages et l'implantaient au fin fond de l'Afrique et aux extrémités de l'Orient. On peut ne voir dans cet empire français que le goût de la conquête et la soif de l'enrichissement, mais que dire des religieux égarés au cœur des jungles, des instituteurs envoyés dans les villages perdus, des médecins frappés par les maladies qu'ils tentaient d'éradiquer ? Exaltés par leur mission, ils croyaient apporter le progrès, donc le bonheur, aux populations locales… Et en même temps, la France exportait sa langue au Sénégal, au Cambodge, en Cochinchine, en Nouvelle-Calédonie, plus tard en Algérie, en Tunisie, au Tchad, au Congo, au Soudan, au Liban…

Le général Joseph Gallieni, gouverneur colonial français de Madagascar, supervise la construction de routes et l'ouverture des écoles. Illustration de J. L. Beuzon (1864-1940) *in Histoire de France*, André Aymard (1900-1964), 1933.

*

* *

Durant toutes ces années consacrées à la rigueur des règles de français, on a quasiment renoncé à la réforme de l'orthographe. Mais le siècle ne va pas se terminer sans une énième tentative ! C'est Ambroise Firmin-Didot, imprimeur de l'Académie, qui la réclame, cette fois… Il propose de supprimer quelques lettres doubles qui ne se prononcent pas. Il veut aussi simplifier la graphie des noms composés en les réunissant. Il trouverait judicieux de distinguer par une cédille sous le *t* les mots terminés en *tie* et *tion*, qui se prononcent avec le son *s* comme inertie ou attention. Enfin, il suggère de substituer un *s* au *x* dans le pluriel de certains mots, comme cela a déjà été fait pour les *loix* devenues les « lois ».

Le lexicographe Littré et le critique Sainte-Beuve joignent leurs voix à l'imprimeur et sept mille passionnés signent, en 1889, une pétition remise quai Conti… Mais l'Académie a besoin de réfléchir à tout cela. Et ce n'est que quatre ans plus tard, en 1893, que l'académicien Octave Gréard fait adopter par ses collègues un projet de réforme qui porte, pour l'essentiel, sur l'emploi du trait d'union, les accents, la réduction des consonnes doubles et les pluriels en *x*…

– Il s'agit non pas de bouleverser, mais simplement de régulariser, précise-t-il.

Sauf qu'il suscite quand même une sacrée levée de boucliers ! En effet, curieusement, la réforme a été soumise aux académiciens un 27 juillet… À cette date, la plupart d'entre eux sont partis passer l'été à la campagne et n'ont pas pu assister à la séance. Lorsqu'ils découvrent ce coup de force orthographique dans *Le Figaro* du surlendemain, ils protestent avec véhémence… Et le journal commente l'événement en caricaturant méchamment les changements proposés : « Il se fai grand brui dans la Presse dé réform ortografic don M. Gréar sé fai le champion. »

À la rentrée, le 26 octobre, l'Académie, qui a retrouvé tous ses membres revenus de vacances, hésite, tergiverse, recule, et fait savoir que rien n'a été vraiment décidé. Il faut en discuter, réfléchir, attendre encore… Quand on est immortel, on a tout le temps !

⋆

⋆ ⋆

Peu importent cependant les atermoiements des académiciens. Ce qui compte, c'est que, désormais, sur les bancs de l'école, les filles et garçons de tout l'Hexagone arrivent à se comprendre et maîtrisent une langue commune, née depuis près de mille ans dans le Bassin parisien, et qui permettra à l'ensemble des Français – via les médias de toutes sortes – de prendre le pouls de la nation.

Une réception à l'Académie française. Caricature d'Ernest Lavisse, Frédéric Masson et Albert Sorel par Leonetto Cappiello (1875-1942), vers 1900.

– 20 –

QUAND LE FRANÇAIS DEVIENT LA LANGUE DES MÉDIAS

Au XXe siècle, les médias informent en français tout l'Hexagone, mais l'anglais s'impose comme langue internationale. Et si les colonies ont disparu, la francophonie se développe dans le monde entier.

Une superstition assure qu'allumer trois cigarettes avec la même flamme porte malheur… Pourquoi ? Parce qu'à la première l'ennemi voit, à la deuxième il vise, à la troisième il tire. Cette croyance est née dans la peur et la boue des tranchées de la Grande Guerre. Elle fait partie des idées, légendes et façons de parler issues de cette période de drames et de deuils. Nous vivons encore bien souvent avec cet héritage sans le savoir…

Au début des hostilités, en septembre 1914, le général Joffre apparaît comme le grand vainqueur de la bataille de la Marne. Il est le héros dont la France a besoin, on croit en lui, on le charge de réorganiser l'armée pour répondre à une guerre qui s'annonce longue. Le général commence par assigner à résidence cent trente-quatre officiers jugés incompétents… Il les envoie à Limoges parce que c'est assez loin de Paris et du front : là-bas, ils n'embêteront plus personne ! Et de cette action d'éclat, destinée à redresser le moral du pays, on a tiré le verbe « limoger », c'est-à-dire licencier sans ménagement.

Par la suite, d'autres mots vinrent s'ajouter à ce butin de guerre… Le café viennois est devenu le café liégeois en hommage à la résistance de Liège qui avait ralenti l'avancée des troupes allemandes. Sans oublier « la fleur au fusil », « la ligne bleue des Vosges » et « la der des ders »… autant d'expressions qui nous parlent de ces quatre années de combats.

Mais de nombreux termes que nous croyons issus du conflit sont en réalité plus anciens. Le premier d'entre eux, le plus emblématique, le célèbre « poilu », paraît avoir été créé sur mesure pour nommer le pauvre soldat crotté et mal rasé de la ligne de front. Eh bien, le mot désignait déjà les fantassins de la Grande Armée napoléonienne… Il y avait des poilus à Austerlitz ! C'est-à-dire des barbus, ce qui ajoutait à leur virilité. Même origine pour les… barbelés ! Ce mot, si répandu entre 1914 et 1918 pour évoquer les fils de fer munis de pointes qui protégeaient les tranchées des

The Story of World War One : No Retreat The Battle Call at Verdun, Frank Bellamy (1917-1976).

incursions ennemies, désignait au XIIe siècle une petite barbe… et ensuite, par analogie, il s'appliqua à tout ce qui était à la fois hérissé et piquant.

Le quotidien des soldats nous a légué bien d'autres mots. La « gnôle », terme du dialecte bourguignon, est rentrée dans le langage populaire en souvenir du petit coup d'eau-de-vie qu'on avait souvent besoin d'avaler pour se donner du courage avant de passer à l'assaut. Le « rata », diminutif de ratatouille, désignait dès la fin du XIXe siècle l'ordinaire du soldat, déjà pas très ragoûtant, mais qui est devenu pire du côté de Verdun. Vers 1900, les « bobards », issus de l'ancien français *bober*, tromper, étaient des mensonges ; mais avec la guerre, la censure militaire et la propagande gouvernementale, le terme s'est teinté d'amertume et d'ironie, avec le sens de « balivernes ». Enfin, les Allemands nous ont donné « ersatz », qui évoquait, à l'origine, les gars de la relève, et qui finit par désigner un produit alimentaire frelaté venu remplacer l'original… Mot qui prendra toute son ampleur vingt-cinq ans plus tard, sous l'Occupation.

Il y a aussi les expressions militaires. « Au temps pour moi », que l'on prononce pour reconnaître une erreur vénielle, s'appliquait à un soldat qui n'était pas dans le temps de la marche, c'est-à-dire dans le rythme des pas… La graphie fréquente « autant pour moi » n'a donc aucun sens. « Tomber sur un os » renvoie directement au rata servi dans les tranchées… Les plus malchanceux n'avaient même pas un morceau de viande dans la gamelle, ils tombaient sur un os !

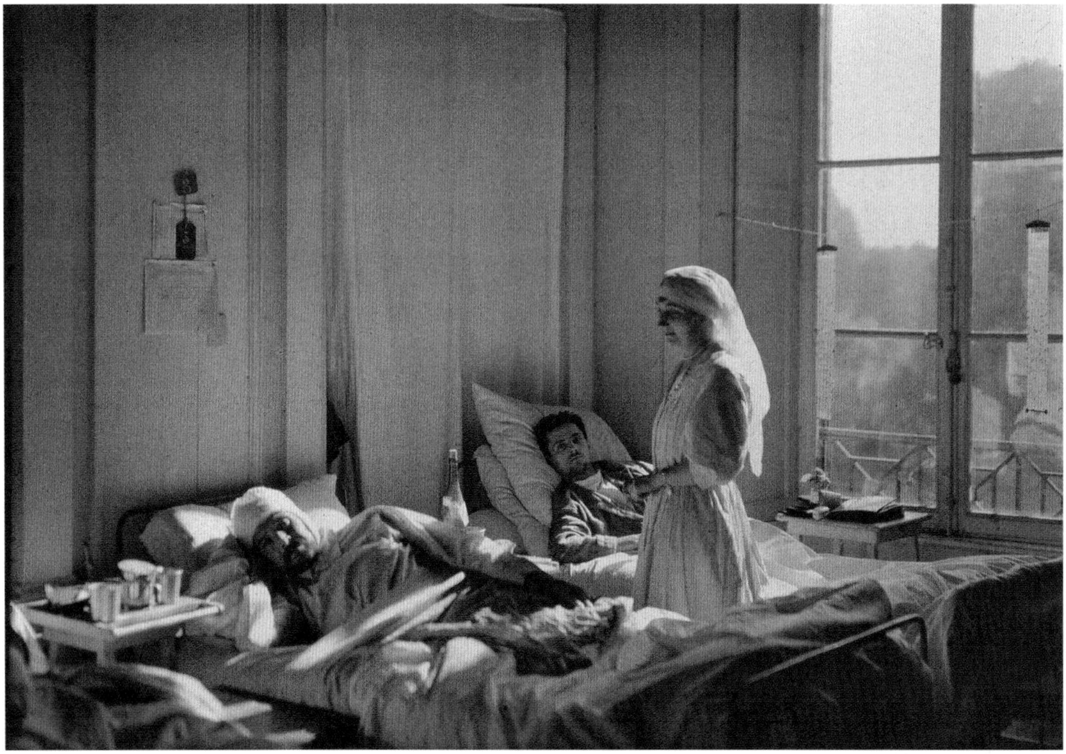

Première Guerre mondiale : poilus blessés de guerre (gueules cassées) de l'armée française à l'hôpital militaire de Moreuil (Somme). Autochrome, 1916.

*
* *

De cette boucherie qui a déchiré le monde, la France sort exsangue, et la langue elle-même est blessée : des centaines d'écrivains sont morts pour la patrie. Certes, ils n'avaient pas tous la gloire poétique de Guillaume Apollinaire, la jeune célébrité d'Alain-Fournier ou la déférente notoriété de Charles Péguy, mais qui sait ce qu'ils auraient donné au langage si la Faucheuse guerrière n'avait pas frappé ?

Et puis, il y a les écrivains rescapés, obsédés par les souffrances qu'ils ont partagées avec leurs camarades de tranchée… Henri Barbusse, le gentil poète mondain, a publié *Le Feu* en 1916 et consacrera sa vie entière à un pacifisme égaré du côté du régime stalinien.

Quant à Roland Dorgelès, le dandy de Montmartre, il est revenu du front avec un manuscrit, *Les Croix de bois*. Mais la langue est sous haute surveillance ! À l'été 1918, l'auteur a soumis son texte au bureau de la censure, place de la Bourse, à Paris. On le convoque, il s'y rend penaud et tremblant : « J'aurais un grand besoin de boire un coup de gnôle, comme avant les coups de main », racontera-t-il. L'officier qui le reçoit déclare froidement et pour tout commentaire :

– J'ai lu votre livre. Il y a beaucoup à couper…

Consterné, Dorgelès tourne les pages de son manuscrit ; aucune n'a été épargnée par le crayon du censeur, mais l'auteur ne songe pas à protester. Il obéit en soldat formé par quatre ans de guerre.

– C'est vrai, mon commandant… Oui, mon commandant… Je suis de votre avis… C'est exact…

En dehors de ces « petites » corrections, trois chapitres doivent être impitoyablement supprimés. La colère de l'officier s'est particulièrement abattue sur le passage concernant un pauvre soldat français fusillé par les siens : épuisé, il avait refusé de participer à une patrouille de surveillance, et ces quelques secondes de révolte lui avaient valu le poteau. L'épisode, terrible, est authentique, le bruit des balles résonne encore aux oreilles de Dorgelès.

– Non, fait sèchement le commandant, c'est impossible…

Ci-dessus : Couverture du livre *Le Feu* tome I, Henri Barbusse (1873-1935), édition Flammarion, 1929.

Portrait de Roland Dorgelès (1885-1973), journaliste et écrivain français, membre de l'Académie Goncourt entre 1929 et 1973. Photographie de Jean Roubier (1896-1981) *in Nouveaux destins de l'intelligence française*, 1942.

Dorgelès prend son manuscrit et rentre chez lui. Le soir, il sent autour de lui l'esprit de ses camarades de tranchée : ils viennent lui reprocher sa lâcheté. Il lui faut témoigner, imposer la vérité, sinon à quoi serviraient les mots ? Il rétablit le chapitre concernant le malheureux fusillé. Et finalement son éditeur, Albin Michel, décide de publier l'intégralité du manuscrit. Cette insubordination n'aura aucune conséquence fâcheuse car la signature de l'armistice, et donc la suppression de la censure, interviendront avant la parution des *Croix de bois*.

Scène du film *Les Croix de bois* de Raymond Bernard, 1932.
D'après l'œuvre éponyme de Roland Dorgelès.

★
★ ★

Et puis vient le traité de Versailles de 1919. Georges Clemenceau, président du Conseil, représente la France, et se montre intraitable avec les vaincus. Il place face aux négociateurs allemands des « gueules cassées » françaises, c'est-à-dire des soldats grièvement blessés de la face. Et surtout, il reste accroché à ses demandes exorbitantes de réparations financières à payer à la France par l'Allemagne… Humilier et ruiner le vaincu n'est jamais de bonne politique, mais à soixante-dix-huit ans, le Tigre cherche davantage à venger la défaite française de 1870 qu'à préparer l'avenir… Restitution de l'Alsace-Lorraine à la France, perte des colonies en Afrique, réduction des armements, démilitarisation de la rive gauche du Rhin… Dans l'obligation d'accepter ces conditions drastiques, les représentants allemands parlent d'un *Diktat*, et font entrer ce mot dans la langue française. Il faut bien le dire, face aux Allemands écrasés, les Alliés ont roulé des mécaniques…

« Rouler des mécaniques… »

C'est une expression qui sent bon les barrières et les fortifs', ce Paris du début du XXe siècle avec son langage populaire, ses escarpes, ses petites frappes qui se baladent la moustache gominée, casquette sur le côté et couteau dans la poche. Ils roulent des mécaniques… ces mécaniques-là étant une expression argotique pour désigner l'assemblage des os du squelette. Et toute cette mécanique invisible roule assez joliment pour permettre au marlou de se déhancher en avançant le nez au vent et d'aller « en suer une » au bal musette…

Apaches dansant la valse dans un café. Partition illustrée par Léon Pousthomis (1881-1916) de la valse chaloupée, dansée au Moulin-Rouge par Mistinguet et Max Dearly, 1908.

Si Clemenceau s'est montré ferme avec les anciens ennemis, il a dû se faire plus nuancé avec les alliés, et particulièrement les Anglais et les Américains… Sans eux, les Français auraient-ils gagné la guerre ? Quand le Premier ministre britannique, Lloyd George, et le président américain, Woodrow Wilson, ont demandé que le traité négocié à Versailles soit rédigé à la fois en français et en anglais, personne ne pouvait s'opposer à cette requête.

Dès lors, les deux versions du traité firent autorité. Et Clemenceau avait beau dire de sa voix rocailleuse : « L'anglais, ce n'est jamais que du français mal prononcé » (histoire d'amoindrir la portée de la chose !), l'anglais devenait du même coup la seconde langue officielle.

Eh oui ! Pour la première fois depuis le traité de Rastatt en 1714 – qui avait abandonné le latin pour le français, on s'en souvient –, le français n'est plus la seule langue officielle de la diplomatie. Et dès ce moment, l'anglais va se mettre inexorablement à grignoter notre langue nationale.

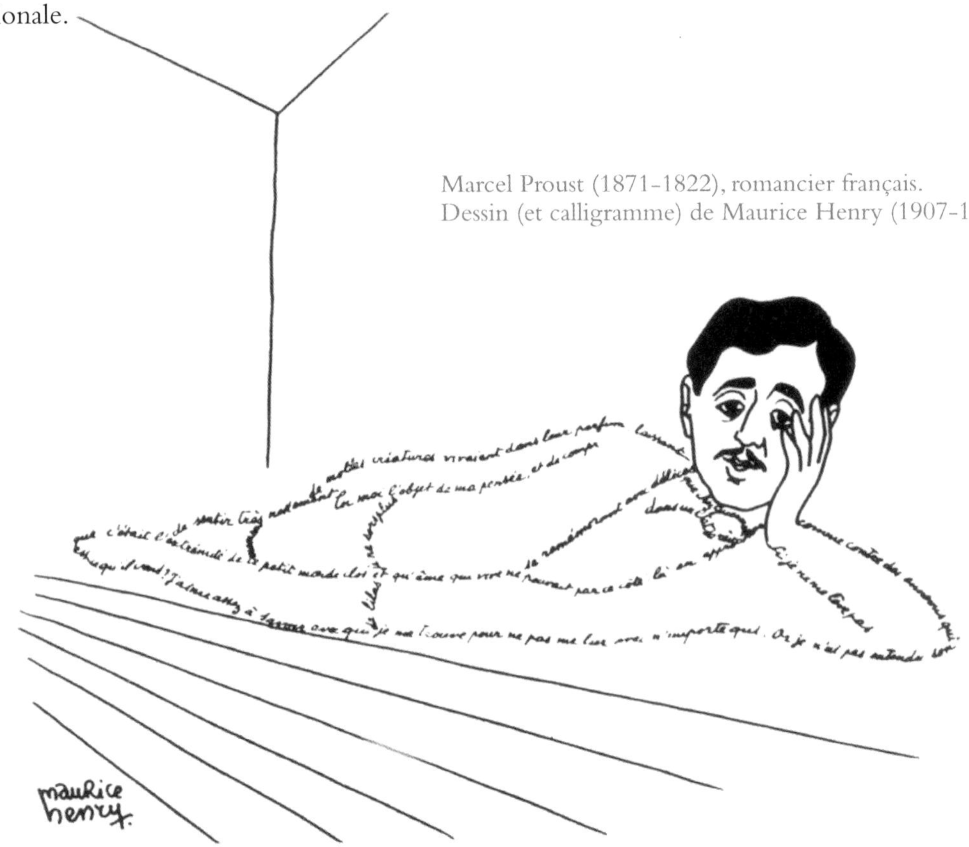

Marcel Proust (1871-1822), romancier français.
Dessin (et calligramme) de Maurice Henry (1907-1984).

Au même moment, frappé de clinophilie, c'est-à-dire de passion pour le lit, Marcel Proust, se disant malade, décide de rester couché dans son appartement du 44, rue de l'Amiral-Hamelin, dans le XVIe arrondissement de Paris. Il demeure étendu, mais il continue d'écrire et d'imaginer. Le monde qu'il crée a besoin de mots nouveaux, des mots anglais d'abord, juste assez snobs pour la société gourmée qu'il décrit… *À la recherche du temps perdu* aligne deux cent vingt-cinq termes *British*… L'obsession anglicisante de Proust devient comique, sinon agaçante, même si certains termes ont finalement été intégrés dans la langue française : *buggy, fair play, five o'clock, lunch, rocking-chair, snow-boots, tommies…*

Mais cela ne suffit pas à l'auteur pour faire ressentir toute la subtilité de ses personnages, alors il invente des néologismes éphémères, des mots qu'il utilise une seule fois et qu'il abandonne ensuite, des termes qui pétillent comme les bulles d'une bière bien fraîche de chez Lipp – sa boisson préférée –, mais qui crèvent aussitôt, laissant à peine un parfum d'oubli… Il l'écrit d'ailleurs dans *Du côté de Guermantes* : « Il y a comme cela des mots nouveaux qu'on lance, mais ils ne durent pas. » Il a raison. Qui se souvient d'*épastrouiller* pour surprendre, d'*époilant* pour étonnant, de *gourdillot* qui remplace imbécile, de *louisphilippement* pour désigner les attitudes qui rappellent le dernier roi et de *napoléonides* pour qualifier les admirateurs de l'Empereur ?

Le XXe siècle adore ces mots chatoyants qui ne sont pas faits pour s'éterniser. Selon Colette, une *aimeuse* est davantage qu'une amoureuse. Paul Claudel fait *badonguer* les cloches plutôt que de les faire sonner. Jean Giono assure que *dormioter* ce n'est pas sommeiller tout à fait. Pour Blaise Cendrars, le *festivant* est une espèce de festivalier d'été. Louis Aragon trouve que *trifurquer*, c'est plus riche que bifurquer. Jean Cocteau a élevé au plus haut l'art du *touchatouisme*. Et pour Boris Vian, *l'arrache-cœur* est une arme destinée à tuer un écrivain nommé *Jean-Sol Partre*. Tous ces mots ont une vie éphémère, le temps de la lecture, à peine l'instant d'un sourire.

L'écrivain français Colette (1873-1954), ici comédienne et danseuse dans le mimodrame *Rêve d'Égypte*, Léopold Émile Reutlinger (1863-1937), 1907.

D'autres termes de cette époque connaîtront une vie plus longue : candidater, clivant, fuiter, solutionner, management…

Le secret du management

Voilà un mot qui fleure bon le XXe siècle actif et entreprenant. Il est arrivé dans le français en 1921, venu de l'anglais avec le sens d'« organisation d'une entreprise ». L'Académie française accepte le mot, mais recommande de le prononcer à la française… Ils ont bien raison, les académiciens, parce que le terme serait issu du français « ménage », un mot qui évoque le couple, la famille, l'épargne. En effet, dès le début du XIIIe siècle, ce « ménage » avait pris, en français, le sens de « bonne organisation économique familiale ». Il traversa alors la Manche avec la même signification et entra en collision avec *manager*, un terme d'équitation qualifiant le dressage des chevaux, et qui dérapa sur la conduite d'une entreprise. Le mot management devenait donc un compromis entre la gestion commerciale et l'organisation familiale… Après tout, c'est peut-être ça, le secret du bon management !

Guide de la gestion du ménage par Mrs Isabella Beeton (1836-1865), publié en 1859.

La Seconde Guerre mondiale, elle, apporte hélas une série de mots inédits qui ne font que traduire l'état dramatique du monde… aryaniser, atomiser, commando, épuration, fascisme, génocide, kamikaze, maquis…

La langue est sous le boisseau de la censure imposée par l'occupant nazi, les écrivains et les éditeurs sont sous haute surveillance, les journaux exaltent la collaboration ou entrent dans la clandestinité. « Radio-Paris ment, Radio-Paris ment, Radio-Paris est allemand », chante Pierre Dac, et de Londres « Les Français parlent aux Français »…

Après la guerre, la presse écrite reprend des couleurs. Avant la guerre, le temps était aux hebdomadaires, certains consacrés aux lettres, d'autres servant de refuge aux luttes politiques. Quid des « infos » des quotidiens ? À cette époque, le public se méfiait des informations distribuées par la grande presse. On se souvenait qu'en 1927, plusieurs journaux parisiens, *L'Intransigeant, La Liberté, Paris-Soir*, avaient lancé des éditions spéciales pour célébrer l'amerrissage de Nungesser et Coli en rade de New York, alors que les deux aviateurs, partis du Bourget, près de Paris, n'étaient jamais arrivés et avaient disparu corps et bien…

Édition spéciale du journal *La Presse*, 10 mai 1927.

RÉDACTION, ADMINISTRATION
PUBLICITÉ :
144, rue Montmartre, Paris
TÉLÉPHONE
Rédaction...... Gutenberg 1-69
— 1-71
Administration.. Gutenberg 2-80

LA PRESSE

MARDI 10 MAI 1927
Edition spéciale

Fondateur : Emile de Girardin — Directeur : André PAYER, député de Paris — Le numéro : 25 centimes

LES HEURES D'OR DE L'AVIATION FRANÇAISE

NUNGESSER ET COLI ONT REUSSI

Les émouvantes étapes du grand raid

A 5 heures, arrivée à New-York

NUNGESSER

PENDANT LA RAFALE

Nungesser à Verdun

Il y avait quelques semaines que la grande bataille de Verdun s'était déclanchée et ce matin là, le temps complètement bouché ne permettait pas aux escadrilles de s'envoler. La brume et une pluie fine avaient transformé le ciel en une grisaille opaque dans laquelle on n'y voyait pas à cinquante mètres. Les mécaniciens et les pilotes se promenaient le long des hangars ouverts, mais à l'intérieur desquels les avions se reposaient sans espoir de voler ce jour-là.

Le calme régnait et rien ne faisait prévoir qu'un événement imprévu allait troubler la tranquillité du terrain d'aviation de Lemmes. Et pourtant !

Vers 10 heures, on aperçut venant de la direction de Bar-le-Duc, au ras des hangars dans la brume opaque, un Nieuport de chasse volant à 180 kilomètres à l'heure et se dirigeant vers le terrain comme pour y atterrir. Avec une précision extraordinaire, le pilote se posa au milieu du champ et arrêta son appareil en quelques mètres.

Nous étions là un certain nombre de pilotes et de mécaniciens à nous demander quel était l'audacieux qui se promenait par un temps pareil. Nous attendions avec impatience qu'il descende de son avion pour l'identifier. Mais notre attente fut vaine ; vaguement inquiets, nous nous dirigeâmes vers l'appareil.

Une tête dépassait le fuselage. Elle était enfouie sous un bonnet de cuir, la bouche était enfermée sous un cache-nez enroulé plusieurs fois, de larges lunettes couvraient les yeux. Aucun signe distinctif sur l'avion, dans ces conditions, impossible de savoir qui était à son bord. Une main gantée abaissa le cache-nez qui couvrait la bouche et une voix dit :

— Veuillez m'aider à descendre.

Dès que les lunettes furent relevées sur le front, je reconnus Nungesser que je savais, l'avant-veille encore, grièvement blessé à l'hôpital, non loin de Paris.

— Toi ? lui dis-je.

— Il y avait trop longtemps que j'étais couché, ça été plus fort que moi, il a fallu que je revole.

Nous le descendîmes de l'avion. Il nous pria d'y prendre deux cannes accrochées à l'intérieur du fuselage, nous les passâmes à Nungesser et il se dirigea vers la tente de son escadrille, en marchant comme un vieillard, le corps courbé, les mouvements hésitants, les traits tirés.

Il avait, un mois avant, fait une terrible chute en essayant un nouvel appareil de chasse et lorsqu'on le retira des débris de la machine, son corps n'était que plaies, fractures et contusions. Le corps, mais l'âme n'avait reçu aucune atteinte, la volonté demeurait aussi virile, les nerfs aussi calmes.

Nungesser prit quelque repos, déjeuna à la popote des officiers ; vers 3 heures, le temps était levé, il s'envola sur les lignes. Il revenait deux heures après satisfait de son essai.

Ses blessures n'avaient pas diminué ses qualités de pilote.

Il repartait le lendemain, bataillait avec trois boches, descendait dans l'après-midi un bi-moteur allemand et attaquait avec succès un ballon d'observation.

Lorsqu'il revint atterrir à Lemmes, j'examinai avec intérêt son appareil, il était criblé de balles et l'une d'elles avait pénétré dans l'avion, arrachant l'appuie-tête du pilote à quelques centimètres du cuir de son bonnet.

— Tu vois celle-là, dit Nungesser, le hasard l'a placée là où elle est ! l'heure n'avait pas sonné pour moi. Le destin règle à son gré notre avenir.

Pendant des semaines et des semaines, Nungesser de front en front, abattit des avions, succéda à Guynemer plus d'un an après, comme « as des as », puis couché à nouveau sur un lit d'hôpital par de multiples blessures, il céda sa place de premier chasseur du monde à René Fonck qu'une providence extraordinaire épargna toujours et qui ne reçut jamais une seule balle dans son appareil.

L'AVION DE NUNGESSER

Le départ des aviateurs

Le train d'atterrissage retrouvé à Moissel

On croyait que Nungesser ne lâcherait son train d'atterrissage qu'une fois arrivé au-dessus de l'Océan. Il se réservait ainsi la possibilité d'atterrir soit en France, soit au sud-ouest de l'Angleterre, soit encore en dernier ressort à la pointe extrême sud de l'Irlande. De ces deux endroits il aurait pu repartir, soit pour rejoindre la France, soit pour tenter malgré une escale, un vol qui l'aurait emmené jusqu'à New-York.

Mais Nungesser savait que, lâchant son train d'atterrissage aussitôt après le départ, la vitesse de son appareil était augmentée de 20 kilomètres à l'heure, ce qui, sur les trente-six heures de son voyage, lui permettrait de parcourir, avec la même provision d'essence, 720 kilomètres de plus. Il décida donc de le laisser choir peu après le Bourget, afin de tout de suite obtenir un gain de vitesse appréciable, prouvant ainsi dès les premières heures de son vol, qu'il tenait à jouer son va-tout.

Le train d'atterrissage est tombé à Moissel en Seine-et-Oise où il a été retrouvé dans un champ, puis de là, transporté à la mairie. Nungesser a abordé la mer à basse altitude : il n'était pas à 500 mètres de hauteur. Cela s'explique en raison de la lourde charge d'essence qu'il avait encore à bord et qui ne lui permettait pas de beaucoup s'élever.

Les seules nouvelles qu'on possédait, ce matin, consistent en un communiqué irlandais signalant le passage du grand oiseau sur l'Irlande et, d'autre part, un radio américain signalant le passage au-dessus de Terre-Neuve.

La traversée de l'Atlantique serait donc en principe réussie. On ignore les conditions atmosphériques dans lesquelles le raid s'accomplit. En effet, d'une part, la météo française indique un beau temps sur l'Atlantique et sur Terre-Neuve alors qu'un radio qui nous parvient de source américaine, indique que sur la grande île, la neige tombe et la brume est intense.

Dans les milieux aéronautiques français, on se montrait assez fiévreux ; on attendait avec impatience une certitude quelconque sur la dernière partie du voyage entre Terre-Neuve et New-York.

En plein Atlantique

Le poste du câble français P. Q. a reçu, ce matin à 2 heures, un sans-fil émanant d'un cargo anglais et signalant que l'avion blanc a été vu en plein Atlantique.

Au-dessus de Terre-Neuve

Une dépêche du Havre nous parvient au début de l'après-midi. Elle dit que le bureau de la Compagnie Générale Transatlantique a reçu, ce matin, la nouvelle du passage de Nungesser à Terre-Neuve.

Au-dessus de la Nouvelle-Ecosse

Une dépêche transmise aux agences à Paris, signale que « L'Oiseau Blanc » est passé au-dessus de la Nouvelle-Ecosse, ce matin, volant à grande allure.

Le " sans-fil " d'un torpilleur

Saint-Jean-de-Terre-Neuve, 9 mai. — Un torpilleur a signalé par sans-fil avoir vu passer, au sud de Terre-Neuve, à 10 heures, un avion blanc répondant au signalement de l'appareil de Nungesser et Coli. D'après cette nouvelle les aviateurs auraient un retard de deux heures et demie sur l'horaire prévu.

Une escorte américaine

New-York, 9 mai. — Le lieutenant-colonel Foulois, commandant le camp d'aviation de Mitchel-Fields, a donné des ordres pour que cinq avions de son aérodrome prennent leur vol pour aller au-devant de l' « Oiseau blanc », dès qu'il sera signalé, pour lui faire escorte jusqu'à son amerrissage.

Les préparatifs pour l'arrivée

New-York, 9 mai. — Des préparatifs sont faits pour éclairer de façon intense toute la baie de Governor's Island, en vue d'un amerrissage de l'appareil de Nungesser qui, ayant au départ abandonné son train d'atterrissage, ne pourra par conséquent atterrir.

On prévoit l'amerrissage de l'appareil à quelques centaines de mètres de la fameuse statue de la Liberté.

Le « New-York Herald » déclare que si, comme il faut l'espérer, les aviateurs étaient encore en vol ce matin à 5 heures, ils devaient avoir effectué plus des deux tiers de leur voyage et que l'on prévoit l'amerrissage dans la baie de New-York pour ce soir 6 heures (heure de Paris).

L'ARRIVEE

Ils survolent Boston

Une dépêche privée qui nous parvient à 4 heures 40 de Boston, signale que les aviateurs viennent de survoler la ville, se dirigeant à vive allure vers New-York.

5 heures, New-York

Lorsque l'avion de Nungesser apparut au-dessus de la rade de New-York, le commandant Foulois, chef de l'aviation maritime de chasse, s'était porté à son devant avec une escadrille et, dès que l'avion fut en vue, les sirènes des bateaux mugirent et les bâtiments hissèrent le pavillon. De nombreuses embarcations de plaisance s'étaient portées au large de la baie, ainsi que plusieurs avions militaires, du service postal, et civils, ces derniers loués par les agents cinématographiques et les grands journaux.

L'amerrissage se fit dans d'excellentes conditions et l'appareil fut aussitôt entouré de nombreuses embarcations, tandis que plusieurs hydravions le survolaient à basse altitude.

Nungesser et Coli, après s'être posés sur l'eau, restèrent un instant immobiles dans leur appareil comme insensibles aux acclamations qui montaient des embarcations qui les entouraient. Puis, ils se levèrent tous deux de leur siège et s'embrassèrent. Un canot automobile vient se ranger le long du fuselage de l'avion et conduisit Nungesser et Coli à quai. Une foule immense les attendait ; parmi ceux qui les reçurent officiellement, plusieurs délégués du gouvernement, M. Harmon frère de M. Clifford, Harmont, président de la Ligue Internationale des Aviateurs, auquel Nungesser devait remettre un pli qu'il avait apporté de Paris ; le président de l'Aé-Club des Etats-Unis, le président de la Section de la Ligue Internationale des Aviateur, un nombre considérable de journalistes et de cinématographistes.

Nungesser n'a fait aucune déclaration sur son voyage, il a simplement dit qu'il était heureux d'avoir réussi et qu'il avait hâte de se reposer.

COLI

LE RAID DE SAINT-ROMAN

L'aviateur aurait atterri dans une île du Cap Vert

Tandis que Nungesser et Coli volent sur les côtes d'Amérique, des nouvelles, qui, d'ailleurs, ne sont pas confirmées, annoncent que Saint-Roman et Mouneyres qui avaient tenté de traverser l'Atlantique sud, auraient atterri dans une île du Cap-Vert.

Voici la dépêche reçue ce matin à ce sujet :

« New-York, 9 mai. — Selon un bruit recueilli à Pernambouc et enregistré par la presse, les aviateurs de Saint-Roman et Mouneyres auraient atterri dans une île déserte de l'archipel du Cap-Vert.

EN AMÉRIQUE

Les préparatifs de M. Ballanca

D'après une interview que vient d'accorder M. Ballanca, constructeur de l'appareil américain qui doit tenter New-York-Paris, le départ de la machine ne sera donné que lorsque l'on connaîtra les résultats du vol de Nungesser et de Coli, les aviateurs français ont été signalés ce matin au-dessus de Terre-Neuve.

On peut dire que, sauf imprévu, Ballanca connaîtra cet après-midi même à New-York, les détails sur l'admirable traversée de nos deux compatriotes et qu'il pourra en tirer les conclusions qu'il jugera utiles pour le voyage de son avion.

On installe actuellement sur le « Ballanca » tous les appareils de bord nécessaires au voyage. Le constructeur a déclaré qu'il n'avancerait pas le départ d'une seconde, car il veut prendre tout le temps qu'il lui faut pour préparer complètement son monoplan.

L'avion emporte une provision d'essence de près de 4.500 litres qui, à première vue semble bien insuffisante pour lui permettre de réaliser le voyage avec la marge de garantie de consommation nécessaire. En effet, le « Ballanca » est beaucoup moins rapide que le « Levasseur » et pour peu qu'il ait un vent debout même de faible vitesse, son allure tombera à cent kilomètres à l'heure, si ce n'est pas au-dessous.

Dans ces conditions, il faudrait compter sur un vol de 60 h. et comme la consommation du moteur est de 100 litres à l'heure, il lui faudrait 6.000 litres d'essence pour passer.

Il est certain que Ballanca connaît mieux que nous les possibilités de son appareil et que s'il le laisse s'aventurer sur New-York-Paris, c'est qu'il a dû acquérir aux derniers essais, le gain de vitesse appréciable qu'il lui permettrait par vent nul, de passer en 51 heures, temps qui correspond à celui réussi lors du record de durée avec une charge en essence qui était, dit-on, de 4.000 litres.

AVION BALLANCA

UN COMPETITEUR SE PREPARE

Les essais de Drouhin

Drouhin a terminé la première partie de ses essais en vol à Toussus-le-Noble, avec des charges de plus en plus importantes qui sont allées jusqu'au tiers de la charge totale qu'il compte emporter. Drouhin a réussi à décoller et à voler avec un seul de ses deux moteurs. Ce remarquable résultat prouve l'aisance avec laquelle le nouveau goliath va enlever la charge de 6.000 litres d'essence qui va vraisemblablement lui être imposée.

L'appareil après ses premiers vols brillamment réussis, a été redescendu à l'usine Farman où on va lui faire subir différentes transformations qui vont lui permettre d'avoir un centrage encore meilleur que celui qu'il possède actuellement. Drouhin suit avec un intérêt passionné, les préparatifs des Américains et il est toujours dans les intentions de la maison Farman de faire tenter à son pilote, un premier voyage Paris-New-York à titre d'essai qui serait suivi en cas de réussite, par un voyage de retour New-York-Paris. Cette double traversée de l'Atlantique mettrait alors sur un même pied d'égalité, l'avion et le dirigeable car on se rappelle qu'il y a quelques années, un rigide anglais a réussi sans incidents l'allée et le retour d'Europe en Amérique et d'Amérique en Europe.

DROUHIN

LA PREMIERE VICTOIRE FRANÇAISE

En 1909 Blériot traversait la Manche

L'avion qui fit la traversée de la Manche
En médaillon : Blériot.

Au moment où le grand oiseau blanc de Nungesser relie dans un vol magnifique les deux grandes capitales de l'ancien et du nouveau monde, ne se doit-on pas d'évoquer la première victoire de l'Aile, victoire française : la traversée de la Manche en aéroplane, par Blériot.

C'était le 25 juillet 1909. Le « Blériot XI » certes, ferait piteuse figure à côté du monstre harmonieux et souple que Nungesser et Coli conduisent à New-York. Mais « l'ancêtre » le « zinc » glorieux à ouvert les grandes routes de l'air.

Voici les caractéristiques du Blériot « XI ».

Il mesurait 7 m. 80 d'envergure et 14 m. carrés de surface portante. Il était actionné par un nouveau moteur Anzani qui portait une hélice de 1.500 à 1.700 tours environ. Ses ailes étaient gauchissables, le fuselage était en frêne et peuplier, armé de cordes à piano et pouvait porter une charge de 300 kilos en son milieu.

La vitesse était estimée en moyenne à 58 kilomètres à l'heure...

Blériot mit pour son appareil pour franchir les 32 kilomètres environ qui séparent Calais de Douvres 31 minutes, puisque parti des Baraques à 4 h. 42, il atterrit dans un champ près du Château de Douvres à 5 h. 13.

Voici le récit que fit du raid à cette époque, M. Daniel Cousin, l'envoyé spécial de « La Presse » :

Calais, 25 juillet 1909 (De notre envoyé spécial). — L'exploit merveilleux de la traversée de la Manche en aéroplane vient d'être réussi par M. Blériot. Malgré sa blessure au pied, le hardi Blériot avait décidé d'effectuer la tentative dès le premier moment d'accalmie ; aussi ce matin, ayant constaté que le vent s'était calmé, il résolut de s'élancer immédiatement vers Douvres.

Blériot vint au hangar avec ses béquilles et, au moment de monter dans son appareil, il les jeta et dit : « Je n'y toucherai plus avant l'Angleterre. »

Après un rapide examen de l'appareil, Blériot vérifia son moteur. Ayant constaté que tout fonctionnait dans la perfection, il donna l'ordre de placer le monoplan à l'endroit choisi d'avance, puis il prit place sur le siège.

Bientôt le moteur ronfla de nouveau et au commandement de : « Lâchez tout ! » l'oiseau descendit rapidement la colline puis s'éleva, triomphalement dans les airs. Il vola pendant quelques minutes, passa au-dessus des poteaux télégraphiques des Dunes, puis piqua majestueusement vers la mer. Il était exactement 4 h. 42. Nous le perdîmes bientôt de vue.

Là-bas au loin, nous apercevions la fumée des torpilleurs qui tentaient de suivre le vol triomphal.

Après une attente qui nous parut fort longue, nous apprîmes que Blériot après avoir [illegible] passé très au-dessus des Falaises et du Château de Douvres, était venu atterrir sur la prairie North Falb, à 5 h. 13. L'aviateur ne semblait nullement ému de ce voyage, son pied qui était bandé le gênait un peu.

Il est monté dans une automobile qui l'a conduit à l'hôtel de Warden où il a déjeuné.

Un vent très fort soufflait au moment de la descente, l'aéroplane n'a pour ainsi dire pas été endommagé. On ne signale que quelques éclats de bois dans le cadre...

LA TRAVERSEE DE LA MEDITERRANEE

Les difficultés de Coli et de Roget

Au moment où Coli a inscrit avec Nungesser son nom dans l'histoire, on ne doit pas oublier qu'il fut un précurseur des raids maritimes en compagnie de Henry Roget. C'est, en effet, Roget qui avec Coli comme navigateur réussit l'extraordinaire exploit de la première traversée aller et retour de la Méditerranée en 24 heures.

Les deux aviateurs partirent de Marseille, le 13 janvier 1919, en pleine nuit et par une tempête telle qu'aucun bateau ne s'était, ce jour-là, aventuré sur la mer. Ils étaient à bord d'un monomoteur terrestre ne comportant aucun secours possible en cas de panne. L'équipage était simplement muni de deux gilets de liège d'un secours bien problématique en cas d'amerrissage forcé. La panne ! et c'était la mort inévitable, car aucun bateau n'était là pour leur porter secours, les aviateurs n'avaient même pas de T. S. F. à bord pour signaler leur position. Coli partit ce jour-là comme il est parti hier avec Nungesser : pour risquer une aventure glorieuse.

A travers la tempête, puis sur la fin du voyage dans une nuit devenue tellement opaque qu'elle cachait les étoiles, Coli et Roget se trouvèrent au lever du jour dans une brume intense qui les mettait dans l'impossibilité matérielle d'apercevoir quoi que ce soit à dix mètres au delà des ailes de leur avion. A un moment donné, Coli fit signe à Roget de descendre et lui passa un [illegible] sur lequel était écrit ces mots : « Nous sommes au-dessus d'Alger ».

Le pilote confiant en son navigateur commença la descente : à deux cents mètres du sol, la brume s'étant dissipée, il constata qu'il était au-dessus du champ de courses d'Alger. Il s'y posa sans difficulté, personne n'attendait l'équipage, on alerta les autorités qui en automobile, s'empressèrent de venir féliciter les aviateurs.

Les mécaniciens firent le plein d'essence pour le retour et dès que tout fut paré, Roget et Coli s'envolèrent à nouveau. Ils étaient en l'air depuis environ une heure cherchant à regagner Marseille, lorsqu'une tempête encore plus épouvantable que la première les obligea à obliquer à l'Ouest, vers la côte espagnole. Ils regardaient la mer démontée sur laquelle aucun bateau n'apparaissait. Le vent debout freinait considérablement leur marche et faisait peser sur eux l'angoisse de voir leur provision d'essence s'épuiser avant d'avoir pu atteindre la côte. Coli demanda à Roget de tâter le vent à différentes altitudes et l'équipage fut assez heureux pour trouver vers 1.200 mètres, un vent de travers venant de l'est qui lui permit de gagner du temps en se laissant dériver vers la gauche pour atteindre la côte espagnole. Jouant le tout pour le tout, Roget mit pleins gaz et [illegible] franchement dériver. La nuit tomba, les aviateurs volant toujours dans la tempête.

Enfin, ils aperçurent des lumières immobiles qui leur signalaient la côte. Roget poussa sur le manche et survola à basse altitude l'agglomération de Rosas — où d'un commun accord avec Coli il décida de se poser. La nuit était maintenant opaque, on ne voyait presque rien, aucune lumière proche, Roget devine un terrain, freine son appareil et se pose béquille et roues en même temps. A ce moment un grand choc retourne l'avion, les deux hommes se sont posés dans un fossé. Roget a immédiatement coupé l'allumage évitant ainsi l'incendie.

Son navigateur et lui sortent indemnes de l'avion fort éprouvé. Ils regagnèrent Paris par le train, après avoir pris un repos bien gagné à Marseille où la femme de Roget attendait son mari au milieu d'inquiétudes bien compréhensibles.

La double traversée de la Méditerranée en 24 heures par Coli et Roget, le voyage sans escale des deux mêmes hommes de Paris à Kénitra (Maroc) resteront les deux exploits qui ont déclanché d'une part, la navigation aéro-maritime et de l'autre, la série des grands raids qui aboutit à l'heure actuelle aux essais sur Paris-New-York.

Raymond Saladin.

À la Libération, au contraire, l'attitude des lecteurs change. Parce que des fausses informations, voilà quatre ans que les occupants et le régime de Vichy les en abreuvent. La presse issue de la Résistance ne peut que leur apporter un souffle de vérité.

Et ils se jettent dessus. En 1945, cette presse, bénéficiant en outre de nouvelles techniques d'impression, peut se répandre dans le pays. Elle fait pénétrer la langue française partout, connaît des tirages qui font rêver aujourd'hui… *France-Soir* traverse des périodes à un million et demi d'exemplaires chaque jour (*Le Figaro* de 2018 tire à environ trois cent mille exemplaires et *Libération,* à quatre-vingt mille)… Au début des années 1950, la totalité de la presse parisienne atteint les cinq millions d'exemplaires, et la presse de province, à peu près autant.

Des journaux régionaux comme *Nice-Matin, Paris-Normandie, Le Dauphiné libéré* ou *La Voix du Nord* diffusent avec les nouvelles une langue française homogène, fondée, encore une fois, sur le parler parisien.

Il faut dire que les journaux bénéficient d'un phénomène récent : une plus grande fréquentation de l'école publique par les enfants. Car enfin, pour avoir des lecteurs, il faut s'adresser à des gens qui savent lire ! Or d'environ quatre millions en 1950, le nombre des élèves va passer à plus de sept millions trente ans plus tard… Tous les enfants, ou presque, vont désormais apprendre à parler et à écrire correctement.

Les autres médias vont également profiter de ces progrès dans la compréhension de la langue française. La radio s'immisce dans une majorité de familles, le nombre de postes passe de cinq à dix millions entre 1945 et 1958. En 1962, l'invention du transistor permet une couverture de quatre-vingt-cinq pour cent des foyers. Quant à la télévision, elle connaît aussi un développement spectaculaire. Si les premières émissions, hyper confidentielles, ont été diffusées en 1935, le taux d'équipement des ménages n'était que de cinq pour cent en 1958… La naissance de la deuxième chaîne en 1964, le passage à la couleur en 1967, l'apparition d'une troisième chaîne à vocation régionale

Femme devant un poste de télévision. Publicité de 1959 pour le téléviseur Téléavia.

en 1974 allaient développer ce média présent aujourd'hui dans plus de quatre-vingt-treize pour cent des ménages.

Les radios et chaînes de télévision diffusent donc le français, et l'accent parisien puisque les plus importantes d'entre elles émettent depuis la capitale, d'un bout à l'autre du territoire et même au-delà… J'ai habité un temps Montréal, dans les années 1990, et le grand chic du présentateur du journal télévisé québécois était alors de parler sans accent… ou plus exactement avec l'accent d'Île-de-France, la bouche « en cul de poule » ! C'est dire que la langue, se propageant désormais à l'oral, s'uniformise. On s'efforce de parler partout de la même manière, avec les mêmes intonations…

Est-ce parce que le français se standardise et s'étend qu'il faut alors le lisser, le raboter, l'écrêter ? On développe l'euphémisme, comme si certains mots devenaient plus insupportables encore que la réalité. Un aveugle devient un non-voyant ; un sourd, un malentendant ; un nain, une personne de petite taille ; un infirme, un handicapé…

La longue course du handicap

Au départ, dans le courant du XVIIe siècle en Angleterre, il existait une sorte de braderie improvisée où chacun se débarrassait des bibelots dont il ne voulait plus. On mettait alors les noms de ces objets sur des petits papiers, on mélangeait le tout dans un chapeau, et la vente commençait. Chaque acheteur potentiel tentait sa chance : après avoir annoncé le prix qu'il s'engageait à payer pour l'objet inconnu qu'il allait dénicher, il plongeait sa main dans le chapeau pour connaître le lot que le sort lui avait attribué… *Hand in cap*, la main dans le chapeau !

On finit par se lasser de cette drôle de brocante, et un siècle plus tard le *handicap* s'est retrouvé dans le vocabulaire des courses de chevaux, puis dans le golf et dans d'autres sports pour désigner le désavantage imposé à certains joueurs afin d'égaliser les chances pour tous.

Enfin, dans les années 1950, le mot est passé du sport à la déficience physique ou mentale, rejetant le terme « invalidité » dans la catégorie des vocables à éviter.

Ce passage du golf à l'infirmité permettait à Sammy Davis Junior, qui adorait pousser sa petite balle sur le green, de répondre crûment à l'inévitable question sur son handicap dans ce sport, c'est-à-dire son niveau de jeu :

– Je suis noir, juif et borgne, ça ne vous suffit pas comme handicaps ?

Passage de l'arrivée d'une course de chevaux à handicap, illustration anonyme, vers 1890.

Et qu'advient-il des dialectes maintenant que les médias ont fait entrer partout la lecture et l'audition du français et que le développement des transports entraîne une multiplication des contacts entre les régions ? Les langues régionales perdent évidemment du terrain, elles deviennent pour chaque patoisant une seconde langue, un parler d'appoint, une sphère intime.

Mais cette inéluctable agonie des parlers régionaux désole certains. Maurice Deixonne, député du Tarn, plaide en 1951 pour un enseignement de toutes les langues régionales… Grâce à lui, une loi vient accorder pour la première fois une place au basque, au catalan, à l'occitan et au breton. Étrangement, l'alsacien et le corse sont exclus du bénéfice de cette nouvelle réglementation : on estime que chacun de ces deux parlers dérive d'une langue étrangère, l'allemand pour l'alsacien et l'italien pour le corse. Pour l'alsacien, un décret de 1952 compensera maladroitement cette exclusion en instituant l'enseignement de l'allemand dans les classes de fin d'études. Quant au corse, en revanche, il faudra attendre 1974 pour que cette langue régionale puisse être enseignée officiellement dans les écoles publiques.

Quoi qu'il en soit, alors qu'au début du XXe siècle, la moitié des Français avait un dialecte régional pour langue maternelle, cette proportion n'a fait que s'amenuiser au cours des décennies suivantes, si bien qu'à la fin du siècle le français est la langue maternelle de tous dans l'Hexagone.

Dans certaines régions, la survie du dialecte ne tiendra plus, désormais, qu'à une volonté farouche de réapprendre un parler en voie de disparition. Une façon comme une autre d'assurer la préservation du patrimoine, si chère à notre époque et que je suis le premier à défendre. Même si, parfois, certaines initiatives peuvent surprendre. On a ainsi vu, en 1995, fleurir dans les rues de Strasbourg de nouvelles plaques de rue bilingues installées par la municipalité… La place de la Cathédrale, c'est maintenant aussi *Muenschterplatz* et l'avenue des Vosges, *Vogesestross*… Mais la décision n'a pas été aussi facile à prendre que l'on pourrait croire : certains craignaient qu'on y trouve un rappel de l'occupation allemande, d'autres pensaient que cette diffusion de la langue locale affaiblirait la vocation européenne de la ville. Et puis, il a fallu retrouver les noms d'origine des rues et des places, des enquêtes ont dû être menées

Plaques de rue dans les langues française et allemande à Strasbourg.

auprès des anciens, ensuite l'orthographe alsacienne a été vérifiée auprès du département de dialectologie de l'université Louis-Pasteur de Strasbourg. Un véritable travail d'archéologie linguistique !

Nantes, pour sa part, a dû attendre 2007 pour voir apposer à l'entrée de la ville une plaque annonçant en français et en breton : Nantes-*Naoned*, et c'est en 2017 seulement que la première plaque de rue bilingue a été vissée sur un mur nantais : rue du Château-*Straed ar c'hastell*.

★
★ ★

Ce besoin de préserver les langues régionales vient-il en réaction au vrai danger du moment : l'invasion de la langue française par les mots anglais ? Le premier à tirer la sonnette d'alarme fut Étiemble en 1964. Cet universitaire sinisant publia alors *Parlez-vous franglais ?*[1], ouvrage dans lequel il posait une longue question : « À l'ère du babyfoot et des services non-stop, quand, au coin de chaque rue, les boutiques de pressing et de renoving remplacent enfin les teintureries désuètes, dans un pays où, protégés par leurs leggings, les gendarmes font leurs tournées en Jeep, dans un pays où l'on s'offre autant de kidnappings, de gangsters, de bootleggers et de hold-up qu'aux U.S.A., qui ne voit que la langue française fait figure de vieille, de très vieille vague ? »

Si Étiemble revenait parmi nous, il serait sans doute effaré de voir l'ampleur qu'a prise le franglais, particulièrement dans les nouvelles technologies, mais il serait sans doute tout aussi sidéré de constater que certains mots anglais ont naturellement reflué, remplacés par des termes bien français… Pour écouter de la musique, on n'utilise plus de *baffles*, comme à l'époque d'Étiemble, mais des enceintes ; le *computer* a vite cédé devant l'ordinateur, et le *software,* devant le logiciel.

Soda Vérigoud. Carton publicitaire illustrant une capsule de bouteille, vers 1958.

1. Éditions Gallimard.

Quand Étiemble livre ses constatations chagrines, la guerre d'Algérie a pris fin depuis deux ans et le yé-yé est en pleine ascension. Côté Algérie, les Français ont découvert les pieds-noirs, les harkis, les fellagas, le bled et le barda. Côté yé-yé, à l'exception de *da dou ron ron,* onomatopée qui ne veut rien dire, la période n'a pas grandement enrichi la langue ! Cependant, mai 68 arrivait dans la foulée avec le triomphe des « ismes » tous azimuts : anarchisme, consumérisme, maoïsme, situationnisme, trotskisme… Quant à Georges Pompidou, il résumait ainsi la pensée du général de Gaulle :

– La réforme, oui ! La chienlit, non !

Il sortait là de derrière les fagots un mot du XVIe siècle qui n'avait, au départ, rien à voir avec la pagaille des rues, mais visait les gros dégoûtants qui se laissaient aller à faire leurs besoins dans les draps : « chier au lit ». Et de là, le terme a désigné un personnage insolite du carnaval de Paris qui se tenait pourtant correctement, et enfin un vaste désordre. Avec le Général et son Premier ministre, le mot un peu oublié est revenu dans la langue. Encore que, paraît-il, Louis de Funès l'avait précédemment utilisé par deux fois, d'abord dans *Le Gendarme de Saint-Tropez* en 1964, puis dans *Le Grand Restaurant,* deux ans plus tard. Mais à l'époque, personne n'y avait prêté attention. Les spectateurs n'avaient sans doute pas compris cette chienlit : ils avaient pris ces deux syllabes inconnues pour le bafouillis colérique dont le comédien s'était fait une spécialité.

★
★ ★

À ce moment-là, la France a déjà perdu son empire colonial… mais elle a gagné la francophonie ! Ce terme avait été créé par le géographe Onésime Reclus en 1880 pour désigner une simple réalité sociologique, celle des pays où le français était devenu une langue parlée au quotidien. Mais dès 1967, on a voulu voir dans cette francophonie une communauté d'intérêts, un genre de club distingué…

Les pères fondateurs des institutions francophones représentaient une sorte de synthèse de l'influence hexagonale : on y voyait le Sénégalais Léopold Sédar Senghor, le Nigérien Hamani Diori, le Tunisien Habib Bourguiba et le prince cambodgien Norodom Sihanouk. Ces quatre éminents personnages, appuyés par André Malraux, ministre de la Culture du général de Gaulle, pensaient que par-delà les continents, un dialogue et une solidarité pourraient s'installer entre ceux qui avaient le français en partage…

Onésime Reclus (1837-1916),
géographe français,
inventeur du mot « francophonie ».

La francophonie est aujourd'hui équipée de structures supra-étatiques qui devraient lui permettre de jouer un rôle international… On y trouve l'Assemblée parlementaire de la francophonie, qui siège à Paris, l'Organisation internationale de la francophonie basée elle aussi à Paris, l'Agence universitaire de la francophonie à Montréal, l'Association internationale des régions francophones à Lyon… Une charte de la Francophonie a même été adoptée en 1997 par un sommet qui se tenait à Hanoi, au Vietnam : « La langue française constitue aujourd'hui un précieux héritage commun qui fonde le socle de la francophonie, ensemble pluriel et divers. Elle est aussi un moyen d'accès à la modernité, un outil de communication, de réflexion et de création qui favorise l'échange d'expériences… »

Pourquoi tant d'organisations ? Dans la réalité, hélas, l'avenir serait plutôt aux réductions budgétaires et au repli sur soi… Toutes les structures créées pour développer le français hors de France se recroquevillent alors que la Chine, par exemple, a ouvert en dix ans cinq cents Instituts Confucius dans le monde, dont une quinzaine en France, pour enseigner le mandarin sur tous les continents…

Le croirez-vous ? La francophonie a même sa journée internationale… Le 20 mars ! Date qui célèbre la création, le 20 mars 1970 à Niamey, au Niger, de l'Agence de coopération culturelle et technique, ancêtre de l'Organisation internationale de la francophonie.

En 2018, à l'occasion de cette journée, prenant la parole devant un parterre d'académiciens, d'étudiants et de jeunes créateurs, le président Macron s'est écrié lyriquement :

– Le français s'est émancipé de la France, il est devenu cette langue monde, cette langue archipel…

Il faut dire que la francophonie inspire les grandes déclarations exaltées, car le mot concentre à lui tout seul la France et le tiers-monde, la culture pour tous et la fraternité à partager, le proche et le lointain, le différent et le semblable, elle croit unir dans un même destin le banquier genevois, l'humoriste bruxellois, le poète québécois, le paysan camerounais et le bobo parisien… Et pour être certain de ne rien oublier, la notion de francophonie est même inscrite dans la Constitution depuis 2008 : « La République participe au développement de la solidarité et de la coopération entre les États et les peuples ayant le français en partage. »

En attendant des initiatives, on brandit les chiffres comme des trophées : deux cent soixante millions de francophones aujourd'hui, cinq cents à sept cents millions en 2050, dont quatre-vingt-cinq pour cent en Afrique… Mais au Sénégal, par exemple, de nombreux écoliers n'apprennent déjà plus le français, faute d'enseignants hors de la capitale.

Je veux croire pourtant que la dynamique existe encore. Parce que la francophonie est vivante, même en dehors des circuits officiels… Récemment, quand le professeur Alain Deloche et son association La Chaîne de l'Espoir ont créé un hôpital de cardiologie à Dakar, au Sénégal, il a fallu former l'équipe chirurgicale sénégalaise. Mais l'Administration a tellement compliqué la venue de ces soignants africains en France qu'il a fallu chercher ailleurs. Le professeur s'est alors tourné vers l'Institut du cœur d'Hô Chi Minh-Ville, au Vietnam… car les Sénégalais et les Vietnamiens ont en commun la langue française ! Cette coopération francophone s'est révélée à la fois fructueuse et porteuse d'avenir[1].

1. Voir *Un éléphant blanc, ça ne change pas de couleur*, Éditions Michel Lafon, 2017.

★
★ ★

Ce français planétaire exalté par la francophonie, on était en droit de penser, en ce XXe siècle, qu'il était fixé une bonne fois pour toutes par des règles longuement élaborées. Douce illusion, car revoilà l'Académie française ! La vieille dame du quai Conti, qui avait publié sa *Grammaire* en 1932, se manifeste en 1990 pour proposer sa réforme du siècle, baptisée modestement « rectifications ».

Accent circonflexe.
Photographie anonyme
pour une carte postale
vers 1900.

Cette fois, haro sur le trait d'union, l'accent circonflexe et le participe passé des verbes pronominaux… On écrira portemonnaie et on supprimera les accents circonflexes… Euh, pas tous, en réalité… Parce que, si on le faisait, on ne pourrait plus différencier un mur de briques et un fruit bien mûr ! Quant aux accords du participe passé, c'est vrai, ils sont particulièrement retors. On écrit : « Ils se sont *aperçus* de leur erreur » mais « Ils se sont *lavé* les mains. » Désormais, c'est tout simple, selon l'Académie, on ne devrait, dans le cas de ces verbes pronominaux, ne plus rien accorder avec rien !

D'autres rectifications sont envisagées, une liste de mots est publiée… Rien n'a changé depuis les tentatives de réforme des siècles passés, c'est toujours la même intention simplificatrice : imbécillité deviendra imbécilité, nénuphar changera pour nénufar, oignon sera ognon, relais cédera la place à relai…

Mais tout cela ne francise pas les mots anglais de plus en plus présents dans la langue. Alors que faire ? Jacques Toubon, ministre de la Culture et de la Francophonie du gouvernement Balladur, décrète sa propre réforme en 1994. Du coup, l'objectif est de proposer des termes nouveaux qui permettraient de renoncer aux anglicismes. On dirait « vacancelle » pour week-end, « magasinage » pour shopping, « pourriel » pour spam, « mot-dièse » pour hashtag, « livre numérique » pour e-book et « courriel » pour mail…

Envoyez votre malle-poste par la Toile…

Vous n'arrivez pas à vous mettre au courriel et vous continuez d'envoyer des mails ? Rassurez-vous, vous n'êtes pas loin de parler français tout de même… La malle du XVIe siècle, ce coffre qui était une grosse valise pleine de courriers, est devenue en 1793 la malle-poste, une diligence qui transportait les lettres et quelques passagers. Belle innovation, cette malle, que nos voisins grands-bretons nous empruntèrent et déformèrent à leur manière en anglais avec le terme *mail*. Notre malle-poste devint donc leur *mail coach*. Puis via le Web, pardon, via la Toile, le mot *mail* reprit la direction de la France… et nous l'avons adopté comme un rejeton égaré !

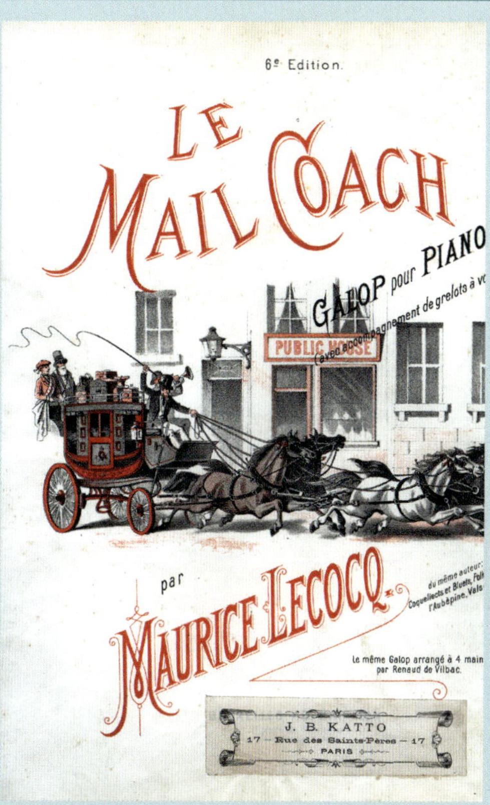

Le Mail coach, illustration anonyme pour la couverture de la partition de Maurice Lecoq, vers 1890.

Les propositions de Jacques Toubon n'ont pas toutes été prises au sérieux, mais sa loi prévoyait aussi l'utilisation obligatoire du français dans la publicité, heureuse initiative ! Ainsi, les slogans ou les textes en *English* doivent être impérativement traduits… Mais à vrai dire, la version française apparaît généralement en petits caractères en marge de la page ou au bas de l'écran.

En 1996, la nouvelle Commission générale de terminologie et de néologie, née de la loi Toubon, a été chargée de trouver des mots français pour remplacer les vocables étrangers. La Commission a planché sur le sujet pour nous présenter des mots aussi palpitants que « cédérom » pour *CD-ROM,* « options sur titres » pour *stock options*, « bogue » pour *bug*, « fouineur » pour *hacker*, « diffusion en flux » pour *streaming*, « nuage » pour *cloud*.

Toute cette agitation n'a pas mené à grand-chose. La Commission a proposé et propose encore de franciser des mots nouveaux, mais les habitudes sont si fortes… Quant aux rectifications de l'Académie, elles ont été tellement vilipendées que personne n'a cru bon de s'y plier. Pourtant, à chaque rentrée scolaire, on nous annonce que cette fois, ça y est, c'est la bonne, c'est sûr, les changements vont être appliqués dans les manuels.

En attendant, sur l'étal du maraîcher, les bulbes de la plante potagère appartenant à la famille des liliacées sont toujours des oignons et pas encore de ognons, quant aux circonflexes, ils font de la résistance : le goût des huîtres n'a pas changé…

– 21 –

QUAND LE FRANÇAIS DEVIENT LA LANGUE DE L'IMMÉDIAT

Au XXIe siècle, tout va vite… À l'oral, on utilise des mots courts, percutants. La langue n'a plus de temps, mais il lui reste le tempo.

Le début du troisième millénaire est marqué par une incohérence flagrante : tout est prévu pour nous faire gagner du temps et cependant, nous n'en avons jamais autant manqué ! Normal : nous sommes trop gâtés, trop sollicités, trop tentés. Notre quotidien, c'est Internet, c'est la fibre, c'est l'info en continu, nous sommes abreuvés en direct de ce qui se passe près de chez nous ou à l'autre bout de la planète… Il faut savoir tout de suite, quitte à oublier immédiatement. On veut gagner du temps sur le temps, tout faire vite, manger vite, parler vite, écrire vite, nous sommes entrés dans une époque de frénésie. Le SMS nous incite à résumer, simplifier, réduire… @+, pianote-t-on pour « à plus tard ». C'est rapide et ludique, et l'émoticône du pouce levé suffit à dire bravo ou à donner son accord.

Nous avons le monde au bout du doigt. Un click suffit, on a accès à tout dans l'instant. On est passé de la société des médias à la société de l'immédiat.

D'ailleurs, même les médias ont pris le rythme. Il faut attraper l'information au vol, saisir la synthèse, suivre le buzz. On est passé de la réflexion au réflexe. On demande du sensationnel, de l'émotionnel, il faut que ça frappe, que ça accroche, que ça clique, que ça like. Il faut que l'on kiffe…

Jamel Debbouze en décembre 2011 à Paris.

« J'te kiffe comme je t'aime »

Kiffer, c'est apprécier, prendre du plaisir, aimer… le mot englobe tout ce qui est positif ! Venu du Maghreb, le *kif*, le *kiff*, le *kaif*, ou le *keïf* est arrivé dans la langue au XVIIe siècle, avec différentes graphies, pour désigner d'abord l'ivresse provoquée par une bonne bouteille. Ensuite, le mot s'est tourné vers le cannabis… Dans *Du vin et du haschisch*, Charles Baudelaire évoque la griserie de la fumette : « Ce que les Orientaux appellent le *kief* ; c'est le bonheur absolu. » Au XXIe siècle, le sens du mot s'est étendu pour désigner le plaisir, la joie… et enfin le désir, la plus grande ivresse étant sans doute, dans ce dernier cas, de prononcer l'aveu suprême : j'te kiffe grave…

Les mots suivent le rythme que notre siècle impose. On raccourcit tout, on parle avec un langage elliptique, c'est du wesh, c'est du wouaw, c'est du bash ! On utilise des mots brefs, des mots qui frappent, on n'a plus le temps de développer.

Alors, certains prétendent que le français s'appauvrit… En ce moment, peut-être… Car tout se précipite, tout s'accélère, tout doit se dire avec rapidité et efficacité. C'est à celui qui convainc le plus vite avec un seul mot, une seule émotion, un seul son.

Fumeuses de haschisch, détail, Gaetano Previati (1852-1920),1887.

Et dans cette instantanéité, les termes appropriés à chaque situation sont bien souvent oubliés. Encore une fois, on n'a plus le temps ! Le président de la République parle du « pognon de dingue » investi dans la protection sociale. Il utilise un langage populaire, percutant… et s'étonne que, quelques jours plus tard, un collégien l'interpelle sur ces mots un peu cavaliers mais qui expriment une familiarité semblable à celle du président de la République :

– Ça va Manu ?

Le président a été choqué, à juste titre. Pourtant, comme on dirait dans la cour de récré, c'est lui qui a commencé !

Mais pendant ce temps, à l'écrit, la même langue se fait pointilleuse, avec des exigences nouvelles, pour que plus jamais le masculin ne l'emporte sur le féminin…

L'écriture inclusive : chacun son genre !

Avec le féminisme triomphant, certaines femmes ne veulent plus que l'on fasse le distinguo entre les sexes, que ce soit au travail, en politique, dans la société… Elles veulent pouvoir, comme les hommes, conduire un autobus ou devenir présidente de la République. Par esprit d'égalité et de justice, on gomme les différences qui, trop longtemps, ont empêché la gent féminine d'accéder à de hautes fonctions ou à des salaires équivalant à ceux des hommes. On est égaux, oui ou non ?

Égaux oui, mais pas semblables. Voilà pourquoi en matière de grammaire, les féministes tiennent à marquer la différence. Pour respecter l'égalité entre les deux sexes, il faut reconnaître le genre de chacun. On doit donc dire « la ministre », « l'autrice », « la chauffeuse ». Et écrire, selon la mode inclusive : les promeneur·se·s sont parti·e·s en randonnée.

Pour ou contre ? C'est le débat du moment. Pour ma part, je ne me pose pas la question car la langue tranchera et jugera à l'usage ces audaces d'un jour ou ces réformes pour toujours.

Publicité pour le fabricant de chapeau italien Borsalino, 1929.

En tout cas, la langue écrite n'a jamais été aussi diverse et inventive. Quant à la langue parlée, tellement nerveuse, si elle n'a plus de temps, il lui reste du tempo. Elle exige du rythme, de la sonorité, des onomatopées. Dans l'énervement, dans la colère, dans la passion, il y a davantage d'oscillations que naguère… la langue retrouve de l'intonation et de l'accent ! Cet accent qu'elle avait lentement perdu au siècle précédent pour mieux adopter le parler parisien.

Moi, j'ai grandi dans la campagne sarthoise… et il y en avait, des accents ! Quand je retourne dans ma province d'enfance, bizarrement, pour parler coin de pêche, pour me régaler à l'apéro, pour évoquer les plaisirs de la table, je retrouve l'accent ! Cet accent qui sent le terroir, on l'avait gommé quand on voulait être sérieux, analytique, informatif, quand on voulait faire genre « présentateur du 20 Heures »… Eh bien, quand on souhaite retrouver de la légèreté, quand on entre dans une parenthèse enchantée, on reprend l'accent. On fait chanter la langue, et les intonations appuient le sens, magnifient le verbe…

Mais l'accent peut aussi prendre la couleur de la dureté et de la colère. C'est alors l'accent des banlieues, appuyé, agressif, qui comme les marlous d'autrefois roule des mécaniques pour se faire entendre.

La langue parlée est une course permanente à la facilité, à l'immédiateté. Ce qu'on perd dans le fond, on le gagne dans la forme, et cette forme, du coup, reconquiert du relief, de l'épaisseur, accentue parfois la sonorité de la voix dans le début des mots, devient évocatrice, signifiante… C'est cela le rythme et le ton du français de la rue version XXIe siècle !

Voilà ce que fait le rap avec son verlan et ses néologismes insolites, le *oinj* pour le joint, le *tiekar* pour le quartier, les *peussa* pour les sapes, le *swag* pour une attitude à la cool, le *seum* quand on a la rage ou le *boloss* pour le ringard. Si vous avez reconnu et compris tous ces mots dans les rimes des rappeurs, c'est que vous cochez toutes les cases !

« Cocher toutes les cases… »

En novembre 2016, quand Michel Sapin, alors ministre de l'Économie et des Finances, a voulu critiquer François Fillon, il a souligné que son adversaire politique « cochait toutes les cases à droite ».

Au siècle dernier encore, pour dire la même chose, on aurait parlé de tendances ou peut-être même de compétences… Aujourd'hui, « cocher toutes les cases », c'est répondre à l'ensemble des critères exigés. Cette expression est sans doute inspirée par les questionnaires récurrents sur Internet, et qui demandent seulement, pour toute réponse, de cliquer pour faire une croix dans les petits carrés prévus à cet effet…

E-male, Diana Ong, 2007.

Cette langue française un peu farouche, cette langue qui parfois se contracte pour s'affermir et parfois se libère en explosant d'inventivité, c'est comme un cœur qui bat, tout simplement ; un cœur qui se comprime et se dilate pour insuffler la vie. Quand la langue se comprime, elle développe ses règles, organise son existence, cherche son rythme propre. Quand elle se dilate, elle s'ouvre, accepte l'autre, réinvente la différence. Et ce mouvement, auquel nous avons assisté siècle après siècle, fait couler le sang de la vie dans les mots et les phrases. Il crée les codes et les transgresse, fixe les règles puis, selon son humeur, s'échappe du bon usage… Est-ce vraiment surprenant lorsque l'on sait que le nom même de français vient de « franc » qui veut – aussi – dire libre ?

J'aime ce français qui n'hésite pas à faire des transgressions à la Jamel Debbouze, ce français qui passe non plus « du coq à l'âne », comme nous l'avons fait au XIVe siècle, mais du « Coca light », parce que l'humoriste fait mine de ne pas comprendre l'expression, et que le prétendu lapsus tord le passé et la langue de manière rigolote…

Pour créer une langue pragmatique, évidente, facile d'accès, on a jadis détruit le latin classique et fabriqué la langue française. Et cette langue qui s'est affranchie de ses origines, elle a sauté par-dessus les lois pour être toujours compréhensible, accessible, sonore… Elle ne choisit pas entre la cour du roi, la cour de ferme ou la cour de récréation : elle se réclame de tous et s'inspire de tous ceux qui l'utilisent. Le français est insaisissable, insatiable, vivant, il se tourne vers l'autre, il cherche des musiques nouvelles, digère les approximations, accepte les néologismes…

Enfin… la plupart du temps. Il y a toujours des grincheux. Quand elle a visité la Chine en 2007, Ségolène Royal s'est écriée :

– Comme le disent les Chinois, qui n'est pas venu sur la Grande Muraille n'est pas un brave, et qui vient sur la Grande Muraille conquiert la bravitude…

On lui a tant reproché cette « bravitude », on s'en est tellement moqué ! On a eu tort. Déraper dans les mots, c'est très français, n'ayons pas peur de ces termes surprenants : la langue française a fait sa litière de ces incongruités.

Par ailleurs, faut-il encore revenir sur l'invasion des mots de la langue désormais internationale qu'est l'anglais ? Certes, il y en a de plus en plus, et le monde entier les utilise. Si vous allez vous promener à Bâle, du côté germanophone de la Suisse, vous n'en suivrez pas moins les panneaux « City » pour vous rendre au centre-ville ! En France, on ne va plus prendre un verre après le travail, mais un *after-work*. Et dans les *fan zones*, les *supporters* enthousiastes n'applaudissent plus en rythme… ils font du *clapping*.

Ne nous affolons pas : comme toujours, certaines de ces expressions disparaîtront, au gré des modes, et les autres viendront enrichir le français d'un peu de charme exotique, comme tant de termes de toutes nationalités l'ont fait depuis des siècles !

La langue d'hier a raconté nos alliances, nos métissages, nos mariages, et elle continuera de le faire demain avec ses anglicismes, ses onomatopées, ses mots venus d'ailleurs et si bien intégrés. La langue française est à l'image du peuple français, un peuple pluriel depuis les origines… sinon on ne parlerait pas français, mais celtique !

Notre langage s'est toujours nourri à plusieurs mamelles. Qu'il continue de le faire ! Absorbons les mots anglais, arabes, espagnols, italiens, banlieusards, campagnards, que sais-je encore ? De tout cela continuera d'émerger une langue ouverte à tous : la langue française est une langue d'accueil.

TABLE DES MATIÈRES

BIBLIOGRAPHIE

En général…

ARRIVÉ Michel, « Un débat sans mémoire : la querelle de l'orthographe en France (1983-1991) », *in Langages*, n° 114, p. 68-83, 1994.

CLAEREBOUT Marie-France, *Faites le point ! Les règles incontournables pour bien rédiger,* Presses universitaires de France, 2017.

CUNHA Dóris et ARABYAN Marc, « La Ponctuation du discours direct des origines à nos jours », *in L'Information grammaticale*, n° 102, p. 35-45, juin 2004.

DEROY Louis, *L'Emprunt linguistique*, Presses universitaires de Liège, 1956.

DUNETON Claude, *La Puce à l'oreille : anthologie des expressions populaires avec leur origine*, Stock, 1978.

FOURNIER Édouard, *Essai historique sur l'orthographe*, Bouchard-Huzard, 1849.

GOUGENHEIM Georges, *Les Mots français dans l'histoire et dans la vie*, Omnibus, 2008.

GRANIER DE CASSAGNAC Bernard-Adolphe, *Histoire des origines de la langue française*, Firmin Didot, 1872.

JEAN-BAPTISTE Patrick, *Dictionnaire des mots français venant de l'hébreu*, Seuil, 2010.

LODGE Anthony, « "Francien" et "français de Paris" », *in Linx*, n° 12, p. 149-172, octobre 2002.

LUCKEN Christopher, « Le beau français d'Angleterre. Altérité de l'anglo-normand et invention du bon usage », *in Médiévales*, n° 68, p. 35-56, 2015.

MOISY Henri, *Glossaire comparatif anglo-normand*, H. Delesques, 1889.

PEI Mario, *Histoire du langage*, Payot, 1954.

REY Alain (sous la direction de), *Dictionnaire historique de la langue française*, Le Robert, 2006.

RIVIÈRE Jean-Claude, « Situation des langues d'oc », *in L'Information grammaticale*, n° 12, p. 14-18, janvier 1982.

UELTSCHI Karin, *Petite histoire de la langue française. Le chagrin du cancre*, Imago, Paris, 2015.

VAN GOETHEM Herman, « La politique des langues en France, 1620-1804 », *in Revue du Nord*, n° 281, p. 437-460, avril-juin 1989.

VAUGELAS (de) Claude Favre, *Remarques sur la langue françoise*, tome 2, édition d'Alexis Chassang, Cerf et Fils, 1880.

VIGIER Philippe, « Diffusion d'une langue nationale et résistance des patois en France au XIXe siècle », *in Romantisme*, n° 25-26, p. 191-208, 1979.

WALTER Henriette, *L'Aventure des langues en Occident : leur origine, leur histoire, leur géographie*, Robert Laffont, 1994.

… et en particulier

AMPÈRE Jean-Jacques, *Histoire littéraire de la France avant le XIIe siècle,* Hachette, 1839.

BEAUMANOIR (de) Philippe, *Coutumes de Beauvaisis*, A. Picard et Fils, 1899.

BILOGHI Dominique, JOUANNA Arlette, HAMON Philippe et LE THIEC Guy, *La France de la Renaissance : histoire et dictionnaire*, Robert Laffont, 2001.

BOURDON Étienne, *La Forge gauloise de la nation : Ernest Lavisse et la fabrique des ancêtres*, ENS Éditions, 2017.

BOVE Boris, *Le Temps de la guerre de Cent Ans (1328-1453)*, Belin, 2009.

COTTRET Bernard, *Histoire de l'Angleterre*, Tallandier, 2007.

COUSIN D'AVALLON Charles-Yves, *Voltairiana, ou Recueil des bons mots, plaisanteries, pensées ingénieuses et saillies spirituelles de Voltaire*, Pillot, 1801.

D'ALBIS Cécile, *Richelieu*, Armand Colin, 2012.

DARMESTETER Arsène et BLONDHEIM David Simon, *Les Gloses françaises dans les commentaires talmudiques de Raschi*, Honoré Champion, 1929.

DIEZ Frédéric, *Anciens glossaires romans, corrigés et expliqués*, traduction d'Alfred Bauer, Librairie A. Franck, 1870.

DUMÉZIL Bruno, *Des Gaulois aux Carolingiens*, Presses universitaires de France, 2013.

EELLS Emily, « "Les belles rebelles" : comment traduire les mots anglais de Proust ? » *in Migrations, exils, errances et écritures*, Presses universitaires de Paris Ouest, 2012.

FAVIER Jean, *Charlemagne*, Fayard, 1999.

GÉNIN François, *Introduction à* La Chanson de Roland, *suivie du manuscrit de Valenciennes*, Imprimerie nationale, 1850.

GIDEL Henry, *Le Vaudeville*, Presses universitaires de France, 1986.

GOBRY Ivan, *Pépin le Bref (751-768)*, Pygmalion, 2001.

GRÉGOIRE DE TOURS, *Histoire des Francs*, traduction de Robert Latouche, Les Belles Lettres, 1963.

LORCIN Marie-Thérèse, « Du vilain au paysan sur la scène littéraire du XIIIe siècle », *in Médiévales,* n° 61, p. 163-186, 2011.

MARROU Henri-Irénée, *Les Troubadours*, Seuil, 1971.

MAURICE Philippe, *Guillaume le Conquérant*, Flammarion, 2002.

MILZA Pierre, *Voltaire*, Perrin, 2007.

OSTIGUY Brigitte et GABOURY Serge, *Parlure et parlotte québécoises*, Éditions du Chien Rouge, 2008.

RICHÉ Pierre, *Les Carolingiens : une famille qui fit l'Europe*, Hachette, 1983.

RICOLFIS (de) Jean-Marie, *Celtes et Gaulois : la langue*, Centre régional de documentation pédagogique de Paris, 1981.

SCHOR Ralph, *Histoire de la société française au XXe siècle*, Belin, 2005.

SIOUFFI Gilles, « De l'"universalité" européenne du français au XVIIIe siècle : retour sur les représentations et les réalités », *in Langue française*, n° 167, p. 13-29, septembre 2010.

VEYNE Paul, *Quand notre monde est devenu chrétien (312-394)*, Albin Michel, 2007.

Crédits photographiques

ALAMY

Science History Images, p. 31 ; The Picture Art Collection, p. 36 ; Musée national romain, Stefano Ravera, p. 42 ; Granger Historical Picture Archive, p. 67 ; Painters, p. 71 ; Antiqua Print Gallery, p. 78-79 ; Painting, p. 80 ; Nigel Prosser, p. 98 ; Falkensteinfoto, p. 128-129 ; Age Fotostock, p. 143 ; Granger Historical Picture Archive, p. 193 ; Prisma Archivo, p. 200-201 ; Richard Croft /Stockimo, p. 235 ; Olaf Doering, p. 312.

BRIDGEMAN

Lebrecht History, p. 15 ; Musée Condé, Chantilly/Photo Luisa Ricciarini, p. 19 ; Christie's Images, p. 30 ; Tallandier, p. 38-39 ; Photo CCI, p. 60 ; Photo Abecasis, p. 61 ; British Library Board, p. 62 ; Index Fototeca, p. 84 ; Tarker, p. 96 ; Photo AGIP, p. 103 ; British Library, London, UK/British Library Board, p. 104 ; Tarker, p. 105 ; Photo Luisa Ricciarini, p. 110 ; MEPL, p. 113 ; Leemage, p. 117 ; Casa di Dante, Florence, Italy, p. 137 ; British Library Board, p. 140 ; Selva, p. 141; Musée de la Tapisserie, Bayeux, France, p. 148 ; Private Collection, p. 149 ; Bibliothèque Municipale, Boulogne-sur-Mer, France, p. 157 ; Lebrecht Music Arts, p. 160 ; Private Collection/Photo The Holbarn Archive, p. 161 ; Look and Learn, p. 183 ; B.N./Photo Josse, p. 188 ; British Library Board, p. 192 ; MEPL, p. 196 ; Glasgow University Library, Scotland, p. 213 ; British Library Board, p. 217 ; Musée Condé, Chantilly, France, p. 227 ; Musée Condé, Chantilly, France, p. 228 ; Granger, p. 231; Photo Costa, p. 237 ; The Holbarn Archive, p. 238 ; Centre Historique des Archives Nationales, Paris, France, p. 239 ; Bibliothèque Sainte-Geneviève, Paris, France, p. 240 ; Musée Carnavalet, p. 242 ; Bibliothèque Nationale de Paris/Archives Charmet, p. 243 ; Photo Josse, p. 245 ; Archives de l'Académie Française/Archives Charmet, p. 246-247 ; Tallandier, p. 250 ; Château de Versailles, p. 258 et p. 260 ; The Stapleton Collection, p. 261 ; Lebrecht Authors, p. 262 ; SZ Photo/Scherl, p. 264 ; Musée des Beaux-Arts, Chartres, France, p. 265 ; Musée Condé, Chantilly, France, p. 269 ; Musée d'Histoire de la Médecine, Paris, France/Archives Charmet, p. 270 ; SZ Photo, p. 271 ; p. 273 ; Photo Josse, p. 275 ; Photo CCI, p. 283 ; p. 285 ; Stop, p. 286 ; p. 287 ; Photo Josse, p. 288 ; Photo Isadora, p. 289 ; Archives Charmet p. 296-297 ; Look and Learn, p. 298 ; p. 299 ; Look and Learn, p. 300 ; p. 304 ; Photo CCI, p. 305 ; Private Collection, p. 306 ; Collection Grégoire, p. 307 ; p. 314 ; Mondadori Portfolio/Electa/Marco Ravenna, p. 320 ; Peter Newark American Pictures, p. 321 ; p. 322.

GALLICA

Agence Rol, p. 24 ; Bibliothèque nationale de France, département des Manuscrits français 861, p. 51 ; Bibliothèque nationale de France, département Cartes et plans, GE SH 18 PF 58 DIV 5 P 1 D, p. 58 ; Bibliothèque nationale de France, département Estampes et photographie, N-2, p. 59 ; Bibliothèque nationale de France, département des Manuscrits. Latin 10910, p. 100 ; Bibliothèque municipale de Valenciennes, Ms.399 (382), p. 95 ; Bibliothèque nationale de France, département des Manuscrits, p. 109 ; Bibliothèque municipale de Valenciennes, Ms.150 (143), p. 126 ; Bibliothèque nationale de France, département des Manuscrits français 12615, p. 154 ; Bibliothèque nationale de France, département des Manuscrits français 24428, p. 167 ; Bibliothèque nationale de France, département Estampes et photographie, réserve FOL-HA-80 (2), p. 175 ; Bibliothèque nationale de France, département des Manuscrits français 12584, p. 180 et p. 181 ; Bibliothèque nationale de France, département des Manuscrits français 24060, p. 182 ; Bibliothèque nationale de France, département Estampes et photographie, 4-VG-74, p. 212 ; Bibliothèque nationale de France, département Réserve des livres rares, RES-Y2-2130, p. 234 ; Bibliothèque nationale de France, département Réserve des livres rares, X-2374, p. 236 ; Bibliothèque nationale de France, département des manuscrits. NAF 24338, p. 268 ; Bibliothèque nationale de France, département Arsenal, RES 4-BL-4292, p. 210-211 ; Bibliothèque nationale de France, p. 284 ; Bibliothèque nationale de France, p. 309.

GETTY

Bauhaus1000, p.111 ; Whiteway, p. 115 ; Duncan1890, p. 122 ; Clu, p. 155 ; Jack photo, p. 165 ; Bettmann, p. 206 ; Heritage Images, p. 214 ; Stigalenas, p. 218 ; Marcel Hartmann, p. 318 ; Panacea_Doll/iStock, couverture.

KHARBINE-TAPABOR

Collection IM/Alix, p. 48 ; p. 134 ; British Library, p. 146 ; Collection IM, p. 244 ; Petitjean, p. 292 ; Collection British Librairy, p. 308 ; p. 310 ; Collection Jonas, p. 311 ; Collection Elzingre, p. 313 ; Collection IM, p. 316 ; Collection Im, p. 317 ; Collection Perrin, verso de la couverture.

LEEMAGE

Photo Josse, p. 12 ; Musée de la civilisation romaine, Rome/Aisa, p 14 ; Agip, p. 16 ; North Wind Pictures, p.17 ; Luisa Ricciarini, p.18 en haut ; Bridgeman Images, p. 18 en bas ; Photo Josse, p. 20 ; Photo Josse, p.22-23 ; DeAgostini, p. 28 ; Jean Bernard, p.29 ; Electa, p. 40 ; Isadora, p. 44 ; Bianchetti, p. 47 ; Fine Art Images, p. 52 ; Deagostini, p. 55 ; Electa, p. 57 ; North Wind Picture, p. 68 ; Luisa Ricciarini, p. 69 ; The Holbarn Archive, p. 72 ; DeAgostini, p. 74 ; Photo Josse, p. 75 ; Selva, p. 76 ; Duvallon, p. 77 ; Isadora, p. 82 ; Bridgeman Images, p. 83 ; Photo Josse, p. 85 ; Agip, p. 86 ; Photo Josse, p. 87 ; Jean Bernard, p. 88 ; Bridgeman Images, p. 91 ; Fine Art Images, p. 92 ; Bianchetti, p. 97 ; DeAgostini, p. 99 ; Dondero, p. 102 ; Gusman, p. 106 ; Giorgio Albertini, p. 111 ; Bridgeman Images, p. 117 ; Luisa Ricciarini, p. 120 ; DeAgostini, p. 123 ; Caricadoc, p. 124 ; The British Library, p. 132 ; DeAgostini, p. 139 ; Albert Decaris/ADAGP , p. 142 ; Laurence Folie, p. 144 ; Bridgeman Images, p. 145 ; The British Library Board, p. 152 ; Fototeca, p. 156 ; Deagostini, p. 163 ; Bianchetti, p. 164 ; Ravenna, p. 170 ; The British Library Board, p. 176 ; North Wind Pictures, p. 178 ; DeAgostini, p. 185 ; DeAgostini, p. 195 ; Aisa, p. 199 ; Fototeca, p. 202 ; The British Library Board, p. 205 ; Archives-Zephyr, p. 208 ; Isadora, p. 215 ; The British Library Board, p. 219; Bridgeman p. 220 ; Bianchetti, p. 222 ; Jean Bernard, p. 224 ; Bianchetti, p. 225 ; Heritage Images, p. 232-233 ; The Holbarn Archive, p. 234 ; DeAgostin, p. 241 ; Bridgeman Images, p. 248 ; Bridgeman Images, p. 249 ; Fine Art Images, p. 251 ; Lee, p. 253 ; Deagostini, p. 254 ; Bridgeman Images, p. 255 ; Photo Josse, p. 256 ; Bianchetti, p. 257 ; Bianchetti, p. 261 ; Fine Art Images, p. 263 ; The Holbarn Archive, p. 267 ; Luisa Ricciarini, p. 274 ; Bianchetti, p. 276 ; Photo Josse, p. 277 ; Bridgeman Images, p. 278 ; Photo Josse, p.282 ; Jean Bernard, p. 290 ; Bridgeman Images, p. 291 ; Bridgeman Images, p. 293 ; Lee, p. 294 ; Kupka/ ADAGP, p. 295 ; DeAgostini, p. 302 ; Bridgeman Images, p. 303 ; Selva, p. 303.

RMN

RMN-Grand Palais/image MuCEM, p. 26 ; RMN-Grand Palais/image MuCEM, p. 66 ; RMN-Grand Palais (MuCEM)/Gérard Blot, p. 65 ; Bibliothèque nationale de France, Dist. RMN-Grand Palais/image Bibliothèque nationale de France, p. 118 ; RMN-Grand Palais (Château de Versailles)/Franck Raux, p. 131 ; RMN-Grand Palais (musée Marc Chagall)/Adrien Didierjean, p. 135 ; Musée d'Orsay, Dist. RMN-Grand Palais/Patrice Schmidt, p. 169 ; Bibliothèque nationale de France, Dist. RMN-Grand Palais/image Bibliothèque nationale de France, p. 172 ; RMN-Grand Palais (musée du Louvre)/Jean-Gilles Berizzi, p. 177 ; RMN-Grand Palais (Château de Versailles)/Gérard Blot, p. 151 ; Bibliothèque nationale de France, Dist. RMN-Grand Palais/image Bibliothèque nationale de France, p. 184 ; Bibliothèque nationale de France, Dist. RMN-Grand Palais/image Bibliothèque nationale de France, p. 187 ; RMN-Grand Palais (musée du Louvre)/Michel Urtado, p. 252 ; Paris - Musée de l'Armée, Dist. RMN-Grand Palais/Émilie Cambier, p. 207 ; RMN-Grand Palais (Château de Versailles)/image RMN-GP, p. 281.

WIKIMÉDIA COMMONS

Kokin, p. 27 ; Gozitano, p. 33 ; Xabi Rome-Herault, p. 124 ; Islami~commonswiki/ Abbaye de Saint-Aubin, p.130 ; Pistolero, p. 191 ; François Barby, p. 229.

AUTRE

Emmanuel Sokol, p. 10 ; Musée départemental Arles Antique Jean-Claude Golvin/Éditions Errance, p. 21 ; Les Portes de l'Histoire, p. 34 ; Bibliothèque de Genève, BGE - Gf 555*/1/2, p. 70 ; Frédéric Atlan, p. 190 ; Marielsa Niels/Hans Lucas, p. 197 ; Frédéric Ferdinand/Archives municipales de Riom (coté AA33), p. 207 ; Bibliothèque municipale de Lyon Part-Dieu, Rés. Inc1058, p. 216.

Direction d'ouvrage
pour la présente édition
Marie-Paule Barlois

Conception et réalisation
Gilles Legleye

Direction littéraire
Huguette Maure

assistée de
Vivien Palleja

Fabrication
Christian Toanen
Nikolas Savic

Photogravure
PRESSPROD

Imprimé en France
par POLLINA

N° d'impression : 90514
Dépôt légal : septembre 2019
ISBN : 978-2-7499-4109-7
LAF 2807